Mathematische Bildung im Kindergarten
in formal offenen Situationen

# Empirische Studien zur Didaktik der Mathematik

herausgegeben von

Götz Krummheuer
und Aiso Heinze

Band 15

## Editorial

Der Mathematikunterricht steht vor großen Herausforderungen: Neuere empirische Untersuchungen legen (erneut) Defizite und Unzulänglichkeiten offen, deren Analyse und Behebung einer umfassenden empirischen Erforschung bedürfen. Der Erfolg derartiger Bemühungen hängt in umfassender Weise davon ab, inwieweit hierbei auch mathematikdidaktische Theoriebildung stattfindet. In der Reihe „Empirische Studien zur Didaktik der Mathematik" werden dazu empirische Forschungsarbeiten veröffentlicht, die sich durch hohe Standards und internationale Anschlussfähigkeit auszeichnen. Das Spektrum umfasst sowohl grundlagen-theoretische Arbeiten, in denen empirisch begründete, theoretische Ansätze zum besseren Verstehen mathematischer Unterrichtsprozesse vorgestellt werden, als auch eher implementative Studien, in denen innovative Ideen zur Gestaltung mathematischer Lehr-Lern-Prozesse erforscht und deren theoretischen Grundlagen dargelegt werden. Alle Manuskripte müssen vor Aufnahme in die Reihe ein Begutachtungsverfahren positiv durchlaufen. Diese konsequente Begutachtung sichert den hohen Qualitätsstandard der Reihe.

Stephanie Schuler

# Mathematische Bildung im Kindergarten in formal offenen Situationen

Eine Untersuchung am Beispiel von
Spielen zum Erwerb des Zahlbegriffs

Waxmann 2013
Münster / New York / München / Berlin

**Bibliografische Informationen der Deutschen Nationalbibliothek**
Die Deutsche Nationalbibliothek verzeichnet diese Publikation in der
Deutschen Nationalbibliografie; detaillierte bibliografische Daten
sind im Internet über http://dnb.d-nb.de abrufbar.


Dissertation an der Fakultät für Mathematik, Naturwissenschaften
und Technik der Pädagogischen Hochschule Freiburg, 2012

Gutachter/-in
Prof. Dr. Gerald Wittmann
Prof. Dr. Ursula Carle


Empirische Studien zur Didaktik der Mathematik, Band 15

ISSN 1868-1441
ISBN 978-3-8309-2835-5

© Waxmann Verlag GmbH, Münster 2013

www.waxmann.com
info@waxmann.com

Umschlaggestaltung: Christian Averbeck, Münster
Titelbild: © Stephanie Schuler
Druck: Hubert und Co., Göttingen
Gedruckt auf alterungsbeständigem Papier, säurefrei gemäß ISO 9706

Printed in Germany

# Danke

Allen Kindern, Erzieherinnen und den Leitungen aus Kita 1 und 2

Anna Hölle

Arbeitskreis Interpretationswerkstatt der Pädagogischen Hochschule Freiburg

Birgit Gysin

Charlotte Rechtsteiner-Merz

Christian Beck

Elisabeth Rathgeb-Schnierer

Forschungskolloquium des Instituts für Mathematische Bildung Freiburg (IMBF)

Gerald Wittmann

Hochschulübergreifendes Doktorandenkolloquium (Ludwigsburg, Weingarten, Freiburg)

Ilona Wiedenhöfer

Ira Deininger

Maren Vent-Schmidt

Meiner (Groß-)Familie

Nicole Rieg

Stefanie Spörer

Sybille Schütte

Sylvia Wessolowski

Ulrich Plessner

Ursula Carle

# Inhalt

# 0 Forschungsanliegen

In diesem Eingangskapitel wird das Forschungsanliegen, die Frage nach der Gestaltung mathematischer Bildung im Kindergarten, präzisiert. Nach einer Einführung in die Thematik (Kapitel 0.1) werden das Erkenntnisinteresse und der Forschungsprozess erläutert (Kapitel 0.2). Die leitenden Fragestellungen gliedern und strukturieren die vorliegende Arbeit (Kapitel 0.3).

## 0.1 Einführung in die Thematik

Bildung im frühen Kindesalter hat in den letzten zehn Jahren in der Öffentlichkeit, in den Kindergärten vor Ort, bei den Trägern, den verantwortlichen politischen Institutionen und in der Forschung eine zunehmende Aufmerksamkeit erfahren. Es stellt heute einen gesellschaftlichen Konsens dar, dass die frühe Kindheit für die Entwicklung und das Lernen von großer Bedeutung ist. Entscheidende Weichen für Bildungsbiographien werden in der frühen Kindheit gestellt:

> „Auf den Anfang kommt es an." (Fthenakis u.a. 2007, 3)

Angestoßen wurde diese Diskussion zu Beginn des neuen Jahrtausends – nach einer längeren Periode der Bildungsferne in (west-)deutschen Kindergärten seit Mitte der 1970er Jahre – durch die PISA-Studien (vgl. Baumert u.a. 2001, Prenzel u.a. 2003) und den OECD-Bericht zur „Politik der frühkindlichen Betreuung, Bildung und Erziehung in der Bundesrepublik Deutschland" (vgl. für Deutschland OECD 2004, für einen vergleichenden Bericht von 20 Ländern OECD 2006).

Obwohl die PISA-Studien keine direkten Bezüge zur frühkindlichen Bildung herstellen, wurde bald öffentlich diskutiert, dass nicht erst die Schule ihren Bildungsauftrag nicht angemessen erfüllt. Insbesondere bei der Kompensation fehlender häuslicher Anregungen richtet sich das Augenmerk heutzutage bereits auf den Kindergarten. Bei der Suche nach möglichen Erklärungen für das schlechte Abschneiden der deutschen 15-Jährigen wurde auch auf den schon länger bekannten Befund eines positiven Zusammenhangs zwischen dem Besuch einer vorschulischen Einrichtung und der späteren Schulleistung verwiesen (vgl. Büchel u.a. 1997, Tietze 1998, Bos u.a. 2003, 128ff.; für eine internationale Zusammenschau vgl. Biedinger & Becker 2006). Der OECD-Bericht für Deutschland von 2004 weist auf einen Reformbedarf in deutschen Kindergärten im Hinblick auf die finanzielle Ausstattung, die Qualität von Erziehung, Bildung und Betreuung und die Ausbildung der Fachkräfte hin.

Vor diesem Hintergrund rückt die frühe Bildung zu Beginn des neuen Jahrtausends erneut in den Fokus erziehungswissenschaftlicher, psychologischer und fachdidaktischer Forschung, und es werden zahlreiche Reformmaßnahmen diskutiert (vgl. Roßbach 2004, 10). Sie reichen von einer Stärkung des Bildungsauftrags, der Verbesserung der Rahmenbedingungen (z.B. Gruppengröße, Personalschlüssel) über die Reform und Aufwertung der Aus- und Weiterbildung von Erzieher(inne)n bis hin zur Verbesserung der Förderbedingungen von Kindern aus sozial benachteiligten Familien und Familien mit Migrationshintergrund.

> „Nach der Veröffentlichung der PISA-Studie scheint sich die bildungspolitische Entdeckung des Kindergartens zu wiederholen." (Rauschenbach u.a. 2004, 85)

Die Diskussion über die Stärkung des Bildungsgedankens in Kindertagesstätten ist in ihrem Grundsatz nicht neu. Vielmehr fand sie in den 1960er und 1970er Jahren in der damaligen Bundesrepublik Deutschland – ausgelöst durch den Sputnik-Schock – in ähnlicher Weise statt. In der Folge wurden verschiedene Bildungsansätze für den Kindergarten entwickelt, die sich in *funktionsorientierte Ansätze* einerseits und *wissenschaftsorientierte Ansätze* andererseits untergliedern lassen (vgl. Roßbach 2004, 11ff.). Kritik entzündete sich an der Form (isolierte Trainingsprogramme), dem schulvorbereitenden Charakter sowie der Lebensweltferne (Orientierung an der jeweiligen Struktur der zugrunde liegenden Wissenschaftsdisziplin). Viele dieser Programme scheiterten im Alltag der Kindergärten. Wissenschaftsorientierte Ansätze wie beispielsweise die *Neue Mathematik* (vgl. Neunzig 1972) konnten sich nicht durchsetzen.

In Deutschland dominierten in der Folge *situationsorientierte Ansätze*, die die Kinder zur Bewältigung aktueller und damit auch künftiger Lebenssituationen befähigen sollten. Innerhalb dieser Ansätze wurden keine inhaltlichen Bildungsziele formuliert. Ihre Vertreter sahen sich – in Bezug auf die Auswahl relevanter Lebenssituationen – der Kritik der Beliebigkeit ausgesetzt. Erst in jüngerer Zeit werden *bildungsorientierte Ansätze* entwickelt, die Ziele für einzelne Bildungsbereiche konkretisieren.

Im Jahre zwölf nach PISA ist die frühe Kindheit nicht mehr nur mit Erziehung und Betreuung assoziiert, sondern der Bildungsgedanke ist in Kindertagesstätten – auch über Rahmenpläne – fest verankert (vgl. JMK & KMK 2004). Kindertagesstätten sind heutzutage neben Schulen und Hochschulen sowie beruflicher und berufsbegleitender Weiterbildung fester Bestandteil einer lebenslangen Bildungskette (vgl. Heinze & Grüßing 2009). Dass Kindergärten selbstverständlich als Bildungsorte bezeichnet und angesehen werden, ist ein wesentliches Ergebnis einer mit der Jahrtausendwende einsetzenden Diskussion.

Bildungsorte müssen gestaltet werden. Es stellt sich daher die grundlegende Frage, *wie* Bildung im *Kindergarten* gelingen kann. Die Herausforderung der neuen alten Bildungsdiskussion besteht nach wie vor darin, die Möglichkeiten (fachbezogener) Bildungsangebote innerhalb bestehender organisatorischer Strukturen und unter Berücksichtigung des Prinzips der ganzheitlichen Bildung auszuloten. Es gilt, den frühkindlichen Bildungsauftrag zu präzisieren und vom schulischen Auftrag abzugrenzen. Die Jugendministerkonferenz

> „hält es daher nicht für sinnvoll, Bildungsvorstellungen der Schule unmittelbar auf den Kindergarten zu übertragen oder den Bildungsauftrag des Kindergartens auf eine reine Vorbereitung auf die Schule zu reduzieren." (JMK 2002, 3)

Kindergarten und Grundschule sind Bildungseinrichtungen. Sie verstehen sich als Orte des Lernens, die bewusst und gezielt gestaltet werden (müssen). Sie unterscheiden sich jedoch hinsichtlich ihrer pädagogischen Ordnung. Wohl wissend, dass die Lern- und Bildungssituation in deutschen Kindergärten sehr heterogen ist, kann im Kindergarten im Unterschied zur schulischen Lernsituation von einer größeren *formalen Offenheit* auf verschiedenen Ebenen gesprochen werden:

–   In Bildungsplänen für den Kindergarten sind Ziele und nicht Standards formuliert.
–   Der Kindergartenalltag ist von freiem und angeleitetem Spiel in altersheterogenen Gruppen geprägt. Er wird durch das Freispiel und Angebote in verschiedenen Bildungsbereichen und nicht durch einen Unterricht in Fächern strukturiert.
–   In offenen Räumen werden Materialien und nicht Aufgaben angeboten.

Im Alltag des Kindergartens zeigt sich formale Offenheit in einer Wahlfreiheit der Räume, der Materialien, der Spielpartner und der Verweildauer.[1]

Aufgrund dieser Unterschiede müssen Bildungsangebote im Kindergarten anders gestaltet werden als in der Schule, und dafür bedarf es einer eigenständigen didaktischen Forschung für den vorschulischen Bereich. Denn aus der schlichten Tatsache, dass der Kindergarten eine Bildungsinstitution ist, können noch keine didaktischen Schlüsse gezogen werden.

Die *Mathematikdidaktik* befasst sich seit der Jahrtausendwende wieder zunehmend intensiver mit der frühkindlichen Bildung. In diesem recht jungen Forschungsgebiet, das über längere Zeit weitgehend brach lag, lohnt es sich, eine Systematisierung bisheriger Forschungen vorzunehmen. Einerseits können so bereits an dieser Stelle Forschungsdesiderate aufgezeigt werden, andererseits geht es um die Verortung der eigenen Arbeit in einer noch eher wenig ausdifferenzierten Forschungslandschaft.

Innerhalb der frühen mathematischen Bildung kann man *verschiedene Forschungsfelder* ausmachen (vgl. auch Schuler & Wittmann 2009):

–   Kompetenzerhebung bei Schulanfängern
–   Diagnose und Förderung im Kindergarten
–   Entwicklungsforschung für die frühe mathematische Bildung und deren Evaluation
–   Erforschung von Alltagspraxen im Kindergarten

Untersuchungen zur *Kompetenzerhebung* zeigen die arithmetischen und geometrischen Kompetenzen von Schulanfängern, aber auch eine große Heterogenität diesbezüglich auf (vgl. zur Arithmetik z.B. Schmidt 1982, Schmidt & Weiser 1982, Spiegel 1992, Grassmann u.a.1995, Selter 1995, Hengartner & Röthlisberger 1995, Senftleben 1996, Caluori 2004; vgl. zur Geometrie Grassmann 1996, Höglinger & Senftleben 1997, Eichler 2004). Wesentliche Erkenntnisse dieser Studien können folgendermaßen zusammengefasst werden (vgl. Schipper 1998):

---

1   Die Beschreibung der formalen Offenheit ist hier idealtypisch zu verstehen. In Kindergärten und Kindertagesstätten vor Ort liegen sowohl grundsätzlich als auch im Tagesverlauf, insbesondere hinsichtlich der Wahlfreiheit der Räume, unterschiedliche Grade an Offenheit vor.

– Es gibt keine „Stunde Null" (Selter 1995): Schulanfänger verfügen über höhere Zählfähigkeiten (und informelle Rechenstrategien) als gemeinhin angenommen.

– Der „Mythos" (Schipper 1998) von der hohen mathematischen Kompetenz von Schulanfängern: Die informellen Fähigkeiten werden von Lehrerinnen systematisch unterschätzt, formelle Fähigkeiten hingegen überschätzt.

– Leistungsheterogenität: Die mathematischen Fähigkeiten von Schulanfängern weisen eine große Spannbreite auf.

Während die frühen Studien in den 1980er Jahren insbesondere Fähigkeiten im Umgang mit Zahlen, wie das verbale und quantifizierende Zählen, sowie Ziffernkenntnisse erheben, um für die Abschaffung der ausgedehnten pränumerischen Phase im Anfangsunterricht zu argumentieren (vgl. Schipper 1998, 122f.), werden in den 1990er Jahren die Rechenfähigkeiten der Schulanfänger in den Blick genommen. In Interviews mit sogenannten „Schachtelaufgaben" werden die individuellen Lösungswege der Kinder bei einfachen Additions- und Subtraktionsaufgaben untersucht (vgl. Spiegel 1992). In weiteren Studien werden den Kindern kontextbezogene Bildsachaufgaben als Gruppentests vorgelegt (Grassmann u.a. 1995, Selter 1995), die ursprünglich von van den Heuvel-Panhuizen (1995) in den Niederlanden entwickelt worden sind. Die Fähigkeiten von Schulanfängern werden erhoben, um die Notwendigkeit aufzuzeigen, schulisch daran anzuknüpfen. All diese Studien zielen folglich nicht auf die frühe Bildung, sondern sollen in erster Linie Argumente für eine Weiterentwicklung des Anfangsunterrichts liefern und empirisch stützen (vgl. Schipper 1998).

In den letzten zehn Jahren hat sich das Forschungsinteresse leicht verschoben. Heutzutage geht es um „Kompetenzdiagnostik als Ansatzpunkt für die Weiterentwicklung mathematischer Fähigkeiten" (Gasteiger 2010, 106), also um die *Diagnose und Förderung im Kindergarten*. Im Bereich der Diagnostik wurden in den letzten zehn Jahren zahlreiche Instrumente entwickelt bzw. aus anderen europäischen Ländern adaptiert. Grundsätzlich lassen sich standardisierte Instrumente von eher informellen Instrumenten unterscheiden. Beispiele für die erste Gruppe sind:

– der Osnabrücker Test zur Zahlbegriffsentwicklung (OTZ, van Luit u.a. 2001);
– die Neuropsychologische Testbatterie für Zahlenverarbeitung und Rechnen bei Kindern, Kindergartenversion (ZAREKI-K, von Aster u.a. 2009);
– und der Test zur Erfassung numerisch-rechnerischer Fertigkeiten vom Kindergarten bis zur 3. Klasse (TEDI-MATH, Kaufmann u.a. 2009).

Als Vertreter für die informellen Instrumente ist insbesondere das Elementarmathematische Basisinterview (EMBI) zu erwähnen, das für Kinder im Alter von 5 bis 8 Jahren konzipiert ist:

- EMBI – Zahlen und Operationen (vgl. Peter-Koop u.a. 2007)
- EMBI – Größen und Messen, Raum und Form (vgl. Wollring u.a. 2011)

Beide Formen diagnostischer Instrumente können zu statistischen Erhebungen auch in größeren Populationen und mit mehreren Messzeitpunkten herangezogen werden. Sie eignen sich aber auch für individualdiagnostische Zwecke. Grundlage dieser Instrumente sind Analysen von Vorläuferfähigkeiten bzw. Basiskompetenzen zum Zahlbegriffserwerb.

Darüber hinaus wurden auch Instrumente zur kontinuierlichen Beobachtung und Dokumentation entwickelt. So gibt die ‚Lerndokumentation Mathematik' den Erzieherinnen ein fachspezifisches Beobachtungsraster zu verschiedenen mathematischen Bereichen an die Hand (vgl. Steinweg 2006). Mit diesem Instrument können das mathematische Lernen von Anfang an begleitet, individuelle Entwicklungen dokumentiert und Anregungen für weitere Lernangebote gewonnen werden.

Die Verschiebung des Forschungsinteresses auf die Diagnose und Förderung im Kindergarten belegt eindrücklich die Veränderung in der Bildungslandschaft. Während es vor der Jahrtausendwende und vor PISA um das Aufgreifen der Heterogenität *in der Schule* ging, geht es heute auch um die Diagnose sowie die gezielte Prävention und Förderung *vor der Schule*. Vor einer Euphorie bei der Frühförderung wird allerdings gewarnt (vgl. Stern 2004, 43f., Schmidt-Denter 2008, 719f., 733f.). So plädiert Hasselhorn (2010, 174) angesichts der Forschungslage für „einen gedämpften Optimismus", da zwar „Befunde der kognitiven Trainingsforschung [zeigen], dass individuelle kognitive Leistungspotenziale trotz massiver biologischer Restriktionen durchaus veränderbar sind". Allerdings sind kompensatorische Effekte in der Regel nicht zu beobachten, d.h. „die leistungsstärkeren [...] Kinder profitieren von den kompensatorisch gedachten Maßnahmen oft mehr als die schwächeren" (Hasselhorn 2010, 175).

Im Rahmen der *Entwicklungsforschung* ist in den letzten Jahren eine rege Forschungstätigkeit zu beobachten. Es wurden verschiedene Arten von Materialien, Lernangeboten sowie Lehrgängen und Förderprogrammen für den Kindergarten entwickelt. Sowohl die theoretische als auch die praktische Anbindung gestaltet sich dabei recht unterschiedlich. Verbunden mit der Entwicklung ist oftmals der Nachweis kurzfristiger und langfristiger Effekte von Förderprogrammen, Trainings und Lehrgängen einerseits (vgl. Krajewski 2008, Quaiser-Pohl 2008) sowie von Curricula, Förderkonzepten und der Dokumentation von Lernprozessen andererseits (vgl. Clements & Sarama 2007a, Clarke u.a. 2008, Steinweg & Gasteiger 2008, Gasteiger 2010). In der methodischen Orientierung handelt es sich dabei fast durchgängig um quantitative Studien, die einem klassischen vergleichenden Design mit Vor- und Nachtest sowie zum Teil auch einem Follow-up-Test folgen. Das Ziel ist der Nachweis von Lerneffekten eines inhaltlichen oder eines methodischen Konzepts, gelegentlich auch der Vergleich zweier Konzepte. Bei der Evaluation der Materialien, Lehrgänge und Förderprogramme kommen wiederum diagnostische Instrumente zum Einsatz (vgl. z.B. Peter-Koop u.a. 2007, Clarke u.a. 2008).

Hinsichtlich der Inhaltsbereiche ist – sowohl im Bereich der Diagnostik als auch im Bereich der Materialentwicklung – ein Schwerpunkt auf der Arithmetik oder der Leitidee Zahlen und Operationen festzustellen (vgl. Müller & Wittmann 2002, 2004, Friedrich & de Galgoczy 2004, Preiß 2004, 2005, Dolenc u.a. 2005, Dreyer & Schillert 2007, Krajewski u.a. 2007, Royar 2007a). Diese Schwerpunktsetzung hat sicherlich mehrere Ursachen, wie beispielsweise die faktische Konzentration schulischer Bildung auf diesen Bereich, aber auch die umfangreiche Forschungslage zum Zahlbegriffserwerb sowie neuere Studien zur Prävention von Rechenschwäche, die das Zahl- und Mengenwissen am Ende der Kindergartenzeit als eine wesentliche Voraussetzung für den Schulerfolg im Mathematikunterricht der Grundschule herausstellen (vgl. z.B. Dornheim 2008, Krajewski 2003). Von Seiten der Mathematikdidaktik gibt es in den letzten Jahren vermehrt auch inhaltlich weiter gefasste Konzepte (Hoenisch & Niggemeyer 2004, Peter-Koop & Grüßing 2007, Fthenakis 2009, Benz 2010, Bönig u.a. 2010, Kaufmann 2010, Lee 2010, Royar & Streit 2010; zur theoretischen Grundlegung vgl. Steinweg 2008).

Ziel der im Feld *Erforschung von Alltagspraxen* verorteten Forschungsarbeiten ist zunächst die Erfassung des Status quo in den Kindergärten, eine Beschreibung des Alltags, aber auch günstiger Praxen. Elementare Forschungsfragen sind dabei etwa folgende:

- Mit welchen Materialien und in welchen Situationen sind mathematische Aktivitäten im Kindergartenalltag zu beobachten? (vgl. Ginsburg u.a. 2004)
- Welche Kontextfaktoren und Bedingungen für derartige mathematische Aktivitäten lassen sich ausmachen? (vgl. Ginsburg u.a. 2004)
- Welche Art der Instruktion, Anleitung und Unterstützung wird praktiziert, welche wirkt sich förderlich auf mathematische Aktivitäten aus? (vgl. van Oers 1996 u. 2004, Brandt & Tiedemann 2009, Carlsen u.a. 2009, Tirosh u.a. 2009)

Methodologisch sind diese Studien dem qualitativen Paradigma zuzuordnen. Methodisch wird Videotechnik zur Aufzeichnung von Alltagssituationen, aber auch von gezielt arrangierten Gesprächssituationen und Interviews, eingesetzt. Die Datenauswertung erfolgt häufig mittels verschiedener qualitativer Verfahren wie der qualitativen Inhaltsanalyse oder der Interaktionsanalyse.

Während die Erforschung von Alltagspraxen im Bereich der mathematischen Bildung noch weiter ausgebaut und vertieft werden muss, gibt es hierzu in der *Frühpädagogik* bereits erste Ergebnisse. In einer großen Studie zur Qualität von Erziehung und Bildung in Kindergarten, Grundschule und Familie wird sowohl mit querschnittlichen als auch längsschnittlichen Analysen die Prozessqualität, also die Qualität der Interaktion und der Instruktion in der Kindertagesstätte als ein zentrales Qualitätskriterium herausgestellt (vgl. Tietze 1998, Tietze u.a. 2005). Eine große Längsschnittstudie in England identifiziert insbesondere die Qualität der verbalen Interaktion als Kriterium guter Kindergartenpraxis (vgl. Sylva u.a. 2003, Siraj-Blatchford u.a. 2005). Im nationalen Bildungsbericht zur Qualität von Bildung in Kindertagesstätten in Deutschland wird damit übereinstimmend und daran anknüpfend folgendes Forschungsziel formuliert:

„Es käme darauf an zu untersuchen, welche Gelegenheitsstrukturen und welche Art von Impulsen Kinder am besten in ihren Bildungswegen unterstützen, so dass sie zu einer hohen Qualität von Bildung gelangen." (Rauschenbach, 2004, 178)

König (2009), die sich der Untersuchung von „Interaktionsprozessen zwischen Erzieherinnen und Kindern" widmet, zeigt in einer Studie im deutschsprachigen Raum auf, dass im Hinblick auf die Qualität der verbalen Interaktion in Kindertagesstätten noch deutlicher Entwicklungsbedarf besteht.

Die Frage nach der Auswahl und Beurteilung von Materialien und der Gestaltung von Lernumgebungen sowie nach der Lernbegleitung ist nicht nur für die Frühpädagogik im Allgemeinen wesentlich, sondern auch für die Mathematikdidaktik im Besonderen. Hier setzt die vorliegende Arbeit an.

## 0.2  Erkenntnisinteresse und Forschungsprozess

Das Anliegen der Arbeit ist es, die mathematische Bildung im Kindergarten im bestehenden Kontext der formalen Offenheit und unter Berücksichtigung frühkindlicher Formen des Lernens auf eine didaktisch begründete Basis zu stellen. Hinter dem Forschungsvorhaben steht die *grundlegende Frage*, in welcher Form und unter welchen Voraussetzungen und Bedingungen mathematische Bildung in *alltäglichen Zusammenhängen* im Zuge einer *ganzheitlichen frühen Bildung* in *altersgemischten Kindergartengruppen* realisiert werden kann.

Im Kindergartenalltag treten mathematische Aktivitäten selten spontan auf, und wenn sie auftreten, werden sie von Erzieherinnen meist nicht mathematisch gedeutet und aufgegriffen (vgl. Stöckli & Stebler 2011, 81). Daher wurde im Rahmen der Arbeit zunächst ein didaktisches Setting entwickelt, um mathematische Aktivitäten überhaupt systematisch beobachten zu können. Dies stellt innerhalb der mathematikdidaktischen Forschung eine gängige Vorgehensweise dar (vgl. z.B. Selter 1994, Rathgeb-Schnierer 2006, Götze 2007). Sie umfasst auch, dass die Forscherin oder der Forscher das didaktische Setting (teilweise) aktiv mitgestaltet.

Die Entwicklung des Settings erfolgte in zwei Schritten (vgl. Abb. 0.1):

– Erster Schritt: Analyse von Materialien
– Zweiter Schritt: Analyse von Spielsituationen mit diesen Materialien

Bei der Entwicklung des Settings greifen die Analyse von Materialien und die Analyse von Spielsituationen mit diesen Materialien, welche die beiden zentralen Schritte des Forschungsprozesses darstellen, ineinander. Beim mehrmaligen Durchlaufen der Analyseschritte aufgrund verschiedener Erhebungsphasen und durch die kontinuierliche Auswertung der Daten werden jedoch nicht nur ein didaktisches Setting, sondern auch Kriterien zur Materialbewertung entwickelt. Dieser Kriterienkatalog konnte durch die empirische Bewährung zunehmend ausgeschärft und erweitert werden. Dabei sind materialinhärente von situationsabhängigen Kriterien zu unterscheiden. Der Kriterienkatalog ermöglicht eine differenzierte Materialanalyse, die im Forschungsprozess auch die Auswahl von Materialien für weitere Spielsituationen leitet.

Weiterhin steht hinter dem zweischrittigen Forschungsdesign die Hypothese, dass für die Entstehung mathematischer Lerngelegenheiten nicht nur die verwendeten Materialien, sondern auch die Gestaltung der Spielsituation mit diesen Materialien ausschlaggebend sind. Die Materialanalyse und die Analyse von Spielsituationen haben folglich das Ziel, Bedingungen für die Entstehung mathematischer Lerngelegenheiten in Spielsituationen zu gewinnen. Bedingungen, im Sinne von Kontext- und Rahmenbedingungen aber auch der Interaktion im Spielprozess, sind empirisch begründete Konzepte, die vor dem Hintergrund bestehender theoretischer Aussagen und Konzepte, etwa aus der Grundschulmathematikdidaktik, entwickelt und zueinander in Beziehung gesetzt werden.

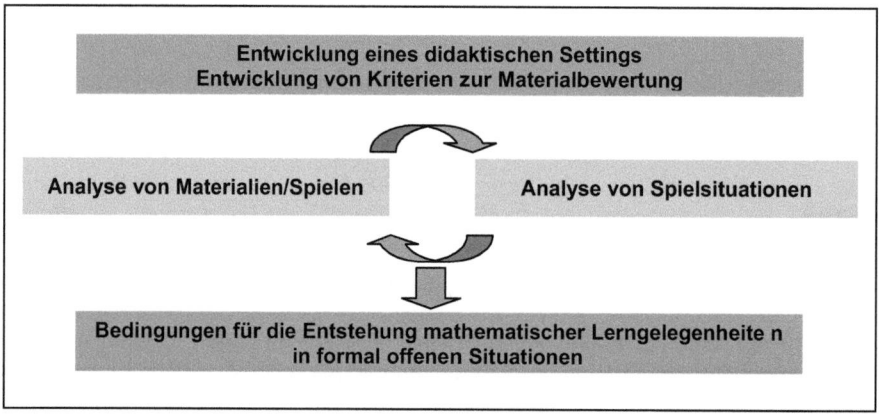

Abb. 0.1: Zirkulärer Prozess der Erforschung mathematischer Lerngelegenheiten/ Forschungsdesign

Die Zirkularität des Forschungsprozesses hat zwei Konsequenzen:

- Sie leitet die forschungsmethodologische Einordnung.
- Sie bringt Herausforderungen für die (lineare) Darstellung des Forschungsprozesses mit sich.

Der zirkuläre Forschungsprozess legt eine Einordnung in die Methodologie der Grounded Theory nahe, eine Form theoriegenerierender Forschung (vgl. Abb. 0.2). Sie stellt den methodologischen Rahmen des Forschungsvorhabens dar, wie neue wissenschaftliche Erkenntnis gewonnen werden kann und leitet zugleich die methodische Vorgehensweise. Vor dem Hintergrund des (eigenen) theoretischen Vorwissens wird auf der Grundlage kontinuierlicher Datenerhebung sowie paralleler Datenauswertung, aber auch Literaturarbeit fortlaufend Wissen in Form von Beschreibung und Theorie generiert. Die Theorie wird in Form von Hypothesen dargestellt, die durch den permanenten Vergleich mit weiteren Daten erweitert, modifiziert oder auch verworfen werden (vgl. Flick 1996, 61, Willmann & Hüper 2004, 114). Ergebnis dieses Prozesses ist eine in den Daten begründete Theorie –

eine Grounded Theory. Eine solche Theorie zeichnet sich nach Strauss und Corbin (1990/96) durch Gegenstandsangemessenheit aus, da sie die Phänomene im Untersuchungsfeld besser erklären und prognostizieren kann als formale Theorien (vgl. Kelle 1994, 287) – sie hat also empirischen Gehalt.

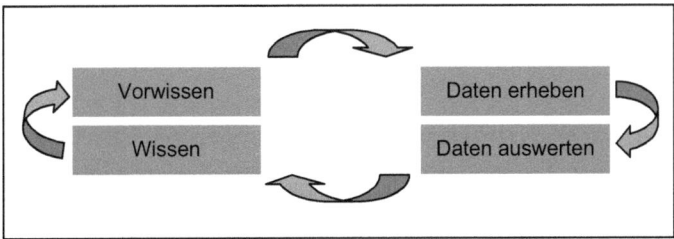

Abb. 0.2: Zirkulärer Forschungsprozess der Grounded-Theory-Methodologie (vgl. z.B. Krotz 2005, 125ff., 165ff., Strübing 2008, 15)

Das theoretische Vorwissen gründet sich einerseits auf die Kenntnis der Fachliteratur, andererseits wird es durch die kontinuierliche Auseinandersetzung mit den Daten angereichert. Beides erhöht die theoretische Sensibilität. (vgl. Strauss & Corbin 1996, 25ff.)

> Theoretical sensitivity is the ability to recognize what is important in data and to give it meaning. (Strauss & Corbin 1990, 46)

Die Literaturrecherche fand gemäß der gewählten Methode zu einem überwiegenden Teil während der Forschungsarbeit statt und ging dieser nur teilweise voraus (vgl. Strauss & Corbin 1996, 38). Dies liegt darin begründet, dass bei explorativen Studien theoretische Bezugspunkte nicht umfänglich zu antizipieren sind. In der Darstellung wird das Ergebnis der Literaturrecherche der empirischen Studie vorangestellt, obwohl sie Teil des zirkulären Forschungsprozesses ist (vgl. insbesondere Kapitel 1 bis 3). Gleichzeitig wird dort nicht nur der Stand der Forschung dargestellt. Diese Kapitel enthalten darüber hinaus eigene Systematisierungen, die Herausarbeitung von Forschungslinien und Anwendungen auf den eigenen Forschungsgegenstand.

## 0.3 Leitende Fragestellungen

Die eingangs gestellte grundlegende Frage steckt den Untersuchungsbereich der vorliegenden Arbeit nur grob ab (Kapitel 0.2). Sie bedarf der weiteren Ausdifferenzierung und Präzisierung.

> „Am Anfang steht nicht eine Theorie, die anschließend bewiesen werden soll. Am Anfang steht vielmehr ein Untersuchungsbereich – was in diesem Bereich relevant ist, wird sich erst im Forschungsprozess herausstellen." (Strauss & Corbin 1996, 8)

Die Ausdifferenzierung und Präzisierung der grundlegenden Fragestellung ist Ergebnis und Teil der fortschreitenden Erschließung des Untersuchungsbereichs im zirkulären Forschungsprozess. Gleichzeitig ist es jedoch notwendig, dieses Ergebnis an den Anfang der Arbeit zu stellen, um den Leser durch die Arbeit zu führen. Der Aufbau der Arbeit orientiert sich eng an den diesen leitenden Fragestellungen. Sie werden im Folgenden an die entsprechenden Kapitel der Arbeit angebunden. Da sich jedes Kapitel mit einer Fragestellung befasst, tragen alle Teile der Arbeit, wenn auch in unterschiedlichem Umfang zu den Ergebnissen bei. Um diese kenntlich zu machen, werden sie in den entsprechenden Kapiteln als Ergebnisse ausgewiesen.

Folgende *leitende Fragestellungen* gliedern die vorliegende Arbeit:

1. Welche mathematischen Bildungsziele können für die Bildungsinstitution Kindergarten formuliert werden und welche mathematischen Erfahrungen sollen Kinder im Kindergarten aufgrund dieser Überlegungen machen?

    In *Kapitel 1* wird der Frage nach den mathematischen Bildungszielen im Kindergarten nachgegangen. Während es für den schulischen Kontext mit den KMK-Beschlüssen (vgl. KMK 2005) und den Bildungsplänen der Länder einen breiten Konsens über Bildungsziele innerhalb der fachdidaktischen Gemeinschaft gibt, trifft dies für den Elementarbereich nicht zu. Hier herrscht eine große Heterogenität zwischen den Plänen der einzelnen Länder (vgl. Bildungspläne der Bundesländer für die frühe Bildung in Kindertageseinrichtungen). Der Gemeinsame Rahmen der Länder für die frühe Bildung in Kindertageseinrichtungen (vgl. JMK & KMK 2004) stellt lediglich einen Minimalkonsens dar, der nachträglich erzielt wurde. Er übernimmt damit nicht die inhaltlich konsensuelle Funktion der KMK-Standards im schulischen Bereich. Es gilt daher für die frühe mathematische Bildung als einem jungen Forschungsfeld, Begründungslinien mathematischer Bildungsziele aufzuzeigen, zu systematisieren und zu Leitlinien mathematischer Bildung zu verdichten.

2. In welcher Weise können Kinder im Spiel bzw. beim Spielen Mathematik lernen?

    *Kapitel 2* setzt sich mit der Frage auseinander, wie Kinder im frühen Kindesalter lernen. Hier wird insbesondere das Verhältnis von Spielen und (Mathematik) Lernen auf der Basis empirischer Forschungsergebnisse sowie eines theoretischen Modells geklärt und begrifflich gefasst (vgl. dazu auch Schuler 2011). Darüber hinaus wird der Frage nach der Lernbegleitung durch die Erzieherin und der Qualität pädagogischer Praxis nachgegangen. Abschließend werden diese Erkenntnisse auf die Lernbegleitung im Spiel bezogen. Die Ausführungen zum Lernen und zur Lernbegleitung im Spiel stützen einerseits die Auswahl von Spielen für die eigene empirische Videostudie und andererseits die Ausweitung des eigenen Forschungsinteresses auf die Gestaltung von Spielsituationen.

3. Welche Ansätze und Materialien gibt es, um diese Bildungsziele mit Kindern im Kindergartenalter zu verfolgen und nach welchen Kriterien können sie analysiert und bewertet werden? Welches mathematische Potenzial haben sie?

In *Kapitel 3* werden die zahlreichen Produkte der Entwicklungsforschung wie Materialien, Lernangebote, Lehrgänge und Förderprogramme konzeptionell eingeordnet und die im Forschungsprozess entwickelten Kriterien zur Auswahl und Bewertung von Materialien – insbesondere zum Erwerb des Zahlbegriffs als einer zentralen Kompetenz – zusammenfassend dargestellt. Die konzeptionelle Unterscheidung von Ansätzen zur frühen mathematischen Bildung und die Entwicklung von Kriterien zur Bewertung sind ein Forschungsdesiderat der Entwicklungsforschung und stellen folglich zentrale Ergebnisse der vorliegenden Arbeit dar (vgl. dazu auch Schuler 2008). Die Entwicklung der Kriterien stützt sich einerseits auf die Ausführungen in Kapitel 1 und 2 (Was und wie soll im Kindergarten gelernt werden?) und andererseits auf die in der empirischen Studie gewonnenen Erkenntnisse (vgl. Kapitel 5). Sie gliedern sich in materialinhärente und situative Kriterien zur Analyse und Bewertung von Materialien. Damit greift dieses Kapitel bereits auf Ergebnisse aus den Analysen von Spielsituationen vor.

4. Wie können Spielsituationen im Kindergarten erforscht werden? Welche Formen der Datenerhebung, der Datenaufbereitung und der Datenanalyse sind für die Untersuchung von Spielsituationen mit jungen Kindern angemessen?

In *Kapitel 4* werden die methodologischen und methodischen Fragen der eigenen empirischen Videostudie zur Erforschung von Spielsituationen im Kindergarten geklärt. Auf der Grundlage der Grounded Theory und der Videographie werden die methodischen Entscheidungen der Datenerhebung, der Datenaufbereitung und der Datenanalyse begründet und exemplarisch dargestellt. Insbesondere die Aufbereitung von Videodaten wird hier ausführlich diskutiert und begründet (vgl. dazu auch Schuler 2013, i.Vorb.).

5. Unter welchen Bedingungen können potenziell geeignete Spiele ihr mathematisches Potenzial entfalten bzw. unter welchen Bedingungen können in Spielsituationen mit ausgewählten Spielen mathematische Lerngelegenheiten entstehen?

*Kapitel 5* befasst sich auf der Grundlage der empirischen Videostudie mit der Frage, unter welchen Bedingungen und Voraussetzungen mathematische Lerngelegenheiten in Spielsituation in der bestehenden Ordnung der formalen Offenheit im Kindergarten – wie dem Freispiel – entstehen können. Die Analyse der Daten, bei der die mathematischen Aktivitäten in verschiedenen Settings, in verschiedenen Phasen des Spielprozesses und in verschiedenen Formen und Strukturen der Interaktion untersucht werden, wird exemplarisch dokumentiert. Die Ergebnisse werden in der Form von Hypothesen zur Gestaltung mathematischer Bildung im Kindergarten formuliert.

6. Welche Möglichkeiten und Grenzen lassen sich für die Arbeit mit Spielen im Kontext der mathematischen Bildung formulieren?

In *Kapitel 6* werden die Ergebnisse abschließend zusammengefasst und vor dem Hintergrund der gesamten Arbeit diskutiert. Es werden die Möglichkeiten und Grenzen der Gestaltung mathematischer Bildung mit Spielen und sich daraus ergebende Konsequenzen aufgezeigt.

# 1 Mathematische Bildungsziele im Kindergarten

Welche mathematischen Lerngelegenheiten Kindern im Kindergarten eröffnet werden sollen, ist in Deutschland immer noch Gegenstand der Diskussion. Im Unterschied zur Schule legen Bildungspläne für den Kindergarten nicht verbindlich fest, was Kinder am Ende der Kindergartenzeit können sollen. In der Literatur lassen sich zwei Begründungslinien ausmachen, die unterschiedliche Ansprüche hinsichtlich ihrer Reichweite für die mathematische Bildung im Kindergarten und unterschiedliche Schwerpunktsetzungen haben: Grundsätzlich kann eine *fachdidaktische Linie* von einer *psychologischen Linie* unterschieden werden. Die fachdidaktische Linie bezieht sich in ihren Argumentationen auf fundamentale Ideen und Arbeitsweisen des Faches (Kapitel 1.1), die psychologische Linie befasst sich mit Prädiktoren, die den späteren Schulerfolg vorhersagen sollen (Kapitel 1.2). Unterschiedliche Bezeichnungen der beiden Forschungslinien – Vorläuferfähigkeiten, Vorläuferfertigkeiten, Basiskompetenzen – werden in Kapitel 1.3 geklärt. Diese beiden Linien werden dann auf die Aussagen im *Gemeinsamen Rahmen der Länder* und in den *Bildungsplänen der Länder* bezogen (Kapitel 1.4). Anschließend wird ein unter allen drei Perspektiven wesentlicher Aspekt, der Erwerb und der Aufbau des Zahlbegriffs, näher beleuchtet (Kapitel 1.5). Als Ergebnis werden Leitlinien und Ziele für eine mathematische Bildung im Kindergarten formuliert (Kapitel 1.6).

## 1.1 Fachdidaktische Begründungslinie

Die fachdidaktische Begründungslinie knüpft an die Überlegungen zur schulischen mathematischen Bildung an. Daher ist es notwendig, zunächst über Mathematik in der Schule zu sprechen, bevor der Bezug zum Kindergarten hergestellt wird. Die neue Generation der Bildungspläne aller Schularten (vgl. z.B. Baden-Württemberg, Ministerium für Kultus, Jugend und Sport 2004, 54ff.) orientiert sich im Gefolge von PISA (Programme for International Student Assessment, Baumert u.a. 2001) nicht mehr an den traditionellen Sachgebieten der verschiedenen Schularten, sondern – vor dem Hintergrund einer lebenslangen Bildungskette – an durchgängigen fachlichen Leitideen und Arbeitsweisen. Durch verschiedene Beschlüsse der Kultusministerkonferenz (KMK) wurden diese Leitideen und Arbeitsweisen für die unterschiedlichen Schularten auch auf Bundesebene festgeschrieben (vgl. KMK 2003, 2004, 2005). Die KMK-Beschlüsse sind aber nicht nur als politischer Konsens zu verstehen. Vielmehr ist die Ausrichtung mathematischer Bildung an fundamentalen Ideen und Arbeitsweisen des Faches heute eine weit geteilte Auffassung innerhalb der fachdidaktischen Gemeinschaft. Dies zeigt sich beispielsweise an Publikationen zu den Bildungsstandards, an denen eine breite Autorenschaft aus der Mathematikdidaktik beteiligt ist (vgl. Blum u.a. 2006, Walther u.a. 2008).

Für die Grundschule werden folgende *inhaltlichen Leitideen* formuliert (vgl. KMK 2005, 8f.), die sich mit kleinen Veränderungen auch durch die weiterführenden Schulen ziehen:

- Zahlen und Operationen
- Raum und Form
- Muster und Strukturen
- Größen und Messen
- Daten, Häufigkeit und Wahrscheinlichkeit

Grundlegende *allgemeine mathematische Arbeitsweisen* sind (vgl. KMK 2003, 7f., KMK 2005, 7f.):

- Probleme (mathematisch) lösen
- (Mathematisch) argumentieren
- Kommunizieren
- (Mathematisch) modellieren
- Mathematische Darstellungen verwenden

Sowohl die inhaltlichen Leitideen als auch die allgemeinen mathematischen Arbeitsweisen werden für die verschiedenen Schularten durch Standards konkretisiert. Konkret gliedern sich die Bildungsstandards aller Schularten in *allgemeine mathematische Kompetenzen* und *inhaltsbezogene Kompetenzen*. Allgemeine mathematische Kompetenzen, die auf typische fachliche Arbeitsweisen verweisen, konkretisieren und konzeptualisieren mathematisches Denken und Handeln.

Im Anschluss an die durchgängig einheitliche Konzeptualisierung schulischer mathematischer Bildung mehren sich in der Mathematikdidaktik die Stimmen für eine Ausrichtung frühkindlicher mathematischer Bildung am Fach. So plädiert Wittmann (2009, 55) für eine „bewusst mathematische Fundierung und einen klaren Bezug zu den Bildungsstandards der Grundschule". Kinder sollen der Mathematik als der Wissenschaft von den Mustern von Anfang an unverfälscht begegnen. Künstliche Verpackungen und Sekundärmotivationen werden abgelehnt, da sie „eine echte Begegnung mit Mathematik verhindern und kein nachhaltiges Interesse wecken" (Wittmann 2006, 210). Mathematische Frühförderung ist integraler Bestandteil eines Gesamtkonzepts von Mathematiklernen vom Kindergarten bis zum Abitur und nicht ein vom schulischen Lernen sowie fachlichen Leitideen und Arbeitsweisen abgekoppelter eigenständiger Bereich. Ein durchgängiges fachliches Konzept soll einen „nahtlosen Übergang" vom Kindergarten zur Grundschule ermöglichen (Wittmann 2006, 209). In der konkreten Umsetzung für den Kindergarten sprechen Müller und Wittmann (2002/04/06/07) sowie Wittmann (2009, 54) allerdings nicht von *Leitideen*, sondern von den *Inhaltsbereichen* Zahlen (Arithmetik) und Formen (Geometrie).

Kaufmann (2010, 60ff.) und Rathgeb-Schnierer (2012) schließen sich ebenfalls einer Orientierung am Fach und an den Bildungsstandards der KMK (2005) an. Auch sie sprechen von Inhaltsbereichen, verwenden zur Bezeichnung der Inhaltsbereiche aber die Leitideen aus dem KMK-Standards (2005, 8f.). Neben den Bereichen *Zahlen und Operationen*, *Raum und Form* sowie *Größen und Messen* fokussiert Rathgeb-Schnierer (2012) auf grundlegende mathematische Denk- und Arbeitsweisen: *Ordnen, Sortieren und Strukturieren*.

„Mit der nachfolgend vorgenommenen Differenzierung in mathematische Denk- und Handlungsweisen und mathematische Inhaltsbereiche wird dem Aspekt Rechnung getragen, dass grundlegende mathematische Denk- und Handlungsweisen, wie z. B. Klassifizieren und Strukturieren, nicht mit bestimmten Inhaltsbereichen verbunden sind, sondern sich durch alle Inhaltsbereiche ziehen." (Rathgeb-Schnierer 2012, 52)

Diese übergreifenden Arbeits- und Denkweisen werden teilweise auch als eigenständige Inhaltsbereiche geführt (vgl. Fthenakis 2009, 92) oder finden sich unter der Leitidee *Muster und Strukturen* wieder (vgl. z.B. Kaufmann 2010, 46).

Auch Steinweg (2008) lehnt die frühe mathematische Bildung an die Bildungsstandards der Grundschule an (vgl. Abb. 1.1). Sie unterscheidet vier inhaltliche Kompetenzbereiche, die eingebettet sind in die „Idee des mathematischen Denkens, das sich in Möglichkeiten des Argumentierens und Begründens, aber auch in Kreativität und Mustern zeigen kann" (Steinweg 2008, 146).

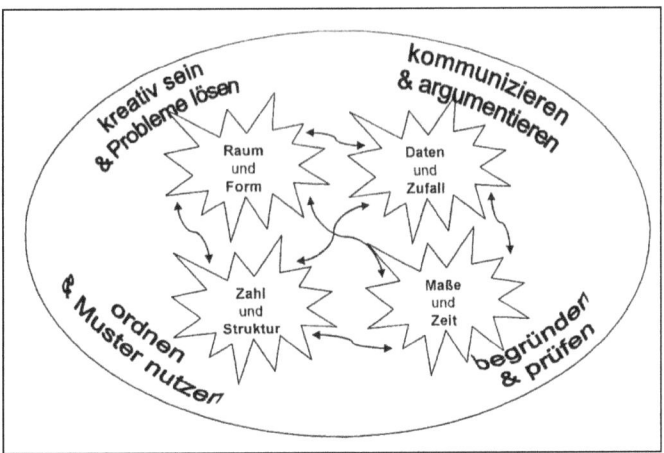

Abb. 1.1: Mathematische Kompetenzbereiche im Kindergarten (Steinweg 2008, 147)

Die Kompetenzbereiche sind wie die schulischen Leitideen nicht überschneidungsfrei, da Aktivitäten im Kindergarten zwar meist einen inhaltlichen Schwerpunkt haben, aber zu anderen Bereichen in Beziehung stehen. Im Hinblick auf die inhaltlichen Kompetenzbereiche werden keine Schwerpunkte gesetzt. Alle vier stehen gleichberechtigt nebeneinander. Darüber hinaus werden Basiskompetenzen formuliert, „die einen günstigen Schulstart ermöglichen. […] Basiskompetenzen orientieren sich an dem, was Kinder können sollten" (Steinweg 2008, 144, 155ff.). Durch die Formulierung konkreter Inhalts- und Prozesskompetenzen, rückt dieser Entwurf nicht nur auf der Ebene der Begrifflichkeiten, sondern auch in der Struktur in die Nähe der Bildungsstandards für die Grundschule (vgl. KMK 2005).

Die Diskussion um die Ausrichtung mathematischer Bildung an Leitideen des Faches weist Parallelen zu den USA auf, wo es eine durchgängige Konzeptualisierung mathematischer Bildung vom Kindergarten bis zum Ende der Schulzeit bereits gibt.

Durch den *National Council of Teachers of Mathematics* (NCTM 2000) werden Inhaltsbereiche (main content areas) und Prozessideen (process ideas) durch verbindliche nationale Standards für verschiedene Altersspannen, so auch für die Altersspanne von 2 bis 7 Jahren konkretisiert (PreK-grade2)[2]. Der Schwerpunkt der mathematischen Bildung in der Altersspanne 2 bis 7 Jahre liegt nach diesen nationalen Empfehlungen auf den folgenden drei Inhaltsbereichen:

– Number and Operations
– Geometry
– Measurement

Unter diesen dreien wird wiederum der Bereich *Number and Operations* besonders hervorgehoben:

> „For early childhood, number and operations is arguably the most important area of mathematics learning. In addition, learning of this area may be one of the best developed domains in mathematics research." (Clements & Sarama, 2007b, 466, vgl. auch Clements 2004, 16f.)

Das Ausmaß an Veränderung und Weiterentwicklung, das man im Vergleich zu den NCTM-Standards (2000) findet, ist national unterschiedlich. Während man in den deutschen KMK-Standards viele Übereinstimmungen zur Urquelle der NCTM-Standards findet, ist dies in der Schweiz nicht mehr ganz so offensichtlich. Dabei spielt auch der Zeitpunkt der Veröffentlichung eine Rolle. So werden im HarmoS-Konkordat[3] der Schweiz (vgl. EDK 2011, 7) mathematisches Denken und Handeln zwar ähnlich aber differenzierter gefasst. Es werden insgesamt acht Stufen im Erwerb von Kompetenzen im Hinblick auf verschiedene Inhaltsbereiche unterschieden:

– Wissen, Erkennen und Beschreiben
– Operieren und Berechnen
– Instrumente und Werkzeuge verwenden
– Darstellen und Formulieren
– Mathematisieren und Modellieren
– Argumentieren und Begründen
– Interpretieren und Reflektieren der Resultate
– Erforschen und Explorieren

Diese Stufen gelten auch für die Vorschule bzw. die Eingangsstufe, die in der Schweiz Bestandteil des Schulwesens sind.

---

2   In den USA werden in dieser Altersspanne folgende Bezeichnungen verwendet: PreKindergarten (2–4 Jahre), Kindergarten (4–5 Jahre), 1. Klasse (5–6 Jahre), 2. Klasse 6–7 Jahre).
3   Die „Interkantonale Vereinbarung über die Harmonisierung der obligatorischen Schule" (HarmoS-Konkordat) ist ein neues schweizerisches Schulkonkordat. Das Konkordat harmonisiert erstmals national die Dauer und die wichtigsten Ziele der Bildungsstufen sowie deren Übergänge. (vgl. http://www.edk.ch/dyn/11659.php)

## 1.2    Psychologische Begründungslinie

Die psychologische Forschung befasst sich schon seit längerem mit Schwierigkeiten beim Lesen- und Schreibenlernen und seit einigen Jahren auch mit Schwierigkeiten beim Rechnen lernen (vgl. z.B. Schneider 1989, Krajewski 2003, Krajewski & Schneider 2006, Dornheim 2008). Als problematisch werden insbesondere die Entwicklungsunterschiede im mathematischen Leistungsniveau von Grundschülern angesehen, die eine Spanne von mehreren Jahren aufweisen können.

> „So kann für das Erlernen der Mathematik kaum von gleichen Chancen gesprochen werden, wenn sie [die Kinder, d. Verf.] in die Schule eintreten. Sorgen machen sich breit, ob diese Unterschiede durch den Schulunterricht noch ausgeglichen werden können oder ob bereits zu diesem frühen Zeitpunkt oder gar im Kindergartenalter ‚Schicksale' von Rechenschwäche schon programmiert sind." (Krajewski 2005, 150)

Ziel dieser Forschung ist es, spezifische Vorläuferfertigkeiten für einzelne Lernbereiche zu benennen, um in der Folge eine drohende Lese-Rechtschreib-Schwäche bzw. Rechenschwäche frühzeitig, also bereits vor Schulbeginn, zu erkennen. Es wird vermutet, „dass der Beginn der Störung in der Entwicklungsphase liegt, in der vorschulisches mathematikrelevantes Wissen erworben wird" (Fritz & Ricken 2005, 5). Durch eine Diagnose und eine anschließende gezielte Förderung dieser spezifischen Vorläuferfertigkeiten im Kindergartenalter soll einer möglichen Lernschwäche vorgebeugt werden (vgl. Krajewski u.a. 2008, 95ff.). Im Mittelpunkt stehen somit die frühe Diagnose von Defiziten und die präventive Förderung.

Spezifische Vorläuferfertigkeiten unterscheiden sich von unspezifischen dadurch, dass sie Vorhersagekraft für genau einen Lernbereich besitzen. Sie sind also entweder für die Vorhersage einer Lese-Rechtschreib-Schwäche oder für die Vorhersage einer Rechenschwäche geeignet. Unspezifische Vorläuferfertigkeiten hingegen lassen keine lernbereichsspezifische Vorhersage zu (vgl. Krajewski 2005, 151).

Die Vorgehensweise dieser Forschung soll exemplarisch an der Studie von Krajewski (2003) und Folgeveröffentlichungen (vgl. Krajewski & Schneider 2006, Krajewski u.a. 2008) dargestellt werden. Anknüpfend an entwicklungspsychologische Erkenntnisse zum Erwerb des mathematischen Verständnisses werden in einer Längsschnittstudie mögliche spezifische Prädiktoren (Mengenvorwissen, Zahlenvorwissen) und unspezifische Prädiktoren (Gedächtniskapazität, Zugriffsgeschwindigkeit auf das Langzeitgedächtnis, visuell-räumliches Vorstellungsvermögen, Sprachverständnis, Konzentrationsfähigkeit, Intelligenz, soziale Schicht) im Vorschulalter für den Schulerfolg im Mathematikunterricht der Grundschule ausgewählt. Kindern im Vorschulalter werden Aufgaben bzw. Tests vorgelegt, die diese Prädiktoren abbilden. Am Ende des ersten und am Ende des vierten Schuljahres werden die Mathematikleistungen mit dem Deutschen Mathematiktest (DEMAT 1+, Krajewski u.a. 2002, DEMAT 4, Gölitz u.a. 2006) und die Rechtschreibleistungen mit dem Weingartner Rechtschreibtest (WRT 1+, Birkel 1995) sowie dem Diagnostischen Rechtschreibtest (DRT 4, Grund u.a. 1994) erhoben.

Aufgrund korrelativer Vorbetrachtungen der möglichen Prädiktoren wird ein Strukturgleichungsmodell entwickelt, das die Einflüsse auf die mathematische Schulleistung modelliert (vgl. Krajewski & Schneider 2006, 256)[4]. Dabei werden die angenommenen spezifischen Prädiktoren (mengen- und zahlbezogenes Vorwissen) als solche bestätigt; d.h. dass sich Unterschiede von Kindergartenkindern beim Zählen (vorwärts, weiter, rückwärts, Vorgänger/Nachfolger, Zahlenvergleich), bei der Seriation von Mengen, beim Mengenvergleich und bei der Zahlinvarianz ein halbes Jahr vor Schulbeginn in den Mathematikleistungen bis zum Ende der Grundschulzeit widerspiegeln. Als unspezifische Prädiktoren mit hoher Vorhersagekraft für die Mathematikleistung (aber auch für die Rechtschreibleistung) stellen sich die Zugriffsgeschwindigkeit (Würfelbilder lesen), die Intelligenz und die soziale Schicht heraus. Für die anderen möglichen unspezifischen Prädiktoren lassen sich nur geringe Zusammenhänge zu den Schulleistungen nachweisen. Insgesamt entwickeln ungefähr 65% der Kinder mit Auffälligkeiten kurz vor Schulbeginn Schwierigkeiten in der ersten Klasse (vgl. Krajewski & Schneider 2006, 258ff.).

Dornheim (2008) kommt in einer ähnlich angelegten Studie zu weitgehend identischen Ergebnissen wie Krajewski (2003), was die Vorhersagekraft des Zahlenvorwissens und des numerischen Mengenwissens betrifft. Zählen, Abzählen, das Erfassen von Anzahlen und das Anwenden des Zahlenvorwissens sagen die Rechenleistung mit guten statistischen Werten voraus. Die räumliche Intelligenz hat in ihrer Studie aber einen indirekten, über das Zahlenvorwissen vermittelten Einfluss auf die Mathematikleistungen in der Schule.

Fritz und Ricken (2005, 19) deuten die Tatsache, „dass eben auch Kinder mit Auffälligkeiten in den Vorkenntnissen keine Rechenstörungen entwickelt haben", dahingehend, dass noch „zu wenig publizierte Daten aus prospektiven Längsschnittstudien vorliegen, um gesicherte Aussagen über Prädiktoren im Vorschulalter zu treffen" (Fritz & Ricken 2005, 23). Dies gilt insbesondere für das als zentral angesehene Teil-Ganzes-Konzept und die Integration von Teilfertigkeiten, die in den bisherigen Untersuchungen der Prädiktionsforschung keine Rolle gespielt haben (vgl. Fritz & Ricken 2005, 5, 23, vgl. dazu auch Kapitel 1.5.1).

Psychologische Studien lenken das Augenmerk auf die Früherkennung von Schwierigkeiten beim Rechnen lernen. Wie die oben angeführte Studie zeigt, ist dies ein komplexes Unterfangen, da Schwierigkeiten beim Rechnen erst mit dem Rechnen, also mit Schuleintritt bzw. im Laufe der Schulzeit, virulent werden (vgl. Lorenz 2005, 30f.). Die Früherkennung und damit auch die Frühförderung erfolgt über spezifische Vorläuferfertigkeiten, deren Identifikation noch weitgehend am Anfang steht (vgl. Kapitel 1.3). Ausgehend von der Prämisse des Schulerfolgs und der kompensatorischen Förderung sind spezifische Vorläuferfertigkeiten, also zahl- und mengenbezogenes Wissen, in dieser Begründungslinie der zentrale Orientierungspunkt mathematischer Bildung im Kindergarten.

---

4   In Krajewski (2003) und (2005) finden sich abweichende Strukturmodelle. Hier wird auf das zeitlich letzte Modell von Krajewski & Schneider (2006, 256) Bezug genommen, das auch in Krajewski (2008, 281) erneut publiziert ist.

Die Unterscheidung in spezifische und unspezifische Vorläuferfertigkeiten ist folglich eine Unterscheidung der Forschung, die eine Diagnose gefährdeter Kinder und deren gezielte Förderung im Lernbereich Rechnen ermöglichen soll. Sie ist keine Unterscheidung der Praxis, die stets ein Interesse an einer breiten und umfassenden Förderung auch unspezifischer Vorläuferfertigkeiten hat, beispielsweise mit dem Ziel einer kombinierten Prävention von Lese-Rechtschreib-Schwierigkeiten und Rechenschwierigkeiten. Mit Blick auf die Praxis gibt es auch in der Psychologie dahingehende Ansätze:

> „Deshalb ergänzen unspezifische Fertigkeiten (insbesondere visuell-räumliche Wahrnehmungsleistungen) wohl die Liste der Bedingungen, die die Entwicklung von Rechenfertigkeiten insgesamt unterstützen." (Fritz & Ricken 2005, 8)

## 1.3 Vorläuferfähigkeiten, Vorläuferfertigkeiten, Basiskompetenzen

> „Deutlicher als 1970 ist inzwischen im Blick, dass sich die Kompetenzen der Heranwachsenden in Zeiträumen entfalten, die in der frühen Kindheit beginnen und weit über die Grundschule hinausreichen. [...] Paradebeispiel dafür sind die phonologische Bewusstheit [...] und die frühe Zahlbegriffsentwicklung. Während der Kindergartenzeit entwickeln sich die entscheidenden Vorläuferfähigkeiten für die schulischen Lernprozesse." (Faust-Siehl 2001, 74)

Was Kindergartenkinder in Bezug auf Mathematik lernen sollen, wird unterschiedlich bezeichnet. Die Verwendung der verschiedenen Bezeichnungen ist von der jeweiligen Forschungstradition geprägt. Findet die Bezeichnung *Vorläuferfähigkeiten* in verschiedenen Fachdidaktiken, der Grundschuldidaktik und in der Frühpädagogik Verwendung, so steht die Bezeichnung *Vorläuferfertigkeiten* in der psychologischen Forschungstradition. Inhaltlich werden sie aber weitgehend synonym verwendet, wohingegen die Bezeichnung *Basiskompetenzen* in der Mathematikdidaktik z.T. in deutlicher Abgrenzung verwendet wird.

Beide Bezeichnungen, *Vorläuferfähigkeiten* und *Vorläuferfertigkeiten*, werfen aber eine grundsätzliche Frage auf: Wofür sind sie Vorläufer? Faust-Siehl (2001) spricht von Vorläuferfähigkeiten für die schulischen Lernprozesse. Über den Zusatz *Vorläufer* wird die frühkindliche Bildung – zumindest auf der Ebene der Bezeichnung – auf die Schule ausgerichtet.

Der Begriff *Fertigkeiten* ist in der Mathematikdidaktik und der Psychologie fest umrissen. Fertigkeiten sind abrufbare Handlungen wie etwa das Zählen. Die Bezeichnung als Fertigkeiten betont die Automatisierung, die schnelle Abrufbarkeit und die Entlastung des Gedächtnisses als Voraussetzung für Verstehensprozesse (vgl. z.B. Stern 2006, 100f.). Der Terminus *Fähigkeiten* hingegen wird hauptsächlich in der Mathematikdidaktik verwendet. Er ist assoziiert mit operativem Üben, beweglichem Denken und Verständnis (vgl. Padberg 1992, 265), in jüngeren Diskussionen auch mit prozessbezogenen Kompetenzen wie Argumentieren, Begründen oder Kommunizieren (vgl. Steinweg 2008, 144). Innerhalb der Mathematikdidaktik besteht die Auffassung, dass Fertigkeiten sich aus Fähigkeiten entwickeln sollten, um verständnisvolles Lernen zu gewährleisten. Doch nicht alle Fähigkeiten müssen automatisiert werden. Die Verwendung der Bezeichnung Fähigkeiten kann aus dieser fachdidaktischen Tradition heraus verstanden werden.

Darüber hinaus wird in der Mathematikdidaktik der Begriff *Vorläuferfähigkeiten* inhaltlich weiter gefasst als der Begriff Vorläuferfertigkeiten in der Psychologie. So werden mit dem diagnostischen Instrument ‚Elementarmathematisches Basisinterview' (EMBI, vgl. Peter-Koop u.a. 2007) folgende Fähigkeiten erhoben, die alle auch als Vorläuferfähigkeiten bezeichnet werden: Eins-zu-Eins-Zuordnen, Zählen, Abzählen, Vergleichen, Invarianz, mathematisches Sprachverständnis, Raum-Lage-Beziehungen, Muster Erkennen und Fortsetzen, Ordinalzahlen, Subitizing, Zuordnung Zahlsymbole – Mengenbilder, Reihenfolge Zahlsymbole, Teil-Ganzes-Beziehung, Vorgänger/Nachfolger, nach Reihenfolge Ordnen. Zwar liegt der Fokus hier ebenfalls auf dem Zahlbegriff, aber nicht nur auf Teilfertigkeiten mit statistischer Vorhersagekraft des Schulerfolgs. Es wird außerdem darauf verwiesen, dass in anderen Bereichen (z.B. Muster) empirische Studien zur Bedeutung von Vorläuferfähigkeiten noch fehlen. So werden in Diagnose und Förderung auch Vorläuferfähigkeiten berücksichtigt, die auf theoretischen Modellen oder Erfahrungen basieren (vgl. Lorenz 2005, Peter-Koop & Grüßing 2007, 161f., Peter-Koop u.a. 2007).

Sind die Bezeichnungen Vorläuferfähigkeiten und -fertigkeiten vorwiegend bzw. ausschließlich auf für den Schulerfolg relevante Teilfähigkeiten bzw. -fertigkeiten des Zahlbegriffs bezogen, so wird die Bezeichnung *Basiskompetenzen* bei Steinweg (2008) weiter gefasst, wohingegen Roßbach (2004, 13), Lorenz (2005, 31) und Stern (2006, 96) Basiskompetenzen im Sinne von Vorläuferfertigkeiten verwenden. Basiskompetenzen sind bei Steinweg (2008) bestimmt durch *inhaltsbezogene und prozessbezogene Kompetenzen*. Der Begriff *Kompetenzen* umfasst dabei Fertigkeiten, Fähigkeiten und Kenntnisse (Faktenwissen). Mathematische Bildung im Kindergarten orientiert sich damit weitgehend an denselben Leitideen wie die schulische Bildung (vgl. Heinze & Grüßing 2009). Gleichzeitig macht der Zusatz *Basis* deutlich, dass Kompetenzen institutionenspezifisch formuliert werden (vgl. Abb. 1.1). Mit dem Verzicht auf den Zusatz *Vorläufer* soll zudem gegen eine Trivialisierung mathematischer Bildung im Kindergarten Position bezogen werden:

> „Eine Fehlvorstellung liegt in der Idee der Vorläuferfähigkeiten. Lernen geschieht nicht in linearer Abfolge nach wissenschaftlich gegebenen Plänen, sondern kumulativ und assoziativ sowie in Sprüngen. […] Jede Auseinandersetzung mit mathematischen Inhalten ist per se Mathematik und keine Vorform." (Steinweg 2008, 144)

Aber nicht nur in der Mathematikdidaktik, sondern auch in der Deutschdidaktik entzündet sich Kritik an einer zu engen inhaltlichen Sicht auf Vorläufer:

> „Mit der phonologischen Bewusstheit, die gegenwärtig in der Diskussion der Vorläuferfertigkeiten einen unangemessen hohen Stellenwert einnimmt, wird nur ein kleiner Ausschnitt der für den Schrifterwerb bedeutsamen Vorläuferfertigkeiten erfasst." (Schmid-Barkow 2008, 54)

Bezeichnungen transportieren unterschiedliche Sichtweisen auf den Gegenstand. Diese Nuancen gilt es zu explizieren und bei ihrer Verwendung mitzudenken. Die Bezeichnung *Basiskompetenzen* expliziert inhalts- und prozessbezogene Kompetenzen für die Institution Kindergarten. *Vorläuferfähigkeiten bzw. -fertigkeiten* sind in ihrer Ausrichtung und in ihrer inhaltlichen Konzeption hingegen enger gefasst. Sie umfassen im Wesentlichen Teilfähigkeiten des Zahlbegriffs. Die Bezeichnungen Vorläuferfähigkeiten bzw. -fertigkeiten bergen aber nicht nur die Gefahr einer inhaltlichen Verkürzung, sondern sie weisen mathematischer und sprachlicher Bildung im Kindergarten auch eine primär schulbezogene und -vorbereitende Rolle zu, was durch die Verwendung der Bezeichnung ‚Risikokinder' in diesem Zusammenhang noch unterstrichen wird (vgl. Lorenz 2005, Krajewski & Schneider 2006, Peter-Koop & Grüßing 2007, Clarke u.a. 2008, Dornheim 2008). Wenn mathematische Kompetenzen im Kindergarten primär relativ zur Schule formuliert werden, dann besteht die Gefahr, dass ein zu enges Bild mathematischer Bildung im Kindergarten entsteht. So wäre die Bezeichnung Vorläuferfähigkeiten mit Blick auf die weiterführenden Schulen auch in der Grundschule verwendbar bzw. in den weiterführenden Schulen mit Blick auf Berufsausbildung und Studium. Im Sinne einer lebenslangen Bildungskette, die von Bildungssituationen in unterschiedlichen Bildungsinstitutionen mit je eigenem Bildungsauftrag gekennzeichnet ist, sollte auf Bezeichnungen, die die Eigenständigkeit eines Bereichs durch die Ausrichtung auf die nachfolgende Institution in Frage stellen, verzichtet werden. Dies geschieht auch im Rahmen dieses Forschungsvorhabens.

## 1.4 Gemeinsamer Rahmen und Bildungspläne der Länder

Im Folgenden werden der *Gemeinsame Rahmen der Länder für die frühe Bildung in Kindertageseinrichtungen* und ausgewählte *Bildungspläne der Länder* daraufhin untersucht, welche Aussagen sie zur mathematischen Bildung treffen. Der Begriff Bildungsplan wird „als Sammelbegriff für die normativen Setzungen der Bundesländer zur fachlichen Bestimmung der Kindertagesbetreuung verwendet" (Diskowski 2008, 48), auch wenn die Pläne der einzelnen Länder unterschiedliche Bezeichnungen tragen.

Dem Selbstverständnis nach ist der *Gemeinsame Rahmen der Länder* ein Rahmen über *Bildungsziele* (vgl. JMK & KMK 2004, 2). Die Formulierung eines verbindlichen *Bildungsauftrags* neben einem Erziehungs- und Betreuungsauftrag ist die wesentliche Neuerung des Gemeinsamen Rahmens und aller Länderpläne. Manchmal wird dem Dreiklang von Bildung, Erziehung und Betreuung noch die Prävention hinzugefügt. Darunter wird „das Bemühen um die Unterstützung und Herausforderung von Bildungsprozessen auf höchst möglichem Niveau" (vgl. Laewen 2006, 101) für alle Kinder verstanden.

Die Formulierung eines verbindlichen Bildungsauftrags ist der „Abschied von der Unverbindlichkeit" (Diskowski 2008, 50) in der Kindertagesbetreuung und das Bekenntnis zu Bildungsansätzen in der frühen Kindheit. Diese Diskussion über die Stärkung des Bildungsauftrages ist keineswegs neu, sondern wurde während der

Bildungsreform in den 1960er und 1970er Jahren bereits geführt. Nachdem jedoch funktions- und wissenschaftsorientierte Ansätze aufgrund ihres einseitig schulvorbereitenden Charakters in Gestalt isolierter Trainingsprogramme scheiterten, geriet der Bildungsgedanke mit der Dominanz des Situationsansatzes in den Hintergrund. Das Fehlen expliziter Bildungsziele führte zu einer viel kritisierten Beliebigkeit in der Praxis (vgl. Roßbach 2004, 11f.). Der Gemeinsame Rahmen und die Bildungspläne der Länder für Kindertageseinrichtungen können folglich als ein erstes Ergebnis der Diskussion um die bessere Anschlussfähigkeit von Kindergarten und Grundschule gewertet werden, indem der Bildungsgedanke im Allgemeinen gestärkt wurde. Inwiefern dies auch für die mathematische Bildung im Besonderen zutrifft, soll im Folgenden geklärt werden.

Während es in den USA wie bereits beschrieben eine Kontinuität der Inhaltsbereiche (content areas) und der Prozessideen (process ideas) sowie eine verbindliche Festlegung von Kompetenzen für bestimmte Altersstufen zwischen den vorschulischen und den schulischen Bildungsinstitutionen gibt, findet sich Vergleichbares auf der Ebene nationaler Beschlüsse in Deutschland nicht (vgl. JMK & KMK 2004). Eine Begründung dafür liefert der *Gemeinsame Rahmen der Länder für die frühe Bildung in Kindertageseinrichtungen* selbst, indem er auf ein anderes, erziehungswissenschaftliches, Leitprinzip verweist:

> „Das pädagogische Programm in den Kindertageseinrichtungen ist durch das *Prinzip der ganzheitlichen Förderung* (Hervorhebung d. Verf.) geprägt. Eine Fächerorientierung oder Orientierung an Wissenschaftsdisziplinen ist dem Elementarbereich fremd. Eine Beschreibung von Themenfeldern, in denen sich die kindliche Neugier artikuliert, aber ist sinnvoll, weil sie die Angebote der Kindertageseinrichtung konkretisiert." (JMK & KMK 2004, 3)

In der *Erziehungswissenschaft* wird Ganzheitlichkeit als Unterrichtsprinzip im Anschluss an Pestalozzi und die Reformpädagogik auf drei Ebenen näher gefasst (vgl. Schröder 2001, 121):

– ganzheitliche Bildung des Menschen im Sinne der Förderung kognitiver, affektiver und psychomotorischer Aspekte;
– ganzheitliche Stoffbetrachtung als Überwindung der fachspezifischen Zersplitterung von Bildungsgegenständen;
– ganzheitliche Auffassungsgabe und Erlebnisweise des Kindes, die das Ganze als den Ausgangspunkt des kindlichen Lernens bestimmt.

Schuster (2006, 151) konkretisiert das *Prinzip der ganzheitlichen Förderung* für den Kindergarten als das Anknüpfen an die Lebenswelt und die Interessen der Kinder, das Eröffnen von Gestaltungsspielräumen und Lernformen, die freies Erkunden und selbstgesteuertes Lernen ermöglichen. Dafür hält sie die Projektarbeit für besonders geeignet.

Neben das Prinzip der ganzheitlichen Förderung werden jedoch sechs *Bildungsbereiche* gestellt, die es bei der Gestaltung frühkindlicher Bildung zu beachten gilt (vgl. JMK & KMK 2004, 4f.):

–   Sprache, Schrift, Kommunikation; personale und soziale Entwicklung
–   Werteerziehung/religiöse Bildung
–   Mathematik, Naturwissenschaft, (Informations-)Technik
–   Musische Bildung/Umgang mit Medien
–   Körper, Bewegung, Gesundheit
–   Natur und kulturelle Umwelten

Durch die Benennung von Bildungsbereichen wird deutlich, dass die mathematische Bildung verbindlicher Bestandteil frühkindlicher Bildung ist. Der Gemeinsame Rahmen für frühe Bildung in Kindertageseinrichtungen formuliert aber im Unterschied zu den Bildungsstandards der KMK oder des NCTM einen allgemeinen Bildungsauftrag mit verschiedenen Bildungsbereichen und keinen fachlichen Bildungsauftrag im Speziellen:

> „Im Vordergrund der Bildungsbemühungen im Elementarbereich steht die Vermittlung grundlegender Kompetenzen und die Entwicklung und Stärkung persönlicher Ressourcen, die das Kind motivieren und darauf vorbereiten, künftige Lebens- und Lernaufgaben aufzugreifen und zu bewältigen, verantwortlich am gesellschaftlichen Leben teilzuhaben und ein Leben lang zu lernen." (JMK & KMK 2004, 2)

Innerhalb des Bildungsbereichs „Mathematik, Naturwissenschaft, (Informations-)Technik" findet sich folgende Konkretisierung:

> „Deshalb sollten die kindliche Neugier und der natürliche Entdeckungsdrang der Kinder dazu genutzt werden, den entwicklungsgemäßen Umgang mit Zahlen, Mengen und geometrischen Formen, mathematische Vorläuferkenntnisse und -fähigkeiten zu erwerben." (JMK & KMK 2004, 4)

In Bezug auf die Mathematik werden mit *Zahlen, Mengen und geometrischen Formen* zwei zentrale Inhaltsbereiche angesprochen: Arithmetik und Geometrie. Außerdem sollen Vorläuferkenntnisse und -fähigkeiten erworben werden. Dadurch wird auf die schulvorbereitende Rolle des Kindergartens verwiesen.

Die weitere Ausgestaltung des Bildungsauftrags und der Bildungsbereiche obliegt den Ländern. Obwohl die Pläne damit in unterschiedlicher Verantwortung liegen, stellt Diskowski (2008) eine *zentrale Gemeinsamkeit aller Pläne* heraus:

> „Alle Bildungspläne widmen sich in ihren zentralen Teilen den *Inhalten* der Bildungsarbeit. Dieser Teil, ob er „Bildungsbereich", „themenbezogener Förderschwerpunkt" o.ä. genannt wird, bildet den Kern der Pläne. Es ist bemerkenswert, dass – bei aller Unterschiedlichkeit der Vorhaben, bei allen Differenzen der Urheber der jeweiligen Entwürfe und dem vollständigen Fehlen jeglicher Absprache oder gar Abstimmung, – diese Gemeinsamkeit besteht. Sind auch die Zuschnitte der Bildungsbereiche und ihre Anzahl unterschiedlich, so besteht doch offensichtlich ein großer Konsens über die Lernmöglichkeiten, die Kindern in der Kindertagesstätte eröffnet werden sollen." (Diskowski 2008, 54)

Die Pläne der Länder sind somit tatsächlich Bildungspläne. Sie heben alle hervor, dass den Kindern im Kindergarten Erfahrungs- und Lernmöglichkeiten in verschie-

denen Bildungsbereichen eröffnet werden sollen. Es werden aber weder zu errei-
chende Kompetenzniveaus noch verbindliche Standards formuliert.

> „Entgegen anfangs geäußerten Befürchtungen normieren fast alle Bildungspläne die
> *Aufgabe* (Hervorhebung d. Verf.) der Kindertageseinrichtung – es werden also zu-
> vorderst keine zu erreichenden Kompetenzniveaus der Kinder beschrieben. Soweit
> eine Beschreibung von anzustrebenden Kompetenzen zuweilen aufscheint, ist sie
> eher als Konkretisierung der Aufgabenbeschreibung der Einrichtungen zu verstehen.
> Ein zu erreichendes Schuleingangsniveau als Zielbeschreibung der Bildungsarbeit
> wird jedenfalls durchgängig vermieden." (Diskowski 2008, 54, vgl. auch Schuster
> 2006, 151)

Diese Gemeinsamkeit kann jedoch über die *Heterogenität der Länderpläne* in der
Ausgestaltung der Bildungsbereiche sowie in Bezug auf die mathematische Bildung (vgl. Peter-Koop 2009) nicht hinwegtäuschen. Diese spiegelt sich augenfällig
im Umfang und in den unterschiedlichen Bezeichnungen wider. Die Bezeichnungen reichen von Grundlagen für die Kindertagesbetreuung über Bildungsempfeh-
lungen, Bildungsvereinbarung, Orientierungsplan, Rahmenplan, Bildungs- und Erziehungsplan bis zu Bildungsprogramm (vgl. Royar 2007b, 35). Der unterschiedliche Grad an Verbindlichkeit, der durch diese Bezeichnungen zum Ausdruck
kommt, ist durch den *Gemeinsamen Rahmen* gedeckt:

> „Bildungspläne können als Empfehlungen eingeführt werden oder sie konkretisieren
> verbindlich vorgeschriebene Bildungsziele." (JMK & KMK 2004, 7)

Die Heterogenität zeigt sich auch in der Einordnung mathematischer Bildung in
den verschiedenen Plänen:[5]

–   In Bremen (2004) wird die Mathematik als solche nicht erwähnt. Im Bildungs-
    bereich *Natur, Umwelt und Technik* wird an einigen Stellen Bezug auf mathe-
    matische Inhalte genommen. Es ist die Rede von ersten Erfahrungen mit For-
    men, Mengen und Zahlen. Auch das Messen wird erwähnt.
–   In Baden-Württemberg (2011) ist die Mathematik zusammen mit Naturphäno-
    menen und Technik im Bildungs- und Entwicklungsfeld *Denken* zu finden. Ne-
    ben der Aufzählung alltäglicher mathematikhaltiger Kindergartensituationen
    werden Ziele im Hinblick auf Inhalte wie Mengen, Ziffern, Muster, aber auch
    auf mathematische Arbeitsweisen wie Vermuten, Systematisieren und Darstel-
    len genannt.
–   In Rheinland-Pfalz (2004) wird die Mathematik wie im Gemeinsamen Rahmen
    in einem Bildungsbereich *Mathematik, Naturwissenschaften und Technik* veror-
    tet. Hier werden Lerngelegenheiten zu Inhalten und Arbeitsweisen beschrieben,
    die im Kindergarten geschaffen werden sollen: Zählen, Messen, geometrische
    Objekte und Beziehungen Beschreiben, Sortieren, Ordnen, Vermuten, Darstel-
    len, Kommunizieren.
–   In Bayern (2006) wird die *Mathematik* als eigenständiger Bildungsbereich ge-
    führt. Als inhaltliche Leitideen werden hier Formen, Mengen, Zahlen, Raum

---

5   Für einen kritischen Vergleich der Bildungspläne für Kindertageseinrichtungen vgl. Royar (2007b).

und Zeit aufgeführt. Ziele werden nach Pränumerik, Numerik und Symbolik unterschieden.

Die unterschiedliche Interpretation des Verbindlichkeitsgrades einerseits und die heterogene Ausgestaltung der Bildungsbereiche andererseits „belegen die Notwendigkeit weiterer gemeinsamer überregionaler bildungspolitischer und theoretischer Fundierung" (Schuster 2006, 155). Auch wenn in den Bildungsplänen die Leitideen Zahl, Raum und Form sowie Messen und Größen und z.T. auch allgemeine mathematische Kompetenzen in irgendeiner Form angesprochen werden (vgl. KMK 2005), so gibt es in keinem Bundesland eine explizite Orientierung an fachlichen Leitideen und Arbeitsweisen. In den meisten Plänen werden konkrete Lernerfahrungen bzw. Lerngelegenheiten formuliert. Diese werden nur in einigen wenigen Plänen wie in Bayern oder Mecklenburg-Vorpommern übergreifenden inhaltlichen Leitideen zugeordnet, die aber wiederum von den schulischen Leitideen mehr oder weniger stark abweichen.

Folglich unterscheiden sich die Bildungspläne für Kindertagesstätten nicht nur in Bezug auf die Orientierung am Fach, sondern auch in Bezug auf die Normierung von Kompetenzniveaus deutlich von formalen Bildungsinstitutionen und von vorschulischen Bildungsinstitutionen in anderen Ländern (z.B. in den USA). Dies hat seine Ursache in der hiesigen Kindergartentradition. Grundsätzlich kann eine sozialpädagogische Tradition (mittel- und nordeuropäische Länder) von einer vorschulischen Tradition (Australien, Kanada, Frankreich, Irland, Niederlande, Großbritannien, USA) unterschieden werden. Diese beiden Traditionen können wie folgt beschrieben werden:

> „France and the English-speaking world have adopted a ‚readiness for school' approach, focusing on cognitive development in the early years, and the acquisition of a range of knowledge, skills and dispositions that children should develop as a result of classroom experiences. Contents and pedagogical method in early and primary education have been brought closer together, generally in favour of teacher-centred and academic approaches. In countries inheriting a social pedagogy tradition (Nordic and Central European countries), the kindergarten is seen as a broad preparation for life and the foundation stage of lifelong learning. The focus is placed on supporting children in their current developmental tasks and interests. The approach to children encompasses care, upbringing and education. Links with the primary school – and free-time services – are maintained through a variety of mechanisms and there is wide acknowledgment that kindergarten pedagogy should influence at least the early years of the primary school." (OECD 2006, 57)

Während sich die sozialpädagogische Tradition durch eine Orientierung am Kind und eine ganzheitliche, lebensweltorientierte Bildung auszeichnet, orientiert sich der vor-schulische Ansatz primär an kognitiven Zielen, die in schulähnlichen Arrangements erworben werden.

> „The pre-primary approach to education is found in many countries […]. These countries tend to introduce the contents and *methods* (Hervorhebung d. Verf.) of primary schooling into early education." (OECD 2006, 61)

Dass jedoch eine frühe Bildung, die sich dem Prinzip der ganzheitlichen Förderung verpflichtet fühlt, einer fundierten fachlichen Bildung nicht grundsätzlich widerspricht, zeigt sich daran, dass nun auch in Deutschland Bildungsbereiche verbindlich gemacht werden.

> „In Fachwissenschaft und Praxis hat die Befürchtung abgenommen, zur ‚Vor-Schule' zu werden, wenn man sich auch mit Anforderungen der kognitiven Entwicklung befasst. Man traut sich, ‚Bildungsbereiche' in den Bildungsplänen zu benennen, ohne reflexhaft das Aufkommen von Schulfächern in der Kindertagesstätte zu befürchten." (Diskowski 2008, 50)

Wittmann (2006, 210) spricht von einem „scheinbaren Gegensatz von ‚Fach' und ‚Kind'". Die Kindergartenpraxis hierzulande ist herausgefordert, fachliche Bildung in der bestehenden sozialpädagogischen Tradition, also innerhalb des Prinzips der ganzheitlichen Förderung, zu gestalten. Die Zusammenschau zeigt folglich wie in einem Brennglas ein wohlbekanntes Spannungsfeld auf, das Spannungsfeld ‚Kind' und ‚Mathematik'. Dass für dieses Spannungsfeld zu jeder Zeit unterschiedliche Lösungen gesucht und versucht wurden, zeigt Schütte (2008, 22ff.) für die Grundschule umfassend auf.

## 1.5  Erwerb und Aufbau des Zahlbegriffs im Kindesalter

Dem Erwerb des Zahlbegriffs kommt für die frühe mathematische Bildung eine zentrale Bedeutung zu. In der Psychologie wird der Erwerb des Zahlbegriffs als grundlegend für das Rechnenlernen und das mathematische Verständnis begriffen (vgl. Stern 1998, Krajewski 2003, Fritz & Ricken 2005). In der Mathematikdidaktik wird die Leitidee *Zahl* bzw. *Zahlen und Operationen* als besonders wichtig für den Elementarbereich angesehen (vgl. z.B. Hasemann 2003, Clements u.a. 2004, Wittmann 2006). Aufgrund dieser Bedeutsamkeit, sowie der umfänglichen Hintergrundtheorie, aber auch bestehender Desiderate im Hinblick auf die frühkindliche mathematische Bildung wurde dieser Bereich für das vorliegende Forschungsvorhaben ausgewählt. Im Folgenden wird der Erwerb des Zahlbegriffs mit Bezug auf die Psychologie (Kapitel 1.5.1) und die Mathematikdidaktik (Kapitel 1.5.2) näher betrachtet. Auf dieser Grundlage sollen – für einen Bereich – konkrete Antworten auf die eingangs gestellte Frage gegeben werden: Welche mathematischen Lerngelegenheiten sollen Kindern im Kindergarten eröffnet werden.

### 1.5.1  Psychologische Ansätze

In den vergangenen fünfzig Jahren gab es bezogen auf den Erwerb des Zahlbegriffs einen Wechsel von Piagets *Logical-foundation-Modell* zu verschiedenen *Skills-integration-Modellen* (vgl. Clements 1984, Peter-Koop & Grüßing 2007). Während nach Piaget die Beherrschung logisch-formaler Operationen als zentral für den Erwerb des Zahlbegriffs gilt (Kapitel 1.5.1.1), wird in neueren psychologischen Ansätzen die Bedeutung des Zählens und die Integration zahlbezogener Fähigkeiten hervorgehoben (Kapitel 1.5.1.2). Neurowissenschaftliche Ansätze betonen die Notwendigkeit der Verknüpfung verschiedener mentaler Repräsentationen von Zahlen (Kapitel 1.5.1.3). Im Folgenden wird primär auf die neueren psychologischen Ansätze eingegangen. Die beiden anderen Ansätze werden nur kurz skizziert, da sie für die weitere Arbeit nicht relevant sind.

### 1.5.1.1 Erwerb des Zahlbegriffs nach Piaget

Nach Piaget (1964, 50ff.) entwickelt sich der Zahlbegriff auf der Grundlage logisch-formaler Operationen wie *Seriation*, *Klassifikation*, *Eins-zu-Eins-Zuordnung* und *(Anzahl) Invarianz*. Diese Operationen sind insofern logisch formal, als sie nicht nur auf Zahlen und Mengen angewendet werden können. So können Gegenstände nach verschiedenen Kriterien wie Größe, Länge, Dicke geordnet bzw. in eine Reihe gebracht oder Invarianzen sowohl bei diskreten Objekten wie Perlen als auch bei Flüssigkeiten wahrgenommen und festgestellt werden. Die konkreten Handlungen sind lediglich Ausdruck einer verstandesmäßigen Tätigkeit. Viele Versuchsanordnungen von Piaget zielen daher auf diese grundlegenden Denkmuster. (vgl. z.B. Piaget & Szeminska 1972, 135f.)

Komplexe logische Operationen, wie die Invarianz, sind jedoch erst mit Eintritt in das konkret-operationale Stadium (7–11 Jahre) möglich. Da die Entwicklung des Zahlbegriffs auf der Beherrschung aller logischen Operationen basiert, nimmt Piaget seine Ausbildung auch erst im Alter von 7 Jahren an. Sinnvolles Arbeiten mit Zahlen ist davor nicht möglich.

> „Sämtliche kognitiven Errungenschaften der konkret-operationalen Stufe [z.B. Perspektivübernahme, Invarianz, Reversibilität, d. Verf.] sind demzufolge Voraussetzung, damit überhaupt sinnvoll mit Zahlen gearbeitet werden kann." (Moser Opitz 2001, 40)

Das Zählen, das bereits im prä-operationalen Stadium (2–5 Jahre) zu beobachten ist, betrachtet Piaget hingegen als ein reines Aufsagen der Zahlwortreihe ohne quantifizierende Bedeutung:

> „Die gesprochene Aufzählung, die die soziale Umgebung dem Kinde dieses Niveaus zuweilen aufzwingt, bleibt in der Tat völlig verbal und ohne operatorische Bedeutung." (Piaget & Szeminska 1972, 47)

Es leistet nach seiner Auffassung keinen Beitrag zur Zahlbegriffsentwicklung.

### 1.5.1.2 Neuere psychologische Ansätze

Gelman und Gallistel (1978) betonen Ende der 1970er Jahre in Abgrenzung zu Piaget die *Bedeutung des Zählens* für den Zahlbegriffserwerb: Zählen geht demnach der Zahlinvarianz voraus und kann diese sogar unterstützen. Sie stellen damit in Frage, dass die Zahlvarianz eine unabdingbare Voraussetzung für den Erwerb des Zahlbegriffs ist. Clements (1984) kann in Trainingsexperimenten zudem nachweisen, dass ein ordinales Training (Zählfertigkeiten) nicht nur auf ordinale Fähigkeiten, sondern auch auf logische Operationen der Kinder transferiert, ein Training logischer Operationen hingegen nur auf logische Operationen:

> „The acquisition of neither class inclusion nor conservation, whether through development or learning, appears to be an absolute prerequisite to the learning of many number skills." (Clements 1984, 774)

Die Frage, ob Zählprinzipien angeboren sind, wird unterschiedlich beantwortet. Während Gelman und Gallistel (1978) von angeborenen Zählprinzipien ausgehen, vertritt Fuson (1988, 34–60) die Auffassung, dass Zählfertigkeiten erst durch den Gebrauch der Zahlwortreihe erworben werden. Sie unterscheidet fünf Niveaus des Erwerbs der Zahlwortreihe (vgl. Fuson 1988, 45ff., deutsche Bezeichnungen nach Moser Opitz 2001, 86f.; für eine ausführliche Beschreibung der Niveaustufen vgl. Gasteiger 2010, 42f.):

– *String level* (Zahlwortreihe als Ganzheit): Die Zahlwortreihe wird als Ganzes von eins an aufgesagt. Einzelne Zahlwörter können nicht immer voneinander unterschieden werden.
– *Unbreakable list level* (unflexible Zahlwortreihe): Die einzelnen Zahlwörter können nun voneinander unterschieden werden, die Reihe kann aber weiterhin nur als Ganzes von eins an aufgesagt werden.
– *Breakable chain level* (teilweise flexible Zahlwortreihe): Es kann weiter- und rückwärts gezählt werden.
– *Numerable chain level* (flexible Zahlwortreihe): Es kann von einer Zahl (drei) um eine bestimmte Zahl weiter- oder rückwärts (zwei) gezählt werden.
– *Bidirectional chain level* (vollständig reversible Zahlwortreihe). Es kann von jedem Zahlwort an weiter- oder rückwärts gezählt werden.

Im Unterschied zu Piagets Annahmen zeigt sich, dass das Aufsagen der Zahlwortreihe nicht rein mechanisch bleibt. Ab dem Niveau „unflexible Zahlwortreihe" (ca. 3;6 Jahre) kann die Zahlwortreihe bereits zum Zählen von Objekten, wenn auch noch fehlerhaft, verwendet werden (vgl. Moser Opitz 2001, 88f.).

Im frühen Kindesalter wird nicht nur zur Bedeutung und zum Erwerb von Zählfertigkeiten geforscht, die immer schon an Sprache gebunden sind, sondern auch zum vorsprachlichen Wissen über Mengen bei Säuglingen und Kleinkindern. Allerdings ist die numerische Interpretation dieser Forschungen, im Sinne eines kardinalen oder ordinalen Verständnisses von Mengen, umstritten. In Habituierungsexperimenten, die die Aufmerksamkeitsspanne von Säuglingen und Kleinkindern über die Fixationsdauer des Blicks messen, wurde nachgewiesen, dass sie bereits Mengenveränderungen (vgl. z.B. Wynn 1992) und Mengenunterschiede (vgl. z.B. Starkey & Cooper 1980) wahrnehmen können. Allerdings schließt Krajewski (2003) aus abgewandelten Folgeexperimenten zur räumlichen Ausdehnung der Objekte, dass es sich hier lediglich um eine wahrnehmende Unterscheidung kleiner Mengen und nicht um numerisches Wissen handelt (für einen detaillierten Überblick vgl. Krajewski 2003, 43–56).

Neben der rein wahrnehmenden Mengenunterscheidung kann bei Kleinkindern von einer Subitizing-Kapazität von drei Elementen ausgegangen werden.[6] Bei Erwachsenen dehnt sie sich auf vier bis fünf Elemente aus.

> „Subitizing meint die Fähigkeit, kleine Anzahlen (bis vier oder fünf) unmittelbar ‚auf einen Blick' zu erfassen, was impliziert, dass diese auch voneinander unterschieden werden können." (Krajewski 2003, 55)

Beim Subitizing können die Mengen im Unterschied zur wahrnehmenden Mengenunterscheidung über Zahlwörter benannt werden. Dass sich das Subitizing aber auf die Wahrnehmung und nicht auf das Zählen stützt, bei dem visuelle Muster den Zahlwörtern zugeordnet werden, wird über die Messung von Reaktionszeiten begründet. Dabei wurden Erwachsenen und älteren Kindern Mengen unterschiedlicher Anzahl vorgelegt. Bei Mengen bis vier Elementen nahmen die Reaktionszeiten nur geringfügig zu, wohingegen sie sich ab fünf Elementen deutlich verlängerten. Die plötzliche Verlängerung der Reaktionszeit ab fünf Elementen wird so gedeutet, dass kleine Mengen auf einen Blick wahrgenommen, Mengen ab fünf Elementen hingegen schnell gezählt werden (vgl. Klahr 1973 nach Krajewski 2003, 55f.).

Während die *wahrnehmende Mengenunterscheidung* als eine weitgehend angeborene Fähigkeit im Bereich der visuellen Wahrnehmung betrachtet wird, ist das *Subitizing* als eine Verknüpfung der Mengenunterscheidung mit Sprache, mit den Zahlwörtern, zu begreifen. Man spricht dann von Anzahlerfassung, da die Anzahl als *eine* Eigenschaft von Mengen über die Zahlwörter explizit gemacht wird. Das Subitizing kleiner Mengen stützt sich aber nicht auf Zählkompetenzen, sondern auf eine Verknüpfung visueller Muster mit einzelnen Zahlwörtern bei Mengen bis zu maximal vier Elementen.

Neuere Ansätze gehen im Unterschied zu Piaget davon aus, dass die frühen Fertigkeiten zur Anzahlerfassung und zum Zählen für den Zahlbegriffserwerb relevant, wenn nicht gar zentral sind. Um den Zahlbegriff aufzubauen, müssen verschiedene Teilfertigkeiten integriert werden.

> „Skills integration models […] hypothesize that the development of number concepts and skills result from the integration of number skills such as counting, subitizing and comparing." (Clements 1984, 766)

Resnick (1989) hat in der Folge das Modell der Integration von Teilfertigkeiten weiter ausdifferenziert. Das vorsprachliche Mengenwissen – wie die wahrnehmende Unterscheidung hinreichend verschieden großer Mengen – entwickelt sich insbesondere durch die Sprache zu protoquantitativen Schemata weiter. Diese Schemata umfassen grundlegendes Wissen über Mengen, ohne dass dazu eine exakte Anzahlerfassung benötigt wird. Resnick (1989, 162f.) unterscheidet drei protoquantitative Schemata:

---

6   Während in der Psychologie die Bezeichnung Subitizing verwendet wird, wird in der Fachdidaktik von simultaner Anzahlerfassung bzw. quasi-simultaner Anzahlerfassung gesprochen (vgl. auch Kapitel 1.5.2.1).

- das Vergleichsschema: Zwei Mengen werden sprachlich mit ‚mehr', ‚weniger' oder ‚gleich viel' verglichen.
- das Zunahme-Abnahme-Schema: Die Vergrößerung bzw. Verkleinerung einer Menge wird sprachlich mit ‚mehr bzw. weniger als vorher' bezeichnet (3 bis 4 Jahre).
- das Teil-Ganzes-Schema: Mengen werden in Teile zerlegt und wieder zu einem Ganzen zusammengesetzt (4 bis 5 Jahre).

Entscheidend für ein tragfähiges Zahlkonzept ist nach Resnick (1989, 162ff.) die Verknüpfung dieser sprachlichen protoquantitativen Schemata mit dem Zählen zum *numerischen Teil-Ganzes-Schema*. Erst dieses ermöglicht einen Vergleich von Zahlen auf der Grundlage kardinaler oder ordinaler Vorstellungen (vgl. auch Krajewski 2003, 56f., Fritz & Ricken 2005, 10ff., Krajewski & Schneider 2006, 250, Weißhaupt & Peucker 2009, 58ff.).

Krajewksi und Schneider (2006), die an Resnick (1989) anknüpfen, veranschaulichen diese zunächst getrennte Entwicklung von Mengen- und Zahlwissen und ihre zunehmende Integration in einem dreistufigen Modell (vgl. Abb. 1.2).

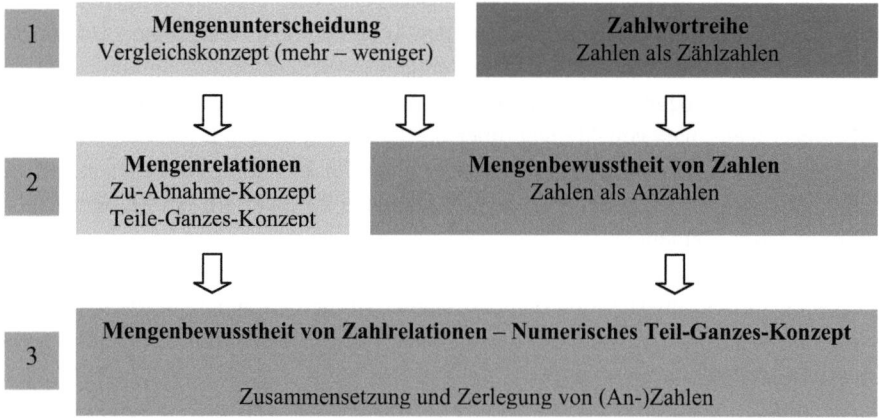

Abb. 1.2: Integration von Teilfertigkeiten des Zahlbegriffs (in Anlehnung an Krajewski & Schneider 2006, 250 und Krajewski u.a. 2008, 93)

Mengenwissen und Zahlwissen stehen zunächst unverbunden nebeneinander. Auf Stufe 1 können Mengen sprachlich (‚mehr als'/‚weniger als') miteinander verglichen werden. Davon unabhängig entwickelt sich eine zunehmend stabile und korrekte Zahlwortreihe. Auf Stufe 2 können durch eine Integration der Zahlwortreihe mit dem Vergleichskonzept Anzahlen mit Hilfe des Zählens zunehmend korrekt bestimmt und miteinander verglichen werden. Zahlen werden nicht nur als Zählzahlen im Sinne von Positionen auf der Zahlwortreihe, sondern auch als Anzahlen begriffen. Durch die Integration des Zu-Abnahme-Konzepts und des Teil-Ganzes-Konzepts können (An-)Zahlen auf der 3. Stufe als aus anderen (An-)Zahlen zusammengesetzt und in andere (An-)Zahlen zerlegbar gesehen werden. Eine Menge mit 5 Elementen kann z.B. in die Teilmengen 3 und 2 zerlegt werden. Außerdem können Differenzen zwischen Zahlen bestimmt werden. Damit ergeben sich im Modell zwei zentrale Übergänge: einmal von der Zahlwortreihe bzw. Zählzahl zur Anzahl und von der Anzahl zum numerischen Teil-Ganzes-Konzept. Die Übergänge gelingen durch die Integration des Zählens mit dem nicht-numerischen sprachlichen Mengenwissen.

Dieses Modell deckt sich auch mit Forschungsergebnissen von Brainerd (1979), der nachweisen konnte, dass sich das Verständnis der Ordinalzahl vor dem Verständnis der Kardinalzahl entwickelt (vgl. auch Wember 2003, 60). Piaget ging noch davon aus, dass sich Kardinal- und Ordinalzahl simultan entwickeln (vgl. Moser Opitz 2001, 33).

### 1.5.1.3 Neurowissenschaftliche Ansätze – die Repräsentation von Zahlen

Neben Integrationsmodellen, die auf den Forschungen von Resnick (1989) basieren, gibt es weitere Ansätze, die sich auf Dehaenes (1992) Forschung zur Zahlenverarbeitung und zum Rechnen beziehen. Die Verarbeitung von Zahlen und damit ihre Repräsentation finden nach diesem Modell bei Erwachsenen in drei Formen statt: der analogen Größen-Repräsentation, der Wortform und der Ziffernform (vgl. Abb. 1.3).

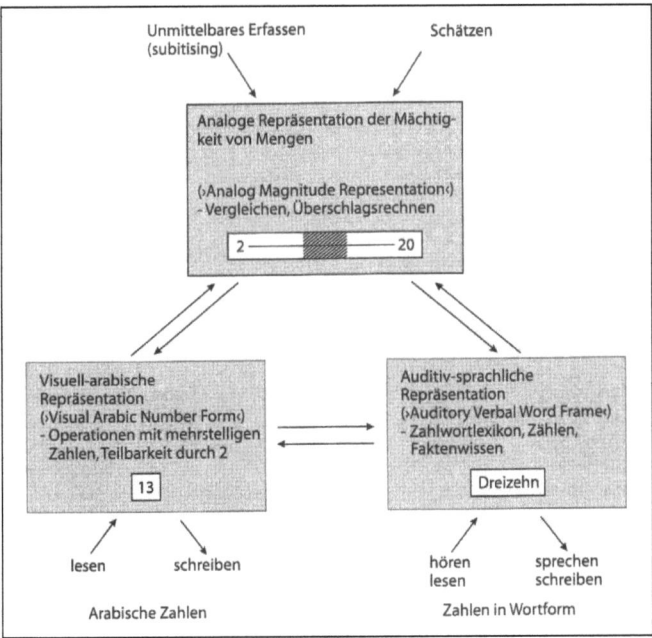

Abb. 1.3: Triple-Code-Modell nach Dehaene (1992, 31) (von Aster 2003, 168)

Dem Modell liegt die Annahme zugrunde, dass eine umfassende und tragfähige Vorstellung etwa der Zahl 13 vorhanden ist, wenn die drei Repräsentationsformen miteinander verknüpft sind. Es geht somit um die Integration unterschiedlicher Repräsentationsformen zu einer umfassenden Vorstellung von Zahlen.

Von Aster (2003, 165f.) hat darauf aufbauend ein Modell der Entwicklung zahlenverarbeitender Hirnfunktionen entwickelt. Der Erwerb des Zahlbegriffs stellt sich in diesem Modell als der Erwerb verschiedener Repräsentationen von Zahlen und deren Verknüpfung dar. Ausgehend von der angeborenen Fähigkeit zur Unterscheidung konkreter (kardinaler) Mengen durch Subitizing und Schätzen bildet sich über die Verknüpfung derselben mit den Zahlwörtern und den arabischen Zahlzeichen eine „abstrakt symbolische, räumliche (ordinale) Zahlenraumrepräsentation" (von Aster 2005, 15) aus, die das mentale Operieren mit Zahlen ermöglicht.

Im Unterschied zum Modell nach Resnick (1989) geht es hier nicht um die Integration von sich *parallel* entwickelndem Mengenwissen einerseits und Zählen andererseits, sondern um die Verknüpfung verschiedener Repräsentationen von Zahlen, die *nacheinander* erworben werden.

## 1.5.2 Fachdidaktische Ergänzungen

Im Folgenden wird zunächst eine begriffliche Klärung vorgenommen (Kapitel 1.5.2.1), da in der Mathematikdidaktik und der Psychologie Bezeichnungen nicht immer einheitlich verwendet werden. Anschließend werden verschiedene Verwendungsaspekte von Zahlen und deren Relevanz für die frühkindliche mathematische Bildung aufgezeigt (Kapitel 1.5.2.2). Zum Schluss werden zwei komplementäre Wege zu einer tragfähigen Vorstellung von Zahlen dargelegt, die einerseits an die Idee der Integration von Teilfähigkeiten aus der Psychologie und andererseits an die verschiedenen Verwendungen von Zahlen aus der Mathematikdidaktik anschließen (Kapitel 1.5.2.3).

### 1.5.2.1 Anzahlerfassung

Wird in der Psychologie die Bezeichnung *Subitizing* verwendet (vgl. Kapitel 2.5.1.2), so ist in der Mathematikdidaktik die Bezeichnung *Anzahlerfassung* üblich. Von *simultaner Anzahlerfassung* wird gesprochen, wenn Mengen mit vier und weniger Elementen auf einen Blick erfasst werden. Davon unterschieden wird die *quasi-simultane Anzahlerfassung*, wo Mengen mit mehr als vier Elementen durch das Strukturieren in bekannte Zahlbilder erfasst werden (vgl. Radatz u.a. 1996, 38). Im englischsprachigen Raum gibt es diese mathematikdidaktische Unterscheidung ebenfalls. Es werden dafür die Bezeichnungen *perceptual subitizing* und *conceptual subitizing* verwendet (vgl. Clements 1999, 401). Tabelle 1.1 klärt die Beziehungen dieser Bezeichnungen und nimmt darüber hinaus nochmals Bezug auf die wahrnehmende Mengenunterscheidung als einer pränumerischen Fähigkeit.

Anzahlerfassung und Zählen als grundlegende Teilfähigkeiten des Zahlbegriffs werden im Rahmen dieser Arbeit als verschiedene Möglichkeiten der Anzahlbestimmung gefasst (vgl. Söbbeke 2005, 122 u. 128ff.).

Tab. 1.1: Wahrnehmende Mengenunterscheidung und Anzahlerfassung

| Wahrnehmende Mengen-unterscheidung | Anzahlerfassung bzw. Subitizing | |
|---|---|---|
| | Simultane Anzahlerfassung bzw. perceptual subitizing | Quasi-simultane An-zahlerfassung bzw. con-ceptual subitizing |
| – Fähigkeit, kleine Mengen als unterschiedlich wahrzu-nehmen im Sinne von ,ist etwas Anderes als', vermut-lich aber nicht im Sinne von ,ist mehr/weniger als'. <br> – Fähigkeit ist bereits bei Säuglingen nachweisbar. | – Fähigkeit, die Anzahl von unstrukturierten Mengen mit bis zu 3 oder 4 Elementen auf einen Blick zu erfassen und zu benennen bzw. deren Mächtigkeit zu vergleichen. <br> – Fähigkeit ist bei Kin-dern im Kleinkindalter nachweisbar. | – Fähigkeit, die Anzahl (un)strukturierter Mengen mit mehr als 4 Elementen durch die Zerlegung in be-kannte Zahlbilder zu erfassen und zu be-nennen. |

## 1.5.2.2 Der Zahlbegriff und seine Aspekte

„Die Frage, was eine Zahl ist und wie sie zu denken ist, beschäftigt die Menschen schon seit Jahrtausenden." (Moser-Opitz 2001, 15)

Fragt man danach, wie Zahlen verwendet werden, dann stößt man in der Mathematikdidaktik wiederkehrend auf zwei zentrale Begrifflichkeiten: *Ordinalzahl* und *Kardinalzahl*. Betont die Ordinalzahl die Beziehungen zwischen den Zahlen, deren Abfolge und Progression, so fokussiert die Kardinalzahl auf die Anzahl, die Mächtigkeit von Mengen. Aus der Ordinalzahl-Theorie entwickelte sich im 19. Jahrhundert die Zählmethodik, aus der Kardinalzahl-Theorie die Anschauungsmethodik, die sich wesentlich auf Zahlbilder stützt (vgl. Radatz & Schipper 1983, 37f., Schipper 2009). Auch wenn sich die Unversöhnlichkeit dieser beiden Ansätze heute aufgelöst hat zu einer Didaktik, die einem umfassenden Zahlverständnis *verschiedene Aspekte des Zahlbegriffs* zugrunde legt und diese auch in Schulbüchern durch unterschiedliche Veranschaulichungen vertreten sind, so wird die Abfolge der Zahlaspekte beim Erwerb des Zahlbegriffs und ihr Stellenwert für das Rechnen lernen nach wie vor diskutiert.

Während Freudenthal (1977) *verschiedene Zahlbegriffe* unterscheidet – Zählzahl, Anzahl, Maßzahl und Rechenzahl – wird heute zumeist von unterschiedlichen *Aspekten des Zahlbegriffs* gesprochen, die auf unterschiedliche Verwendungsarten natürlicher Zahlen verweisen. Radatz und Schipper (1983, 49) unterscheiden sechs verschiedene Aspekte: Ordinalzahl-, Kardinalzahl-, Maßzahl-, Operator-, Rechenzahl- und Codierungsaspekt. Für den Kindergarten sind insbesondere die folgenden zwei Aspekte relevant:

- der Ordinalzahlaspekt: Verwendung von Zahlen als Zählzahl und als Ordnungszahl
- der Kardinalzahlaspekt: Verwendung von Zahlen zur Anzahlbestimmung

Die Relevanz entsteht zunächst dadurch, dass Kinder im Kindergartenalter Zahlen primär auf diese Arten verwenden. Darüber hinaus spielen beide Aspekte eine zentrale Rolle beim Erwerb des Zahlbegriffs im Sinne einer tragfähigen Vorstellung von Zahlen für das Rechnen lernen. Diese tragfähige Vorstellung von Zahlen wird teilweise auch als *Zahlverständnis* bezeichnet (vgl. z.B. Gerster & Schultz 2000, 339ff.).

Seit Ende der 1990er Jahre wird eine weitere neue Bezeichnung, die *Relationalzahl* oder der Relationalzahlaspekt, verwendet (vgl. z.B. Stern 1998, Lorenz 2006, Krajewski & Schneider 2006). Bei diesem „Aspekt" handelt es sich jedoch nicht um einen weiteren Zahlaspekt im Sinne der obigen Verwendungsaspekte. Vielmehr geht es ganz grundlegend um das *Denken in Beziehungen innerhalb der verschiedenen Zahlaspekte* (vgl. dazu Rechtsteiner-Merz i.Vorb.). Die Verwendung der Bezeichnung *Relationalzahlaspekt* ist somit missverständlich. Ein tragfähiges Zahlverständnis erfordert nach Rechtsteiner-Merz (i. Vorb.) ein Denken in Beziehungen im Hinblick auf *verschiedene* Zahlaspekte. Das Denken in Beziehungen erstreckt sich im Kindergarten auf eine Vorstellung von Zahlen als zerlegbar in andere Zahlen unter Rückgriff auf ordinale oder kardinale Vorstellungen. Diese auch Teil-Ganzes-Konzept genannte Vorstellung wurde bereits in Kapitel 2.5.1 als die wesentliche Zielperspektive des Zahlbegriffserwerbs im Kindesalter aufgezeigt. Im Anfangsunterricht erweitert sich das Denken in Beziehungen auf Terme und Aufgaben. Insbesondere die Beziehungen zur 5 und zur 10 sind hier zentral.

Im Kindergarten sind folglich der Ordinalzahl- und der Kardinalzahlaspekt für den Erwerb und den Aufbau des Zahlbegriffs von zentraler Bedeutung.

Ein *Denken in Beziehungen zwischen Zahlen* meint in Bezug auf den *Ordinalzahlaspekt*:

- das Bestimmen der Position in der Zahlwortreihe (kommt vorher, kommt nachher)
- das Bestimmen von Vorgänger und Nachfolger
- das Vergleichen von Zahlen hinsichtlich der Größe (größer, kleiner, gleich)
- das Ordnen der Zahlen nach ihrer Größe (Seriation)
- das Bestimmen der Abstände zwischen den Zahlen innerhalb der Zahlwortreihe

Hinsichtlich des *Kardinalzahlaspekts* umfasst ein Denken in Beziehungen zwischen Zahlen:

- das Vergleichen von Mengen hinsichtlich ihrer Mächtigkeit (mehr, weniger, gleich viel)

– das Bestimmen der Differenz zwischen Mengen (durch Zählen oder paarweises Zuordnen)
– das Zerlegen von Mengen in Teilmengen

Beides gilt es im Kindergarten anzubahnen.

## 1.5.2.3 Zwei komplementäre Wege zu einem tragfähigen Zahlverständnis

Der Zahlbegriffserwerb wurde in Kapitel 1.5.1.2 als Integration zunächst getrennter Teilfertigkeiten beschrieben. Ergebnis der Integration ist ein Verständnis von Zahlen, die aus Zahlen zusammengesetzt und in Zahlen zerlegbar sind; also ein Verständnis von Zahlen, die zueinander in numerischer Beziehung stehen. Dieses Teil-Ganzes-Konzept findet Ende der 1990er Jahre Eingang in die deutsche Mathematikdidaktik und bildet bis heute eine zentrale Grundlage mathematikdidaktischer Forschung zum Rechnen lernen. Kinder können Rechnen, wenn sie die triadische Struktur von Aufgaben verstehen und nutzen: Innerhalb eines Zahlentripels (2 – 5 – 7) repräsentiert die Zahl 7 das Ganze und die Zahlen 2 und 5 die Teile. Mit dem Verständnis dieses Zusammenhangs werden sämtliche additiven Aufgaben mit diesen drei Zahlen gleichwertig (vgl. Fritz & Ricken 2005, 18).

Innerhalb der Mathematikdidaktik lassen sich *zwei Wege* zu dieser grundlegenden Einsicht unterscheiden. Der erste Weg betont den Aufbau des Zahlbegriffs über den *Rückgriff auf kardinale Vorstellungen* (vgl. z.B. Gerster & Schultz 2000), der zweite über den *Rückgriff auf ordinale Vorstellungen* (vgl. z.B. Lorenz 2005, 2006, 2009). Es besteht jedoch insofern Konsens, dass sowohl das Zählen, die Anzahlerfassung als auch der Mengenvergleich zentral sind. Ziel beider Wege ist ein Verständnis von Zahlen, das von Beziehungen geprägt ist. Im Anschluss an die Überlegungen in Kapitel 1.5.2.2 sind diese Wege komplementär und nicht alternativ. Ein Denken in Beziehungen ist sowohl in Bezug auf den Kardinalzahl- als auch den Ordinalzahlaspekt notwendiger Teil eines tragfähigen Zahlverständnisses.

Für den Aufbau eines Denkens in Beziehungen wird ganz grundsätzlich der Einsatz von Material empfohlen. Neben der begründeten Auswahl eines Materials und dem Abwägen seiner Vor- und Nachteile ist aber die Art und Weise des Materialeinsatzes entscheidend (vgl. z.B. Lorenz 2011, 41ff., Rechtsteiner-Merz 2011, 45). Handlungen am Material ohne deren Reflexion werden als hinderlich auf dem Weg vom Zählen zum Rechnen angesehen. Oberstes Ziel ist die Ablösung vom Material und ein Operieren in der Vorstellung.

> „Das Kind entwickelt Strukturen im Kopf durch Nachdenken über Zahlbeziehungen, durch Reflexion. Aus diesem Grund wird im Unterricht und in der Förderung sinnvoller Weise die jeweilige Handlung unterbrochen, und das Kind ist aufgefordert, den Fortgang der Handlung und das Handlungsergebnis zu beschreiben und aufzumalen. […] Dies mag ein schwieriges Unterfangen sein, aber die Erfahrung zeigt, dass Manipulation des Materials nur der Ausgangspunkt, nicht aber der Weg zum Zahlverständnis ist" (Lorenz 2011, 42).

## 1.6 Ergebnisse: Leitlinien und Ziele mathematischer Bildung im Kindergarten

Im Folgenden sollen zunächst die *fachdidaktische* und die *psychologische Begründungslinie* frühkindlicher mathematischer Bildung sowie die Überlegungen zum *Gemeinsamen Rahmen der Länder*, der als eine *dritte Begründungslinie* gefasst werden kann, zusammengeführt werden (vgl. Tab. 1.2). Anschließend werden konkrete Ziele für die mathematische Bildung im Kindergarten formuliert.

Tab. 1.2: Zusammenschau verschiedener Begründungslinien frühkindlicher mathematischer Bildung

| | **Fachdidaktische Begründungslinie** | **Psychologische Begründungslinie** | **Gemeinsamer Rahmen der Länder** |
|---|---|---|---|
| **Argumentationsbasis** | KMK-Standards, fachlicher Bildungsauftrag | Theoretische und empirisch-prognostische Modelle zum Erwerb des Zahlbegriffs und zum Rechnenlernen | Allgemeiner, unspezifischer Bildungsauftrag für verschiedene Bildungsbereiche |
| **Inhaltliche Ziele** | Basiskompetenzen auf der Grundlage mathematischer Leitideen und allgemeiner mathematischer Arbeitsweisen | Spezifische Vorläuferfertigkeiten mit Vorhersagekraft für den Schulerfolg im Fach Mathematik | Bezüge zu mathematischen Inhaltsbereichen wie Arithmetik und Geometrie (Zahlen, Mengen, geometrische Formen) |
| **Übergreifendes Ziel** | Anschlussfähigkeit fachlichen Lernens zwischen verschiedenen Bildungsinstitutionen<br><br>Breite mathematische Bildung | Früherkennung und Frühförderung spezifischer Vorläuferfertigkeiten<br><br>Vorbeugen und Kompensation | Individuelle und ganzheitliche Förderung |

Während sich die Argumentationsbasis und das übergreifende Ziel der drei Begründungslinien deutlich unterscheiden, weisen sie bezogen auf die inhaltlichen Ziele zwar ebenfalls Unterschiede, aber auch Überschneidungen auf.

Mit dem Argument der Anschlussfähigkeit nach unten und der Ermöglichung eines guten Schulstarts wird in der Mathematikdidaktik eine Kontinuität fachlicher Leitideen und Arbeitsweisen für alle Bildungsinstitutionen vertreten, auch wenn sich die Ausgestaltungen im Detail unterscheiden. Die *fachdidaktische Begründungslinie* zielt auf eine breite(re) fachliche Bildung im Kindergarten, die sich an ähnlichen bzw. identischen inhaltlichen Leitideen und allgemeinen mathematischen Arbeitsweisen wie die schulische mathematische Bildung orientiert. Ihre Legitimation gewinnt diese Linie aus dem Fach.

Im Unterschied dazu hebt die *psychologische Linie* mit den spezifischen Vorläuferfertigkeiten einen Teilbereich – den Zahlbegriffserwerb – besonders hervor. Die psychologische Grundlagenforschung ermöglicht eine detaillierte Beschreibung von Teilfertigkeiten des Zahlbegriffserwerbs, die wiederum die Grundlage weiterer fachdidaktischer Überlegungen sind. Zahl- und Mengenwissen als zentrale Teilfertigkeiten des Zahlbegriffs stellen in dieser Linie gute Voraussetzungen für einen erfolgreichen Schulstart und den Schulerfolg im Fach Mathematik in der Grundschule dar. Die psychologische Linie legitimiert sich empirisch und definiert auf dieser Grundlage *ein* Hauptaugenmerk mathematischer Bildung.

Zwischen den inhaltlichen Folgerungen der psychologischen und der mathematikdidaktischen Linie gibt es enge Verbindungen. Die Teilfertigkeiten des Zahlbegriffs lassen sich vollständig in der Leitidee *Zahl* bzw. *Zahlen und Operationen* verorten. Die psychologische Linie ermöglicht aber zu einem zentralen Bereich, dem Zahlbegriffserwerb, detaillierte Aussagen, welche Lernerfahrungen Kinder hier vor der Schule machen sollen.

In beiden Linien bleibt offen, wie mathematische Bildung an den Kindergartenalltag angebunden werden soll. Während die psychologische Linie von der empirischen Bestätigung spezifischer Vorläuferfertigkeiten meist direkt zum weitgehend isolierten Training derselben kurz vor Schulbeginn übergeht, kommen aus der Mathematikdidaktik umfangreichere und differenziertere Vorschläge für Materialien und Aktivitäten. Die verwendeten Materialien zielen aber mehr oder weniger stark auf den Anfangsunterricht und fokussieren nicht immer die spezifische Bildungssituation im Kindergarten (vgl. dazu Kapitel 2 u. 3).

Der *Gemeinsame Rahmen der Länder* trifft wenige bis keine Aussagen inhaltlicher Art, sondern steckt lediglich einen groben Rahmen ab. Wenn man jedoch den eigenständigen Bildungsauftrag des Kindergartens ernst nimmt, sind die ersten beiden Begründungslinien eingebettet in die Prämisse ganzheitlicher Bildung der dritten Linie. Bildungspläne für den Kindergarten fordern eine Orientierung am Kind ein. Vor-schulische Konzepte, die eine Fächerorientierung, schulische Formen des Lernens und verbindliche Standards zugrunde legen, sind mit dieser Prämisse nicht ohne Weiteres zu vereinbaren. Es geht um Erfahrungsmöglichkeiten und Lerngelegenheiten und nicht um den an verbindlichen Standards orientierten Kompetenzerwerb. Dennoch gibt es einen klaren Bildungsauftrag, der auch die mathematische Bildung umfasst. Inhaltlich ausgestaltet wird dieser Bildungsauftrag allerdings nur ansatzweise. Die Aufgabe und die Chance der momentanen Situation bestehen darin, vorschulische mathematische Bildung sowohl am Kind als auch am Fach auszurichten. Für den Kindergarten stehen hier Antworten noch aus.

> „Fakt ist jedoch, dass es bisher zu wenig wissenschaftliche Vorarbeiten für eine am Kind orientierte Bildungsarbeit gibt." (Schuster 2006, 155)

Auf der Grundlage der Zusammenschau der verschiedenen Begründungslinien kann auf die eingangs gestellte Frage, welche mathematischen Lerngelegenheiten Kindern im Kindergarten eröffnet werden sollten, eine erste Antwort in Form von *Leitlinien* gegeben werden, die dieser Arbeit zugrunde liegen.

Mathematische Bildung im Kindergarten

- ist eine breite fachliche Bildung, die sich an fachlichen Leitideen und Arbeitsweisen orientiert mit dem Argument der Kontinuität und Anschlussfähigkeit und der Tragfähigkeit einer mathematischen Bildung ohne Verpackungen und Sekundärmotivation,
- berücksichtigt in besonderem Maße numerische Fähigkeiten mit dem Argument eines erfolgreichen Schulstarts,
- verortet fachliche Bildung innerhalb des Prinzips ganzheitlicher Förderung mit dem Argument der Berücksichtigung der kindlichen Perspektive.

Neben einer breiten fachlichen Bildung sind für alle Kinder die *Teilfähigkeiten eines fundierten Zahlverständnisses* von essentieller Bedeutung. Ausgehend von der in Kapitel 1.5 dargelegten Forschungslage in Psychologie und Mathematikdidaktik können konkrete *Ziele für die mathematische Bildung im Kindergarten* formuliert werden, zu denen Kindern im Kindergarten Lerngelegenheiten eröffnet werden sollten.

Sie umfassen

- die Anzahlerfassung: Simultanerfassung kleiner Mengen bis zu 4 Elementen und Quasi-Simultanerfassung kleiner, also auch simultan erfassbarer Mengen sowie von Mengen größer 4 durch das Strukturieren von Mengen,
- das Zählen (verbale Zählfertigkeiten): Zählen reicht vom einfachen Aufsagen der Zahlwortreihe (string level) bis zum flexiblen Vorwärts-, Rückwärts-, Weiterzählen und dem Zählen in Schritten (bidirectional chain level),
- die Anzahlbestimmung durch Zählen: quantifizierendes Zählen umfasst das Ab- und Auszählen von Mengen,
- sprachliche Kompetenzen zum ungefähren Mengen- und Zahlvergleich: Mengen können perzeptiv (mehr, weniger, gleichviel), Zahlen auf der Grundlage kardinaler (größer, kleiner, gleich) oder ordinaler Vorstellungen (kommt in der Zahlwortreihe vorher, nachher) miteinander verglichen oder geordnet werden,
- Teil-Ganzes-Beziehungen: Zerlegung von Mengen in Teilmengen und Zusammensetzung von Mengen aus Teilmengen; Vergleich von Zahlen innerhalb der Zahlwortreihe (die 7 ist eins mehr als 6).

Die Entwicklung von Teil-Ganzes-Beziehungen, als einer Form des Denkens in Beziehungen, wird als bedeutsamster Schritt in der Entwicklung des mathematischen Verständnisses begriffen (vgl. z.B. Gerster 2003, Fritz & Ricken 2005). Nicht alle Kinder werden am Ende der Kindergartenzeit ein umfassendes Teil-Ganzes-Konzept entwickelt haben. Dennoch sollte es im Kindergarten als Zielperspektive bekannt sein. Zahlbeziehungen können im Kindergarten auf einer elementaren Ebene, der Ebene der Zählzahl und der Kardinalzahl thematisiert werden:

– eine kleine Menge simultan erfassen, nachträglich in Teilmengen zerlegen
– eine Menge größer als 4 Elemente zählen, nachträglich in Teilmengen zerlegen
– zwei Mengen ungefähr miteinander vergleichen, durch Abzählen oder paarweises Zuordnen die Differenz bestimmen
– Zahlen in eine Reihenfolge bringen, Vorgänger und Nachfolger bestimmen und benennen

Im Hinblick auf das einzelne Kind liegt der Schwerpunkt auf der Stärkung individueller Kompetenzen. Was gelernt werden soll, orientiert sich an den individuellen Kompetenzen und Interessen und knüpft an diese an. Dieses Spannungsfeld zwischen allgemeinen mathematischen Bildungszielen für alle auf der einen und für einzelne Kinder auf der anderen Seite lässt sich nicht abschließend auflösen. Diese Frage muss vielmehr unter den jeweiligen Rahmenbedingungen immer wieder neu und auf das einzelne Kind bezogen gestellt und beantwortet werden. Heterogenität kann und muss auch im Kindergarten als der Normalfall und als Herausforderung begriffen werden. Aufgabe des Kindergartens ist es, bezogen auf die oben aufgezählten Ziele individuelle Lerngelegenheiten für alle Kinder im Rahmen der Leitlinien zu schaffen.

# 2 Lernen und Spielen im Kindergarten

„Gezielte Lehr-Lern-Kurse mögen zwar auch im Vorschulalter effektiver sein als Anleitungen zu Spielerfahrungen; auf die Dauer fehlt ihnen jedoch das Moment des motivationalen und emotionalen Involviertseins." (Einsiedler 1989, 297f.)

Nachdem nun die Ziele mathematischer Bildung im Kindergarten unter Rückgriff auf verschiedene Begründungslinien sowohl übergreifend als auch für einen zentralen Teilbereich – den Zahlbegriff – bestimmt sind (Kapitel 1.6), stellt sich die Frage nach der didaktischen und methodischen Gestaltung der zu eröffnenden Lerngelegenheiten im Kindergartenalltag.

„Curricularer Abstimmungsbedarf zwischen Elementar- und Primarbereich besteht nicht nur in Bezug auf Ziele und Inhalte, sondern auch auf methodische Prinzipien und das Handeln der in den Einrichtungen tätigen Erwachsenen." (Faust & Roßbach 2004, 102)

Das folgende Kapitel beschäftigt sich daher zunächst mit dem Lernen im Allgemeinen sowie speziell mit dem Lernen von Kindern im Kindergartenalter (Kapitel 2.1). Da Lernen und Spielen bei jungen Kindern eng verknüpft sind, wird dann der Begriff und die Funktionen des Spiels (Kapitel 2.2) und das Verhältnis von Spielen und (Mathematik) Lernen (Kapitel 2.3) geklärt.[7] Anschließend wird auf die Begleitung von (Spiel- und) Lernprozessen durch die Erzieherin (Kapitel 2.4) eingegangen. Als weiteres Ergebnis wird abschließend das ,Wie?' mathematischer Bildung im Kindergarten in didaktischen Leitlinien für das Lernen junger Kinder im Spiel und für die Lernbegleitung im Spiel zusammengefasst (Kapitel 2.5).

## 2.1 Lernen

Ausgehend von allgemeinen lerntheoretischen Überlegungen (Kapitel 2.1.1) wird im Folgenden auf das Verhältnis von Lernen und Bildung eingegangen (Kapitel 2.1.2), bevor Lernformen im frühen Kindesalter auf Gemeinsamkeiten und Unterschiede zum Lernen in späteren Lebensphasen betrachtet werden (Kapitel 2.1.3).

### 2.1.1 Lerntheoretische Überlegungen

Historisch gesehen kann man verschiedene Arten von Lerntheorien unterscheiden. Rein *psychologische Lerntheorien* betrachten das „einsam lernende Individuum" (Bauersfeld 2000, 121), wie es Wissen erwirbt. Darunter fallen Theorien und Modelle des assoziativen Lernens durch vorausgehende Reize, des instrumentellen Lernens durch nachfolgende Konsequenzen und des kognitiven Lernens als Informationsaufnahme und -verarbeitung zum Aufbau kognitiver Strukturen (vgl. Edelmann 2000, Seel 2000, 18ff., Winkel u.a. 2006). Durch die Rezeption wissenschaftstheoretischer (vgl. z.B. Maturana & Varela 1987) und soziologischer (vgl.

---

7 vgl. zum Verhältnis von Spielen und Lernen auch Schuler (2011)

z.B. Berger & Luckmann 1969) Theorien entwickelten sich *konstruktivistische und sozio-konstruktivistische Modelle des Lernens*. In konstruktivistischer Perspektive dient das Lernen der individuellen Bedeutungskonstruktion (vgl. Seel 2000, 22). Sozio-konstruktivistische Modelle berücksichtigen neben individuellen kognitiven Faktoren (z.B. Gedächtnis, Vorwissen, Begriffsbildung) auch motivationale und sozial-kulturelle Bedingungen des Lernens (vgl. Seel 2000, 23). Mit Bezug auf interaktionistische Grundannahmen wird „die Abhängigkeit aller geistigen Entfaltung des Menschen von der sozialen Interaktion" (Bauersfeld 2000, 117) postuliert.

Konstruktivistische Modelle jeglicher Couleur bestimmen seit den 1990er Jahren das psychologische Verständnis menschlichen Lernens (vgl. Seel 2000, 23). Gerstenmaier und Mandl (1995, 874f.) fassen wesentliche Annahmen dieser Modelle wie folgt zusammen:

> „– Lernende konstruieren ihr Wissen, indem sie wahrnehmungsbedingte Erfahrungen interpretieren, und zwar in Abhängigkeit von ihrem Vorwissen, von gegenwärtigen mentalen Strukturen und bestehenden Überzeugungen. […]
> – Zentral für den Wissenserwerb ist das soziale Aushandeln von Bedeutungen, das auf der Grundlage kooperativer Prozesse zwischen Lehrenden und Lernenden erfolgen kann. […]
> – Zur Reflexion bzw. Kontrolle des eigenen Lernhandelns ist der Einsatz metakognitiver Fertigkeiten wichtig."

Anknüpfend an Lerntheorien mit konstruktivistischem Hintergrund wurde in den letzten Jahren in der Frühpädagogik eine intensive Debatte über das vorschulische Bildungsverständnis geführt (vgl. Fthenakis 2002, Schäfer 2003, 2006). Während Schäfer in diesem Kontext den Begriff *Selbstbildung* prägt, verwendet Fthenakis den Begriff *Ko-Konstruktion*. Der Ansatz der Selbstbildung betont die Selbsttätigkeit des Kindes im Bildungsprozess, wobei Bildung im Anschluss an von Humboldt nicht als Aneignung von Inhalten und Kenntnissen, sondern als Bildung der ganzen Person gefasst wird (vgl. Laewen 2006, 98f.). Demgegenüber hebt Fthenakis mit dem Begriff der Ko-Konstruktion die sozialen Prozesse des Lernens und damit die Notwendigkeit und die Bedeutsamkeit der Begleitung hervor.

> „Kinder und Pädagogen werden als aktive Ko-Konstrukteure von Wissen und Kultur […] verstanden." (Fthenakis 2002, 4)

Ko-Konstruktion stellt insbesondere für die begleitende Person eine höchst anspruchsvolle Form des Lernens dar, die in der pädagogischen Praxis „wohl eine eher seltene, gleichwohl aber höchst wertvolle Erscheinung" (Diskowski 2008, 55) ist und über die Annahme einer generellen sozialen Bedingtheit des Lernprozesses hinausgeht.

> „Kokonstruktion liegt dann vor, wenn die Partner sich intensiv hinsichtlich einer Aufgabe austauschen und dabei ihr individuelles Wissen so aufeinander beziehen (kokonstruieren), dass sie dabei Wissen erwerben oder gemeinsame Aufgaben- oder Problemlösungen entwickeln." (Terhart & Klieme 2006, 3)

Beruht die dargestellte Auseinandersetzung um Selbstbildung und Ko-Konstruktion im Wesentlichen auf der Annahme einer Divergenz von individueller und sozialer Konstruktion, so wird in der jüngeren Diskussion um eine Elementardidaktik ihre Vereinbarkeit betont. Eine polarisierende Gegenüberstellung der beiden Konzepte wird verworfen. Innerhalb der Expertengruppe der Weiterbildungsinitiative Früh-pädagogische Fachkräfte (WIFF) wird dafür plädiert von Bildungsprozessen zu sprechen, die *direkt* durch die Intervention der pädagogischen Fachkraft oder *indirekt* etwa durch die Vorbereitung der materialen Umgebung gestaltet werden.

> „Die kindliche Selbstbildung kann nicht losgelöst vom Einfluss Erwachsener durch Vorbild, Anregung und lenkende Unterstützung betrachtet werden. Das Kind baut konstruktiv sein Erfahrungs- und Fähigkeitsrepertoire auf. Dabei ist es unverzichtbar auf das Zusammenwirken mit dem Erwachsenen angewiesen." (WIFF 2010)

Auf den Begriff Selbstbildung wird in der Folge verzichtet (vgl. WIFF 2010; vgl. für eine umfassende Diskussion des Selbstbildungsansatzes Grell 2010). Begründet wird die Vereinbarkeit der Positionen auch damit, dass beiden weitgehend identische Annahmen zugrunde liegen (vgl. Roux 2008, 18):

– Das Bild vom Kind als aktivem (Mit-)Gestalter der eigenen Bildungsprozesse und
– die Notwendigkeit der Gestaltung und Begleitung dieser Bildungsprozesse durch Erwachsene.

Auch Grell (2010, 162) betont anknüpfend an die klassische Elementarpädagogik von Fröbel und Montessori die wichtige Rolle und die Verantwortung der Erwachsenen für frühkindliche Bildungsprozesse. Er stellt heraus, dass die aktive Rolle des Kindes im Lernprozess nicht eine Antwort auf die Frage ist, wie frühkindliche Bildung zu gestalten ist, sondern vielmehr eine Bedingung, die es bei der Gestaltung von Bildungssituationen zu berücksichtigen gilt. Deshalb stellt sich die „zentrale Frage nach den ‚ersten' und ‚elementaren' Gegenständen der frühkindlichen Bildung" (Grell 2010, 154) und damit nach dem Bezug zur inhaltlichen Diskussion frühkindlicher Bildung (Kapitel 1).

Die Verbindung von individueller und sozialer Konstruktion findet sich mit anderen Bezeichnungen auch im kultur-historischen Ansatz von Wygotski (1977) wieder. In kultur-historischer Perspektive ist die *Interaktion mit dem kompetenteren, wissenderen Anderen* der Motor geistiger Entwicklung.

> „Ein konkretes Entwicklungsniveau ist durch jeweils zwei Entwicklungszonen gekennzeichnet: Die ‚Zone der aktuellen Leistung' umfasst alles, was das Kind bereits selbständig – aufgrund bisheriger Entwicklung und Aneignung – bewältigen kann. Darin stecken zugleich aber Möglichkeiten weitergehender Leistung, entwickelteren Denkens und Handelns, die das Individuum noch nicht selbständig, wohl aber unter Anleitung, mit Unterstützung, durch Nachahmung eines Vorbildes realisieren kann – die ‚Zone der nächsten Entwicklung'. In der sozialen Interaktion und Kooperation mit Erwachsenen, älteren oder gleichaltrigen Kindern werden diese Möglichkeiten in Tätigkeit umgesetzt und zu einer nächsten ‚Zone der aktuellen Leistung' geführt, die wiederum eine ‚Zone der nächsten Entwicklung' eröffnet. Stadien der Zusam-

menarbeit wechseln so mit Stadien der Selbständigkeit ab." (Lompscher u.a. 1997, 30)

Die Interaktion mit dem Anderen wird hier nicht nur als Notwendigkeit beschrieben, sondern sie geht der individuellen Konstruktion voraus.

> „Die Entwicklung des kindlichen Denkens verläuft nicht vom Individuellen zum Sozialisierten, sondern vom Sozialen zum Individuellen." (Wygotski 1977, 44)

Nur mit Unterstützung des Anderen kann das Kind über sich hinauswachsen. Der Sprache kommt dabei eine Schlüsselrolle für das Lernen zu (vgl. Wygotski 1977).

Auch innerhalb der Mathematikdidaktik werden *Konstruktion* als die eigenaktive Tätigkeit des Kindes und *Instruktion* als die Intervention der Lehrkraft als notwendig aufeinander bezogen verstanden und entsprechende Ansätze zum Rechnenlernen entwickelt (vgl. Schütte 2004a, 130f., Rathgeb-Schnierer 2006). Lehrkräfte können ihre Schüler durch geeignete Aufgaben und Möglichkeiten des Austausches zu tragfähigen Eigenkonstruktionen anregen, aber die Lernenden müssen den Weg selbst gehen und gehen ihn stets vor dem Hintergrund ihrer bisherigen Erfahrungen. Damit sind die Wege zu tieferem Verstehen stets eigene, individuelle Wege. Diese Wege bedürfen aber der Begleitung. (vgl. Schütte 2004a)

Zentrale Voraussetzung, „um die mathematischen Möglichkeiten und Schwierigkeiten der Kinder in deren Eigenproduktionen bzw. in deren Erklärungsversuchen zu erkennen und im Hinblick auf Lernentwicklungen deuten zu können" (Schütte 2004b, 141), ist eine dialogische Grundhaltung. Sie ermöglicht einerseits das Verstehen des kindlichen Denkens durch aktives Zuhören und echtes (Nach-)Fragen und andererseits die Anregung und Herausforderung des kindlichen Denkens durch gemeinsames Weiterdenken und Impulsgeben (vgl. dazu auch Ruf & Gallin 1999, Schütte 2002, 2008, 168ff., 2009, 160ff., Hess 2003, Götze 2007).

Lern- bzw. Bildungsprozesse sind somit individuelle Prozesse aktiver kindlicher Weltaneignung, die notwendig in soziale Kontexte eingebettet sind. Nuancen in den Ansätzen bestehen dahingehend, dass einerseits die individuellen Konstruktionen Anknüpfungspunkt der Intervention sind, wobei die Art der Intervention für den Kindergarten noch genauer bestimmt werden muss (vgl. Kapitel 3.5). Andererseits ist die Interaktion Ausgangspunkt und Beförderer eigener Konstruktionen. Ob diese Nuancen unterschiedliche didaktische Konsequenzen nach sich ziehen, kann an dieser Stelle nicht geklärt werden. Fruchtbarer erscheint es aufgrund der obigen Ausführungen zu sein, Lernen als ein Wechselspiel individueller Konstruktion und darauf bezogener Instruktion zu betrachten. Entscheidend für die individuelle Konstruktionsleistung sind dann die Art, die Bezogenheit und die Qualität der Instruktion. Es ist folglich davon auszugehen, dass es keine ‚Patentrezepte' der Instruktion geben kann, da diese zumindest partiell adaptiv sein müssen. Im Kontext der Heterogenität und Altersmischung stellt dies eine besondere Herausforderung für die Fachkräfte in pädagogischen Einrichtungen dar.

## 2.1.2 Lernen und Bildung

Wie im vorherigen Abschnitt bereits sichtbar wurde, wird in der Frühpädagogik eher von Bildungs- als von Lernprozessen gesprochen. Daher bedarf es an dieser Stelle einer kurzen begrifflichen Klärung und Abgrenzung.

> „Begriffe erzeugen Differenzen und konfigurieren das Begriffene und die vermeintlich gleichen Gegenstände/Vorstellungen unterscheiden sich, je nachdem, ob man z.B. von Lern- oder von Bildungsprozessen redet." (Vogel 2008, 118)

Historisch gesehen ist der Begriff *Lernen* neutraler. Er steht für alles, „was ein Mensch in seiner Lebensspanne an Wissen, Kompetenzen, Haltungen, Einsichten usw. erwirbt" (Vogel 2008, 119). Es kann folglich auch nicht Erwünschtes gelernt werden. Lernen kann nicht unmittelbar beobachtet werden, aber in der Psychologie wird angenommen, „dass jemand etwas gelernt hat, wenn er bestimmte Aufgaben beim nächsten Mal genauso effektiv oder effektiver bearbeiten kann" (Seel 2000, 19). Anhaltspunkte für das Lernen bieten das Verhalten oder die verbalen Äußerungen einer Person. Nach Gruber (2008, 95) dient das Lernen dazu, Anforderungen des Lebens besser zu bewältigen.

*Bildung* dagegen ist kein neutraler Begriff und unauflöslich mit dem Namen Wilhelm von Humboldt verbunden: „Der wahre Zweck des Menschen [...] ist die höchste und proportionirlichste Bildung seiner Kräfte zu einem Ganzen" (Humboldt 1797/1959, 5). Ging es von Humboldt ursprünglich um die allgemeine Menschenbildung, die die Bedeutung der sozialen Differenz zwischen verschiedenen Gesellschaftsschichten reduzieren sollte, so wurde Bildung in der Folge als Zertifikat und Habitus regelrecht zu einem Instrument gesellschaftlicher Differenzierung, so Vogel (2008, 124). Mit dem Prinzip der ganzheitlichen Förderung in Kindertagesstätten wird die Nähe zum Humboldtschen Bildungsverständnis als der Entwicklung und Stärkung der Person und die Ermöglichung der verantwortlichen Teilhabe am gesellschaftlichen Leben deutlich (vgl. JMK & KMK 2004, 3).

Im Rahmen dieser Arbeit wird, wie sich in den Kapitelüberschriften bereits manifestiert, von Lernprozessen gesprochen. Die Verwendung dieser Bezeichnung hat primär forschungspraktische Gründe. Bildungsprozesse sind ihrem Anspruch nach grundlegender und umfassender und damit einer empirischen Erfassung noch schwerer zugänglich als Lernprozesse. Darüber hinaus ist im Hinblick auf die normative Ausrichtung des Bildungsbegriffs nicht jedes Lernen als Bildung zu bezeichnen.

## 2.1.3 Lernformen im frühen Kindesalter

Das Lernen junger Kinder wird häufig mit Lernen im Spiel oder spielendem Lernen umschrieben.

> „Lernen im Elementarbereich ist unerlässlich mit dem Spiel der Kinder verbunden. Vorbehalte gegenüber einer Fachdidaktik für den Kindergarten beruhen unter ande-

rem auf der Angst, das Spiel der Kinder könnte verloren gehen, an Bedeutung verlieren, fachlichen Lernzielen untergeordnet werden." (Ott 2008, 147)

Die Skepsis gegenüber einer Elementardidaktik bezieht sich nicht auf das Lernen generell, sondern primär auf schulische Formen des Lernens im Sinne einer Vermittlung von Inhalten. Eine Polarisierung der zentralen pädagogischen Konzepte *Spielen* und *Lernen* erscheint folglich weder hilfreich noch gerechtfertigt, gerade wenn man bedenkt, dass sie in der frühen Kindheit weitgehend ineinander aufgehen oder sogar synonym verwendet werden.

> „Spielen kann als frühe Entwicklung des kindlichen Lernens bezeichnet werden."
> (Heinze 2007, 273; vgl. auch Mackowiak u.a. 2008, 89)

Oerter (2006, 6f.) bezeichnet *implizites* und *inzidentelles Lernen* als die Hauptformen des Lernens bis zum Alter von sechs Jahren. Synonym verwendet er für diese beiden Hauptformen den Begriff *spielendes Lernen*, da sie auch im Spiel im Mittelpunkt stehen. Inzidentelles oder beiläufiges Lernen bestimmt aber nicht nur das Lernen junger Kinder, sondern kennzeichnet das Lernen im Alltag generell. Beiläufig wird beispielsweise Wissen über die Zerlegung von Zahlen oder eine Fertigkeit wie das Zählen erworben. Implizites Lernen wiederum bezeichnet eine Lernform, die nicht bewusst kontrolliert werden kann. So werden motorische Fertigkeiten oder die Erstsprache häufig implizit, d.h. unbewusst erworben. Doch im Spiel gibt es auch *intentionales Lernen*, etwa dann, wenn es sich um das bewusste Bemühen um Leistungsverbesserung bei Spielen mit strategischen Elementen handelt. Intentionales Lernen tritt im Laufe der Kindheit zunehmend zu den anderen Lernformen hinzu, verdrängt diese aber nicht.

Lernen im frühen Kindesalter unterscheidet sich folglich nicht grundsätzlich vom Lernen in anderen Lebensphasen, allerdings gibt es andere Schwerpunktsetzungen. Das Potenzial für *implizite* und *inzidentelle Lernprozesse* ist bei jungen Kindern besonders hoch, da das Lernen einerseits durch hohe Motivation und andererseits durch eine Beschränkung des Arbeitsgedächtnisses gekennzeichnet ist (vgl. Hasselhorn & Gold 2006, 72ff., 165ff.; Hasselhorn 2005, 78f., 83). Die hohe Motivation kann Lernen begünstigen, da sich das Kind von Misserfolgen nicht entmutigen lässt und Tätigkeiten vielfach wiederholt. Die Begrenzung des Arbeitsgedächtnisses, insbesondere der phonologischen Schleife, bewirkt, dass Wissen nur begrenzt über sprachliche Vermittlung erworben werden kann.

> „So findet man in der Regel zwischen 4 und 6 Jahren sehr günstige motivationale und eher ungünstige kognitive Voraussetzungen für das erfolgreiche Bewältigen von Lernprozessen." (Hasselhorn 2011, 19)

Um Lernprozesse besser verstehen zu können, ist folglich eine Unterscheidung verschiedener *Lernformen* hilfreich (vgl. Tab. 2.1).

Tab. 2.1: Klassifikationen des Lernbegriffs (vgl. Gruber 2008, 96)

| Dimension | Typische Ausprägungen |
|---|---|
| Lernabsicht | Intentionales Lernen vs. inzidentelles Lernen |
| Einbettung in die Lehr-Lern-Umgebung | Formales Lernen vs. informelles Lernen vs. implizites Lernen |
| Spezifität | Domänen- bzw. fachspezifisches Lernen vs. metakognitives Lernen |
| Soziale Form des Lernens | Individuelles Lernen vs. soziales bzw. kooperatives Lernen |

Für das Lernen von Kindern im Kindergartenalter sind neben der Dimension *Lernabsicht* auch die Dimensionen *soziale Form des Lernens* (vgl. Kapitel 2.4) und die *Einbettung in die* Lehr-Lern-Umgebung relevant.

Die Unterscheidung formal versus informell findet sich auch in der Frühpädagogik. Allerdings werden nicht Lern-, sondern *Bildungsformen* unterschieden (vgl. zu den Begriffen Lernen und Bildung Kapitel 2.1.2). Dabei finden sich folgende Formen der Bildung, die – vereinfacht – verschiedenen Bildungsorten zugeordnet werden können (vgl. Rauschenbach u.a. 2004, Geiling 2006, 199, Schuster 2006, 146, Vogel 2008):

– *Formale Bildung*: Formen organisierter Bildung mit verbindlichem Charakter in Schule, beruflicher Ausbildung und Hochschule (mit Zertifikaten verbunden)
– *Non-formale Bildung*: Formen organisierter Bildung mit freiwilligem Charakter in Kindertagesstätten, Kinder- und Jugendhilfe (Angebotscharakter)
– *Informelle Bildung*: Formen ungeplanter und unbeabsichtigter Bildung mit zufälligem Charakter in Alltag, Familie, Nachbarschaft, Freizeit, Arbeit, Spiel

Es wird angenommen, dass umfassende Bildungsprozesse im Zusammenspiel aller drei Bildungsformen gelingen. Im Kindergarten greifen insbesondere non-formale und informelle Bildung ineinander, was als besondere Chance begriffen wird, da sich die pädagogische Praxis jenseits von Leistungsbewertung und Selektion an den Bildungsprozessen der Kinder orientieren kann. Bildung im Kindergarten hat im Unterschied zur Schule Angebotscharakter und zielt weniger auf eine Vermittlung von Inhalten durch die Fachkräfte (vgl. Rauschenbach u.a. 2004, 87).

> „Bildungsangebote im vorschulischen und außerschulischen Bereich werden eher als ein Bereitstellen von Bildungsgelegenheiten interpretiert, statt als Vermittlung von Lehrinhalten gesehen." (Geiling 2006, 200)

Aufgrund der Ausführungen zu den Begriffen Lernen und Bildung (Kapitel 2.1.2) wird im Rahmen dieser Arbeit davon ausgegangen, dass *Lernprozesse im Kindergarten* insbesondere das Ergebnis *non-formalen* und *informellen Lernens* sind (vgl. auch Vogel 2008, 126).

Angesichts der Annahme, dass junge Kinder vornehmlich spielend lernen – also beiläufig, implizit, non-formal und informell – sind folgende weitere Fragen zu klären:

– Was ist Spiel(en) überhaupt? (Kapitel 2.2)
– Kann im Spiel gelernt werden bzw. was kann im Spiel gelernt werden? (Kapitel 2.3)
– Wie kann Lernen im Spiel aussehen? (Kapitel 2.5)

## 2.2 Spielen

### 2.2.1 Begriffsklärung

> „In essence, play could be viewed in its broadest sense as describing almost all activities that young children engage in." (vgl. Fleer 2009, 2)

Der Begriff *Spiel* ist wahrscheinlich einer der schillerndsten in der Erziehungswissenschaft und alles andere als einheitlich gefasst. Wie kein anderer entzieht er sich einer Definition, da er so verschiedene Phänomene wie das kindliche Spiel, Gesellschaftsspiele, Sportspiele oder auch Glücksspiele umfasst. Dennoch finden sich in der Literatur Versuche, den Begriff *Spiel* allgemein durch verschiedene Merkmale *phänomenologisch* zu bestimmen (vgl. Scheuerl 1990, 67ff.):

– Spiel ist zweckfrei. Spielhandlungen sind nicht auf ein Ziel ausgerichtet, sondern der Zweck liegt im Spiel selbst.
– Spiel strebt nach Ausdehnung in der Zeit, nach Wiederholung.
– Spiel ist frei von den Zwängen der Realität, die Beteiligten können sich einer Scheinwelt hingeben. Spielhandlungen sind frei von Konsequenzen.
– Spiel ist ambivalent. Spannung und Entspannung wechseln sich ab.
– Spiel ist gebunden an den Augenblick und damit zeitlos.

Ähnliche Merkmale finden sich auch im *handlungstheoretischen Ansatz* (vgl. Oerter 1993, 1ff.; Oerter 2008, 237), der sich jedoch auf die ersten drei Merkmale beschränkt: Selbstzweck des Spiels, Wiederholung und Ritual, Wechsel des Realitätsbezugs. Der Wechsel des Realitätsbezugs geht wiederum auf den *kulturhistorischen Ansatz* von Wygotski (1933/80, 445) zurück, der die eingebildete Situation als die Haupteigenschaft des Spiels bezeichnet.

In seinem *empirisch orientierten Ansatz* vertritt Einsiedler (1999) die These, dass Spiel nicht allgemein definiert, sondern allenfalls von Fall zu Fall expliziert werden kann.

> „Zu Recht wird an den allgemeinen Spieldefinitionen kritisiert, dass sie additiv Merkmale aneinander reihen, die im Einzelfall eines bestimmten Spiels nicht mehr alle nachweisbar sind." (Einsiedler 1999, 10)

Spiel ist in der Folge ein injunkter Begriff mit fließenden Übergängen zu anderen Verhaltensformen wie dem Erkundungsverhalten oder dem zielorientierten Herstellen. Aktivitäten können dann mehr oder weniger Spiel sein bzw. mehr oder weniger Spielmerkmale aufweisen (vgl. Abb. 2.1). Kann ein Merkmal nicht beobachtet werden, dann muss nicht auf die Bezeichnung *Spiel* verzichtet werden.

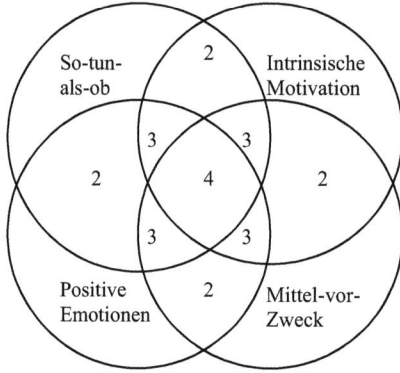

4: vier Spielmerkmale vorhanden

3: drei Spielmerkmale vorhanden

2: zwei Spielmerkmale vorhanden

Abb. 2.1: Spiel als injunkter Begriff (in Anlehnung an Einsiedler 1999, 12, 15)

Ein Spielgeschehen, bei dem alle vier Spielmerkmale beobachtet werden können, ist

– intrinsisch motiviert, d.h. es kommt durch freie Wahl zustande;
– stärker auf den Spielprozess (Mittel) als auf ein Spielergebnis (Zweck) ausgerichtet;
– von positiven Emotionen begleitet;
– im Sinne eines So-tun-als-ob von realen Lebensvollzügen abgesetzt.

Neben unterschiedlichen Spielmerkmalen, werden häufig auch verschiedene *Spielformen* unterschieden (vgl. z.B. Einsiedler 1999, 65ff., 75ff., 123f.). Diesen Spielformen können idealtypisch gewisse Hauptmerkmale zugeordnet werden. Das heißt jedoch nicht, dass andere Spielmerkmale bei dieser Spielform nicht beobachtet werden können.

– Hauptmerkmale des *Objektspiels* sind *intrinsische Motivation* und *Mittel-vor-Zweck;* Beispiele sind Stapeln, Ein- und Ausräumen, Füllen.
– Hauptmerkmale des *Sozialspiels* sind *positive Emotionen, Mittel-vor-Zweck;* Beispiele sind Geben und Nehmen, ,Guck-guck', Verstecken, Klatschen, ,Winke-winke'.
– Hauptmerkmal des *Symbolspiels* ist *So-tun-als-ob*; Beispiele sind vorgestelltes Essen, Autofahren, Schule, Familie.
– Hauptmerkmale des *Regelspiels* sind *positive Emotionen* und *intrinsische Motivation*; Beispiele sind soziale Regelspiele, Kartenspiele, Geschicklichkeitsspiele, Brettspiele, Denkspiele, Glücksspiele, Sport- und Mannschaftsspiele.

Diese Unterscheidung nach Spielformen ist inhaltlicher Natur.

## 2.2.2 Funktionen

Historisch betrachtet werden dem Spiel unterschiedliche *Funktionen* zugeschrieben. Arbeitet Groos (1899) insbesondere die *Vorübungs- und Einübungsfunktion* in das spätere Erwachsenenleben heraus, so stellen psychologische Theorien die kindliche Perspektive in den Vordergrund. Nach Freud (1920/76) dient das Spiel dem Kind zur Wunscherfüllung, Wygotski (1933/80) stellt die Realisation unerfüllbarer Wünsche im Spiel heraus und Piaget (1969) sieht im Überhang an Assimilation im Spiel, d.h. an kognitiven Aktivitäten, die die Wahrnehmung der Umwelt an die Schemata des Kindes anpassen, eine Gegenreaktion auf den Sozialisationsdruck und den Zwang der äußeren Wirklichkeit. Als gemeinsamen Kern dieser psychologischen Theorien schält Oerter (2008, 238 u. 1993, 6) die Lebensbewältigung heraus. Im Spiel werden aktuelle Thematiken wiederholt bearbeitet. Beispielhaft nennt er Entwicklungs- und Beziehungsthematiken wie Aufbauen und Zerstören, Behausung, Allmacht und Kontrolle, Selbst und Identität, Freundschaft, Bindungsverlust und Bindungsunsicherheit (vgl. auch Oerter 1993, 187ff.). Während das Spiel aus einer Erwachsenenperspektive eine lebenseinübende und -vorbereitende Aufgabe hat, übernimmt es nach Oerter (1993, 2008) für das Kind primär eine *affektive Funktion*.

Das Spiel erschöpft sich jedoch nicht in diesen beiden Funktionen, sondern Piaget (1969) stellt zudem die *kognitive Funktion* des Spiels heraus. Das Spiel befördert die kognitive Entwicklung durch Assimilation im Sinne eines spielerischen Umgangs mit Handlungsschemata. Es dient somit nicht dem Erwerb, sondern dem Einüben von Handlungsschemata (vgl. auch Oerter 1993, 179). Darüber hinaus wird ihm auch eine *soziale Funktion* zugeschrieben. Parten (1932) unterscheidet verschiedene *soziale Spielformen*: unbeschäftigt Sein, allein Spielen, Zuschauen, paralleles Spielen, assoziatives Spielen, kooperatives Spielen. Diese Unterscheidung sozialer Spielformen ist bis heute aktuell, allerdings nicht ihre Wertung. So wird das Alleinspiel heute nicht mehr als eine anspruchslose, sozial unreife Tätigkeit angesehen, sondern als eine vom kooperativen Spiel unabhängige Form des Spielens (vgl. Einsiedler 1999, 25). Ebenso ist das Parallelspiel nicht Ausdruck sozialer Unreife, sondern stellt eine gute Möglichkeit dar, kooperatives Spielen anzubahnen.

> „Diese Spielstufen sind heute nicht mehr als Ausdruck der Reife der Subjekte zu interpretieren, sondern gewinnen an Bedeutung für die Intensität des Spielprozesses." (König 2009, 107)

Aufgrund der Beschreibung verschiedener Funktionen des Spiels unterscheidet Einsiedler (1999, 21) *differenzielle Funktionen* von Spielformen. Dient das Objektspiel dem Kennenlernen der materialen Umwelt, werden im Sozialspiel grundlegende Muster sozialer Interaktion aufgebaut. Das Symbolspiel unterstützt die Entwicklung der Vorstellungsfähigkeit und der Fähigkeit zur Objekttransformation. Im Rollenspiel werden Rollen und Skripts eingeübt sowie die Empathiefähigkeit, der Spracherwerb, die Konfliktbewältigung und die Gefühlsregulation geschult. Beim Konstruktionsspiel geht es um das Herstellen von Zielobjekten (vgl. auch Mackowiak u.a. 2008, 90f.). Die differenziellen Funktionen spannen sich auf zwischen den Polen *Übung und Entwicklung* sowie *kultureller Eigenwert* (vgl. Abb. 2.2).

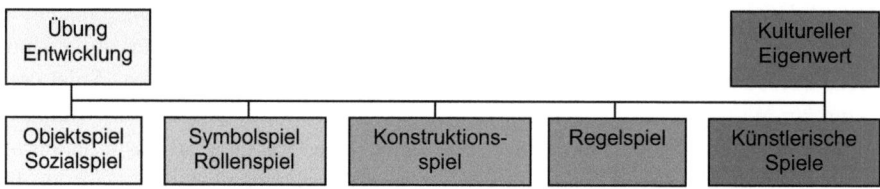

Abb. 2.2: Grafische Umsetzung der differenziellen Funktionen nach Einsiedler (1999, 21)

Einsiedler postuliert für das Spielen in der frühen Kindheit einen weitgehenden Konsens hinsichtlich seiner Übungs- und Entwicklungsfunktion; für das Spielen in der mittleren Kindheit gibt es diesen hingegen nur eingeschränkt.

Dem Regelspiel wird eine *Funktion im Bereich der kognitiv-sozialen Entwicklung* zugeschrieben, die aber mehr und mehr vom formellen bzw. formalen Lernen übernommen wird (vgl. Einsiedler 1999, 122f.; vgl. dazu auch Kapitel 2.1.3). Das Regelspiel fördert den Erwerb motorischer Handlungen im Sinne von Spieltechniken, den Erwerb intellektueller Handlungen im Sinne von Spielstrategien und den Erwerb kommunikativ-kooperativer Handlungen im Sinne von sozialer Kompetenz (vgl. Einsiedler 1999, 124). Es geht darum, Spielregeln zu verstehen, zu akzeptieren und bei Bedarf zu verändern. Dies bedarf sozialer Aushandlungsprozesse (vgl. Mackowiak u.a. 2008, 91). Regelspiele haben zudem mit zunehmendem Alter meist Wettbewerbscharakter und erfordern daher in der Regel eine spezifische Fähigkeit oder Kompetenz, die zuvor erlernt werden muss. Es geht folglich um den Leistungsvergleich in ganz unterschiedlichen Bereichen (vgl. Oerter 2008, 239).

Wygotski (1933/80, 462) bringt noch einen weiteren, im Kontext dieser Arbeit besonders interessanten Aspekt des Regelspiels ein. Das Spiel im Vorschulalter ist „Quelle der Entwicklung und schafft die Zone der nächsten Entwicklung". Es ist dadurch in seiner Funktion dem Unterricht im Schulalter vergleichbar. Indem sich das (Vorschul-)Kind im Spiel herausfordernden Regeln unterwirft, kann es über sich selbst hinauswachsen. Das Spiel ist die führende, wenn auch nicht die überwiegende Tätigkeit des Kindes im Vorschulalter.

## 2.3   Spielen und Lernen

> „Im Spiel geschieht Lernen in vielfältigster Form – doch es ist nicht das Ziel."
> (Stenger 2010, 30)

An den Ausführungen zum Begriff und zu den Funktionen des Spiels (Kapitel 2.2), die keinen Anspruch auf Vollständigkeit erheben (vgl. für einen Überblick z.B. Vernooij 2005), wird deutlich, dass Spielen und Lernen durchaus vereinbar sind. Spielen und Lernen schließen sich nicht aus, vielmehr stehen sie besonders im frühen Kindesalter in fruchtbarer Beziehung zueinander. Im Folgenden wird das Verhältnis von Spielen und Lernen zunächst auf der Basis theoretischer Überlegungen (Kapitel 2.3.1) und anschließend aufgrund empirischer Studien (Kapitel 2.3.2) genauer analysiert.

## 2.3.1 Theoretische Überlegungen zum Verhältnis von Spielen und Lernen

Der Gedanke, das natürliche Spiel der Kinder für das (kognitive) Lernen zu nutzen, reicht von der Antike bis in die Gegenwart. Schon Aristoteles (1981, 279) schrieb:

> „Darum sollten die Spiele vorwiegend eine Nachahmung dessen sein, womit sich die Kinder dereinst als Männer beschäftigen werden."

Heute besonders aktuell ist die Diskussion, ob und wie man Computerspiele für das Lernen nutzbar machen kann.

> „There is now increasing interest in asking whether computer games might be offering a powerful new resource to support learning in the information age." (Kirriemuir & McFarlane 2006, 1)

In der Spielpädagogik hingegen wird die Position vertreten, dass das Spiel der Kinder nicht instrumentalisiert werden darf oder kann, da Kinder im Spiel ihre eigenen Lernsituationen herstellen, die von den Zielen und Absichten der Erwachsenen unabhängig sind (vgl. z.B. Fritz 1991, Flitner 2002, Hauser 2005). Während die eine Position also den *zukünftigen Nutzen* und damit die Funktionalität des Spielens aus einer Erwachsenenperspektive betont, geht es bei der anderen um den *Eigenwert des Spielens* für das Kind. Inhaltliche und strukturelle Aussagen über das Verhältnis von Spielen und Lernen erlauben beide Positionen nicht.

Am fruchtbarsten für die theoretische Klärung des Verhältnisses von Spielen und Lernen erscheint das *Person-Situation-Modell* (Einsiedler 1982, 5). In diesem Modell wird Lernen als ein interaktives Geschehen begriffen, das einerseits von der Situation und andererseits von den personalen Voraussetzungen des Kindes bestimmt wird.

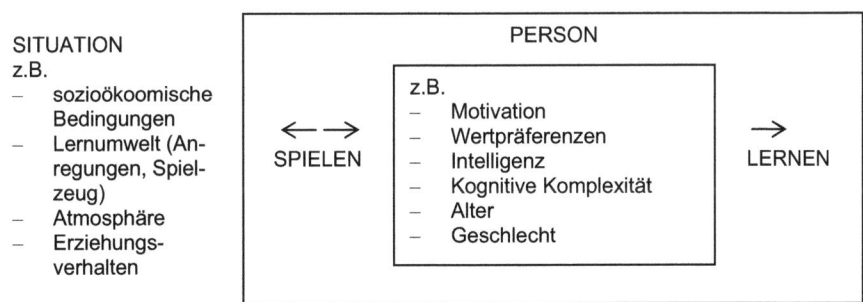

Abb. 2.3: Person-Situation-Modell (Einsiedler 1982, 5)

Dieses Modell macht deutlich, dass im Spiel zwar gelernt werden kann, das Lernen aber abhängig ist von den personalen Voraussetzungen der Spielenden und den situativen Bedingungen. Motivation, Intelligenz, Alter und Geschlecht sind mögliche personale Voraussetzungen. Als situative Bedingungen werden die sozioökonomische Situation, die Lernumwelt etwa in Form von Spielzeug und das Erziehungsverhalten der Eltern und der Erzieherinnen genannt. Lernen muss also insbesondere im Kindergartenalter ein Stück weit zufällig bleiben. Einsiedler (1989, 297) nennt dies das „Problem der Zufälligkeit des Lernens" im Spiel. Ausgehend von konstruktivistischen Annahmen stellt sich die Frage, ob die Zufälligkeit des Lernens im Spiel als ein besonderes Problem angesehen werden muss. Denn auch intentionales Lernen ist nicht gänzlich durch Lehren steuerbar, da Wissen individuell, ausgehend von Vorerfahrungen und anknüpfend an vorhandene Denkstrukturen konstruiert wird. Vielmehr lenken konstruktivistische Annahmen zum Lernen die Aufmerksamkeit auf die Gestaltung der situativen Bedingungen des Lernens (vgl. Gerstenmaier & Mandl 1995), die sich auch auf die Motivation auswirken können. Die Motivation ist im Unterschied zum Alter oder zum Geschlecht nicht als eine feste, unveränderliche Voraussetzung auf Seiten des Kindes zu sehen. Sie wird auch durch die Situation beeinflusst.

Eine Verbindung zwischen Spielen und Lernen kann auf einer theoretischen Ebene auch über die Spielmerkmale *Positive Emotionen* und *Intrinsische Motivation* hergestellt werden (vgl. Kapitel 2.1.3, 2.2.1). Sowohl Emotionen als auch die Motivation nehmen Einfluss auf die Art und auf den Erfolg des Lernens. Der Bezug zum Lernen wird im Folgenden für beide Konzepte dargestellt.

*Motivation* als die „Bereitschaft einer Person, sich intensiv und anhaltend mit einem Gegenstand auseinander zu setzen" (Hasselhorn & Gold 2006, 103) ist eine der wichtigsten Bestimmungsgrößen erfolgreichen Lernens. Der Anreiz für eine intensive und anhaltende Auseinandersetzung kann sowohl im Erreichen eines angestrebten Ziels als auch in der Tätigkeit selbst liegen. Für ersteres wird häufig die Bezeichnung *extrinsische Motivation*, für letzteres die Bezeichnung *intrinsische Motivation* gebraucht (vgl. Rheinberg 2010, 367f u. 387). Intrinsische Motivation wird inhaltlich aber nicht nur als „in der Tätigkeit" im Sinne „Lust durch die Tätigkeit" gefasst, sondern auch als das Bedürfnis nach Selbstbestimmung und Kompetenz (Anreiz in der Person und nicht abhängig von Belohnungen), oder als Interesse und Involviertheit (Anreiz im Gegenstand) bestimmt (vgl. Rheinberg 2010, 368ff., Hasselhorn & Gold 2006, 103ff.). Daher empfiehlt Rheinberg (2010, 387) auf das Begriffspaar extrinsische und intrinsische Motivation zu verzichten und verschiedene Anreize zu unterscheiden.

Bezogen auf das Spiel sind im Rahmen dieser Arbeit verschiedene *Anreize* denkbar, die eine intensive, anhaltende Auseinandersetzung und damit ein Lernen begünstigen können: das Spielmaterial, das Spielthema, die Spielhandlungen und/oder der Spielgewinn.

Bei den *Emotionen* ist der Zusammenhang zum Lernen weniger gut erforscht als bei der Motivation.

> „Eine systematische empirische Analyse der Wirkmechanismen, die für den Beitrag der Emotionen zu erfolgreichem oder weniger erfolgreichem Lernen verantwortlich sind, steht noch aus." (Hasselhorn & Gold 2006, 116)

Grundsätzlich kann aber zwischen positiven, aktivierend negativen und desaktivierend negativen Emotionen unterschieden werden (vgl. Pekrun & Schiefele 1996 nach Hasselhorn & Gold 2006, 116f., Pekrun u.a. 2002 nach Krapp & Weidenmann 2006, 209f.).

– *Positive Emotionen* wie Freude oder Stolz wirken sich günstig auf die Motivation aus. Sie können aber wie negative Emotionen das Arbeitsgedächtnis belasten, dessen Kapazität bei jungen Kindern begrenzt ist (vgl. Kapitel 2.1.3). Allerdings ist davon auszugehen, dass die motivationsförderlichen Effekte der positiven Emotionen diesen Nachteil ausgleichen.
– Ärger und Wut gehören zu den *aktivierend negativen Emotionen*. Sie können die Nutzung von Lernstrategien anregen, beeinträchtigen aber das Arbeitsgedächtnis und reduzieren die Motivation.
– Unter *desaktivierend negative Emotionen* fällt etwa die Langeweile. Sie reduziert ebenfalls die Aufmerksamkeitszuwendung und die Motivation. Sie steht einer tieferen Verarbeitung von Informationen entgegen.

Emotionen im Spiel sind im Hinblick auf das Lernen folglich als ambivalent einzuordnen. Einerseits können sie sich positiv auf die Motivation auswirken und somit einen zusätzlichen Anreiz für eine intensive und anhaltende Auseinandersetzung bieten. Andererseits können sie die Motivation reduzieren sowie das Arbeitsgedächtnis belasten und so mögliches Lernen erschweren.

## 2.3.2 Ergebnisse empirischer Studien

> „Die klassische Form, die Vorteile des Spielens mit dem systematischen Lernen zu verbinden, ist das Lernspiel oder didaktische Spiel." (Einsiedler 1999, 68)

Das Lernen im Spiel ist auch Gegenstand empirischer Forschung. Im Folgenden sollen die in diesem Zusammenhang wesentlichen Ergebnisse dargestellt und systematisiert werden.

> „In entwicklungspsychologischen Untersuchungen fällt es [...] schwer, direkte Beziehungen zwischen Spiel und kognitiven Testleistungen aufzuzeigen." (Einsiedler 1989, 303)

Diese Aussage bezieht sich insbesondere auf das Freispiel. In einer Studie gehen Treinies und Einsiedler (1989) der Frage nach, ob das Freispiel im Vorschulalter Auswirkungen auf das Lernen in der Schule hat. Als Datengrundlage dient dabei die systematische Beobachtung von Kindern im Freispiel.

> „Zusammengenommen verdeutlichen die Auswertungsmodelle, daß das Spielen im Kindergartenalter vor allem die Begleitprozesse beim Lernen in der Grundschule positiv beeinflusst." (Treinies & Einsiedler 1989, 324)

Wichtige Begleitprozesse sind die Selbständigkeit, die Aufmerksamkeit und die Arbeitshaltung. Das Spielen nimmt folglich nicht direkt, sondern indirekt Einfluss auf die Lernleistung in der Grundschule.

Bezogen auf das Mathematiklernen kann man im Wesentlichen zwei Arten empirischer Studien zum Zusammenhang von Spielen und Lernen unterscheiden. Auf der einen Seite findet man *Kurz- und Langzeitinterventionsstudien*, die an den Lerneffekten beim Einsatz von (kommerziellen oder didaktischen) Spielen in Kindergarten und Anfangsunterricht interessiert sind (vgl. Floer & Schipper 1975, Einsiedler u.a. 1985, Peters 1998, Kamii 2004, Young-Loveridge 2004, Ramani & Siegler 2008, Rechsteiner u.a. 2012). Es geht also um das *Lernen mit (Lern-)Spielen*. Auf der anderen Seite stehen *Beobachtungsstudien*, deren Interessenschwerpunkt auf den Kontextbedingungen des kindlichen Spiels und somit auf den Bedingungen des *Lernens beim Spielen* im Kindergarten liegt (vgl. Ginsburg u.a. 2004, Ginsburg 2009, van Oers 2010).

Die erwähnten *Interventionsstudien*, angelegt im Kontrollgruppendesign, zeigen, dass der Einsatz ausgewählter Spiele sowohl im Kindergarten als auch zu Beginn der Schulzeit ähnlich erfolgreich ist wie ein auf die gleichen Inhalte ausgerichteter Unterricht. Im vorschulischen Bereich konnte das Zahlverständnis sowohl durch Spiele als auch durch gezielten Unterricht gefördert werden. Floer und Schipper (1975) können leichte, wenn auch nicht signifikante Vorteile der vorschulischen Spielgruppen gegenüber den vorschulischen Unterrichtsgruppen nachweisen. Zu ganz ähnlichen Ergebnissen kommen Rechsteiner u.a. (2012) in einer Schweizer Studie beim Vergleich eines Trainingsprogramms (nach Krajewski u.a. 2007, vgl. auch Kapitel 3.1.1) mit dem Einsatz von Lernspielen im zweiten Kindergartenjahr (Durchschnittsalter 6;24 Jahre). Einsiedler u.a. (1985, 10) stellen fest, dass die „Vorteile des Lernspieleinsatzes vor allem im motivationalen Bereich" liegen. Das Ersetzen herkömmlichen Unterrichts durch den Einsatz von Lernspielen führt „zu keiner Beeinträchtigung des Lernerfolgs in Mathematik" (Einsiedler u.a.1985, 9).

Im englischsprachigen Raum untersucht Kamii (2004) ebenfalls in den 1980er Jahren, wie sich eine Gestaltung des Mathematikunterrichts nur mit Lernspielen im gesamten ersten Schuljahr auf das Faktenwissen der Grundaufgaben auswirkt. Die Aussagen dieser Studie sind begrenzt, da die Kontrollgruppe nicht zufällig ausgewählt wurde und die Daten des Vortests nicht verfügbar sind. So schneidet die Versuchsgruppe am Ende des Schuljahrs schlechter ab als die Kontrollgruppe.

Darüber hinaus wird untersucht, ob Spiele im Kindergarten mathematische Kompetenzen bei benachteiligten Kindern fördern. Ramani und Siegler (2008) zeigen für Kinder aus bildungsfernen Milieus, dass in der Interventionsgruppe durch das Leiterspiel[8] und eine verbale Begleitung der Spielhandlungen ein höheres intuitives Verständnis für Zahlen, größere Kenntnisse von Größen und Abfolgen von Zahlen sowie eine verbesserte Fähigkeit beim Zählen und Identifizieren von Zahlen im Unterschied zur Kontrollgruppe aufgebaut wird.

---

8   Das Leiterspiel ist ein Spielplan mit zehn Feldern. Auf den Feldern sind die Zahlzeichen von 1 bis 10 aufgedruckt. Zwei Kinder spielen gegeneinander. Wer zuerst die 10 erreicht, hat gewonnen. Ein Kreisel mit den Ziffern 1 und 2 gibt an, wie weit gezogen werden darf. Ein Spielleiter gibt genau vor, wie die Kinder zu den einzelnen Spielzügen sprechen sollen. Steht das Kind auf der 3 und kreiselt eine 2, dann soll es 5, 6 sprechen (vgl. Siegler 2009, 436ff.).

Es gibt also Anzeichen dafür, dass durch Kurzzeitinterventionen mit Lernspielen im Vorschulalter zumindest kurzfristige Lernerfolge erzielt werden können. Sie können dann genauso erfolgreich sein wie unterrichtsähnliche Arrangements. Lernspiele können im Kindergarten folglich zur Förderung eingesetzt werden. Dabei spielt die Verbalisierung von Spielzügen eine wichtige Rolle (vgl. Siegler 2009). Ein Lernspieleinsatz hat zudem Auswirkungen auf die Motivation.[9] Diese Ergebnisse decken sich mit den eingangs angestellten Überlegungen zum Verhältnis von Spielen und Lernen, dass Spielen über positive Emotionen und die Motivation das Lernen begünstigen kann (vgl. Kapitel 2.3).

Aktuelle Studien im Vorschulalter sind *Interventionsstudien mit Lern- und Förderprogrammen*, die jedoch nicht durchgängig Lernspiele einsetzen, sondern nur punktuell spielerische Elemente aufweisen. Teilweise werden auch langfristige Effekte ihres Einsatzes untersucht (vgl. z.B. Krajewski 2008, Pauen & Pahnke 2008, Peter-Koop u.a. 2008). Besonders interessant ist hier die Studie von Peter-Koop u.a. (2008), die die Gleichwertigkeit einer Förderung im Kindergartenalltag durch die Erzieherin und einer Einzelförderung durch Studierende nachweisen konnte.

Ergebnis der *Beobachtungsstudien* ist, dass Kindergartenkinder der Begleitung Erwachsener oder anderer, erfahrenerer Kinder bedürfen, um ihre mathematischen Fähigkeiten in Spielsituationen zu erweitern.

> „The emergence of mathematical thinking in young children is a culturally guided process, wherein mathematical meaning can be assigned to actions of the child. These actions can be further developed through collaborative problem solving with more knowledgable others in the context of activities that make sense to the children." (van Oers 2010, 34)

Ginsburg (2009, 413f.) macht die Entwicklung mathematischen Denkens an der Lernumgebung, am Spiel und dem von der Fachkraft genutzten didaktischen Augenblick fest.

Die empirische Forschung zum Lernen beim Spielen im frühen Kindesalter unterstreicht auch die zentrale Rolle der Erzieherin (Kapitel 2.4) und die begründete Auswahl der Materialien, der Spiele und der Aktivitäten (Kapitel 3). Auf diese Faktoren mathematischer Lernprozesse beim Spielen wird deshalb nun noch ausführlicher eingegangen.

## 2.4    Lernbegleitung

Dass vornehmlich junge Kinder beim Lernen der Unterstützung und der Begleitung bedürfen, kann als Konsens betrachtet werden (Kapitel 2.1.1). Doch wie insbesondere mathematische Lernprozesse unterstützt und begleitet werden können, darüber ist noch wenig bekannt.

---

9   Löschenkohl (1981, nach Einsiedler 1982, 8) weist auf die Gefahr eines rein funktionalen Trainings hin, das die Motivation vernachlässigt und sogar die Aversion gegenüber einem Lernbereich erhöhen kann.

„Little is known about preschool teachers' role in promoting math skills." (Arnold u.a. 2002, 762)

Das junge Forschungsfeld der Frühpädagogik ist mit Blick auf die mathematische Bildung nicht nur in Deutschland mit der Frage nach den Zielen und Inhalten (Kapitel 1) sowie nach den Materialien (Kapitel 3) befasst. Die Frage nach der Lernbegleitung wird zumeist fachunspezifisch angegangen und bearbeitet. Dementsprechend finden sich in der Literatur häufig Aussagen allgemeiner Art, die die Anforderungen an die Erzieherin und die Bedeutsamkeit der Lernbegleitung an sich herausstellen:

„Early childhood educators face a balancing act – that is, an approach that is neither too direct nor too hands off." (Baroody u.a. 2006, 203)

„Early number understanding emerges first in social interaction with more capable partners and only gradually becomes internalized." (Benigno & Ellis 2004, 6 zitiert nach Baroody u.a. 2006, 204)

„Play is not enough. Children learn through play, but they can discover only a certain amount on their own. [...] Children need adult guidance to reach their full potential." (Balfanz u.a. 2003, 265)

Andere Autoren betonen die Abgrenzung zur Schule:

„Kindergarten aims at preparing children for school but not by school methods." (Wolf 1992, 77)

„Early childhood mathematics should not involve a push-down curriculum." (Balfanz u.a. 2003, 266)

Alle diese Aussagen verweisen ganz allgemein darauf, dass das Lernen im Kindergarten zwar der Unterstützung bedarf, aber die Art der Unterstützung weniger einer Belehrung als einer Begleitung entsprechen soll. Dies wird auch durch die psychologische Forschung gestützt. Der Aufbau und die Veränderung von Wissen bei jungen Kindern gehen zwar ganz grundsätzlich nicht anders vor sich als bei älteren Kindern oder bei Erwachsenen (vgl. auch die Ausführungen zu Lernformen unter 2.1.3). Dennoch treten „erhebliche Unterschiede beim Lernen auf, die mit der Verschiedenheit des Vorwissens zu erklären sind" (Stern 2006, 103). So können Kinder von direkter Instruktion in Form von Erklärungen weniger profitieren als Erwachsene, da sie über weniger Vorwissen verfügen, aber auch ihre Kapazität des Arbeitsgedächtnisses geringer ist (vgl. z.B. Hasselhorn & Gold 2006, 77ff.).

Im Folgenden soll die Lernbegleitung aus zwei unterschiedlichen Blickwinkeln betrachtet werden. In der Literatur kann man einen *Diskurs über Rollenklärungen* von einem *Diskurs über die Qualität der pädagogischen Praxis* in Kindergärten unterscheiden. Die analytische Trennung dieser Diskussionen ist wie so häufig eine künstliche, da diese ineinander verschränkt sind. Die Trennung verdeutlicht jedoch unterschiedliche Schwerpunktsetzungen.

– Die *Rolle der Erzieherin* wird im Hinblick auf ihre Vielfalt diskutiert. Verschiedene Rollen bzw. Rollendimensionen spiegeln die Komplexität und die

Vielfalt der Anforderungen wider, die sich in einem Spektrum zwischen stärker konstruktivistischen und instruktivistischen Anteilen bewegen (Kapitel 2.4.2).

–   Die Diskussion um die *Qualität der Interaktion und Instruktion* zeigt die grundlegende Bedeutung des kompetenten Gegenübers im Lernprozess auf und damit die der sozialen Konstruktion von Wissen. Sie betont aber auch einzelne Interaktionsformen, die als besonders lernförderlich angesehen werden. Hierbei wird auch stets die Forderung nach der individuell angepassten Unterstützung von Lern- und Entwicklungsprozessen gestellt (Kapitel 2.4.3).

Da die Erforschung der Lernbegleitung im Kindergarten noch in den Anfängen steckt, werden Überlegungen zu schulischen Formen der Lernbegleitung vorangestellt (Kapitel 2.4.1). Aus diesen Überlegungen können auch Konsequenzen für die Lernbegleitung im Kindergarten abgeleitet werden.

## 2.4.1   Lehrtheoretische Überlegungen

Wie Lernprozesse durch Lehrkräfte zu begleiten sind, ist auch im schulischen Kontext nach wie vor in der Diskussion (vgl. Leiss 2011, 202). Im Anschluss an Studien zur Unterrichtsqualität (vgl. z.B. Helmke & Weinert 1997, Weinert & Helmke 1997, Helmke 2003) wird der Lehrkompetenz der Lehrperson neben den kognitiven Kompetenzen der Schüler ganz grundsätzlich ein bedeutender Einfluss auf den Lernerfolg zugesprochen (vgl. auch Beck u.a. 2008, 10, 20f.).

Innerhalb der Pädagogischen Psychologie werden *verschiedene Formen des Lehrens* unterschieden, die abhängig von individuellen Lernvoraussetzungen, dem Lerninhalt und dem jeweiligen Lernziel als unterschiedlich geeignet angesehen werden (vgl. z.B. Hasselhorn & Gold 2006, 239ff.).

Der konstruktivistischen Sichtweise werden das *entdeckenlassende Lehren* (vgl. Bruner 1971), das *problemorientierte Lehren* (vgl. Collins u.a. 1989, Cognition and Technology Group at Vanderbilt 1990), *kooperative Lehrarrangements* (vgl. Slavin 1995) und das *selbstgesteuerte Lernen* (vgl. Beck u.a. 1991) zugeordnet. Die Anleitung durch die Lehrperson ist dabei jeweils mehr oder weniger stark ausgeprägt. Allen der konstruktivistischen Sichtweise zugeordneten Lehrformen „liegt die Annahme zugrunde, dass das Selbstentdeckte von einer anderen Verstehens- und Behaltensqualität sei als das durch eine Erklärung Vermittelte" (Hasselhorn & Gold 2006, 314).

Die Lehrformen *direkte Instruktion* und *adaptive Instruktion* wurzeln in verhaltens- und kognitionstheoretischen Rahmenmodellen, die die aktive Rolle des Lehrenden betonen. Instruktion ist dann adaptiv, wenn sie auf unterschiedliche Lernvoraussetzungen der Schüler eingeht (vgl. Beck u.a. 2008, 10). Sie wird insbesondere im Kontext der zunehmend wahrgenommenen und als Tatsache und Herausforderung begriffenen Heterogenität von Lerngruppen diskutiert.

Im Umgang mit Heterogenität wird adaptiver Unterricht als das aussichtsreichste unterrichtliche Prinzip bezeichnet (vgl. Helmke & Weinert 1997, 137). Adaptiver Unterricht erfordert auf Seiten der Lehrperson eine *adaptive Lehrkompetenz*:

„Zusammenfassend kann gesagt werden, dass adaptive Lehrkompetenz die Fähigkeit einer Lehrperson bezeichnet, ihren Unterricht so auf die individuellen Voraussetzungen und Möglichkeiten der Lernenden anzupassen, dass möglichst günstige Bedingungen für individuell verstehendes Lernen entstehen und beim Lernen aufrecht erhalten bleiben." (Beck u.a. 2008, 47)

Anpassungen an den Lernstand der Kinder werden einerseits in der Planung, andererseits im Moment des Unterrichtens, also im konkreten Handlungsvollzug, vorgenommen. Adaptive Lehrkompetenz setzt nach Beck u.a. (2008, 24ff., 37ff.) bei Lehrpersonen verschiedene Kompetenzen voraus: Sachkompetenz, diagnostische Kompetenz, didaktische Kompetenz und Klassenführungskompetenz.

Die bisherigen Ausführungen beziehen sich – unabhängig vom konkreten Lernen der Kinder – auf verschiedene Formen des Lehrens und ihnen zugrunde liegende Kompetenzen der Lehrkräfte.

Leuchter (2009, 131ff.) dagegen nimmt eine umfassende analytische Beschreibung verschiedener *Rollendimensionen der Lehrperson in der pädagogischen Interaktion* vor. Die Beschreibung des Lehr-Lern-Geschehens als Interaktion stellt die wechselseitige Beeinflussung der beteiligten Akteure heraus. Die Rolle der Lehrperson bei der Aufgabenbearbeitung (hier am Beispiel der Sekundarstufe) stellt sich als ein komplexes Gefüge dar, das sowohl instruktive als auch (ko-)konstruktive Elemente integriert:

„Lernförderlicher Unterricht verbindet demnach direkte und indirekte, eher monologische und dialogische (diskursive) Instruktionsformen und unterstützt individuelles Denken und soziale Ko-Konstruktion mit dem Ziel, die Lernenden auf die Ausbildung von Strategien und Prozessen des selbstgesteuerten Lernens hinzuführen sowie intersubjektives Wissen aufzubauen. Die Lehrperson wägt demzufolge in ihrem Unterricht angeleitete Wissensvermittlung und die Unterstützung des selbstständigen Lernens der Schülerinnen und Schüler ab und fungiert gleichermaßen als Wissensvermittlerin, Darstellerin und direkt instruierende Fachperson für das Lehren und Beurteilen, sowie auch als kognitives Modell, Lerngerüst, Coach, Gestalterin und Arrangeurin von Lernumgebungen." (Leuchter 2009, 138)

Indem hier verschiedene Rollendimensionen ausgeführt werden, stellt Leuchter (2009) zugleich die Vereinbarkeit und die Komplementarität von Instruktion und Konstruktion heraus (vgl. auch Kapitel 2.1.1). Eine Trennung in instruktivistische und konstruktivistische Sichtweisen auf das Lehren (vgl. z.B. Hasselhorn & Gold 2006, 239ff.) ist somit im Unterrichtskontext nicht zielführend. Unterricht ist vielmehr dann besonders lernförderlich, wenn die Lehrperson – abhängig von der Situation – entsprechend der verschiedenen Rollendimensionen agiert und diese integriert.

## 2.4.2 Die Rolle der Erzieherin im frühkindlichen Lernprozess

„They are the architects of the environment, the guides and mentors for the explorations, the model reasoners and communicators and the on-the-spot evaluators of children's performances." (Greenes 2004, 46)

Wenn in der Frühpädagogik über die Rolle der Erzieherin im Lernprozess gesprochen wird, dann häufig mit Verweis auf Wygotskis (1977) soziokulturellen Ansatz (vgl. z.B. Wood, Bruner & Ross 1976, Rogoff 1990, Textor 2000, Fthenakis u.a. 2007, 67ff., König 2009). Beim Übergang von Wygotskis Zone der aktuellen Entwicklung zur Zone der nächsten Entwicklung spielt das kompetente Gegenüber eine wichtige Rolle. Das (kleine) Kind kann durch diese Interaktion in die Lage versetzt werden, Aufgaben zu lösen, die es alleine nicht lösen könnte.

> „Tutorial interactions are, in short, a crucial feature of infancy and childhood."
> (Wood, Bruner & Ross 1976, 89)

Die Sprache als Werkzeug des Denkens und Medium der Interaktion ermöglicht die Kommunikation mit dem wissenderen Anderen und stellt daher eine wichtige Voraussetzung für gelingende Lernprozesse dar.

Textor (2000, 79f.) leitet aus Wygotskis Ansatz folgende Rollen für Erzieherinnen und auch Lehrerinnen ab:

- Beobachterin und Bewerterin: Die pädagogische Fachkraft beurteilt die Entwicklung der Kinder auf der Grundlage von Beobachtungen. Beobachtung dient dem Auffinden der Zone der nächsten Entwicklung.
- Aktivitäten- und Umweltgestalterin: Entsprechend der Zone der nächsten Entwicklung gestaltet die Fachkraft Aktivitäten und wählt Materialien aus.
- Dialogpartnerin: In der Interaktion versucht die Fachkraft, das Denken des Kindes anzuregen.
- Aktive Teilnehmerin an Lernprozessen: Die Fachkraft beteiligt sich an den Aktivitäten der Kinder. Sie unterstützt dabei nur so viel wie nötig.
- Spielpartnerin: Erzieherinnen nehmen am Spiel der Kinder teil, um Lernprozesse zu unterstützen. Die Interventionen müssen sich in das Spiel der Kinder integrieren.
- Lehrmeisterin und Verhaltensmodell: Fachkräfte vermitteln kulturell übermittelte Kenntnisse und Fertigkeiten.

Textor (2000) verweist mit seiner umfangreichen Aufzählung ähnlich wie Leuchter (2009, 131ff.) auf die Komplexität und die vielfältigen Anforderungen, aber auch auf die notwendige Integration von Konstruktion und Instruktion. Dies wird durch die Pole *Beobachterin* und *Lehrmeisterin* verdeutlicht. Das Kindergartenspezifische kommt insbesondere in der Rolle der *Spielpartnerin* zum Ausdruck.

> „Im Gegensatz zu Lehrer/innen nehmen Erzieher/innen auch aktiv am Spiel der Kinder teil, da dies die ‚führende Aktivität' von Kleinkindern ist." (Textor 2000, 80)

Die Unterschiede zwischen Schule und Kindergarten machen sich somit nicht primär an verschiedenen Rollen bzw. Rollendimensionen in der Begleitung von Lernprozessen fest, sondern an der inhaltlichen Ausgestaltung der jeweiligen Rolle und in unterschiedlichen Schwerpunktsetzungen. Im Vergleich zu Leuchter (2009, 138), deren Forschung im schulischen Kontext der Sekundarstufe verortet ist, nehmen etwa die Beobachtung und der Dialog in der frühpädagogischen Diskussion einen ungleich größeren Raum ein. Beobachtung und Dialog als zentrale Aufgaben der pädagogischen Fachkraft heben die Bedeutung des Verstehens kindlichen Denkens und Handelns, aber auch die der gegenseitigen Wertschätzung und der wechselseitigen Bezogenheit hervor (vgl. z.B. Viernickel & Völkel 2005, Viernickel 2009, Weltzien 2009; vgl. für die Grundschule auch Schütte 2008).

Beobachtung dient im Kindergarten im Unterschied zur Schule weniger der Bewertung als der individuellen Unterstützung von Lern- und Entwicklungsprozessen.

> „Es geht bei der pädagogische Beobachtung nicht in erster Linie um Bestandsaufnahmen, um das Festhalten von kindlichen Entwicklungsständen oder um Prognosen, ob ein Kind den Übergang zur Grundschule erfolgreich bewältigen wird. Es geht auch nicht vorrangig um Diagnostik, also um das Erkennen von Entwicklungsabweichungen und Entwicklungsdefiziten und die Feststellung von Förder- und Therapiebedarf. Vielmehr werden Beobachtung und Dokumentation als notwendig erachtet, um eine differenzierte und damit individualisierte Erziehungsarbeit leisten zu können." (Viernickel 2009, 37)

Die Rollenklärung sensibilisiert für verschiedene Dimensionen der Erzieherinnenrolle, die durchaus in einem Spannungsverhältnis stehen können. So wird etwa deutlich, dass eine pädagogische Fachkraft nicht nur beobachtet, sondern auch lehrt und vormacht. Die Aufgliederung der Erzieherinnenrolle in verschiedene Rollendimensionen (vgl. Textor 2000, 79f.) ist als ein Desiderat pädagogischer Forschung zu verstehen, das auch in Bezug auf das Mathematiklernen noch weiter zu füllen und zu konkretisieren ist. Entscheidend ist dabei die Frage nach der Qualität der pädagogischen Praxis, die eng mit der individuellen Unterstützung von Lern- und Entwicklungsprozessen verbunden ist.

### 2.4.3 Die Qualität der pädagogischen Praxis

Die Qualitätsdiskussion beschäftigt sich mit der Frage nach lernförderlicher bzw. individueller Unterstützung von Lern- und Entwicklungsprozessen.

> „*Pädagogische Qualität* in der Tagesbetreuung ist dann gegeben, wenn dadurch das körperliche, emotionale, soziale und intellektuelle Wohlbefinden und die Entwicklung der Kinder in diesen Bereichen gefördert und damit die Familien in ihrer Betreuungs- und Erziehungsaufgabe unterstützt werden." (Tietze 1998, 340)

#### 2.4.3.1 Prozessqualität

Die Qualitätsdiskussion im Kindergarten ist eng verbunden mit einer Studie aus den 1990er Jahren zur pädagogischen Qualität in deutschen Kindergärten (vgl. Tietze 1998) und ihrer längsschnittlichen Erweiterung (vgl. Tietze u.a. 2005). Danach haben zuvorderst die pädagogische Qualität des Familiensettings und an zweiter Stelle die pädagogische Qualität des Kindergartensettings Einfluss auf den kindlichen Entwicklungsstand. Gemessen wird der Entwicklungsstand der Kinder über ihre Sprachentwicklung, ihre Bewältigung von Alltagssituationen, ihre soziale

Kompetenz und ihre Schulfähigkeit. Anzumerken ist allerdings, dass nur bis zu einem Drittel der Varianz des Entwicklungsstandes über die Qualität in beiden Settings erklärt werden kann (vgl. Tietze 1998, 354ff., Tietze u.a. 2005, 262ff.).

Entscheidend sind sowohl im Elternhaus als auch im Kindergarten drei *Qualitätsbereiche* (vgl. Tietze u.a. 2005, 26, Tietze 2008, 18):

–   Die *Prozessqualität* beschreibt die Realität des pädagogischen Handelns, konkret die Art der Interaktion zwischen den Erwachsenen und den Kindern sowie der Kinder untereinander. Maßstab für die Qualität ist die Entwicklungsangemessenheit und die Ausrichtung an den individuellen Interessen und Bedürfnissen des Kindes.

–   Die *Orientierungsqualität* umfasst pädagogische Einstellungen, Überzeugungen und Glaubenssysteme der im Kindergarten und in der Familie handelnden Erwachsenen. Bildungspläne (vgl. Bildungspläne der Bundesländer für die frühe Bildung in Kindertageseinrichtungen), Nationale Kriterienkataloge (vgl. Tietze & Viernickel 2007) und einrichtungsspezifische Konzeptionen geben Maßstäbe für die Orientierungsqualität des pädagogischen Personals in Kindergärten vor.

–   Die *Strukturqualität* beinhaltet die Rahmenbedingungen wie Räumlichkeiten, Erzieherin-Kind-Schlüssel, Gruppengrößen, den Bildungsstatus und das Ausbildungsniveau der Bezugspersonen sowie die Vor- und Nachbereitungszeiten für die pädagogische Arbeit.

Entscheidend für den Erfolg pädagogischen Handelns ist die Prozessqualität. Tietze (1998, 225) bezeichnet die Prozessqualität als den „Zentralbereich pädagogischer Qualität". Die Prozessqualität ist allerdings nicht unabhängig von den beiden anderen Qualitätsaspekten. So ist die Prozessqualität maßgeblich durch die Struktur- und Orientierungsqualität bestimmt (vgl. Tietze u.a. 2005, 278, eine graphische Darstellung der Zusammenhänge findet sich in Tietze 2008, 19; vgl. auch Tietze 1998, 353ff.). So kann sich beispielsweise ein höherer Bildungsabschluss von Erzieherinnen oder ein besserer Erzieherinnen-Kind-Schlüssel günstig auf die Entwicklung der Kinder auswirken, wenn er „sich in entsprechenden Interaktionen der Erzieherinnen und entsprechenden Erfahrungsmöglichkeiten der Kinder" niederschlägt (Tietze 1998, 226, vgl. Sylva 2010, 86). Die Nutzung der durch die Rahmenbedingungen geschaffenen Möglichkeiten steht folglich in erheblichem Maße in der Verantwortung der Erzieherinnen.

Maßgebend ist darüber hinaus, wie Prozessqualität in der Studie von Tietze (1998) operationalisiert und erfasst wird. Qualitätskriterien für pädagogische Prozesse sind demnach eine sichere Betreuung, eine gesundheitsförderliche Betreuung, eine entwicklungsangemessene Stimulation in verschiedene Bereichen wie Sprache, Musik, bildnerischem Ausdruck, Darstellung, Fein- und Grobmotorik, Umgebungsbewusstsein, Naturverständnis sowie ein positives Interaktionsklima, eine ermutigende Haltung gegenüber der individuellen emotionalen Entwicklung des Kindes und die Förderung positiver Sozialbeziehungen zu anderen Kindern (vgl. Tietze 1998, 227). Zur Erfassung der Prozessqualität wurden im Wesentlichen zwei

Instrumente eingesetzt, die – auch international – für diesen Bereich verwendet werden (vgl. Tietze 1998, 228 ff., 350f., 2004, 143; vgl. auch Sylva u.a. 2003, Siraj-Blatchford u.a. 2005, König 2009, 58f.):

- „Early Childhood Environment Rating Scale Revised Edition" (ECERS-R, Harms u.a. (1998) in deutscher Übersetzung „Kindergarten-Skala" (KES-R, Tietze u.a. 2007)]
- „Caregiver Interaction Scale" (CIS, Arnett 1989)

Während die KES-R insbesondere konzeptionelle und räumlich-materielle Faktoren aber auch soziale Aspekte der Interaktion berücksichtigt, zielt die CIS auf die Einschätzung der Atmosphäre in der Kindergartengruppe. König (2009, 59) stellt jedoch für die KES-R fest:

> „Durch die relativ umfangreiche Perspektive auf das Phänomen der Prozessqualität wird eine differenzierte Analyse der spezifischen Struktur der Interaktion jedoch vernachlässigt."

So wird der Bildungsbereich Mathematik über die bereitgestellten Materialien und die beobachteten bzw. abgefragten Aktivitäten eingeschätzt (vgl. Tietze u.a. 2007, 42). Im Hinblick auf die Materialien werden einerseits die Vielfalt, die Verfügbarkeit und die Entwicklungsangemessenheit (konkrete Materialien statt Arbeitsblätter) beurteilt. Bei den mathematischen Aktivitäten werden von der Erzieherin gesondert und aufwändig vorbereitete Lernangebote höher eingeschätzt als das Aufgreifen alltäglicher Lernanlässe. Eine Einschätzung der Qualität der Interaktionen erfolgt nicht.

Inzwischen steht eine Erweiterung der KES-R, die KES-R-E zur Verfügung (vgl. Roßbach & Tietze 2008; die englische Originalversion stammt von Sylva u.a. 2006, ECERS-E). Diese Erweiterung dient speziell der Einschätzung der curricularen Qualität der Einrichtungen. Einrichtungen, die nach dieser Skala als qualitativ gut eingeschätzt werden, unterstützen die kognitive Entwicklung der Kinder in besonderem Maße (vgl. Sylva u.a. 2010, 59). Die Einschätzung der mathematischen Qualität erfolgt im Vergleich zu KES-R auf einer breiteren Basis, indem für den Bildungsbereich Mathematik inhaltliche Leitideen und fachdidaktische Konzepte berücksichtigt werden (vgl. Roßbach & Tietze 2008, 10ff.). Damit kommt diese Erweiterung der Forderung nach, die fachdidaktische Perspektive einzubeziehen.

> „Qualitätsmessinstrumente müssen sich, um das pädagogische Handeln verbessern zu können, an fachlich-inhaltlichen Kriterien ausrichten." (König 2009, 64)

Es erfolgt jedoch weiterhin keine Einschätzung der Qualität von Interaktionen.

### 2.4.3.2 Qualität verbaler Interaktionen

> „Im Kern geht es um eine Auseinandersetzung um das förderlichste Verhalten der Erziehungspersonen im Selbstbildungsprozess des Kindes. Dies ist eine äußerst ernsthafte und wichtige Frage, die womöglich vom Sachgegenstand, von der Bezie-

hung, von der Psychostruktur des Kindes wie der Erzieherin abhängt – und lässt sich wohl kaum ideologisch, sondern vermutlich nur empirisch beantworten." (Diskowski 2008, 55)

Die empirische Untersuchung der Qualität von Interaktionsprozessen in Kindertagesstätten wird im Rahmen mehrerer englischer Studien angegangen (vgl. z.B. Sylva u.a. 2003, Siraj-Blatchford u.a. 2005, Sylva u.a. 2010), die in Deutschland repliziert und fortgeführt wurden (vgl. z.B. König 2009, Hopf 2011).

Die längsschnittlich angelegte englische EPPE-Studie[10] und die angegliederte REPEY-Studie[11] zeigen auf, dass die Qualität der Einrichtungen in engem Zusammenhang zur kognitiven und sozialen Entwicklung der Kinder steht (vgl. Sylva u.a. 2003, Siraj-Blatchford u.a. 2005, Sylva u.a. 2010). Als besonders gut eingeschätzte Einrichtungen zeichnen sich durch fünf Bereiche der Prozessqualität aus (vgl. Siraj-Blatchford u.a. 2005, 94f.; vgl. auch Sylva u.a. 2003, 4f.):

– Qualität der verbalen Interaktion zwischen Erwachsenen und Kindern
– Kenntnis und Verstehen der Ziele und Inhalte vorschulischer Bildung bei den Erzieherinnen
– Kenntnisse der Erzieherinnen über frühkindliche Lernprozesse
– Unterstützung der Kinder bei der Bewältigung von Konflikten durch die Erzieherinnen
– Beratung und Unterstützung der Eltern beim Aufbau einer häuslichen Lernumgebung

Die Qualität der verbalen Interaktion wird im Wesentlichen mit der Interaktionsform *sustained shared thinking* (anhaltend gemeinsames Denken) in Zusammenhang gebracht (vgl. Siraj-Blatchford u.a. 2005, 94). Anhaltend gemeinsames Denken ist gekennzeichnet durch offene Fragen, modellierendes lautes Denken, das Einbringen von Vorschlägen, Aufforderungen und alternativer Sichtweisen, die auf sorgfältigem Beobachten, Respektieren und Begleiten der kindlichen Zugangsweisen basieren (vgl. Siraj-Blatchford 2005).

> „'Sustained shared thinking' is where two or more individuals 'work together' in an intellectual way to solve a problem, clarify a concept, evaluate an activity, extend a narrative etc. Both parties must contribute to the thinking and it must develop and extend the understanding." (Sylva u.a. 2003, 4)

Einrichtungen von guter und angemessener Qualität unterscheiden sich hinsichtlich der Art der Interaktionen. Signifikante Unterschiede ergeben sich insbesondere in Bezug auf die kognitiven Interaktionen. Es werden drei Formen kognitiver Interaktion unterschieden (vgl. Sylva u.a. 2010, 61ff.).

---

10  Effective Provision of Pre-School Education (vgl. Sylva u.a. 2003, Siraj-Blatchford u.a. 2005)
11  Researching Effective Pedagogy in the Early Years (vgl. Sylva u.a. 2010)

– *Anhaltend gemeinsames Nachdenken*: Die Erzieherin und das Kind interagieren im Gespräch oder im Spiel strukturiert und weiterführend.

– *Direktes Lehren*: Die Erzieherin stellt Fragen, leitet an, stellt Aufgaben, macht vor oder demonstriert.

– *Beobachten*: Die Erzieherin beobachtet und ist gleichzeitig ansprechbar.

Anhaltend gemeinsames Denken kann am häufigsten beobachtet werden, wenn ein Kind mit nur einem Erwachsenen oder mit einem weiteren Kind kommuniziert (vgl. Sylva u.a. 2003, 4). Im Vergleich zu den anderen beiden Interaktionsformen nimmt es aber in allen Einrichtungen den mit Abstand geringsten Anteil ein. In guten Einrichtungen sind allerdings sowohl anhaltend gemeinsames Denken als auch unmittelbares Lehren signifikant häufiger zu beobachten als in angemessenen Einrichtungen. Mit dem Beobachten verhält es sich genau umgekehrt (vgl. Sylva u.a. 2010, 63).

Sowohl die EPPE- als auch die REPEY-Studie liefern Beschreibungen von Kinder-tagesstätten guter und angemessener Qualität.

> „Erzieherinnen in Einrichtungen mit einem hohen ECERS-E-Wert legen den Schwerpunkt ihrer Tätigkeiten eher auf anregende Aktivitäten und übernehmen selbst eine aktive Rolle durch pädagogisch begründete Handlungsweisen, indem sie das Lernen der Kinder durch Spielanregungen, Aktivitäten zum Nachmachen und Mitagieren sowie durch Fragestellungen strukturieren, als ihnen beim Spiel zuzu-schauen oder pflegerisch tätig zu werden. […] Was gute Qualität auszeichnet, ist das relativ ausgeglichene Verhältnis von angeleitetem und freiem Spiel." (Sylva u.a. 2010, 68)

Sie treffen jedoch keine Aussagen über kausale Zusammenhänge von einzelnen Interaktionsformen und der kognitiven und sprachlichen Entwicklung der Kinder.

König (2009) untersucht Alltagspraxen in deutschen Kindergärten. Die Interak-tion zwischen Erzieherin und Kind zeichnet sich in den untersuchten Einrichtungen hauptsächlich durch Handlungsanweisungen, Initiieren und Reagieren aus. Das anhaltend gemeinsame Denken bildet auch dort die Ausnahme (vgl. König 2009, 264f.).

Hopf (2011) zeigt in einer weiteren Studie, dass anhaltend gemeinsames Den-ken in inhaltlich anregenden Lehr-Lern-Umgebungen häufiger zu beobachten ist. In dieser Studie werden im Unterschied zu König (2009) und auch zu Sylva u.a. (2010) nicht zufällige Alltagssituationen sondern technisch-naturwissenschaftliche Lerneinheiten untersucht. Hopf (2011, 83) stellt die Hypothese auf, dass das Auf-treten von *anhaltend gemeinsamem Denken* auch davon abhängt, ob die Lehr-Lern-Umgebung für die Kinder eine Herausforderung darstellt. Aber auch in inhaltlich anregenden Settings wurde das direkte Lehren oder Unterweisen ungleich häufiger beobachtet. Das direkte Lehren im Sinne eines Vorschlages oder einer gezielten Anleitung hat nach Hopf (2011) immer dann seine Berechtigung, wenn das Kind seine eigenen Ideen ausgeschöpft hat respektive alleine zu keiner Lösung kommt.

Zusammenfassend stellt sich die Qualität verbaler Interaktionen zwischen Erzieherin und Kindern als ein wichtiges Prozessmerkmal dar. Die dargestellten Studien legen nahe, dass anhaltend gemeinsames Denken sowie direktes Lehren die kognitive Entwicklung der Kinder begünstigt. Allerdings erlauben sie keine Aussage darüber, in welchem Verhältnis verschiedene Interaktionsformen zueinander stehen, und welche Funktionen sie jeweils erfüllen.

Anhaltend gemeinsames Denken kann grundsätzlich eher selten, aber in individuell herausfordernden Lehr-Lern-Umgebungen häufiger beobachtet werden. Diese Beobachtung verweist auf die zentrale Bedeutung von Materialien und die damit verbundenen Aktivitäten und Aufgabenstellungen (vgl. Kapitel 3). Die intensive inhaltliche Interaktion mit den Kindern scheint ein wesentliches Merkmal der Prozessqualität zu sein. Eine fachliche Lernbegleitung setzt aber auch das Kennen und Verstehen der Ziele und Inhalte vorschulischer Bildung und Kenntnisse über frühkindliche Lernprozesse voraus (Siraj-Blatchford u.a. 2005, 94f.; vgl. auch Sylva u.a. 2003, 4f.; vgl. dazu auch Kapitel 1).

## 2.5    Ergebnisse: Lernen und Lernbegleitung im Spiel

Lernen und Spielen weisen vielfältige Berührungspunkte, Beziehungen und Überschneidungen auf. Insbesondere im Kindergartenalter sind sie eng miteinander verknüpft, gehen aber nicht vollständig ineinander auf. So können Anreize im Spiel zu einer intensiven und anhaltenden Auseinandersetzung führen und damit Lernen unterstützen. Emotionen können das Lernen sowohl begünstigen als auch beeinträchtigen.

Junge Kinder lernen insbesondere im Spiel und beim Spielen. Spielerisches Lernen wird als die Hauptform kindlichen Lernens bezeichnet. Es ist meist beiläufig und zufällig, teilweise auch unbewusst. Lernen und Spielen sind folglich vereinbar, aber Lernen ist nicht das Ziel des kindlichen Spiels.

Im Spiel kann in verschiedenen Bereichen – sozial, emotional, motorisch und kognitiv – gelernt werden. Inwiefern das Spiel für das kognitive Lernen genutzt werden kann und soll, dazu gibt es unterschiedliche Positionen. Empirische Studien zum Einsatz von Spielen zeigen jedoch, dass ihr Einsatz im Vorschulalter für das mathematische Lernen unterrichtlichen Arrangements durchaus vergleichbar, wenn nicht überlegen ist.

Das Lernen junger Kinder im Allgemeinen wie auch das Lernen im Spiel, bedarf der Begleitung und Unterstützung. Als entscheidend für das Lernen werden in unterschiedlichen Diskussionslinien insbesondere zwei Aspekte hervorgehoben:

– die Adaptivität der Interaktion und
– die Qualität der verbalen Interaktion.

Die *erste Diskussionslinie* akzentuiert die Adaptivität der Interaktion, vornehmlich die Bedeutung der Integration verschiedener, an die Situation angepasster Formen der Begleitung für das Lernen (vgl. Textor 2000, Beck u.a. 2008, Leuchter 2009).

Lernbegleitung bedarf unterschiedlicher Elemente: das sorgfältige Beobachten, das dialogische Unterstützen und gemeinsame Weiterdenken mittels Fragen und Impulsen sowie das Vormachen und Erklären. Lernbegleitung im Sinne einer adaptiven Interaktion integriert verschiedene Rollendimensionen zwischen den Polen Beobachten und Lehren. Die Frage nach der Adaptivität wird insbesondere im schulischen Kontext diskutiert.

Die *zweite Diskussionslinie* hebt *eine* Form der verbalen Interaktion als besonders lernförderlich hervor (vgl. Sylva u.a. 2003, Siraj-Blatchford 2005). Anhaltend gemeinsames Denken ist im Unterschied zum Beobachten und Lehren im Kindergartenalltag zwar eher selten zu beobachten, aber in Einrichtungen mit guter Qualität signifikant häufiger (vgl. Sylva u.a. 2010).

Ausgehend von den bisherigen Überlegungen lautet die grundlegende Frage also nicht: Können Kinder im Spiel lernen? Oder genauer: Können Kinder im Spiel Mathematik lernen? Vielmehr ist im Rahmen dieser Arbeit danach zu fragen, unter welchen Bedingungen Kinder im Spiel Mathematik lernen können.

In Abb. 2.4 findet vor dem Hintergrund der Überlegungen zum Verhältnis von Spielen und Lernen eine Annäherung an diese Frage in Anlehnung an Einsiedler (1982) statt. Es werden aber andere Schwerpunkte gesetzt.

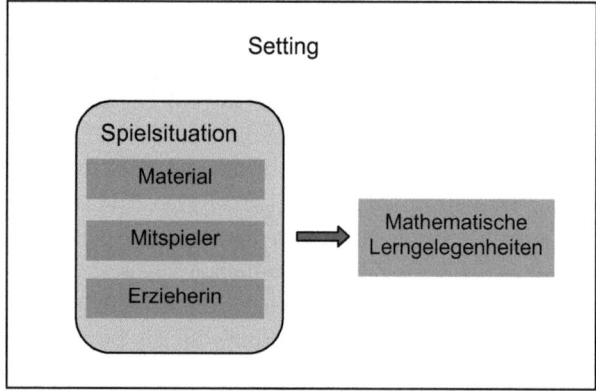

Abb. 2.4: Bestimmungsgrößen mathematischer Lerngelegenheiten in Spielsituationen im Kindergarten

Die graphische Darstellung (Abb. 2.4) stellt die Möglichkeit mathematischen Lernens in Spielsituationen heraus und fokussiert potentielle Bestimmungsgrößen der Spielsituation: das Material, die Mitspieler und die Erzieherin; soweit die Übereinstimmung mit Einsiedler (1982, vgl. auch Abb. 2.3).

Im Unterschied zu Einsiedler steht aber nicht die Person und ihr Lernen im Mittelpunkt, sondern die Situation. Dies drückt eine Verschiebung des Forschungsinteresses aus: weg vom Nachweis kognitiven Lernerfolgs beim Spielen, hin zu den Gestaltungsmöglichkeiten der Situation. Mit der Eingrenzung der Situation auf die Spielsituation (bei Einsiedler umfasst die Situation auch die Makroebene wie Elternhaus, gesellschaftliche Rahmenbedingungen), wird die Verlagerung des Interesses auf die Gestaltungsmöglichkeiten weiter betont. Die Spielsituation ist in ein Setting eingebettet. Das Setting beschreibt die Rahmenbedingungen, unter denen die Spielsituation im Kindergarten stattfindet und wie die formale Offenheit gegebenenfalls eingegrenzt wird.

Gestaltungsmöglichkeiten ergeben sich hauptsächlich bezogen auf das Setting, die Materialien und die Erzieherin; vor dem Hintergrund der Diskussionslinien zur Lernbegleitung präziser bezogen auf die Interaktion der Erzieherin. Die Mitspieler (Kinder) mit ihren jeweiligen Voraussetzungen (Alter, Geschlecht, Intelligenz, Motivation) werden mit Ausnahme der Motivation als gegeben angenommen. In der Konsequenz sind das Material und die Interaktion der Erzieherin – auch im Hinblick auf Anreize für die Mitspieler – genauer zu betrachten. Während die Materialien zunächst auf einer theoretischen Ebene untersucht werden können (Kapitel 3), lassen sich Anreize aber auch die tatsächlichen mathematischen Möglichkeiten nur empirisch im Spielvollzug erfassen (Kapitel 5). Dies gilt auch für die Interaktion der Erzieherin. Hier gilt es insbesondere das Spektrum zwischen begleitender Beobachtung und direkter Unterweisung in Bezug auf mathematische Lerngelegenheiten auszuloten und zu konkretisieren (Kapitel 5.4). Einerseits soll Erfahrungswissen empirisch geprüft und neues Wissen in Form von Hypothesen generiert werden.

# 3 Materialien analysieren und bewerten

Die Wahl geeigneter Materialien ist – neben den Besonderheiten des Lernens junger Kinder und der Lernbegleitung – eine zentrale Frage, die sich Erzieherinnen im Kindergarten immer wieder neu stellt. In Fachzeitschriften und bei Verlagen findet man zahlreiche Vorschläge, mit welchen Materialien und Aktivitäten mathematische Bildung im Kindergarten gestaltet werden kann. Gleichzeitig werden in der Literatur inhaltsbezogene und allgemeine Kompetenzen bzw. Vorläuferfähigkeiten genannt, die Kinder im Vorschulalter erwerben sollen (Kapitel 1). Entscheidungen für Materialien sollten begründet, unter Berücksichtigung fachdidaktischer Erkenntnisse und den speziellen Voraussetzungen im Kindergarten getroffen werden.

Materialien stellen ein zentrales Gestaltungselement mathematischer Bildung im Kindergarten im Allgemeinen und nicht nur von Spielsituationen im Besonderen dar. Sie verweisen einerseits auf dahinterliegende Ziele und transportieren Inhalte, andererseits werden mit ihnen aber auch implizit oder explizit lern- und lehrtheoretische Bezüge hergestellt. Die Analyse von Materialien will diese Bezüge und Verweise explizieren und auf dieser Grundlage Systematisierungen vornehmen. Im Kindergarten nehmen Materialien eine ähnlich prominente Rolle ein wie Aufgaben im Mathematikunterricht aller Schularten oder Arbeitsmittel im Anfangsunterricht.

Während sich in der Schule insbesondere die Frage nach guten Aufgaben/ Lernumgebungen (vgl. z.B. Wittmann & Müller 1994, Leuders 2001, Ruwisch & Peter-Koop 2003, Walther 2004, Hengartner u.a. 2006, Hirt & Wälti 2008, Schütte 2008, Ulm 2010) und im Anfangsunterricht darüber hinaus nach geeigneten Arbeitsmitteln stellt, gilt es im Kindergarten, geeignete Materialien für eine mathematische Bildung in formal offenen bzw. non-formalen Kontexten auszuwählen. Für Arbeitsmittel im Anfangsunterricht stehen eine Typeneinteilung und Kriterien zur Analyse und Bewertung zur Verfügung (vgl. Radatz u.a. 1996, 35ff.). Etwas Vergleichbares gibt es für Materialien im Kindergarten noch nicht.

Im Folgenden werden die zahlreichen Materialien auf dem deutschen Verlagsmarkt zu verschiedenen Ansätzen zusammengefasst (Kapitel 3.1). Für Materialien insbesondere zum Erwerb des Zahlbegriffs werden dann Kriterien zur Analyse und Bewertung vorgestellt (Kapitel 3.2). Anschließend werden die im Rahmen dieser Arbeit entwickelten Kriterien exemplarisch auf ausgewählte (Familien-)Spiele angewendet (Kapitel 3.3; vgl. dazu auch Schuler 2010a, b, c). Der Kriterienkatalog stellt neben der Konkretisierung mathematischer Bildungsziele (Kapitel 1.6) und der Benennung von Bestimmungsgrößen mathematischer Lerngelegenheiten in Spielsituationen (Kapitel 2.5) ein weiteres zentrales Ergebnis der vorliegenden Arbeit dar (Kapitel 3.4, vgl. zu ersten Vorarbeiten insbesondere Schuler 2008).

## 3.1 Aktuelle Ansätze zur frühen mathematischen Bildung

Angesichts der Fülle an Materialien ist es ein erstes Anliegen, diese Vielzahl durch Unterscheidungen auf konzeptioneller Ebene zu strukturieren. Die Einteilung in unterschiedliche Ansätze stützt sich auf implizite und explizite Charakteristika der Materialien, Überlegungen zu den Bildungszielen (Kapitel 1) und die pädagogische Praxis in deutschen Kindergärten. Materialien können sich unterscheiden hinsichtlich

- der Organisationsform (z.B. Lehrgang, offenes Angebot, Freispiel),
- der Zielgruppe (z.B. alle Kinder, Kinder einer Altersgruppe, Kinder mit speziellem Förderbedarf, Risikokinder),
- der inhaltlichen Ziele (z.B. spezifische Vorläuferfertigkeiten, Zahlbegriffserwerb, verschiedene bzw. alle Inhaltsbereiche, Berücksichtigung allgemeiner mathematischer Arbeitsweisen),
- der verwendeten Materialien und Arbeitsmittel (z.B. schulische, didaktische Materialien oder Alltagsmaterialien).

Diese Unterscheidungen leiten die Einordnung in drei verschiedene Ansätze mathematischer Bildung im Kindergarten:

- Lehrgang oder (Förder-)Programm
- integrative Konzeption
- punktuell einsetzbares Material

### 3.1.1 Lehrgänge und (Förder-)Programme

Lehrgänge und (Förder-)Programme zeichnen sich durch weitgehende formale Geschlossenheit aus. Eine Integration dieser Materialien in den Kindergartenalltag ist zwar möglich, aber in den Handreichungen wird ein Einsatz außerhalb des Freispiels, in altershomogenen kleinen Fördergruppen oder speziellen Mathematikangeboten, empfohlen. Teilweise werden Verläufe – ähnlich schulischen Stundenbildern – mit Fragen, Impulsen und möglichen Kinderantworten vorgegeben. Die verwendeten Materialien weisen eine große Breite auf: Sie reichen von einer großen Nähe zu schulischen und didaktischen Materialien bis zu Eigenentwicklungen, die mathematikdidaktisch gesehen oftmals problematisch sind. Ziel ist ein guter Schulstart.

Im Folgenden werden drei Beispiele vorgestellt:

- Mengen, zählen, Zahlen (Krajewski u.a. 2007)
- Zahlenland (Preiß 2004, 2005, Friedrich & de Galgoczy 2004)
- Elementar (Kaufmann & Lorenz 2009)

Das Förderprogramm *Mengen, zählen, Zahlen* (vgl. Krajewski u.a. 2007) wurde auf der Grundlage von Forschungsergebnissen entwickelt (vgl. Krajewski 2003, Krajewski & Schneider 2006). Bei *Risikokindern* sollen kurz vor oder zu Schulbeginn *spezifische Vorläuferfertigkeiten* wie Zählfertigkeiten, die Mengenbewusstheit von Ordinalzahlen und der Vergleich und die Zerlegung von Mengen, kurz frühe Mengen-Zahlen-Kompetenzen, gezielt gefördert werden. Die Förderung in Kleingruppen soll späteren schulischen Lernschwierigkeiten vorbeugen. Dazu wurden Materialien und Vorschläge zur Gesprächsführung entwickelt, an die sich die Erzieherinnen halten sollen. Wesentliches Veranschaulichungsmittel ist die Zahlentreppe, durch die die aufsteigende Zahlenfolge („immer eins mehr") und der Mengenvergleich veranschaulicht werden sollen (vgl. Abb. 3.1).

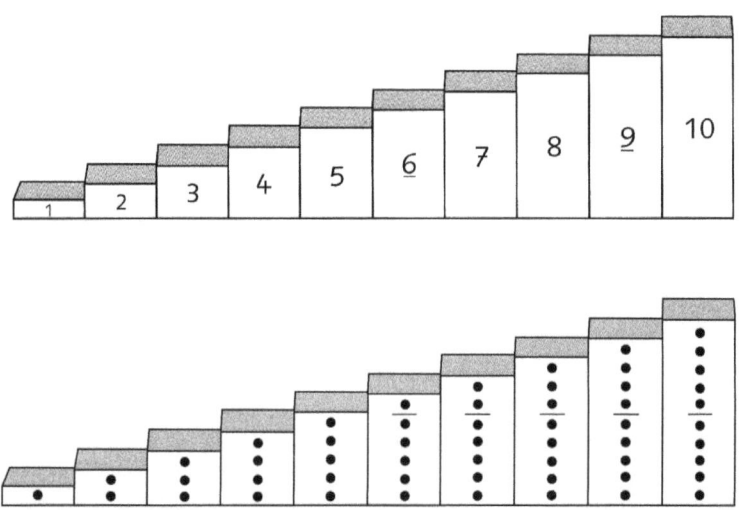

Abb. 3.1: Zahlentreppe (Krajewski u.a. 2007, 42, 47)

Auf den Flächen der Treppenklötze finden sich verschiedene Darstellungen von Zahlen: Ziffern, ordinale Darstellungen wie Zahlenstrahlabschnitte und kardinale Darstellungen wie Uhrabschnitte, Fingerbilder und Punktmuster (vgl. Abb. 3.1).

Vor dem Hintergrund der Diskussion um Arbeitsmittel in der Mathematikdidaktik ist kritisch anzumerken, dass verschiedene Darstellungen von Zahlen immer auch Lernstoff sind.

> „Die mathematische Struktur muß durch einen geistigen Akt in die konkrete Situation hineingelesen werden." (vgl. Lorenz 1995, 10)

Somit kann die Verwendung einer Vielzahl von Darstellungen den Aufbau von Vorstellungsbildern behindern oder erschweren. Dies gilt insbesondere dann, wenn Kinder an der Herstellung der Strukturen nicht beteiligt sind (vgl. Floer 1995, Lorenz 1995, Schütte 2004c, d). Des Weiteren wird die simultane und quasi-simultane Anzahlerfassung durch lineare Punktanordnungen ohne eindeutige Gliederungshilfen und Ergänzungen zur 10 erschwert (vgl. Punktmuster in Abb. 3.1).

Im Anfangsunterricht werden zum Aufbau des Zahlverständnisses, auch im Kontext von Rechenschwäche, beispielsweise Darstellungen im Zehnerfeld gewählt (vgl. Gerster & Schultz 2000, Schütte 2004c, d). An der Zahlentreppe selbst ist ähnlich wie bei den Cuisenairestäben der 70er Jahre die Mächtigkeit der Menge nur in Relation zu den anderen Mengen sichtbar und nicht an sich.

Den Lehrgang *Zahlenland* gibt es in zwei leicht abweichenden Versionen (Preiß 2004, 2005, Friedrich & de Galgoczy 2004). Im Vordergrund steht die sequentiell gestufte, aspektreiche und spielerische Einführung der Zahlen bis 10 (20) im vorletzten Kindergartenjahr (*alle Kinder* ab 4 Jahre), wobei der Ordinalzahlaspekt die größte Aufmerksamkeit erfährt (Übungen auf dem Zahlenweg). Andere Zahlaspekte werden im sogenannten Zahlenhaus durch eigens entwickelte Materialien angesprochen: Punktebilder in Würfelbild- und Dominoanordnungen, Würfeltürme, geometrische Formen der Ebene und des Raumes, charakteristische Zahlbilder in der Umwelt. Die konkrete Umsetzung wird durch vorgegebene Gesprächsdialoge in Form von Stundenbildern unterstützt. Geschichten, Lieder, Zahlenpuppen und Fabelwesen sollen dieses Arrangement auflockern und die Kinder für die Mathematik motivieren.

Unter mathematikdidaktischer Perspektive sind insbesondere die geometrischen Veranschaulichungen kritisch zu beurteilen. Ähnlich wie beim Förderprogramm *Mengen, zählen, Zahlen* ist die quasi-simultane Anzahlerfassung bei größeren Anzahlen erschwert: Kugeln angeordnet im Neuneck können auf einen Blick nicht von 8 oder 10 Kugeln unterschieden werden. Ferner sind die Analogien ein Viereck entspricht der Zahl 4, ein Dreieck der Zahl 3, eine Ellipse der Zahl 2 und ein Kreis der Zahl 1 mathematisch nicht haltbar.

Die Aktivitäten wirken „in ihrer Gesamtheit trotz ihres spielerischen Zugangs und sehr geeigneter einzelner Materialien (Zahlenweg) eher verschult" (Grüßing & Peter-Koop 2007, 181). Kritisch gesehen wird jedoch nicht nur der eher *schulische Charakter*, sondern auch die *Konzentration auf den Inhaltsbereich Arithmetik* und die Motivation über „Verpackungen", da sie einer echten Beziehung zur Mathematik abträglich ist (vgl. Wittmann 2009, 59). Als problematisch werden ferner einzelne Äußerungen wie „Seid freundlich zu den Zahlen, dann sind die Zahlen auch freundlich zu euch!", beurteilt (vgl. Grüßing & Peter-Koop 2007, 181), die animistische Vorstellungen und negative Selbstzuschreibungen bei den Kindern unterstützen können.

Für jüngere Kinder (2;6 bis 4 Jahre) wurde ein eigenes Programm *Entenland* (vgl. Preiß 2007) entwickelt. Es gliedert sich in verschiedene Lernfelder, die den Schwerpunkt auf pränumerische und visuell-räumliche Fähigkeiten wie Sortieren, Ordnen, Raum-Lagebeziehungen, die räumliche und zeitliche Orientierung sowie geometrische Formen der Ebene und des Raums legen.

Das dritte Programm *Elementar – Erste Grundlagen in Mathematik* (Kaufmann & Lorenz 2009) entspringt fachdidaktischer Forschung und berücksichtigt neben Mengen-Zahlen-Kompetenzen schwerpunktmäßig visuell-räumliche Fähigkeiten. Es richtet sich an *alle Kinder* (primär ab 4 Jahren) im Kindergarten. Die Förderung orientiert sich an *fünf mathematischen Inhaltsbereichen* (vgl. Leitideen der KMK 2005). Der Schwerpunkt liegt auf dem Inhaltsbereich *Raum und Form* und hier wiederum auf Aktivitäten zur visuellen Wahrnehmung und zur Raumvorstellung, die als grundlegend für mathematisches Verständnis und das Rechnenlernen angesehen werden (vgl. Kaufmann & Lorenz 2009, 13ff.; vgl. auch Lorenz 2005, 2009). Es geht sowohl um die Förderung *spezifischer* als auch *unspezifischer Vorläuferfähigkeiten*. Zahlreiche Materialien aus dem schulischen Kontext wie Rechenschiffchen, Schüttelboxen, geometrische Formen oder Mosaikwürfel, Aufgabenstellungen zu diesen Materialien in Form einer Kartei sowie Beobachtungsbögen, Lernfortschrittshefte (altershomogen ab 4 und ab 5 Jahren) und Standortbestimmungen stellen die zentralen Bestandteile des Programms dar. Nach dem Prinzip „beobachten, gezielt eingreifen und fördern" (Kaufmann & Lorenz 2009, 4) soll allen Kindern ein guter Schulstart ermöglicht werden. Ziel ist das Erfassen von Lernfortschritten und des individuellen Förderbedarfs. Für den Einsatz der Förderbox im Kindergarten wird eine zeitliche Festlegung in Form eines verbindlichen Angebots und damit eine klare Strukturierung empfohlen. Auch wenn im Begleitheft betont wird, dass lehrgangsartiges Lernen nicht angestrebt wird (vgl. Kaufmann & Lorenz 2009, 3), so weist die Box „Elementar" viele *schulische Elemente* auf.

Im englischsprachigen Raum gibt es aufgrund anderer Traditionen eine starke Dominanz von Programmen. Grundsätzlich ist der vorschulische Bereich in altershomogenen Gruppen organisiert und enthält viele schulische Elemente. Das Programm *Building blocks* (vgl. Clements & Sarama 2007a) orientiert sich an den NCTM-Standards und umfasst neben Materialien, Arbeitsmitteln, Büchern und Spielen auch Arbeitsblätter, Arbeitshefte und Computersoftware. Neben Angeboten im Freispiel sind tägliche angeleitete Klassen- und Kleingruppenaktivitäten fester Bestandteil des Programms.

Lehrgänge und (Förder-)Programme lassen sich nur bedingt in die pädagogische Ordnung der formalen Offenheit integrieren. Sie bedürfen in der Regel einer separaten Organisation, die an schulische Settings erinnert und heben damit oftmals die Prinzipien der Ganzheitlichkeit und der Altersmischung auf. Sie sind häufig in altershomogenen Gruppen zu festen Zeiten organisiert. Dies ist primär durch ihren linearen Aufbau und instruktiven Charakter bedingt. Während sich Programme an alle Kinder (einer Altersstufe) richten, sind Förderprogramme zumeist für sogenannte Risikokinder konzipiert. Generell steht bei allen Formen der Fördergedanke im Sinne einer Schulvorbereitung im Vordergrund. Diagnostische Elemente sind daher z.T. in die Programme integriert. Ältere und auf psychologischen Forschungen basierende Programme konzentrieren sich auf den Inhaltsbereich Arithmetik bzw. spezifische Vorläuferfertigkeiten, neuere Programme berücksichtigen alle Inhaltsbereiche und folglich auch unspezifische Vorläuferfertigkeiten (vgl. zu spezifischen und unspezifischen Vorläuferfertigkeiten Kapitel 1.2, 1.3). Arbeitsmittel und Materialien sind dem schulischen Kontext entnommen oder an diesen angelehnt.

## 3.1.2  Integrative Ansätze

*Integrative Konzeptionen* können Bestandteil der gesamten Kindergartenzeit sein und eine *Verankerung im deutschen Kindergartenalltag* finden. Im Unterschied zu Frankreich und zum angelsächsischen Sprachraum sieht der deutsche Kindergartenalltag eine Aufteilung in (alters-)homogene Lerngruppen nicht bzw. nur in Ausnahmefällen vor (vgl. auch Kapitel 1.4). Bei allen drei im Folgenden vorgestellten Beispielen geht es um eine *breite Förderung aller Kinder*

– *in verschiedenen Inhaltsbereichen* wie Zahl, Raum und Form, Muster und Strukturen teilweise auch Größen und Messen sowie Daten und Zufall und
– verschiedenen mathematischen Arbeitsweisen wie Vergleichen, Ordnen, Sortieren und Strukturieren.

Integrative Ansätze bevorzugen kindergartenspezifische Organisationsformen wie das *Freispiel* und *offene Angebote*. Es dominieren kindergartenspezifische Materialien, z.T. auch Alltagsmaterialien, die einen freien, selbständigen Zugang der Kinder erlauben und anregen. Didaktische Materialien stellen eher die Ausnahme dar.

Im Folgenden werden drei Beispiele vorgestellt:

– Mathe-Kings (vgl. Hoenisch & Niggemeyer 2004)
– Gleiches Material in großer Menge (vgl. Hülswitt 2007, Lee 2010)
– MATHElino (vgl. Royar & Streit 2010)

*Mathe-Kings* (vgl. Hoenisch & Niggemeyer 2004) hat seine Wurzeln im US-amerikanischen Kindergarten. Sie beziehen mathematische Arbeitsweisen wie Sortieren und Klassifizieren und Inhaltsbereiche wie Zahl, Muster, Geometrie, Wiegen, Messen und Vergleichen sowie graphische Darstellungen von Daten ein. Es werden alltägliche Rituale für die ganze Gruppe, punktuelle Beschäftigungen in Form von Spielen sowie (Alltags-)Materialien für eine ständig vorhandene Lernumgebung vorgeschlagen. Das Konzept umfasst folglich sowohl *angeleitete Aktivitäten* zu *verschiedenen Inhaltsbereichen* als auch eine *reichhaltige Lernumgebung*, die von *allen Kindern* gemäß ihren Fähigkeiten und Interessen genutzt werden kann. Insbesondere die Materialien wie geometrische Musterklötze, Steckwürfel, Holzwürfel, verschiedenste Objekte zum Sortieren und Zählen, Naturmaterialien sowie Messgeräte sind anschlussfähig an die deutsche Kindergartentradition und die Mathematikdidaktik im Sinne einer breiten mathematischen Bildung im Kindergarten (Kapitel 1.1).

*Gleiches Material in großer Menge* (vgl. Hülswitt 2007, Lee 2010) regt zum Erfinden von Mathematik an. Dabei eröffnet und begrenzt die Art des Materials die möglichen Erfindungen und Entdeckungen. Ein Material besteht aus vielen strukturgleichen Elementen wie beispielsweise gleich großen Holzwürfeln. Es ist im mathematischen Sinne zunächst unstrukturiert und regt in seiner Menge zu Strukturierungen an. Hülswitt (2007, 150) nennt dies den „Reiz unordentlicher Ordnungen". Beim Erfinden tauchen durch die Begrenzungen des Materials immer wieder ähnliche Themen auf: symmetrische Muster und Ornamente, regelmäßige Formen wie gleichseitige Dreiecke und Quadrate, Bandornamente, Parkette, Körper, die Mitte, Abbildungen, Bündeln oder Schätzen. Es kann zu einer zwanglosen *Integration von Arithmetik und Geometrie* kommen. Die Dokumentation der Eigenproduktionen ergänzt das gestaltende Tätigsein mit den Materialien. Indem die Gleichwertigkeit der Handlungs-, Bild- und Symbolebene herausgestellt wird, wird ein immer wieder geforderter Anspruch des EIS-Prinzips (vgl. Bruner 1971 nach Schütte 1994, 55ff.) verwirklicht. In der Auseinandersetzung mit den Materialien können folgende mathematische Aktivitäten angeregt werden: Eins-zu-Eins-Zuordnung, Seriation, Klassifikation, Zählen und Abzählen, Simultanerfassung und Vergleichen. Diese Aktivitäten sind im Unterschied zu den bisherigen Beispielen in höherem Maße zufällig, da der Lernprozess von den Erfindungen der Kinder vorangetrieben wird. Als ein wesentliches Element beschreibt Hülswitt (2007, 154) die „Ideenwanderung". Durch das Nachahmen und Variieren von Handlungen und Produkten entwickeln sich in der Gruppe als Ganzes immer perfektere Gestaltungen und Lösungen der selbst gefundenen Problemstellung. Auch in Vorschulgruppen ist dieser Prozess, trotz eingeschränkter verbaler Fähigkeiten, zu beobachten: Perfektere Gestaltungen und Lösungen „entstehen nicht unbedingt durch verbale Kommunikation, sondern durch das Registrieren anderer Produkte" (Hülswitt 2007, 154).

Zentrale Elemente der ersten beiden Konzeptionen vereinigt *MATHElino* (Royar & Streit 2010). Über die Kernbereiche *Zahl, Maß, Raum und Form* und die übergreifende Leitidee *Mathematik als die Wissenschaft von den Mustern* hinaus bezieht diese Konzeption auch *mehrere Inhaltsbereiche* und grundlegende *mathematische Arbeitsweisen* wie Ordnen und Klassifizieren ein. Verschiedene methodische Zugänge – frei, arrangiert, instruiert – verweisen auf unterschiedliche Rollendimensionen der Erzieherin bei der Begleitung von Lernprozessen und ermöglichen den Kindern sowohl einen freien als auch einen angeleiteten bzw. unterstützten Umgang mit den Materialien im *Freispiel* oder *offenen Angebot*. Das Materialangebot in einem Rollschrank ist flexibel und erweiterbar. Ein spezielles Anliegen besteht darin, Lernprozesse in Kindergarten und Grundschule anschlussfähig zu gestalten. Das verbindende bzw. kontinuierliche Element sind dabei die Materialien, die in beiden Bildungsinstitutionen und in gemeinsamen Angeboten eingesetzt werden. Angebote im Kindergarten und in der Schule unterscheiden sich jedoch hinsichtlich der unterschiedlichen pädagogischen Kontexte.

### 3.1.3 Punktuell einsetzbare Materialien

Im Unterschied zu den bisherigen Ansätzen nehmen *punktuell einsetzbare Materialien* nicht für sich in Anspruch, die gesamte oder einen Großteil der mathematischen Bildung im Kindergarten abzudecken. Der Schulbezug der Materialien ist unterschiedlich ausgeprägt. Hinsichtlich der Organisationsform gibt es keine Festlegungen, sie können auf unterschiedliche Art und Weise eingesetzt werden. Ihr Einsatz ist durch die Autoren nicht durchgängig vorgeschrieben. Ziel ist die *breite*

*Förderung aller Kinder.* Die Materialien können als *offenes Angebot* im Freispiel oder als eher *angeleitete Tätigkeit* in einer Kleingruppe zum Einsatz kommen. Die Gruppengröße, die Alterszusammensetzung, die Zeitdauer und der Zeitpunkt sind variabel. Alle Kinder sollen in bestimmten Inhaltsbereichen, zumeist Arithmetik und Geometrie, gefördert werden. Viele Materialien sind auf den *Zahlbegriffser-werb*, z.T. auch auf visuell-räumliche und geometrische Fähigkeiten ausgerichtet. Es werden didaktische Materialien bzw. Arbeitsmittel verwendet, die die schuli-sche Anschlussfähigkeit betonen. Die Anzahlerfassung spielt bei den Materialien dieser Gruppe eine wichtige Rolle.

Im Folgenden wird auf zwei Materialien Bezug genommen:

- *Das kleine Zahlenbuch I* und *II* (Müller & Wittmann 2002, 2004)[12]
- Die Käferschachtel (Royar 2007a)

Die Spiele in *Das kleine Zahlenbuch* (Müller & Wittmann 2002 u. 2004) und in *Die Käferschachtel* (Royar 2007a) knüpfen zum Teil an bekannte Familienspiele wie Memory, Stechen, Schnipp Schnapp, Würfel- und Wegespiele an. Dadurch soll der Spielcharakter der mathematischen Aktivitäten erhalten bleiben. Allerdings stellt sich angesichts der verwendeten Materialien und Spielpläne die Frage nach dem Anreiz für junge Kinder. So verwenden Müller & Wittmann (2004) für das Spiel *Aufräumen* Wendeplättchen und ein erweitertes Zwanzigerfeld. Ähnliche Spiele wie *Schatz erobern* und *Nüsse würfeln* (vgl. Schütte 2004d, 59) verzichten auf didaktische Materialien und verwenden das Alltagsmaterial Nüsse. Während sich *Das kleine Zahlenbuch I* hauptsächlich auf mathematische Aktivitäten wie das Zählen und Abzählen bezieht (Festigung der Zahlwortreihe und Zahlzeichen bis 20, Zuordnung von Menge, Zahlzeichen und Zahlwort, Vorgänger/Nachfolger, Aufbau von Würfelbildern), sollen durch *Das kleine Zahlenbuch II* die simultane und die quasi-simultane Anzahlerfassung sowie die Teil-Ganzes-Beziehungen gefördert werden. Als Zählmaterial dienen Wendeplättchen, die im Grundschullehrwerk *Das Zahlenbuch* (vgl. Müller & Wittmann 2004) weitergeführt werden. Die Materialien zur Anzahlerfassung sind so beschaffen, dass verschiedene Strukturierungen ver-wendet werden (Tierbilder, Dominosteine, Punktekarten mit 5er-Gliederung aus dem Anfangsunterricht, vgl. Abb. 3.2).

---

12 In dieser Reihe erschienen sind auch noch Das kleine Formenbuch I und II (vgl. Müller & Witt-mann 2006, 2007) und Das kleine Denkspielbuch (vgl. Müller & Wittmann 2008)

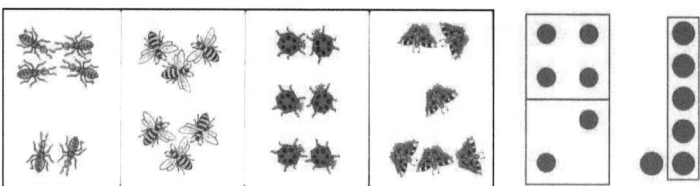

Abb. 3.2: Verschiedene Darstellungen der Zahl 6 (Müller & Wittmann 2004)

*Die Käferschachtel* (Royar 2007a) verfolgt den Aufbau des Zahlbegriffs in An-knüpfung an die Zählfertigkeiten und das Mengenverständnis der Kinder durch strukturierte Mengenbilder. Mathematische Aktivitäten können entweder über die Einbettung in Marienkäfergeschichten oder über Spiele mit Marienkäferkarten (oh-ne Geschichte) angeregt werden. Das Material Marienkäferkarten (vgl. Abb. 3.3) berücksichtigt didaktische Kriterien des Anfangsunterrichts (vgl. Radatz u.a. 1996, 37ff.).

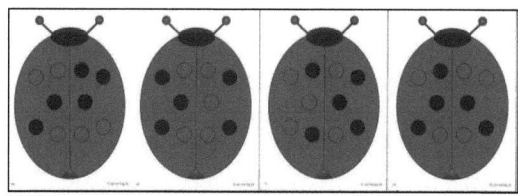

Abb. 3.3: Verschiedene Darstellungen der Zahl 5 (vgl. Royar 2007a)

Die Struktur des Materials lehnt sich durch die sichtbaren leeren Punkte an die Zehnerfelder aus dem Anfangsunterricht an: Ergänzung zur 10, Fünfergliederung, vielfältige mögliche Untergliederungen von Anzahlen (vgl. Gerster & Schultz 2000, Schütte 2004c, d, Flexer 1986). Allerdings erinnern die Untergliederungen der beiden Fünfer im Unterschied zu den Zehnerfeldern an Würfelbilder. Neben der simultanen Anzahlerfassung können durch das Material noch weitere Fähigkeiten wie beispielsweise die Seriation nach Anzahl, die Klassifikation nach Anzahl, das Bestimmen von Vorgänger und Nachfolger, das Vergleichen von Anzahlen oder das Finden verschiedener Zerlegungen angeregt werden.

Da viele Aktivitäten mit punktuell einsetzbaren Materialien an bekannte Familien-spiele anknüpfen, stellt sich die Frage, ob nicht auch gängige Familienspiele[13] für die mathematische Bildung im Kindergarten gewinnbringend eingesetzt werden können.

> „Mathematik ist seit Jahrtausenden integraler Bestandteil der Kultur. Entsprechend haben sich im Lauf der Zeit in allen Kulturvölkern arithmetische, geometrische und logische Spiele für Kinder entwickelt. Diese sind als naturwüchsige Formen mathe-matischer Frühförderung anzusehen und können gerade in ihrer Verwurzelung im Alltagsleben auch heute noch als vorbildlich gelten." (Wittmann 2006, 206)

---

13 vgl. Liste der Familienspiele im Anhang

Dieser Frage soll im Rahmen der vorliegenden Arbeit nachgegangen werden – einerseits durch die exemplarische Analyse ausgewählter Spiele im Hinblick auf ihr mathematisches Potenzial (Kapitel 3.3) und andererseits über eine empirische Videostudie, die Aufschluss über die Bedingungen der Entfaltung des mathematischen Potenzials gibt (Kapitel 5).

## 3.2 Kriterien zur Analyse und Bewertung von Materialien

Die Unterscheidung auf konzeptioneller Ebene in verschiedene Ansätze früher mathematischer Bildung stellt ein erstes Analyse- und Bewertungskriterium dar. Materialien, die diesen drei Ansätzen zugeordnet werden können, wurden in Kapitel 3.1 exemplarisch beschrieben und analysiert. Im Folgenden sollen diese Beschreibungen zu einem Kriterienkatalog mit dem Schwerpunkt Zahlbegriffserwerb verdichtet und durch weitere Kriterien ergänzt werden. Jedes Kriterium wird anhand von Leitfragen weiter aufgefächert und so präziser bestimmt.

Am Beginn der Ausarbeitung von Kriterien für den Kindergarten stand der Kriterienkatalog von Radatz u.a. (1996, 37ff.) zur Beurteilung von Arbeitsmitteln für den arithmetischen Anfangsunterricht. Nach einer ersten Unterscheidung verschiedener Materialtypen (unstrukturiert, strukturiert, Mischformen) werden dort Materialien anhand didaktischer und unterrichtspraktischer Kriterien beurteilt. Die Entwicklung der Kriterien beruht auf theoretischen Überlegungen und unterrichtlichen Erfahrungen. Da sich Ansätze im Kindergarten von schulischen unterscheiden, bedarf es hierfür eigener Kriterien. Der im Rahmen dieser Arbeit entwickelte Kriterienkatalog ist ein Produkt des gesamten Forschungsprozesses. Er basiert auf einem Wechselspiel theoretisch und empirisch gestützter Analyse von Materialien und umfasst folglich im Unterschied zu Radatz u.a. (1996, 37ff.) nicht nur materialinhärente, sondern auch situationsabhängige Kriterien.

Neben der Unterscheidung und Einordnung auf konzeptioneller Ebene (K) stellen der Bezug des Materials zu bestimmten Arbeits- und Organisationsformen (O), das mathematische Potenzial (M), der Aufforderungscharakter (A), die Engagiertheit in der Materialauseinandersetzung (E) und der Bezug zu anderen Bildungsbereichen (B) zentrale Kriterien dar. Bei Spielen können darüber hinaus spezielle Spielkriterien (S) herangezogen werden (Kapitel 3.3).

Manche Kriterien wie die konzeptionelle Einordnung und das mathematische Potenzial lassen sich vorab formulieren, bedürfen aber der empirischen Präzisierung. Andere Kriterien wie der Aufforderungscharakter und die Engagiertheit sind nur empirisch fassbar, da sie nicht bzw. nur zu einem kleinen Teil materialinhärent sind. Obwohl die Annahme situationsgebundener Kriterien stets eine grundlegende Annahme des vorliegenden Forschungsvorhabens war, konnten die Kriterien Aufforderungscharakter und Engagiertheit erst auf der Basis des empirischen Teils dieser Arbeit entwickelt werden (vgl. Kapitel 5.3). So entfaltet das Material seinen Aufforderungscharakter erst im Gefüge der gesamten Situation mit den beteiligten Personen, den jungen Kindern und den Erzieherinnen. Aber auch die Konkretisierung allgemeiner mathematischer Lerngelegenheiten in Spielsituationen ist ein Ergebnis der empirischen Videostudie (vgl. Kapitel 5.1).

### 3.2.1 Bezug des Materials zu bestimmten Arbeits- und Organisationsformen

Grundsätzlich können wohl die meisten Materialien der vorgestellten Konzeptionen auf ganz unterschiedliche Weise im Kindergarten eingesetzt werden. Dennoch ist bei vielen Materialien insbesondere im Bereich der Programme und Lehrgänge eine bestimmte Arbeits- und Organisationsform mitgedacht oder explizit empfohlen (vgl. Kapitel 3.1). Bei der Bewertung gilt es vorab zu klären, welche Formen dies sind. Bei der Auswahl sind diese dann mit den spezifischen Strukturen vor Ort zu vergleichen.

O 1    Ist ein Einsatz in *altersgemischten Gruppen* vorgesehen bzw. möglich oder sind *altershomogene Gruppen* erforderlich bzw. vorgesehen?

O 2    Ist ein Einsatz in kleinen, mittleren, großen *Gruppen* vorgesehen oder ist eine *Einzel- bzw. Paarsituation* notwendig oder empfohlen?

O 3    Kann die Materialauseinandersetzung im *normalen Gruppenalltag* stattfinden?

### 3.2.2 Mathematisches Potenzial des Materials

Das mathematische Potenzial kann sich auf inhaltliche Leitideen und auf allgemeine mathematische Arbeitsweisen beziehen. Während sich zahlbezogene mathematische Aktivitäten anhand der notwendigen bzw. möglichen Spielhandlungen gut antizipieren lassen, trifft dies für allgemeine mathematische Aktivitäten nur bedingt zu. Sie sind in hohem Maße situationsabhängig. Der empirische Teil der Arbeit soll hierzu weiteren Aufschluss geben (Kapitel 5.1).

Angesichts der Altersmischung im Kindergarten ist zudem danach zu fragen, inwiefern das Material für Kinder unterschiedlichen Alters und unterschiedlichen Fähigkeitsniveaus geeignet ist. Die Möglichkeit der Bearbeitung auf unterschiedlichen Niveaus und der niederschwellige Zugang sind wichtige Kriterien für Lernangebote in heterogenen Gruppen (vgl. Schütte 2001a).

Die Art des verwendeten Materials bietet unterschiedliche Möglichkeiten. Hier ist auch Material im engeren mathematikdidaktischen Sinne gemeint, so genannte Arbeitsmittel oder Veranschaulichungsmittel. Die Beurteilung erfolgt im Wesentlichen aufgrund der Strukturierung des Materials, die sowohl das Zählen ermöglichen als auch die simultane und quasi-simultane Anzahlerfassung unterstützen soll. Des Weiteren sollen durch die Strukturierung vielfältige Zahlbeziehungen in das Material hineingesehen werden können.

Aufgrund der Schwierigkeit, dass sich die Struktur von Veranschaulichungsmitteln nicht aus dem Material selbst erschließt, sondern in das Material hineingesehen werden muss (vgl. Lorenz 1995, 10, Floer 1995, 20f.), wurde von Schütte (2004b, 7, 2004c, d) die Eigenstrukturierung von Veranschaulichungsmitteln postuliert und umgesetzt. Dies würde für die frühe Bildung bedeuten, nicht nur strukturierte Materialien zu verwenden, sondern auch solche, die eigene Strukturierungen der Kinder zulassen und begünstigen. Es bleibt die offene Frage, welche Materialien gerade letzteres tun. Eine Möglichkeit ist sicherlich die strukturelle Gleichwertigkeit des Materials, wie dies beim Konzept *Gleiches Material in großer Menge* der Fall ist. Die Verwendung von Arbeitsmitteln aus dem arithmetischen Anfangsunterricht oder deren Abwandlungen betont die *Anschlussfähigkeit zum schulischen Lernen*, wohingegen die Verwendung von unstrukturierten Materialien und Alltagsmaterialien der *kindlichen Eigenaktivität bei der Herstellung von Strukturen* mehr Raum gibt und Bedeutung zumisst.

Die Teilfähigkeiten des Zahlbegriffs (Kapitel 1.6) stellen ein Bewertungskriterium dar, das die Auswahl von Materialien im Kindergarten leiten kann. Eine Analyse vor dem Einsatz des Materials kann erste Aufschlüsse über seine Eignung und seine Reichweite geben. Für die Analyse und Bewertung von Materialien für den Kindergarten ergeben sich folgende Fragen:

M 1  Welche *Teilfähigkeiten des Zahlbegriffs* können mit diesem Material angeregt werden?

M 2  Bietet das Material Möglichkeiten der Bearbeitung auf *verschiedenen Niveaus*?

M 3  Ist ein *niederschwelliger Zugang* möglich (z.B. über das Zählen oder die simultane Anzahlerfassung ohne Kenntnis der Zahlzeichen)?

M 4  Weisen die Materialien (Arbeitsmittel) eine Strukturierung auf (z.B. Würfelbilder, Kraft der Fünf, andere Anordnungen), die neben dem Zählen eine simultane und quasi-simultane Anzahlerfassung unterstützt und Zahlbeziehungen sichtbar werden lässt?

M 5  Lässt das Material *Eigenstrukturierungen* zu und/oder begünstigt es diese?

M 6  Können bei der Materialauseinandersetzung *weitere*, insbesondere auch *allgemeine mathematische Aktivitäten* angeregt werden?

### 3.2.3  Aufforderungscharakter des Materials

Unter Bedingungen der formalen Offenheit ist für die Bewertung eines Materials neben dem mathematischen Potenzial, das sich zumindest in Bezug auf den Zahlbegriff vorab bestimmen lässt, der Aufforderungscharakter (Anreiz) von entscheidender Bedeutung (vgl. auch Kapitel 2.3). Das mathematische Potenzial allein ist noch keine Gewähr dafür, dass Kinder das Material auch hinsichtlich dieses Potenzials verwenden bzw. es überhaupt verwenden.

Damit das mathematische Potenzial zum Tragen kommen kann, muss sich das Kind mit dem Material auseinandersetzen, d.h. es muss sich auf das Material einlassen und einen ersten Zugang zum Material finden. Jedes Material, jedes Objekt besitzt einen intuitiven Aufforderungscharakter (vgl. Lewin nach Heckhausen 2010, 32, Lewin nach Beckmann & Heckhausen 2010, 105ff.). Der Aufforderungscharakter eines Materials spielt insbesondere bei kleinen Kindern eine wichtige Rolle.

„Ich erinnere an die Lehre von Lewin, dass die Dinge für das Kleinkind Aufforderungscharakter haben, ihm vorschreiben, was es zu tun hat – eine Tür reizt das Kind, sie auf- und zuzumachen, eine Treppe reizt es, sie hinauf- und hinunter zu steigen, sieht es ein Glöckchen, so möchte es klingeln. Kurz, den Dingen ist eine Triebkraft eigen, die das Kleinkind zum Handeln veranlasst, sie bestimmt das Verhalten des Kindes." (Wygotski 1933/80, 451)

Der Aufforderungscharakter ist demzufolge eine dem Objekt oder Material innewohnende ‚Triebkraft'. Je nach seiner Beschaffenheit fordert das jeweilige Material zu bestimmten Handlungen auf. Jüngere Kinder sind stärker an diesen intuitiven Aufforderungscharakter gebunden als ältere. Ältere Kinder können die Bestimmtheit der Handlungen durch den Gegenstand im Spiel „überwinden".

„Im Spiel verlieren die Dinge ihren Aufforderungscharakter. Das Kind sieht das eine, handelt jedoch, bezogen auf das, was es sieht, anders. Es tritt also der Umstand ein, dass das Kind in seinen Handlungen nicht mehr von dem, was es sieht, abhängig ist." (Wygotski 1933/80, 451)

Dies gilt insbesondere für das Symbolspiel, mit dem Wygotski sich beschäftigt hat. So kann ein Stück Holz im Spiel die Rolle einer Puppe übernehmen oder ein Stock zu einem Pferd werden. Im Regelspiel, speziell bei Gesellschaftsspielen, ist es die Einhaltung der Spielregeln, die das Kind dazu anhält, den Aufforderungscharakter des Materials zu überwinden: Handlungen müssen aufgeschoben werden, bis man an der Reihe ist. Unter Umständen dürfen bestimmte Handlungen nicht ausgeführt werden bzw. muss eine bestimmte Reihenfolge eingehalten werden. Andere Handlungen müssen erst erlernt werden.

Erste individuelle Zugänge zum Material sollten im Kindergartenalltag nicht unterbunden werden, sondern sie sollen – ganz im Gegenteil – zu einer intensiveren Auseinandersetzung mit dem Material führen bzw. dafür genutzt werden. Deshalb ist auch danach zu fragen, wie der Aufforderungscharakter des Materials mit mathematischen Aktivitäten zusammenhängt.

A 1   Fordert das Material die Kinder zu einer Auseinandersetzung auf?

A 2   Zu welchen (mathematischen) Handlungen fordert das Material auf?


### 3.2.4  Engagiertheit in der Auseinandersetzung mit dem Material

Aus dem Material selbst kann nur begrenzt auf eine intensive und anhaltende Auseinandersetzung geschlossen werden. Mit ein und demselben Spiel nach denselben Regeln kann auch im Hinblick auf mathematische Aktivitäten eine ganz unterschiedliche Breite und Intensität beobachtet werden (vgl. Kapitel 5.1., 5.3). Der Anreiz muss folglich nicht nur über das Material und die Regeln, sondern letztendlich in der Situation erfasst werden (vgl. dazu auch Kapitel 3.3).

Dazu eignet sich das Konzept der *Engagiertheit* (vgl. Laevers 1997), das als „prozessuales kindzentriertes Kriterium" (Mayr & Ulich 2003, 170) für die Qualität der kindlichen Bildungs- und Lernprozesse beschrieben wird.

„Engagiertheit, definiert als ‚innere Beteiligung', lässt sich naturgemäß nicht direkt beobachten. Es [sic] ist ein vielschichtiger Prozess, der sich nur indirekt erschließen lässt. Erwachsene und Kinder, die hochmotiviert, ganz ‚bei der Sache' sind, zeigen dies in der Regel durch deutliche Signale an." (Laevers 1997, 10)

Von der Engagiertheit wird auf die aktuelle Lernbereitschaft des Kindes geschlossen. Bei einer angemessenen Herausforderung ist die Engagiertheit besonders hoch, bei Über- oder Unterforderung ist sie hingegen weniger stark ausgeprägt (vgl. Laevers 1997, 9). So konnten Casey u.a. (2008, 300ff.) etwa beim Bauen mit Klötzen zeigen, dass bei einer längeren und intensiveren Auseinandersetzung im Hinblick auf die Raumvorstellung mehr gelernt wurde.

Anknüpfend an das „flow"-Konzept von Csikszentmihalyi (1985) und Konzepte der Motivationstheorie (vgl. z.B. Rheinberg 2010), insbesondere die intrinsische Motivation, das Interesse und die Exploration, entwickelte Laevers (1997, 10f.) verschiedene Kategorien zur Erfassung der Engagiertheit (vgl. auch Mayr & Ulich 2003, 170f.; vgl. auch Kapitel 3.3):

— Konzentration: Das Kind beschränkt seine Aufmerksamkeit auf einen begrenzten Bereich, es lässt sich nicht leicht ablenken. Dies zeigt sich beispielsweise in zielgerichtetem Schauen oder in einer dem Spiel zugewandten Körperhaltung.
— Ausdauer: Das Kind bleibt länger konzentriert bei der Sache.
— Freude und Befriedigung: Das Kind ist freudig erregt oder still zufrieden mit seinem Werk.
— Präzision und Genauigkeit: Das Kind arbeitet genau und achtet auf Einzelheiten.
— Energie: Das Kind geht in seiner Tätigkeit auf. Dies kann sich in lautem Reden, Schreien oder auch in Schwitzen äußern.
— Verbale Äußerungen: Das Kind äußert sich spontan zu seiner Tätigkeit oder es begleitet sein Tun mit Worten.
— Reaktionsbereitschaft: Das Kind ist empfänglich für interessante Reize.

Das Konzept der Engagiertheit wird als ein multidimensionales Konzept beschrieben, das Elemente aus unterschiedlichen theoretischen Ansätzen vereinigt.

„Die Zusammenführung inhaltlich heterogener Dimensionen zu *einem* Konzept ist in der Forschungslandschaft eher ungewöhnlich und dies begrenzt die Brauchbarkeit des Konzepts für grundlagenorientierte Forschungen. Der Ansatz eröffnet jedoch vielfältige Möglichkeiten für anwendungsorientierte Forschungsvorhaben." (Mayr & Ulich 2003, 175)

Kindliche Aktivitäten können mit dem Konzept der Engagiertheit ganzheitlich und differenziert betrachtet werden. Die pädagogische Qualität der Situation wird über den Prozess der Materialauseinandersetzung und nicht über das Lernergebnis mittels Testung erfasst.

„Man erhält ein relativ unmittelbares Feedback, ob Kinder sich auf einen Selbstbildungsprozess einlassen, erfährt also nicht erst nach einem halben Jahr oder einem

Jahr, ob pädagogische Maßnahmen und Angebote greifen." (Mayr & Ulich 2003, 177)

Im Rahmen von Forschungsprojekten oder im Kindergartenalltag kann somit schnell auf niedrige Engagiertheit reagiert werden. Mögliche Reaktionen könnten darin bestehen, das Angebot, also etwa das Material oder die Regeln, zu verändern und so ein passenderes Angebot zu schaffen.

E     Zeigt das Kind *Engagiertheit* in der Auseinandersetzung mit dem Material?

### 3.2.5 Bezug zu anderen Bildungsbereichen

Vor dem Hintergrund einer ganzheitlichen Bildung sollte die Entscheidung für ein Material in der Kindergartenpraxis auch davon bestimmt sein, ob das Material im Kontext weiterer Bildungsbereiche (z.B. Sprache, Kommunikation, personale und soziale Entwicklung, vgl. Kapitel 1.4) eingesetzt werden kann.

B     Können Kinder in der Materialauseinandersetzung Erfahrungen in *anderen Bildungsbereichen* machen?

## 3.3   Materialanalyse am Beispiel von Spielen

Die Materialanalysen in diesem Kapitel sollen die Anwendung des Kriterienkataloges exemplarisch illustrieren und seine Möglichkeiten und Grenzen aufzeigen. (Familien-)Spiele, die den *punktuell einsetzbaren Materialien* zuzuordnen sind (K 3) werden dazu zunächst als Gattung in den Blick genommen (Kapitel 3.3.1), bevor einzelne Spiele exemplarisch analysiert werden.

- Stechen (Kapitel 3.3.1)
- Quips und Bohnenspiel (Kapitel 3.3.2)
- Max Mümmelmann (Kapitel 3.3.3)

Den Analysen der einzelnen Spiele gehen eine Beschreibung der Spielmaterialien und der Spielregeln sowie Vorschläge zu deren Variation voraus. Die Ideen zur Variation resultieren auch aus der empirischen Studie, konnten dort aber nicht alle erprobt werden. Während das Spiel *Stechen* sehr ausführlich analysiert wird, werden in den weiteren Analysen nur zentrale Punkte angesprochen.

Im Rahmen des Forschungsvorhabens kamen neben Spielen und didaktischen Abwandlungen auch andere Materialien zum Einsatz. Neben den Spielen *Stechen*, *Quips*, *Bohnenspiel*, *Max Mümmelmann* und verschiedenen *Dominospielen* wurden beispielsweise auch *Zählschachteln* verwendet. Zählschachteln sind Streichholzschachteln mit den Zahlzeichen von 0 bis 10. Sie können beispielsweise mit Bohnen entsprechend der Zahlzeichen gefüllt oder nach der Zahlzeichenfolge geordnet werden. Zählschachteln sind nicht den (Familien-)Spielen zuzurechnen. Sie haben weder ein festes Regelwerk noch knüpfen sie an bekannte Spiele an. Dass der

Übergang zu Spielen fließend ist, zeigt sich aber an Spielideen mit Zählschachteln wie „Fridolins Streich" oder „Mogelschachteln" (vgl. Schütte 2004 c, d; aufgegriffen für den Kindergarten bei Steinweg 2006). Eine Materialanalyse der Zählschachteln und der Dominospiele erfolgt an dieser Stelle nicht. Die mathematischen Möglichkeiten dieser Materialien werden in Kapitel 5.1 anhand exemplarischer Datenausschnitte illustriert.

### 3.3.1 Familienspiele

Wie bereits in Kapitel 2 deutlich wurde, wird die Bezeichnung *Spiel* sehr vielfältig verwendet. Im Folgenden geht es um die Analyse von Familienspielen bzw. um Variationen und Abwandlungen gängiger Familienspiele als einer Form von Gesellschaftsspielen[14].

Familienspiele weisen einige Besonderheiten auf:

> „Ein Familienspiel ist ein Brett- oder Kartenspiel, das besonders für Spielrunden mit Kindern und Erwachsenen geeignet ist. […] Familienspiele setzen auf einfache Regeln, die schnell erlernt werden können, aber trotzdem vielfältige Spielzüge ermöglichen. Ein Grundsatz guter Familienspiele ist es, dass kein Spieler vorzeitig ausscheiden muss, so dass die ganze Runde bis zum Ende des Spiels zusammenbleibt. Häufig sind Spielprinzipien, durch die ein führender Spieler kleine Nachteile erfährt, um die Konkurrenten leichter aufholen zu lassen und das Spielgeschehen auszubalancieren." (http://de.wikipedia.org/wiki/Familienspiel, Stichwort „Familienspiel", Stand 25.05.2012)

Familienspiele bestehen folglich nicht nur aus dem Material, sondern sie umfassen auch die Regeln zum Umgang mit den Materialien. Bei Spielen für jüngere Kinder werden häufig auch Variationen der Spielregeln angegeben. Oftmals werden die Möglichkeiten für das (kognitive) Lernen herausgestellt. So wird der Klassiker *Quips* (Ravensburger) heute in der Reihe „Spielend Neues Lernen" vertrieben.

Des Weiteren gibt es Merkmale, die „gute Spiele" auszeichnen. Fritz (1981 a, b, 1982) hat einen umfangreichen Kriterienkatalog zur Beurteilung von Brettspielen erstellt. Ziel dieses Katalogs ist es, aufgrund der Spielmaterialien und des Regelbestands sowohl auf den Aufforderungscharakter als auch auf eine längerfristige, intensive Auseinandersetzung (Engagiertheit) mit dem Spiel zu schließen. Dass dies nicht zuverlässig möglich ist, sondern nur im Spiel zu beurteilen ist, ist ein zentraler Grund, warum in der vorliegenden Studie nicht nur Spiele, sondern auch Spielsituationen mit diesen Spielen analysiert werden. Dennoch können Spielkriterien in Anlehnung an Fritz (1981 a, b, 1982) für eine erste Bewertung herangezogen werden.

---

14 „Unter einem Gesellschaftsspiel versteht man ein von zwei oder mehr Personen unternommenen Zeitvertreib zum Zwecke des Vergnügens." (http://de.wikipedia.org/wiki/ Gesellschaftsspiel, Stichwort „Gesellschaftsspiel", Stand 25.05.2012)

*Spielkriterien* sind

S 1   ansprechende Materialien,

S 2   ein einfacher und leicht verständlicher Regelbestand,

S 3   ein Regelbestand, der das Eingehen auf die Mitspieler erfordert (Interaktivität),

S 4   kurze Wartezeiten für nichtagierende Mitspieler und eine kurze Spieldauer insgesamt (Spielfluss),

S 5   Handlungs- und Entscheidungsmöglichkeiten durch strategische Elemente

S 6   und Abwechslung im Spielverlauf und zwischen den Spielen durch Zufallselemente.

Da Familienspiele diese Kriterien häufig erfüllen, empfiehlt Leuders (2008, 6) für das Mathematiklernen den Rückgriff auf Standardspiele (Familienspiele). Mathematische Spiele werden dann als echte Spiele erlebt. Außerdem ist das Verhältnis zwischen Regellernen und Mathematiklernen günstig, da nicht immer wieder neue Regeln erlernt werden müssen.

Für *Mathematikspiele* sollen darüber hinaus

S 7   die Spielhandlungen und die mathematischen Handlungen möglichst zur Deckung kommen (vgl. Leuders 2008, 2).

Die aufgeführten Spielkriterien weisen deutliche Bezüge zu den Kriterien Mathematisches Potenzial, Aufforderungscharakter und Engagiertheit auf. Es gibt Überschneidungen zum niederschwelligen Zugang, zur Bearbeitung auf verschiedenen Niveaus sowie zur Frage, ob das Spiel zur (länger andauernden) Auseinandersetzung und zu mathematischen Aktivitäten auffordern kann. Neu sind hingegen der differenzierte Blick auf den Regelbestand und die Frage nach dem Spielfluss.

Kinder zeigen bei der Wahl von Materialien und Aktivitäten individuelle Vorlieben. So ist nach verschiedenen Studien das Regelspiel im Kindergarten seltener zu beobachten als das Funktionsspiel, Bauspiel oder Phantasiespiel (vgl. Rubin u.a. 1976, 1978, Treinies & Einsiedler 1987). Zudem sind die Vorlieben stark geschlechtsspezifisch und von häuslichen Bedingungen bestimmt.

> „Mädchen und Kinder, bei denen zu Hause häufig Regelspiele gespielt werden, bevorzugen im Kindergarten Regelspiele wie Memory, Lotto und Domino." (vgl. Einsiedler 1999, 128)

Auch Mayr und Ulich (2003, 181) stellen bei Mädchen im Kindergartenalter eine höhere Engagiertheit in Bezug auf Regel- und Familienspielen als bei Jungen fest. Es ist folglich davon auszugehen, dass Familienspiele für die Gestaltung mathematischer Bildung durchaus Möglichkeiten bieten, es aber auch Grenzen gibt.

*Bezug zu Arbeits- und Organisationsformen (O)*

(Familien-)Spiele sind nicht auf bestimmte Arbeits- und Organisationsformen festgelegt. Sie werden üblicherweise in altersgemischten Kleingruppen gespielt (O 1,

O 2). Dabei können Kinder unter sich spielen oder zusammen mit einer Erzieherin. Sie können sich aber auch alleine mit den Spielmaterialien auseinandersetzen, wobei dann nicht zwingend nach Regeln gespielt wird, sondern auch ein freier Zugang zum Material stattfinden kann.

Ein wesentlicher Vorteil von (Familien-)Spielen ist, dass sie im Kindergarten bereits vorhanden und damit *alltäglicher Bestandteil* fast jeder Kindertagesstätte sind (O 3). Zudem sind Erzieherinnen kompetente Spielpartnerinnen, wenn auch nicht zwangsläufig unter mathematischer Perspektive.

### Bezug zu anderen Bildungsbereichen (B)

(Familien-)Spiele zielen nicht nur auf die mathematische Bildung, sondern sind in verschiedenen *Bildungsbereichen* (B) zu verorten. Mit Regelspielen kann auch *soziales Lernen* angeregt werden: z.B. zu warten, bis man an der Reihe ist, Regeln einzuhalten, mit Gewinn und Verlust umzugehen, sich mit anderen fair zu messen. Gleichzeitig kann der *Sprach- und Begriffserwerb sowie die Ausdrucksfähigkeit* im sozialen Kontext Spiel gefördert werden.

### Mathematisches Potenzial (M)

Das mathematische Potenzial von (Familien-)Spielen ist vielfältig. Für den mathematischen Bereich im Kindergarten lassen sich insbesondere zwei Gruppen von Spielen unterscheiden, die aber keineswegs vollkommen trennscharf sind:

–   Spiele mit Potenzial zur Förderung der visuellen Wahrnehmung und des räumlichen Vorstellungsvermögens: In diese Gruppe fallen Spiele wie *Memory, Bilderlotto, Bilderdomino, Differix, Schau genau, Halli Galli Junior, Schnipp Schnapp, Das verrückte Labyrinth, Make'n break* oder *Rush hour* (vgl. Anhang). Mit diesen Spielen können grundlegende Fähigkeiten wie die Figur-Grund-Unterscheidung, die visuelle Differenzierung, das visuelle Gedächtnis oder die räumliche Orientierung geschult werden.

–   Spiele mit Potenzial zum Erwerb des Zahlbegriffs: Diese Gruppe umfasst Spiele wie Domino, Bilder-Zahlendomino, Tempo kleine Schnecke, Obstgarten, Quips, Drachenstark, Halli Galli, Hamstern, Max Mümmelmann, Mensch ärgere dich nicht, Maus ins Loch/Warum immer ich?, UNO (Junior), Elfer raus, Ligretto, Leiterspiele, Rummikub (vgl. Anhang). Innerhalb dieser Gruppe kann man Spiele voneinander unterscheiden, die eher den ordinalen Zahlaspekt ansprechen oder eher den kardinalen Zahlaspekt betonen.

Darüber hinaus gibt es im Kindergarten noch viele weitere wertvolle Spiele wie etwa Spiele mit Potenzial zur Förderung der Feinmotorik wie *Packesel, Mikado, Tier auf Tier, Jenga* (vgl. Anhang). Ihr Potenzial für die mathematische Bildung im Hinblick auf den Zahlbegriff ist jedoch im Vergleich zu den beiden anderen Spielgruppen als eher gering einzustufen.

Da sich die vorliegende Arbeit insbesondere mit dem Einsatz von Spielen zur Anregung mathematischer Aktivitäten in Bezug auf Teilfähigkeiten des Zahlbegriffs befasst, sollen im Folgenden ausgewählte Spiele aus der zweiten Gruppe genauer analysiert werden. Spielsituationen mit diesen Spielen bilden auch die Grundlage der empirischen Studie (vgl. zur Begründung der Datenauswahl Kapitel 4.3.4).

### 3.3.2 Stechen

#### 3.3.2.1 Spielmaterial und Spielregeln

Stechen ist ein einfaches Kartenspiel. Die Karten werden gemischt und gleichmäßig verteilt. Jeder Spieler legt seinen Stapel verdeckt vor sich hin. Gleichzeitig oder der Reihe nach deckt jeder die oberste Karte auf. Wer die höchste (Variante: mittlere/kleinste) Anzahl hat, erhält alle Karten. Kann der Stichgewinner nicht ermittelt werden, entscheidet der nächste Stich. Wer am Ende die meisten Karten besitzt, hat gewonnen.

Es kann mit verschiedenen Kartensätzen gespielt werden:

– Karten aus *Speed* (Schmidt): 60 Karten mit den Anzahlen von 1 bis 5 in Würfelbildanordnung in je sechs verschiedenen Farben und Motiven (Abb. 3.4)

Abb. 3.4: Mengenkarten aus *Speed*

– Tierkarten aus *Das kleine Zahlenbuch II* (vgl. Müller & Wittmann 2004) (Abb. 3.5): 24 Karten mit den Anzahlen von 1 bis 6 in vier verschiedenen Motiven und unterschiedlicher Anordnung (doppelter Kartensatz erforderlich)

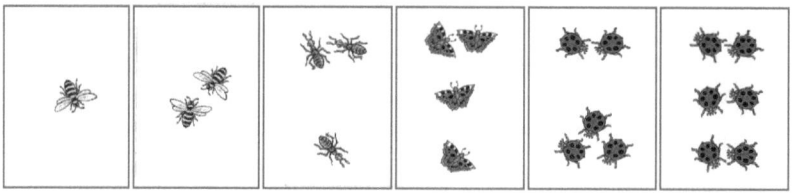

Abb. 3.5: Tierkarten aus Das Kleine Zahlenbuch II

– Zehnerfeldkarten aus *Die Matheprofis* (vgl. Schütte 2004c, d) (Abb. 3.6): 40 bis 60 Karten mit den Anzahlen von 1 bis 10 in unterschiedlicher Anordnung (Blockdarstellung: Die Punkte sind immer paarweise angeordnet, dies ermöglicht die Unterscheidung gerader und ungerader Zahlen; lineare Darstellung:

Zunächst wird eine Fünferreihe aufgefüllt, was das Nutzen der 5 als Unterstruktur der 10 ermöglicht – die *Kraft der 5*) (vgl. Krauthausen 1995, Krauthausen & Scherer 2001, 25).

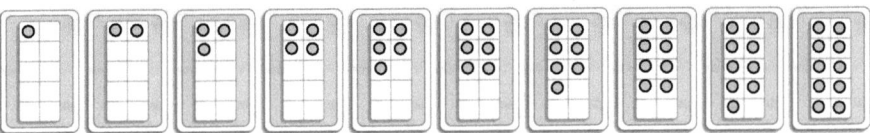

Abb. 3.6: Zehnerfeldkarten in Blockanordnung (Die Matheprofis 1)

– Zahlenkarten aus *Hol's der Geier* (Ravensburger) oder aus *Elfer raus* (Ravensburger): 75 bis 80 Karten mit den Zahlzeichen von 1 bis 15 in fünf verschiedenen Farben (vgl. Abb. 3.7) oder von 1 bis 20 in vier verschiedenen Farben

Abb. 3.7: Zahlenkarten aus *Hol's der Geier*

Die Spielregeln können wie folgt variiert werden (vgl. auch Schuler 2010a):

– Die größere Zahl gewinnt (2-4 Spieler).
– Die kleinere Zahl gewinnt (2-4 Spieler).
– Die mittlere Zahl gewinnt (3 Spieler).
– Doppelstechen: Jeder Spieler hat zwei gleich hohe Stapel mit Karten vor sich liegen. Reihum deckt jeder zwei Karten auf. Wer auf beiden Karten zusammen die meisten/die wenigsten ‚Punkte' hat, gewinnt den Stich.
– Es ist natürlich auch möglich, die Karten auf die Hand zu nehmen und Karten gezielt auszuspielen (vgl. andere Stichspiele wie z.B. Skat). Dabei spielt stets derjenige die erste Karte aus, der den Stich gewonnen hat.

### 3.3.2.2 Analyse

*Spielkriterien (S)*
Die Karten der im Handel käuflichen Kartenspiele sind ansprechend gestaltet. Die Tierkarten sind hingegen viel kleiner als normale Spielkarten und daher ist eine Vergrößerung zu empfehlen (S 1). Die Regeln sind bei allen Varianten einfach und leicht verständlich. Lediglich die Regel die mittlere Zahl gewinnt ist schwerer verständlich (S 2). Das Spiel ist in hohem Maße interaktiv. Bei jedem Stich werden Karten der Reihe nach aufgedeckt, so dass alle Kinder beteiligt sind und sich beim Stichentscheid auf die Karten der Mitspieler beziehen müssen (S 3). Es entstehen somit auch keine Wartezeiten. Die Spieldauer kann je nach Karten- und Mitspieleranzahl leicht variieren, ist aber eher kurz (S 4). Das Spiel ist durchgängig vom Zu-

fall bestimmt. Handlungs- und Entscheidungsmöglichkeiten für die Mitspieler bestehen nicht, der Spielverlauf ist also von den Mitspielern nicht zu beeinflussen (S 5). Lediglich beim Ausspielen von der Hand gibt es strategische Elemente (S 6). Beim Stichentscheid kommen Spielhandlungen und mathematische Handlungen (Mengenvergleich, Zahlvergleich) zur Deckung (S 7). Bis auf die weitgehend fehlenden strategischen Elemente wird das Spiel *Stechen* folglich allen Spielkriterien gerecht.

### Aufforderungscharakter (A)

Die Anwendung von A 1 bedarf der Analyse von Spielsituationen. Das Material Spielkarten kann zum Mischen, Verteilen und/oder Stapeln auffordern. Die Motive auf den Karten können zur Anzahlbestimmung, zum Ordnen oder Sortieren nach verschiedenen Kriterien anregen. Wenn die Regeln bei Spielen als dem Material zugehörig angesehen werden, dann fordern sie zum Mengenvergleich, möglicherweise auch zur Anzahlbestimmung auf (A 2) (vgl. dazu auch das Kriterium *Mathematisches Potenzial*).

### Engagiertheit (E)

Engagiertheit ist nur im konkreten Spielvollzug zu beobachten. Aufgrund der Analyse anhand der Kriterien S und A ist jedoch zu erwarten, dass aufgrund des einfachen Regelbestandes junge Kindern engagiert spielen. Da bis auf eine Ausnahme alle Spiele ihrem Charakter nach Zufallsspiele sind, also strategische Elemente fehlen, ist bei älteren und fortgeschritteneren Kindern möglicherweise die Engagiertheit geringer. Eine Zunahme an Komplexität kann durch Regel- oder Materialvariation erreicht werden (vgl. dazu auch das Kriterium *Mathematisches Potenzial*).

### Mathematisches Potenzial (M)

Die nachfolgende Tabelle ermöglicht es, sich einen schnellen Überblick über das mathematische Potenzial eines Spiels im Hinblick auf die Teilfähigkeiten des Zahlbegriffs zu verschaffen (M 1, vgl. Tab. 3.1). Eine Markierung (+) in der Tabelle bedeutet, dass diese mathematische Aktivität im Spiel möglich ist. Zwei Markierungen (++) kennzeichnen mathematische Aktivitäten, die den Schwerpunkt des Spiels darstellen. Bei diesen Aktivitäten entspricht die Spielhandlung der mathematischen Handlung in hohem Maße (vgl. Leuders 2008, 2).

Tab. 3.1: Mathematisches Potenzial Stechen

| Teilfähigkeiten des Zahlbegriffs | Die größere Zahl gewinnt (Speedkarten) | Die größere Zahl gewinnt (Tierkarten) | Die größere Zahl gewinnt (Ziffernkarten) |
|---|---|---|---|
| Zahlwortreihe aufsagen | + | + | + |
| Objekte abzählen | + | + | |
| Simultanes Erfassen kleiner Mengen | ++ | ++ | |
| Würfelbilder erfassen/wiedererkennen | + | + | |
| Andere Anordnungen erfassen | | + | |
| Mengen vergleichen | ++ | ++ | |
| Mengen ordnen | + | + | |
| Zahlen vergleichen | | | ++ |
| Zahlen ordnen | | | + |
| Teil-Ganzes-Beziehungen/Mengen zerlegen | + | ++ | |
| Erstes Rechnen | + | + | |
| Zuordnung Zahl-Menge | + | + | |

+: möglich     ++: Schwerpunkt des Spiels

Beim Spiel *Stechen* stellt der Mengenvergleich bzw. Zahlvergleich einen Schwerpunkt des Spiels dar. Grundsätzlich sind unter Verwendung unterschiedlicher Kartensätze (Speedkarten, Tierkarten, Ziffernkarten) und unterschiedlicher Regeln (die größere/kleinere/mittlere Zahl gewinnt, Doppelstechen) aber alle für den Erwerb eines umfassenden Zahlverständnisses zahlbezogenen mathematischen Aktivitäten möglich. Aus der Tabelle wird deutlich, dass sich durch die *Variation der Spielmaterialien* auch das mathematische Potenzial verändert, dasselbe gilt auch für die Spielregeln (in Tab. 3.1 nicht dargestellt). Durch diese Variationen ist beim Spiel *Stechen* ein Umgang auf unterschiedlichen Niveaus möglich (M 2):

Wenn mit *Speedkarten* gespielt wird, liegt der Schwerpunkt auf dem simultanen Erfassen kleiner Mengen und dem Mengenvergleich. Dabei sind beide Teilfähigkeiten in dem Sinne nicht zwingend miteinander verbunden, dass die Anzahlerfassung für den Mengenvergleich genutzt wird. Dies lässt sich damit erklären, dass der Mengenvergleich auf verschiedene Arten vorgenommen werden kann. Kinder können ungefähr wahrnehmen, wer mehr, weniger oder gleich viel hat, ohne die Anzahl genau zu bestimmen. Die Mengen können aber auch simultan erfasst, zählend bestimmt oder die Würfelbildanordnung wiedererkannt werden, um dann auf dieser

Grundlage den Vergleich vorzunehmen. Bei den *Tierkarten* liegt der Schwerpunkt außerdem auf dem Zerlegen von Mengen in Teilmengen. Sie fordern durch ihre von den Würfelbildern abweichenden Anordnungen zur Untergliederung und das Hineinsehen bereits bekannter Strukturen heraus (vgl. dazu auch Schuler 2010d, Kapitel 5.1.3). Kleine Mengen können simultan erfasst, größere auch durch Auszählen bestimmt werden. Werden Ziffernkarten verwendet, verschiebt sich der Schwerpunkt auf den Vergleich von Zahlen. Der Vergleich erfolgt damit auf einer sprachlichen und/oder symbolischen Ebene, wird aber vor dem Hintergrund ordinaler und/oder kardinaler Vorstellungen vorgenommen (Kapitel 1.5.2.2, 1.5.2.3).

Die Veränderung des mathematischen Potenzials gilt auch für die *Variation der Spielregeln. Die mittlere Zahl gewinnt* erfordert einen Mengenvergleich in beide Richtungen. Die Zahl muss nach oben und unten verglichen werden. Das ist über einen ungefähren Mengenvergleich nicht immer auf Anhieb möglich. Die Kinder sind also in einem höheren Maße zur Anzahlbestimmung durch Erfassen oder Zählen herausgefordert. Bei der Spielidee *Doppelstechen* können Kinder zu ersten materialgebundenen Rechnungen angeregt werden. Die Anzahlbestimmung zweier Mengen kann sowohl zählend (alles zählen, weiter zählen) als auch über das Zusammensehen von Mengen (Quasi-Simultanerfassung) oder durch das Auswendigwissen von Zahlensätzen erfolgen.

Neben dem Spiel *Stechen mit Speedkarten* nach der Regel *Die größere Zahl gewinnt* stellt sowohl das *Sortieren* nach Farbe, Motiv oder Anzahl als auch das *Ordnen* der Karten nach Anzahl einen niederschwelligen Zugang dar (M 3). Kinder können entsprechend ihren Fähigkeiten verschiedene Klassifikationen vornehmen. Beim Ordnen von Zahlzeichen können auch Vorgänger und Nachfolger bestimmt werden. Sowohl das Ordnen als auch das Sortieren erfordern nicht zwingend eine sichere Anzahlbestimmung oder eine sichere Farbbezeichnung. Lediglich der perzeptive Mengenvergleich und die visuelle Diskriminierung von Objekten und Farben müssen beherrscht werden.

Je nach verwendetem Kartensatz weisen die Spielmaterialien eine andere Strukturierung auf (M 4). Es kann je nach Material ein Aufbau von Würfelbildern oder von anderen Anordnungen angeregt werden. Eigenstrukturierungen können nicht vorgenommen werden. Es können aber eigene Strukturen in das Material hineingesehen werden (M 5). M 6 kann auf der bisherigen Erkenntnislage nicht angewendet werden.

### 3.3.3  Quips und Bohnenspiel

#### 3.3.3.1 Spielmaterial und Spielregeln

Sowohl *Quips* als auch das *Bohnenspiel* sind Anzahl-Legespiele, bei denen Felder einer bestimmten Farbe oder Anzahl mit Steinen belegt werden müssen. Ein oder zwei Würfel geben vor, welche Felder belegt werden dürfen.

*Quips* (Ravensburger)

– Spieler: 2 bis 4
– Material: 4 Legetafeln (Abb. 3.8), 90 Holzspielsteine in 6 Farben, 1 Farbwürfel, 1 Augenwürfel mit den Anzahlen eins bis drei

Abb. 3.8: Spielpläne aktuell (*Quips*, Ravensburger)

Jeder Spieler bekommt eine Legetafel. Es wird mit dem Augen- und dem Farbwürfel gleichzeitig gewürfelt. Die beiden Würfel bestimmen die Farbe und wie viele Steine dieser Farbe aus der Schachtel genommen werden dürfen. Diese werden in die farbgleichen Felder der eigenen Tafel gesetzt. Steine, für die kein Platz mehr frei ist, müssen zurück in die Schachtel gelegt oder können an einen anderen Spieler verschenkt werden. Es gewinnt, wer als Erster seine Tafel gefüllt hat.

Das Spiel *Quips* gibt es bereits seit den 1970er Jahren. Seither wurden die Spielpläne mehrfach verändert. Sie unterscheiden sich einerseits in den Farben, in den Anordnungen und der optischen Gliederung. Während auf den alten Plänen die Mengen meist in gängigen Strukturierungen (Würfelbild, Dreieckszahlen, Reihen, Blumenmuster) innerhalb einer farblichen Kontur abgebildet sind, sind die Anzahlen auf den neuen Plänen eher zufällig angeordnet (vgl. Abb. 3.8). Manche Figuren sind nicht als einheitliche Kontur zu erkennen (Auto und Ball, Himmel, Haus).

Die Regeln können auf verschiedene Art und Weise variiert werden (vgl. auch Schuler 2010c):

– (Übrige) Steine verschenken, wenn die Farbe auf der eigenen Tafel schon belegt ist.
– Nur mit dem Augenwürfel würfeln und die entsprechende Anzahl an Steinen blind aus einem Säckchen ziehen, nicht benötigte Steine verschenken.
– Einen zweiten Farbwürfel verwenden: Entweder die Farbe auswählen lassen (erweitert damit das mathematische Potenzial: Man muss vergleichen, bei welcher Farbe mehr Felder belegt werden können; erhöht die Wahrscheinlichkeit, insbesondere gegen Ende eine passende Farbe zu würfeln); oder beide Farben verwenden, was das Spiel beschleunigt.

Zum *Bohnenspiel* gibt es unterschiedliche Spielpläne (vgl. Abb. 3.9; vgl. Köppen 1988, 82ff., Schuler 2010b).

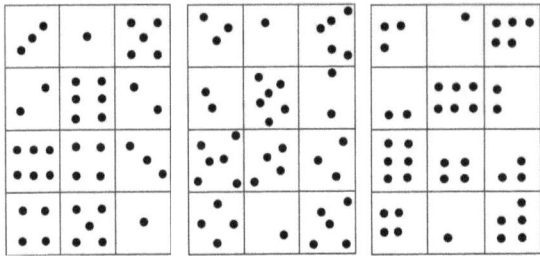

Abb. 3.9: Verschiedene Spielpläne des Bohnenspiels

Die Regeln des *Bohnenspiels* sind mit *Quips* weitgehend identisch. Es wird zu zweit mit einem Augenwürfel mit den Anzahlen 1 bis 6 und ohne Farbwürfel gespielt. Variationen des *Bohnenspiels* sind in Schuler (2010b) dargestellt.

### 3.3.3.2 Analyse

*Spielkriterien (S)*
Die Spielpläne und die Spielsteine bei *Quips* sprechen Kinder durch ihre Gestaltung und ihre Farbigkeit an. Das *Bohnenspiel* muss selbst hergestellt werden und ist dadurch möglicherweise weniger ästhetisch (S 1). Die Regeln sind relativ einfach und leicht verständlich, allerdings müssen bei *Quips* zwei Würfelergebnisse aufeinander bezogen werden (Farb- und Augenwürfel) und das Verschenken von Steinen stellt insbesondere für jüngere Kinder eine Herausforderung dar (S 2). Eine Verringerung und eine Zunahme an Komplexität kann durch Regel- oder Materialvariation erreicht werden, indem beispielsweise nur mit einem Farb- oder nur mit einem Augenwürfel gespielt wird. Das Spiel ist ohne das Verschenken wenig interaktiv. Bezüge zu den Spielzügen der Mitspieler sind nicht notwendig (S 3). Durch das mögliche Aussetzen, wenn Farben/Anzahlen bereits vollständig belegt sind, können längere Wartezeiten entstehen. Die Dauer des Spiels kann sich durch den „Leerlauf" in die Länge ziehen (S 4). Sowohl *Quips* als auch das *Bohnenspiel* sind Zufallsspiele ohne jedes strategische Element (S 5, S 6). Im Verlauf des Spiels tritt der Fall, dass keine Steine gelegt werden können, immer häufiger auf: bei *Quips*, weil bestimmte Farben bereits belegt sind, beim *Bohnenspiel*, weil bestimmte Anzahlen bereits belegt sind. Variationen der Spielregel können dazu dienen, den „Leerlauf" im Spiel zu reduzieren. Beim Steine Nehmen, Setzen und Verschenken kommen Spielhandlungen und mathematische Handlungen (Anzahlbestimmung, Mengen vergleichen und zerlegen) zur Deckung.

*Aufforderungscharakter (A)*
Die Anwendung von A 1 bedarf der Analyse von Spielsituationen. Das Material fordert zum Belegen der Pläne mit Steinen und dem Stapeln der Steine auf. Das Spiel nach Regeln fordert primär zur Anzahlbestimmung auf (A 2) (vgl. dazu auch das Kriterium *Mathematisches Potenzial*).

*Engagiertheit (E)*

Aufgrund der längeren Spieldauer, der entstehenden Wartezeiten und der fehlenden strategischen Elemente ist zu erwarten, dass Kinder aller Altersstufen weniger engagiert spielen als beim Spiel *Stechen*. Variationen zur Reduzierung des Leerlaufs und der Spieldauer sind dann besonders wichtig.

*Mathematisches Potenzial (M)*

Das mathematische Potenzial des Spiels *Quips* und des *Bohnenspiels* lässt sich in Bezug auf zentrale Teilfähigkeiten des Zahlverständnisses wie folgt bestimmen (M 1, vgl. Schuler 2010c):

Tab. 3.2: Mathematisches Potenzial von *Quips* und *Bohnenspiel*

| Teilfähigkeiten des Zahlbegriffs | Quips ohne Verschenken | Quips mit Verschenken | Bohnenspiel mit zufälligen Anordnungen |
|---|---|---|---|
| Zahlwortreihe aufsagen | + | + | + |
| Objekte abzählen | ++ | ++ | ++ |
| Simultanes Erfassen kleiner Mengen | ++ | ++ | ++ |
| Würfelbilder erfassen/Würfelbilder wiedererkennen | ++ (bis 3) | ++ (bis 3) | ++ (bis 6) |
| Andere Anordnungen erfassen | ++ | ++ | ++ |
| Mengen vergleichen | + | + | + |
| Mengen ordnen | + | + | + |
| Zahlen vergleichen | + | + | + |
| Zahlen ordnen | + | + | + |
| Teil-Ganzes-Beziehungen/Mengen zerlegen | + | ++ | ++ |
| Erstes Rechnen | + | + | + |
| Zuordnung Zahl-Menge | + | + | + |

+: möglich    ++: Schwerpunkt des Spiels

Durch die Variation der Spielmaterialien und der Spielregeln verändert sich das mathematische Potenzial. Dadurch ergibt sich auch die Möglichkeit des Umgangs auf unterschiedlichen Niveaus (M 2). Der Schwerpunkt aller in der Tabelle aufgeführten Varianten liegt auf der Anzahlbestimmung durch Zählen, durch Wiedererkennen von Würfelbildanordnungen oder durch simultanes oder auch quasisimultanes Erfassen. Anzahlen können einerseits auf dem Würfel, auf dem Spielplan und bei der Steinentnahme, andererseits beim Steinsetzen und beim Steinverschenken bestimmt werden. Durch das Verschenken und das Verwenden anderer Anordnungen kann das Zerlegen in Teilmengen angeregt werden (vgl. auch Schuler 2010d).

Bei Spielplanbetrachtungen kann das Zerlegen und Vergleichen von Mengen zum Thema werden:

– „Ich brauche (noch) mehr rote als blaue Steine."
– „Ich habe schon fünf gelbe, aber nur einen grünen."
– „Gelbe brauche ich nicht mehr, aber blaue kann ich noch zwei gebrauchen."
– „Ich hab drei grüne und ich brauche noch zwei, insgesamt sind es fünf grüne."

Ein niederschwelliger Zugang ist bei *Quips* über Varianten (entweder einen Farbwürfel oder einen Augenwürfel verwenden) möglich (M 3). Unterschiedliche Spielpläne und die Verwendung von Würfeln berücksichtigen verschiedene Strukturierungen (M 4). Eigenstrukturierungen sind nicht möglich. Es können aber eigene Strukturen in das Material hineingesehen werden (M 5). M 6 kann nicht angewendet werden.

### 3.3.4 Max Mümmelmann

#### 3.3.4.1 Spielmaterial und Spielregeln

*Max Mümmelmann* ist ein Wegespiel, bei dem eine Spielfigur auf einem einfachen Spielplan mit Hilfe eines Augenwürfels gezogen wird.

*Max Mümmelmann* (Ravensburger)

– Spieler: 2 bis 4
– Material: 1 Spielplan, 24 Hasenkarten, 1 Holzhase,
  1 Max Mümmelmann-Karte (Joker), 1 Würfel mit den Augen von 1 bis 6
  Ziel des Spiels ist es, eine komplette Hasenfamilie (1 bis 6) zu sammeln. Wer als Erster Hasenvater, Hasenmutter und vier Hasenkinder beisammen hat, gewinnt das Spiel.

Abb. 3.10: Hasenfamilie mit Zahlzeichen und Punkten in entsprechender Anzahl, Max-Mümmelmann-Karte

Der Spielplan wird aufgebaut und der Holzhase auf das Feld mit dem roten Punkt gesetzt. Aus den Karten wird Max Mümmelmann herausgesucht und beiseite gelegt. Die anderen 24 Hasenkarten werden gemischt und verdeckt rund um den

Spielplan gelegt, so dass neben jedem Spielfeld ein Stapel mit je drei Karten liegt. Die Max-Mümmelmann-Karte kommt verdeckt auf einen der acht Kartenstapel.

Es beginnt der Spieler mit den kleinsten Ohren: Würfeln – Holzhase mit dem oder gegen den Uhrzeigersinn ziehen – eine Karte nehmen. Besitzt man die gezogene Karte noch nicht, so legt man sie offen vor sich ab. Hat man bereits eine Karte mit derselben Zahl, so wird sie verdeckt unter den Stapel zurückgeschoben. Wird Max Mümmelmann gezogen, so darf man sich von einem beliebigen Mitspieler eine Karte nehmen, die einem noch fehlt. Anschließend wird Max Mümmelmann wieder verdeckt auf irgendeinen Kartenstapel gelegt.

Das Spiel kann beispielsweise für jüngere Kinder verkürzt werden, indem nur mit den Hasenkarten von 1 bis 4 gespielt wird. Es können auch beliebige Hasen gesammelt werden (ohne Zurücklegen). Wer dann am Ende die meisten Hasenkarten hat, hat gewonnen.

## 3.3.4.2 Analyse

*Spielkriterien (S), Aufforderungscharakter (A), Engagiertheit (E)*
Die Spielkarten, der Spielplan und die Spielfigur von *Max Mümmelmann* sind ansprechend gestaltet (S 1). Die Regeln sind relativ komplex und stellen für junge Kinder eine Herausforderung dar. Eine Verringerung der Komplexität kann durch Regelvariation erreicht werden (S 2). Das Maß an Interaktivität ist im Vergleich mit den beiden anderen Spielen auf mittlerem Niveau anzusetzen. Sie besteht im Wesentlichen in der Funktion der Max-Mümmelmann-Karte (Karten bei einem Mitspieler „klauen") (S 3). Durch die Möglichkeit rechts und links herum zu ziehen, tritt der Fall, dass keine Karte gezogen werden kann, relativ selten auf. Es entstehen somit keine längeren Wartezeiten. Diese variieren – je nach Mitspielerzahl – leicht. Die Spieldauer kann variieren (S 4). Das Spiel bietet im Unterschied zu den vorherigen neben Zufallselementen auch strategische Elemente (S 5, S 6). Diese bestehen in der Änderung der Zugrichtung aber auch im gezielten Ansteuern der Max-Mümmelmann-Karte. Dabei ist das Ziehen in beide Richtungen ein zentrales Element. Mit Ausnahme der Augenzahl 4 können so je zwei Felder auf dem Spielplan angesteuert werden. Folglich bietet dieses Spiel insbesondere für ältere Kinder zahlreiche Herausforderungen (E). Die Spielkarten fordern zum Benennen der Zahlzeichen und zum Ordnen der Karten nach Zahlzeichen auf (A 2).

*Mathematisches Potenzial (M)*
Das mathematische Potenzial des Spiels *Max Mümmelmann* lässt sich in Bezug auf zentrale Teilfähigkeiten des Zahlverständnisses wie folgt bestimmen (M 1, vgl. Tab. 3.3):

Tab. 3.3: Mathematisches Potenzial von *Max Mümmelmann*

| Teilfähigkeiten des Zahlbegriffs | Max Mümmelmann |
|---|:---:|
| Zahlwortreihe aufsagen | ++ |
| Objekte abzählen | + |
| Simultanes Erfassen kleiner Mengen | + |
| Würfelbilder erfassen/Würfelbilder wiedererkennen | ++ (bis 6) |
| Andere Anordnungen erfassen | |
| Mengen vergleichen | + |
| Mengen ordnen | + |
| Zahlen vergleichen | + |
| Zahlen ordnen | ++ |
| Teil-Ganzes-Beziehungen/Mengen zerlegen | + |
| Erstes Rechnen | + |
| Zuordnung Zahl-Menge | + |

+: möglich     ++: Schwerpunkt des Spiels

Das mathematische Potenzial des Spiels *Max Mümmelmann* ist breit gestreut. Betrachtet man nur die Spielhandlungen, so liegt der Schwerpunkt auf dem Erfassen bzw. Wiedererkennen von Würfelbildern, der Eins-zu-Eins-Zuordnung von Zahlwort und Spielfeld, dem Aufsagen der Zahlwortreihe beim Setzen des Spielsteins (evtl. wird auch in Schritten gezählt), der visuellen Differenzierung von Zahlzeichen (Welche Karten habe ich schon? Welche brauche ich noch?) sowie der Seriation von Zahlzeichen (geordnetes Auslegen der Karten). Das simultane Erfassen spielt beim Setzen des Spielsteins eine Rolle. Der Holzhase kann einerseits über das Zählen gezogen werden oder in einem Zug auf das entsprechende Feld gesetzt werden. Das Wissen um „Komplementärzahlen" (Zerlegungen der 8 in 1 und 7, 2 und 6, 3 und 5, 4 und 4) kann darüber hinaus zum schnellen Setzen des Spielsteins herangezogen oder im Laufe der Zeit erkundet werden.

Ein niederschwelliger Zugang ohne die Kenntnis von Zahlzeichen ist möglich, ein sicheres Aufsagen der Zahlwortreihe und die Eins-zu-Eins-Zuordnung von Zahlwort und Spielfeld hingegen sind für das Setzen des Spielsteins eine wichtige Voraussetzung (M 3). Verschiedene Strukturierungen spielen eine untergeordnete Rolle (M 4). Eigenstrukturierungen können nicht vorgenommen werden. M 6 kann nicht angewendet werden.

## 3.4 Ergebnisse: Kriterienkatalog zur Analyse und Bewertung von Materialien und Spielen zum Erwerb des Zahlbegriffs

Es werden drei Ansätze früher mathematischer Bildung unterschieden (K). Anhand der Beschreibung dieser Ansätze (Kapitel 3.1) können Materialien entsprechend zugeordnet und bezüglich ihrer konzeptionellen Passung bewertet werden: Organisationsform, Zielgruppe, inhaltliche Ziele, verwendete Materialien. Die Bestimmung des mathematischen Potenzials im Hinblick auf die Teilfähigkeiten des Zahlbegriffs (M1) erlaubt eine Bewertung der Materialien in Bezug auf die in Kapitel 1.6 formulierten Ziele frühkindlicher mathematischer Bildung. Die konzeptionelle Einordnung und das mathematische Potenzial zum Erwerb des Zahlbegriffs stellen jedoch nur einen Minimalkatalog dar, der bei der Auswahl der Materialien und Spiele zu Beginn des Forschungsvorhabens leitend war. Am Ende stellt sich der Kriterienkatalog umfassender und differenzierter dar. Dies ist der zirkulären Vorgehensweise (Kapitel 0.2) geschuldet, die eine theoretische Anreicherung des Katalogs auf der Basis empirischer Daten bewirkt.

Der folgende Kriterienkatalog kann zur Analyse und Bewertung von Materialien für die frühe mathematische Bildung im Allgemeinen herangezogen werden (Kriterien K, O, B, A, E). Für Materialien und Spiele zum Erwerb des Zahlbegriffs ist darüber hinaus eine differenziertere Analyse mittels der Kriterien zum Mathematischen Potenzial (M) und den Spielkriterien (S) möglich. Die Analyse anhand des Kriterienkatalogs ist insofern umfassender Natur, als neben dem mathematischen Potenzial die Besonderheiten des Lernorts Kindergarten berücksichtigt werden: konzeptionelle Einordnung, Arbeits- und Organisationsformen, der Bezug zu anderen Bildungsbereichen, Aufforderungscharakter sowie Engagiertheit als Qualitätsmerkmal für Bildungs- bzw. Lernprozesse. Während sich die Fragen nach der konzeptionellen Einordnung (K) und nach dem Bezug zu Arbeits- und Organisationsformen (O) vorab auf einer theoretischen Ebene durchgängig beantworten lassen, gilt dies für den Bezug zu anderen Bildungsbereichen (B), für das mathematische Potenzial (M) sowie für die Spielkriterien (S) nur teilweise und für den Aufforderungscharakter (A) stark eingeschränkt. Das Kriterium der Engagiertheit (E) kann nur in der Spielsituation angewendet werden. Es lassen sich folglich *materialinhärente* von *situationsabhängigen Kriterien* unterscheiden.

Die folgenden Kriterien sind primär materialinhärent:

Einordnung auf konzeptioneller Ebene zu einem Ansatz früher mathematischer Bildung (K)

K 1   Lehrgang oder (Förder-)Programm

K 2   Integrierter Ansatz

K 3   Punktuell einsetzbares Material

Bezug zu Arbeits- und Organisationsformen (O)

O 1 Ist ein Einsatz in *altersgemischten Gruppen* vorgesehen bzw. möglich oder sind *altershomogene Gruppen* erforderlich bzw. vorgesehen?

O 2 Ist ein Einsatz in kleinen, mittleren, großen *Gruppen* vorgesehen oder ist eine *Einzel- bzw. Paarsituation* notwendig oder empfohlen?

O 3 Kann die Materialauseinandersetzung im *normalen Gruppenalltag* stattfinden?

Die folgenden Kriterien sind sowohl materialinhärent als auch situationsabhängig:

Bezug zu anderen Bildungsbereichen (B)

B Können Kinder in der Materialauseinandersetzung Erfahrungen in *anderen Bildungsbereichen* machen?

Spielkriterien (S)

S 1 Sind die Spielmaterialien ansprechend gestaltet?

S 2 Ist der Regelbestand einfach und leicht verständlich?

S 3 Erfordert der Regelbestand das Eingehen auf die Mitspieler (Interaktivität)?

S 4 Sind die Spieldauer und die Wartezeiten kurz (Spielfluss)?

S 5 Gibt es Handlungs- und Entscheidungsmöglichkeiten durch strategische Elemente?

S 6 Ist der Spielverlauf durch Zufallselemente abwechslungsreich?

S 7 Decken sich Spielhandlungen und mathematische Handlungen?

Mathematisches Potenzial (M)

M 1 Welche Teilfähigkeiten des Zahlbegriffs können mit diesem Material angeregt werden?

– Zahlwortreihe aufsagen
– Objekte abzählen
– Simultanes Erfassen kleiner Mengen
– Würfelbilder erfassen/wiedererkennen
– Andere Anordnungen erfassen
– Mengen vergleichen
– Mengen ordnen
– Zahlen vergleichen
– Zahlen ordnen
– Teil-Ganzes-Beziehungen/Mengen zerlegen
– Erstes Rechnen
– Zuordnung Zahl-Menge

M 2 Bietet das Material Möglichkeiten der Bearbeitung auf *verschiedenen Niveaus*? Welche Variationsmöglichkeiten in Bezug auf Material und Regeln gibt es bei Spielen?

M 3   Ist ein *niederschwelliger Zugang* möglich (z.B. über das Zählen oder die simultane Anzahlerfassung ohne Kenntnis der Zahlzeichen)?

M 4   Weisen die Materialien (Arbeitsmittel) eine Strukturierung auf (z. B. Würfelbilder, Kraft der Fünf, andere Anordnungen), die neben dem Zählen eine simultane und quasi-simultane Anzahlerfassung unterstützt und Zahlbeziehungen sichtbar werden lässt?

M 5   Lässt das Material *Eigenstrukturierungen* zu und/oder begünstigt es diese?

M 6   Können in der Materialauseinandersetzung *weitere*, insbesondere auch *allgemeine mathematische Aktivitäten* angeregt werden?

Die folgenden Kriterien sind primär situationsabhängig:

Aufforderungscharakter (A)

A 1   Fordert das Material die Kinder zu einer Auseinandersetzung auf?

A 2   Zu welchen (mathematischen) Handlungen fordert das Material auf?

Engagiertheit (E)

E     Zeigt das Kind *Engagiertheit* in der Auseinandersetzung mit dem Material?

Sowohl materialinhärente Kriterien als auch situationsabhängige Kriterien, aber vornehmlich letztere, bedürfen der empirischen Präzisierung. Dies erfordert die Analyse von Spielsituationen. Ein Zusammenspiel materialinhärenter und situationsabhängiger Kriterien erlaubt eine differenzierte Analyse und Bewertung von Materialien sowie von Spielen im Besonderen.

# 4 Spielsituationen im Kindergarten erforschen

Spiele als eine Form von Materialien sind eine wichtige Bestimmungsgröße von Spielsituationen im Kindergarten (vgl. Abb. 2.4). Durch die Analyse von Spielen konnte ein Kriterienkatalog entwickelt werden, der sowohl materialinhärente als auch situationsabhängige Kriterien umfasst (Kapitel 3). Vor dem Hintergrund der Diskussion um die Qualität der verbalen Interaktion und der Lernbegleitung durch die Erzieherin ist stets mitzudenken, dass für geeignet befundene Materialien nicht per se für eine qualitativ hochwertige mathematische Bildung stehen (vgl. Kapitel 2.5).

> „Programme sind selten ‚teacher proof‘, also lehrer- oder erzieherinnensicher. Ihre Effekte hängen immer auch von der Persönlichkeit und den interaktiven Qualitäten der Erzieherin ab." (Dollase 2006, 10)

Um Aufschluss über Bedingungen in Bezug auf die anderen Bestimmungsgrößen (Mitspieler, Erzieherin und die Spielsituation als Ganzes, vgl. Abb. 2.4) und ihre Zusammenhänge zu erlangen, bedarf es daher nicht nur einer Analyse von Spielen, sondern auch von Spielsituationen mit eben diesen Spielen. Die Erforschung von Spielsituationen mit jungen Kindern stellt eine Herausforderung für die Datenerhebung, die Datenaufbereitung und die Datenanalyse dar. Spielsituationen im Kindergarten sind komplex. Nonverbale Elemente, insbesondere die Handlungen an und mit den Spielmaterialien, aber auch Mimik und Gestik sind für das Verständnis genauso wesentlich wie verbale Äußerungen. Es müssen also auch nonverbale Daten erfasst, aufbereitet und analysiert werden. Diese methodischen Entscheidungen gilt es offen zu legen und zu begründen.

Im Folgenden ist daher danach zu fragen, auf welcher *methodologischen und methodischen Grundlage* Spielsituationen erforscht werden können. Methodologische Überlegungen befassen sich mit der Frage nach der Gegenstandsangemessenheit methodischer Entscheidungen. Sie sind methodischen Entscheidungen übergeordnet, fußen aber ihrerseits auf dem Erkenntnisinteresse, also dem Anliegen des Forschungsvorhabens. Es soll einerseits begründet (Methodologie) und andererseits dargestellt (Methoden) werden, wie Bedingungen für die Entstehung mathematischer Lerngelegenheiten (Theoriebildung) gewonnen werden können.

Es wird daher zunächst darauf eingegangen, wie Theoriebildung, als einer wissenschaftstheoretischen Frage, überhaupt gelingen kann (Kapitel 4.1). Danach wird auf die Methodologie der Grounded Theory, als *einer* Methodologie empirisch begründeter Theoriebildung[15], genauer eingegangen (Kapitel 4.2). Sie ist nicht nur die zentrale methodologische Grundlage der empirischen Studie, sondern der gesamten Arbeit, da sie das Verhältnis von Theorie und Empirie entsprechend dem eigenen Vorhaben als zirkulär fasst. Anschließend werden die methodischen Entscheidungen für die Erforschung von Spielsituationen – Datenerhebung, Datenaufbereitung,

---

15 Weitere Methodologien empirisch begründeter Theoriebildung sind z.B. die Objektive Hermeneutik (vgl. Oevermann u.a. 1979), die Dokumentarische Methode (vgl. Bohnsack 2007) oder die Idealtypenbildung (vgl. Gerhardt 2001, Kelle & Kluge 2010).

Datenanalyse – begründet und die methodischen Verfahren sowohl grundsätzlich als auch am Beispiel dargestellt und veranschaulicht. Die Datenerhebung erfolgt durch Beobachtung mit Hilfe von Videotechnik (Kapitel 4.3), die Datenaufbereitung durch eine Kombination verschiedener Verfahren der Videographie (Kapitel 4.4)[16]. Für die Datenanalyse werden sowohl Verfahren der Videographie als auch der Grounded-Theory-Methodologie herangezogen (Kapitel 4.5, vgl. zur Datenanalyse auch Kapitel 5). Abschließend wird eine dem Gegenstand angemessen Methode zur Erforschung von Spielsituationen mit jungen Kindern zusammenfassend dargestellt (Kapitel 4.6).

## 4.1 Grundlegende methodologische Überlegungen

> „Wissenschaftliche Entdeckungen nehmen ihren Ausgang von der Wahrnehmung empirischer Phänomene, die im Widerspruch zu bislang akzeptierten Theorien stehen" (Kelle 1994, 143).

Diese Aussage ist über alle erkenntnistheoretischen Ansätze hinweg weitgehend konsensfähig. Die Frage allerdings, ob und wie man von den empirischen Phänomenen zu wissenschaftlichen Entdeckungen kommen kann, wird verschieden beantwortet und wirft jeweils unterschiedliche Probleme auf.

Es gibt grundsätzlich drei Forschungslogiken, die zur Theoriebildung herangezogen werden können: die induktive (Kapitel 4.1.1), die deduktive (Kapitel 4.1.2) und die abduktive (Kapitel 4.1.3). Nach Kelle (1994) ist für die Gewinnung neuer Erkenntnisse nur die abduktive Forschungslogik zielführend. Dies soll im Folgenden kurz begründet werden.

### 4.1.1 Die induktive Forschungslogik

Der klassische Induktivismus versucht neue Erkenntnisse zu gewinnen, indem von Einzelaussagen auf allgemeine Gesetzmäßigkeiten geschlossen wird. Gegen diese Vorgehensweise gibt es zwei entscheidende erkenntnistheoretische Einwände. Als erster Einwand wird angeführt, dass der Schluss von Einzelaussagen auf allgemeine Gesetzmäßigkeiten nur gelingen kann, „wenn alle unter die allgemeine Gesetzmäßigkeit fallenden Einzelfälle bekannt sind" (Kelle 1994, 116). Wenn jedoch alle Einzelfälle bekannt sind, dann wird „der Sinn empirischer Wissenschaften, Prognosen zu ermöglichen" (Kelle 1994, 116), verfehlt. Sind nicht alle Einzelfälle bekannt, sind die gewonnenen Sätze nie logisch zwingend wahr, sondern haben stets hypothetischen Charakter. Der zweite Einwand bezieht sich auf die Theorieabhängigkeit der Beobachtung. Jede Beobachtung ist vom Vorwissen abhängig (vgl. Kelle 1994, 122ff.). Beobachtungen sind folglich revidierbar, „wenn die Phänomene im Licht neuer theoretischer Konzepte gesehen werden" (Kelle 1994, 124). Dies bedeutet in der Konsequenz, dass Theorien niemals induktiv, also ohne die Verwendung theoretischen Vorwissens, generiert werden können, da die Sammlung

---

16  vgl. zur Aufbereitung von Videodaten auch Schuler (2013, i.Vorb.)

und Interpretation von Daten stets vor dem Hintergrund dieses Vorwissens stattfindet. Das Induktionsproblem tritt aber nicht nur in theoriefindenden Methodologien wie beispielsweise der Grounded-Theory-Methodologie von Glaser und Strauss (1967) auf.

> „Eine hypothetiko-deduktive Forschungsmethodologie erfordert ebenfalls [...] einen induktiven Schluß von einer begrenzten Menge von Fällen auf das Vorliegen einer allgemeingültigen Regel." (Kelle 1994, 127f.)

Es stellt sich vielmehr als grundlegendes Problem jeder empirischen Forschung dar.[17] Es kann nur gelöst werden, indem man eine fallibilistische und pragmatische Grundhaltung einnimmt.

> „[N]ur der Verzicht auf den Anspruch, auf induktivem Wege letztgültige Wahrheiten zu finden und die Einsicht, daß *alle* theoretischen Aussagen, seien sie empirisch vielfach bestätigt, letztlich fehlbar sein können, vermeidet die Aporien des Induktionsprinzips." (Kelle 1994, 128; vgl. auch Popper 1977, 120ff.)

Sichere Erkenntnis kann es demnach nicht geben.

## 4.1.2 Die deduktive Forschungslogik

Eine deduktive Theoriebildung umfasst in ihrer traditionellen Form folgende Phasen: Hypothesenformulierung, Operationalisierung, empirischer Test. „Hypothesenkonstruktion und Theoriebildung finden vor der Feldphase am Schreibtisch statt" (Kelle 1994, 133). Laut Roth (1987, zitiert nach Kelle 1994, 133) erfordern sie „vor allem theoretische Phantasie, die Fähigkeit zu kühnen Spekulationen". Auch für Popper (1977, 113) ist der Prozess der Hypothesenformulierung ein kreativer Akt: Es gibt keine „logische, rational nachkonstruierbare Methode, etwas Neues zu entdecken". In der deduktiven Forschungslogik wird somit nicht der Theorieentwurf logisch überprüft, sondern dessen Konsequenzen werden einer empirischen Überprüfung unterzogen (vgl. Reichertz 2003, 11f.).

Das erkenntnistheoretische Problem des deduktiven Modells besteht folglich darin, dass sich die Hypothesengenerierung letztendlich nicht als deduktiver Schluss rekonstruieren lässt und durch die Vertreter auch nicht so beschrieben wird.

> „Unsere Auffassung, daß es eine logische, rational nachkonstruierbare Methode, etwas Neues zu entdecken, nicht gibt, pflegt man oft dadurch auszudrücken, daß man sagt, jede Entdeckung enthalte ein ‚irrationales Moment', sei eine ‚schöpferische Intuition.'" (Popper 1977, 113)

Die Hypothesengenerierung befindet sich außerhalb der Forschungslogik im Bereich kreativer und imaginativer Intuition. Das bedeutet in der Konsequenz, dass durch deduktives Schließen keine neuen Erkenntnisse gewonnen werden können, sondern nur bereits bestehende Erkenntnisse empirisch überprüft werden.

---

17  Dass das Induktionsproblem ein nicht zu lösendes Grundsatzproblem jeder wissenschaftlichen Erkenntnis ist, hat erstmals David Hume erkannt (vgl. Hume 1758/2003, 200).

### 4.1.3 Die abduktive Forschungslogik

Das Problem, dass weder induktive noch deduktive Schlussfolgerungen substantiell neue respektive gehaltserweiternde Hypothesen hervorbringen können, soll mit der Formulierung einer dritten Schlussregel gelöst werden (vgl. Kelle 1994, 143). Diese dritte Schlussregel, die sogenannte Abduktion, geht auf Peirce (1978) zurück. Beim abduktiven Schließen werden neue Regeln als Hypothesen formuliert, die beobachtete überraschende Tatsachen möglicherweise erklären können.

> „The surprising fact C is observed.
> But if A were true, C could be a matter of course.
> Hence there is a reason to suspect that A is true." (Peirce 1978 zitiert nach Kelle 1994, 148)

Abduktives Schließen besteht folglich nicht darin, dass bereits bestehende Regeln oder Konzepte angewendet werden, sondern dass neue Regeln, neue Konzepte entdeckt werden. Diese dienen der Erklärung überraschender Phänomene (vgl. Reichertz 2003, 62). Abduktive Schlüsse sind

> „eine intuitiv-produktive Denkleistung, die ein Erklärungs-Modell oder bisher chaotisch erscheinende Falleigenschaften neu strukturiert. So kann aus der z.T. bewussten und z.T. intuitiven Abwägung einer Vielzahl von möglichen hypothetischen Beziehungen ein plötzliches ‚Erkennen‘ von Zusammenhängen, ein Gedankengang entstehen, der überzeugender als die bisherigen erscheint, dessen Einfall jedoch ohne vorherige intensive Auseinandersetzung mit dem Material (und bisweilen starke Ohnmachtsgefühle) nicht zustande kommen kann." (Hülst 2010, 293)

Die Frage ist nun, wie die Forscherin angesichts der Fülle möglicher Hypothesen nach wenigen Abduktionen zu einer „brauchbaren Hypothese" (Kelle 1994, 149) gelangt. Das abduktive Schließen ist zwar originell, aber nicht zufällig. Es ist durch das zu erklärende Phänomen begrenzt, und es geschieht stets vor dem Hintergrund des bisherigen Wissens der Forscherin bzw. des Forschers.

> „Die Fähigkeit, gute abduktive Schlussfolgerungen zu formulieren, hängt also einerseits von dem bisherigen Wissen der Untersucherin ab. Ihr theoretisches und sonstiges Vorwissen erlauben es ihr einerseits, eine Anomalie überhaupt als solche wahrzunehmen, und dient andererseits als Material für die Formulierung neuer Hypothesen. Weiterhin ist für die Formulierung von abduktiven Schlüssen Offenheit und ein Verzicht auf dogmatisches Beharrungsvermögen erforderlich. Die Untersucherin muss in der Lage sein, ihr gesamtes bisheriges Wissen zu hinterfragen. Erforderlich hierzu ist entweder starker Handlungsdruck oder aber Muße und die Fähigkeit zum zweckfreien Spiel. Dieses Spiel ist zwanglos – je größer die Bereitschaft ist, alte Gewissheiten kritisch zu hinterfragen und kühne Annahmen zu machen, desto größer wird auch der Erfolg bei der Formulierung abduktiver Schlussfolgerungen sein. Dennoch findet dieses Spiel nicht im leeren Raum statt, und seine Ergebnisse sind nicht nur Spekulationen, denn das Spielmaterial wird gebildet durch empirische Daten und theoretische Wissensbestände, die der Spieler zu neuen sinnvollen Mustern zusammenfügt." (Kelle & Kluge 2010, 26f.)

Abduktiv gewonnene Hypothesen sind *„nicht wahrer oder wahrscheinlicher* als andere Vermutungen. Erst die empirische Überprüfung kann die abduktive Hypothese weiter erhärten und festigen, so dass sie schließlich zu akzeptiertem Wissen wird" (Kelle 1994, 152f.). „Die Abduktion legt uns auf nichts fest. Sie bringt uns lediglich dazu, eine Hypothese zur Prüfung vorzumerken" (Peirce 1988 zitiert nach Reichertz 2003, 69). Letztendlich muss aber jede als gesichert geltende Erkenntnis aufgrund empirischer Gegenevidenz aufgegeben werden (Falsifizierbarkeit).

> „Die zentralen Kriterien für die Aufstellung brauchbarer Hypothesen sind demnach deren *empirischer Gehalt* bzw. *Falsifizierbarkeitsgrad*, ihre *unabhängige Prüfbarkeit* und *Einfachheit*." (Kelle 1994, 153, Hervorhebung im Original)

Die theoretischen Vorkenntnisse und Wissensbestände der Forscherin ermöglichen ihr aber nicht nur das Erklären überraschender Phänomene durch rational begründete und eben nicht spekulativ zufällige Hypothesen, sondern auch das Verstehen empirischer Phänomene, indem sie unter bereits vorhandene theoretische Konzepte subsumiert werden (vgl. Kelle 1994, 152). Das Subsumieren unter vorhandene Konzepte stellt im Unterschied zum abduktiven Schließen keine Theoriekonstruktion dar. Allerdings stellt das Subsumieren den Normalfall und abduktives Schließen sowohl im Alltag als auch im Forschungsprozess eher die Ausnahme dar.

> „Nur manchmal muss man die Abduktion bemühen, wenn man interpretieren will, […] aber meist sind Lesen, Interpretieren, Rätsel lösen und auch Handeln durchaus Tätigkeiten, bei denen man auf bewährte Regeln zurückgreift und diese nur anwendet." (Reichertz 2003, 63)

Die vorliegende Arbeit nimmt nicht für sich in Anspruch, nur abduktive Schlüsse zu ziehen. Dies ist nach Reichertz (2003) höchst anspruchsvoll und in vielen Fällen auch nicht notwendig, da manche Phänomene mit bekannten Regeln erklärt werden können. Da der Untersuchungsgegenstand jedoch noch wenig erforscht ist, ist davon auszugehen, dass nicht alle zu beobachtenden Phänomene mittels bekannter Regeln zu erklären sind, sondern Unerwartetes und Überraschendes neuer Regeln und Konzepte bedarf.

## 4.2   Die Grounded-Theory-Methodologie

Die Methodologie der Grounded Theory als *einer* Form empirisch begründeter Theoriebildung bewegt sich, wenn auch nicht explizit, innerhalb der abduktiven Forschungslogik.

> „Mit ‚Grounded Theory' wird ein Forschungskonzept bezeichnet, in dessen Zentrum die Ausdeutung von vorliegendem oder während seiner Anwendung nach bestimmten Richtlinien eigens empirisch erhobenem Material steht, mit dem Ziel, Theorien über die soziale Wirklichkeit zu entwickeln, die den Kontakt zur Datenbasis nicht verlieren und die einen sozialen Sachverhalt unter Bezug auf seine Bedingungen (die Aktionen und Interaktionen, durch die er konstituiert wird) und die aus ihm sich ergebenden Konsequenzen verständlich machen können." (Hülst 2010, 281)

Innerhalb der Methodologie der Grounded Theory lassen sich zwei Spielarten unterscheiden. Eine geht zurück auf Glaser und Strauss (1967) und wird heute durch Barney Glaser vertreten. Die andere wird durch Anselm Strauss und Juliet Corbin verkörpert (vgl. zum Konflikt zwischen Glaser und Strauss auch Strübing 2008, 65ff.).

Während Glaser und Strauss (1967) ein radikal induktivistisches Konzept bei der Theoriebildung postulieren – zentrale theoretische Aussagen *emergieren* in einem induktiven Prozess mit der Methode des permanenten Vergleichs aus dem Datenmaterial – spricht Kelle (1994, 341) von einem „induktivistischen Selbstmissverständnis". So entwickeln Glaser und Strauss (1974) in ihrer Studie zur Interaktion mit Sterbenden zentrale theoretische Konzepte bereits vor der Feldphase (vgl. Kelle 1994, 341).

Strauss und Corbin (1990, 41ff.) wandeln die anfangs streng induktive Vorgehensweise – wenn auch nicht explizit – zum abduktiven Konzept, indem sie die Bedeutung ihres eigenen theoretischen Vorwissens und damit den heuristischen Charakter der Theoriegenerierung betonen (vgl. Strauss & Corbin 1996, 89f.). Die umfangreiche Kenntnis von Literatur wird als eine wichtige Voraussetzung für die theoretische Sensibilität – „die Fähigkeit des Forschers, theoretisch relevante Ereignisse und Zusammenhänge im Datenmaterial zu entdecken" (Kelle 1994, 341) – angesehen.

> „Dies bedeutet auch, dass in engen Grenzen bereits vorhandene theoretische Konzepte mittlerer Reichweite bei der empirisch fundierten Theoriebildung eingesetzt werden können" (Kelle 1994, 345).

Die aus den Daten entwickelte Theorie ist stets vor dem Hintergrund des theoretischen Vorwissens zu sehen und hat damit hypothetischen Charakter.

> „Die Betonung des *hypothetischen Charakters* [Hervorhebung im Original] der aus dem Datenmaterial entwickelten Kategorien und theoretischen Aussagen kann als der grundlegende Unterschied zwischen einem abduktiven und einem induktivistischen Modell des Forschungsprozesses betrachtet werden" (Kelle 1994, 347).

Eine gegenstandsbegründete Theorie ist eine Theorie *mittlerer* oder *begrenzter Reichweite* (vgl. Strauss & Corbin 1996, vgl. auch Kelle 1994, 286). Theorien begrenzter Reichweite verstehen sich im Unterschied zu formalen Theorien als bereichsbezogene Theorien:

> „[B]ereichsbezogene Theorien [entstehen] durch die Untersuchung von Phänomenen, die *in einem bestimmten situationalen Kontext* [Hervorhebung im Original] angesiedelt sind. Eine formale Theorie entsteht andererseits durch die Untersuchung eines Phänomens, das unter vielen verschiedenen Situationstypen erforscht wurde. [...] Der Fehler, der manchmal von Forschern begangen wird, besteht darin, dass sie denken, sie könnten die Lücke von einer bereichsbezogenen zu einer formalen Theorie schließen, indem sie vom untersuchten Phänomen in nur einer Situation auf verschiedenen Situationstypen verallgemeinern. [...] Kurz gesagt, es ist nicht die Bedingungsebene, die den Unterschied zwischen bereichsbezogenen und formalen

Theorien ausmacht, sondern die Vielfalt der untersuchten Situationen." (Strauss & Corbin 1996, 146f.)

Gegenstandsbegründete Theorien können daher je nach der Vielfalt der untersuchten Situationen eine unterschiedliche Reichweite aufweisen. Aber auch bereichsbezogene Theorien mit einer geringeren Reichweite zeichnen sich durch Aussagen über Bedingungen des untersuchten Phänomens aus. Die Reichweite dieser Bedingungen wird durch Kontrastierung verschiedener Situationen ausgedehnt bzw. durch den kontrastierenden Vergleich bestimmt. In den Daten gegründete Theorien sind konzeptuell dichte Theorien, die viele Aspekte des untersuchten Gegenstandes bzw. Phänomens erklären.

Grundlegend für die Entwicklung einer gegenstandsbegründeten Theorie sind drei Aspekte:

> „Wenn ich nun sagen sollte, was zentral ist, würde ich drei Punkte hervorheben: Erstens die Art des Kodierens. Das Kodieren ist theoretisch, es dient also nicht bloß der Klassifikation oder Beschreibung der Phänomene. Es werden theoretische Konzepte gebildet, die einen Erklärungswert für die untersuchten Phänomene besitzen. Das Zweite ist das theoretische Sampling [... d.h.], dass es darauf ankommt, schon nach dem ersten Interview mit der Auswertung zu beginnen, Memos zu schreiben und Hypothesen zu formulieren, die dann die Auswahl der nächsten Interviewpartner nahe legen. Und das Dritte sind die Vergleiche, die zwischen den Phänomenen und Kontexten gezogen werden und aus denen erst die theoretischen Konzepte erwachsen." (vgl. Strauss 2011, 74)

Die drei Aspekte können folgendermaßen zusammengefasst werden:

– Die Analyse des Datenmaterials durch *theoretisches Kodieren*,
– die systematische Theorieentwicklung durch *permanentes Vergleichen* und
– die Erhebung neuer Daten und die Auswahl von Daten für die Datenaufbereitung und die Datenanalyse gemäß dem *theoretischen Sampling*.

Während sich das theoretische Kodieren und das permanente Vergleichen auf die Datenanalyse beziehen, wirkt sich das theoretische Sampling insbesondere auf die Datenerhebung aus. Alle drei Aspekte werden nun nacheinander ausführlicher dargestellt.

*Theoretisches Kodieren* umfasst drei Techniken: das offene, das axiale und das selektive Kodieren. Es dient nicht nur der Klassifikation oder Beschreibung der Phänomene, sondern die entwickelten theoretischen Konzepte sollen die untersuchten Phänomene erklären.

Beim *offenen Kodieren* geht es um das ‚Aufbrechen' und die Neustrukturierung der Daten durch das Entdecken und Füllen von Kategorien.

Das *Axiale Kodieren* umfasst die Anordnung der Kategorien nach Haupt- und Subkategorien und das Herstellen von Zusammenhängen zwischen ihnen.

> „Nach dem axialen Kodieren [...] sollte die Strukturierung des Forschungsgegenstandes soweit gediehen sein, dass man einen Überblick über typische Bedingungen

verbunden mit typischen Handlungen innerhalb dieser Bedingungen hat" (Willmann & Hüper 2004, 132).

Das *selektive Kodieren* beinhaltet die Auswahl einer Kernkategorie und die Anordnung und Weiterentwicklung aller anderen Kategorien in Beziehung zu dieser Kernkategorie. Bei diesem – in der Regel – letzten Schritt erfolgt die eigentliche Theoriebildung. Es ist aber zu betonen, dass die drei Arten des Kodierens nicht zwingend zeitlich aufeinander folgen, sondern lediglich verschiedene Techniken im Prozess der theoretischen Verdichtung darstellen.

> „Auswerten heißt also für die Forscherinnen und Forscher der Grounded Theory, dass sie zunächst Konzepte und dann Kategorien entwickeln und deren Bedingungen und Konsequenzen sowie deren Beziehungen zueinander klären. Dadurch werden die Interviewtexte bzw. die Protokolle neu strukturiert und in allgemeine Aussagen gefasst." (Krotz 2005)

*Permanentes Vergleichen* findet beim theoretischen Kodieren auf mehreren Ebenen statt. Einmal geht es um den Vergleich von Konzepten, die zum Entdecken einer Kategorie führen können, dann um den Vergleich von Ereignissen innerhalb einer Kategorie zur Entwicklung der Eigenschaften dieser Kategorie. Des Weiteren betrifft es den Vergleich verschiedener Kategorien, um deren Beziehungen untereinander zu bestimmen und abschließend die Begrenzung der Theorie durch Vergleiche.

Unter *theoretischem Sampling* wird in erster Linie das theoretisch geleitete Auswählen der als nächstes zu erhebenden Daten verstanden, um die sich entwickelnde Theorie anzureichern.

> „Theoretisches Sampling meint den auf die Generierung von Theorie zielenden Prozess der Datenerhebung, währenddessen der Forscher seine Daten parallel erhebt, kodiert und analysiert sowie darüber entscheidet, welche Daten als nächste erhoben werden sollen und wo sie zu finden sind." (Glaser & Strauss 1998, 53 zitiert nach Flick 2007, 159)

Es stellt aber auch ganz grundsätzlich „die genuine und typische Form der Materialauswahl bei qualitativer Forschung" (Flick 1996, 86) dar. Dies gilt nicht nur für die Auswahl der als nächstes zu erhebenden Daten oder für die Auswahl der Daten für die Transkription bzw. Datenaufbereitung, sondern auch für die Auswahl der Teile der aufbereiteten Daten, die kodiert werden sollen. Es werden je nach Erkenntnisinteresse nur diejenigen Teile des Materials kodiert, die für die Theoriegenerierung relevant erscheinen.

> „Das Ziel ist nicht eine erschöpfende und vollständige Kategorisierung des Materials, sondern eine Bearbeitung, die auf die Forschungsfrage und den Forschungsgegenstand bezogen ist." (vgl. Krotz 2005, 182f.)

In Bezug auf die Datenaufbereitung und die Datenauswertung dient theoretisches Sampling folglich auch der theoretisch geleiteten Verengung. Theoretisches Sampling wird dann beendet, wenn die theoretische Sättigung erreicht ist.

„Sättigung heißt, dass keine zusätzlichen Daten mehr gefunden werden können, mit deren Hilfe der Soziologe weitere Eigenschaften der Kategorie entwickeln kann." (Glaser & Strauss 1998, 69 zitiert nach Flick 2007, 161)

## 4.3 Datenerhebung

Bei der Datenerhebung gilt es drei wesentliche Fragen zu beantworten:

– Welche Aufzeichnungstechnik ist dem Gegenstand angemessen?
– Welche Methode ist dem Erkenntnisinteresse angemessen?
– Welche weiteren methodischen Entscheidungen erwachsen aus der Wahl der Aufzeichnungstechnik und der Methode?

Im Folgenden wird zunächst auf diese drei Fragen eingegangen (Kapitel 4.3.1) bevor die verschiedenen Datenerhebungsphasen der empirischen Studie genauer beschrieben werden (Kapitel 4.3.2).

### 4.3.1 Videobeobachtung

Spielsituationen im Kindergarten sind ein komplexes Geschehen, das sowohl verbale Äußerungen zum Spielgeschehen als auch nonverbale Elemente wie Mimik, Gestik und insbesondere Handlungen an und mit den Spielmaterialien aller Beteiligten umfasst. Diese Komplexität kann bis zu einem gewissen Grad durch den Einsatz von *Videotechnik*, also mit Hilfe des technischen Mediums Videokamera, festgehalten und einer wiederholten Analyse zugänglich gemacht werden. Videotechnik wird in der Sozialforschung schon seit mehr als drei Jahrzehnten insbesondere dann eingesetzt, wenn nicht nur die Erfassung verbaler Äußerungen, sondern auch die Erfassung nonverbalen Verhaltens im Vordergrund steht, wie dies bei (jungen) Kindern und somit auch in der vorliegenden Studie der Fall ist (vgl. Huhn u.a. 2000, 186, Thiel 2003, 705f.). Andere Techniken der Datenerhebung, wie etwa der Einsatz von Tonaufnahmegeräten, lassen die Aufzeichnung nonverbaler Daten nur eingeschränkt zu.

*Videotechnik* ist jedoch keine Methode, sondern – wie der Name bereits sagt – eine Technik (vgl. Huhn u.a. 2000), die mit unterschiedlichen Methoden und Gegenständen kombiniert werden kann. In der mathematikdidaktischen Forschung findet man idealtypisch videotechnische Aufzeichnungen einerseits von Interviews (vgl. z.B. Lack 2009, Rathgeb-Schnierer 2006, Söbbeke 2005) und andererseits von alltäglichem Unterricht (vgl. z.B. Fetzer 2007, Jungwirth & Krummheuer 2006, Krummheuer & Fetzer 2005, Brandt 2002). Videotechnik wird folglich sowohl mit der Methode der *Befragung* als auch mit der Methode der *Beobachtung* kombiniert. Die Frage nach der Gegenstandsangemessenheit der Methode – Befragung oder Beobachtung – stellt sich dabei stets im Einzelfall. Mey (2005, 174ff.) argumentiert, dass man nicht von grundsätzlich mehr oder weniger angemessenen Methoden der Kindheitsforschung sprechen kann, da diese Eingrenzung zumeist auf vorab angenommenen Einschränkungen von Kindern eines bestimmten Alters beruht und nicht auf empirischen Befunden.

In der vorliegenden Studie sollen Spielsituationen mit ausgewählten Spielen analysiert werden und daraus Bedingungen für mathematische Lerngelegenheiten gewonnen werden. Dies legt die Methode der Beobachtung nahe. Lamnek (2010, 506ff.) beschreibt verschiedene Beobachtungsformen, die sich z.B. in den Dimensionen Standardisierung, Transparenz oder Partizipationsgrad unterscheiden.

Die Datenerhebung in der vorliegenden Studie kann als *Videobeobachtung* beschrieben werden. Diese Bezeichnung umfasst sowohl die Aufzeichnungstechnik als auch die Methode. Die Beobachtung mit Videotechnik kann in der vorliegenden Studie in Anlehnung an die Unterscheidungen von Lamnek (2010, 508 u. 513) folgendermaßen beschrieben werden:

– Die Beobachtung erfolgt offen mit einer Videokamera, d.h. die Kinder und die Erzieherin sind über die Aufzeichnung im Bilde.
– Die Beobachtung erfolgt unstrukturiert, d.h. offen für die Verhältnisse und Entwicklungen im Feld, aber vor dem Hintergrund des theoretischen Vorwissens in Bezug auf die Ziele mathematischer Bildung, das Lernen und die Lernbegleitung junger Kinder und die Materialien.
– Die Beobachtung erfolgt im Feld. Ein Eingriff in die Feldsituation erfolgt durch die Auswahl von Materialien und das gezielte Initiieren von Spielsituationen durch die Erzieherin bzw. die Forscherin (Kapitel 4.3.2.2 bis 4.3.2.4).
– Der Partizipationsgrad der Forscherin variiert innerhalb der einzelnen Erhebungsphasen. Er reicht von nicht teilnehmend bis aktiv teilnehmend (Kapitel 4.3.2)

In der grundlegenden Methodenliteratur (vgl. z.B. Lamnek 2010) wird eine analytische Trennung zwischen Befragung und Beobachtung vorgenommen, die in der Forschungspraxis so nicht immer vorzufinden ist. So stellt beispielsweise die teilnehmende Beobachtung[18] als eine klassische Methode der qualitativen Sozialforschung (vgl. Flick 2007, Friebertshäuser u.a. 2010) letztendlich eine Mischform verschiedener Methoden dar.

> „Teilnehmende Beobachtung ist eine Feldstrategie, die gleichzeitig Dokumentenanalyse, Interviews mit Interviewpartnern und Informanten, direkte Teilnahme und Beobachtung sowie Introspektion kombiniert." (Denzin 1989, 156f.)

Im Anschluss an Knoblauch (2004, 126) handelt es sich bei den aufgezeichneten Daten um eine Mischung aus wissenschaftlich aufgezeichneten natürlichen sozialen Situationen und wissenschaftlich aufgezeichneten experimentellen Situationen.

Der Einsatz von Videotechnik erfordert weitere methodische Überlegungen. Dies hängt damit zusammen, dass es sich bei der Fixierung der Realität mittels Videotechnik nur um eine angenommene Objektivität handelt.

---

18 In jüngeren Publikationen wird die teilnehmende Beobachtung in Anlehnung an die angelsächsischen Tradition auch mit Ethnographie bezeichnet (vgl. z.B. Lüders 2010).

„Die Videokamera bleibt beschränkt im Blickfeld, in der Räumlichkeit der Tonauf-
nahme, im zeitlichen Ausschnitt und in der Reduzierung auf zwei Sinne." (Huhn u.a.
2000, 187)

Gleichzeitig sind Videoaufnahmen als ein Protokoll subjektiver Wahrnehmung zu
verstehen. Aufgrund der Beschränkungen müssen fortlaufend Entscheidungen über
den gewählten Ausschnitt, die Dauer der Aufnahme, die Perspektive oder die räumliche Nähe getroffen werden. Diese Entscheidungen sind wiederum gekoppelt an
die eigene Verwicklung ins Thema und Vorabtheorien über den Untersuchungsgegenstand (vgl. Hoeltje 1996, 48). Mit der Annahme der Subjektivität jeder Wahrnehmung und dem Ausschluss von Objektivität verortet sich die vorliegende Arbeit
im Konstruktivismus als einer Hintergrundtheorie.

Es stellt sich die Frage, wie man angesichts der Subjektivität der Datenerhebung
zu einer Wissenschaftlichkeit bei der Videobeobachtung kommen kann. Für die
vorliegende Untersuchung sind zwei Aspekte bedeutsam:

- Zunächst muss geklärt, was genau aufgenommen und der Auswertung zugänglich gemacht werden soll.
- In einem zweiten Schritt müssen die Aufnahmen an den vorab getroffenen Ver-
  einbarungen gemessen werden. Damit einher geht die Notwendigkeit einer Offenlegung der Daten, um Transparenz im Forschungsprozess zu gewährleisten
  (vgl. Huhn u.a. 2000, 188ff.). Die Offenlegung unterliegt selbstverständlich
  dem Datenschutz und forschungsethischen Überlegungen.

## 4.3.2 Datenerhebung im Überblick

Die Datenerhebung erfolgt in drei Erhebungsphasen in zwei Kindertagesstätten
(Abb. 4.1).

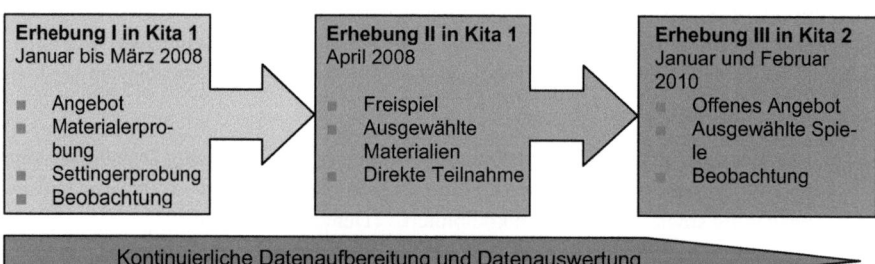

Abb. 4.1: Datenerhebung im Untersuchungsverlauf

In allen drei Phasen werden Spielsituationen mit potentiell geeigneten Materialien
videotechnisch aufgezeichnet. Parallel zu den Aufzeichnungen werden die Daten
aufbereitet und ausgewertet. Diese Auswertungen haben Einfluss auf die nächste
Erhebungsphase, was sich in den Pfeilen ausdrückt. Die Einflüsse beziehen sich auf
das Setting, die eingesetzten Materialien und den Partizipationsgrad der Forscherin,
die jeweils gezielt variiert werden. Des Weiteren stehen hinter den einzelnen Erhe-

bungsphasen auch unterschiedliche Ziele. Nach der Erhebungsphase III stellt sich eine Sättigung der theoretischen Konzepte ein, d.h. es scheinen keine neuen oder bedeutsamen Daten in Bezug auf die entwickelten Konzepte mehr aufzutauchen (vgl. Strauss & Corbin 1996, 159).

Resultat ist eine *Theorie mittlerer Reichweite*, die durch weitere Erhebungen auszudehnen wäre. Tabelle 4.1 gibt einen Überblick über das jeweilige Setting, die verwendeten Materialien, die angefertigten Videoaufzeichnungen und die Hauptziele der verschiedenen Erhebungsphasen.

Tab. 4.1: Überblick über die Datenerhebungsphasen

| | Erhebungsphase I in Kita 1 | Erhebungsphase II in Kita 1 | Erhebungsphase III in Kita 2 |
|---|---|---|---|
| **Setting** | ▪ Wöchentliches Angebot außerhalb des Freispiels mit zwei Erzieherinnen (E1 und E2) <br> ▪ wechselnde Kindergruppe im Alter zwischen 4 und 6 Jahren <br> ▪ Forscherin (F) als Beobachterin | ▪ Offenes Angebot im Freispiel mit der Forscherin (F) und einer Erzieherin (E2 oder E3) <br> ▪ wechselnde Kinder im Alter zwischen 4 und 6 Jahren <br> ▪ Forscherin (F) nimmt an Spielsituationen teil | ▪ Offenes Angebot im Freispiel mit drei Erzieherinnen (E4, E5, E6) <br> ▪ wechselnde Kinder im Alter zwischen 2 und 6 Jahren, <br> ▪ dauerhaftes Regal mit wechselnden Spielen <br> ▪ Forscherin (F) als Beobachterin |
| **Materialien** | ▪ Breite Auswahl an didaktischen Materialien, didaktischen Spielen, Gesellschaftsspielen mit mathematischem Potenzial | ▪ Eingeschränkte Auswahl an didaktischen Materialien, didaktischen Spielen, Gesellschaftsspielen mit mathematischem Potenzial | Ausgewählte Spiele <br> ▪ Stechen <br> ▪ Quips <br> ▪ Max Mümmelmann |
| **Aufzeichnung** | ▪ 10 Aufnahmen à 30 bis 50 Minuten durch die Forscherin (F) | ▪ 3 Aufnahmen à ca. 60 Minuten durch eine studentische Hilfskraft | ▪ 4 Aufnahmen à ca. 30 Minuten durch die Forscherin (F) |
| **Ziele** | ▪ Kriterien zur Analyse und Bewertung von Materialien präzisieren und weiterentwickeln <br> ▪ erste Zugänge der Kinder zum Material beobachten <br> ▪ Mathematische Aktivitäten in der Spielsituation beschreiben <br> ▪ Material- und Settingerprobung | ▪ Aufforderungscharakter der Materialien und Spiele untersuchen und beschreiben <br> ▪ Mathematische Aktivitäten in der Spielsituation beschreiben <br> ▪ Bedingungen für mathematische Lerngelegenheiten beschreiben und konzeptualisieren <br> ▪ Spiel- und Settingerprobung <br> ▪ Mathematische Gesprächsführung erproben | ▪ Mathematische Aktivitäten in der Spielsituation beschreiben <br> ▪ Bedingungen für mathematische Lerngelegenheiten beschreiben und konzeptualisieren <br> ▪ Fallkontrastierung <br> ▪ Theoretische Sättigung |

### 4.3.2.1 Hintergrundinformation zu den Kindertagesstätten

Beide Einrichtungen arbeiten nach dem INFANS-Konzept: Die Kindertagesstätten verstehen sich als Bildungsstätten in offenen Räumen. Aufgrund von Beobachtungen, ihrer Dokumentation und Auswertung werden Interessen und Themen der Kinder von den Erzieherinnen benannt und mit entsprechenden Angeboten beantwortet (vgl. Andres & Laewen 2005, Laewen & Andres 2007). Kita 1 besuchen insgesamt über 80 Kinder zwischen 2 und 7 Jahren. Es gibt vier Gruppen in vier verschiedenen Themenräumen – Bauzimmer, Sinneszimmer, Kreativraum und Theater. Kita 2 wird von über 120 Kindern im Alter zwischen 1 und 10 Jahren besucht. Es gibt fünf Gruppen in fünf verschiedenen Themenräumen – Bauzimmer, Theater, Kreativraum, Handwerksraum und Bibliothek.

Für den Alltag in beiden Einrichtungen bedeutet dies, dass sich die Kinder die meiste Zeit frei im Haus bewegen und in den Themenräumen Angebote unterschiedlicher Verbindlichkeit wahrnehmen können. Gerahmt wird das Konzept der offenen Räume von Morgenkreis, gemeinsamer Vesperpause und Mittagessen, Mittagskreis, Forscherzeit bzw. intensive Freispielzeit mit Angeboten, altershomogenen Gruppen, festem Ausflugstag und Kinderkonferenz. Sprachförderung ist sowohl im Alltag als auch in der Zusammenarbeit mit speziell geschulten Spracherzieherinnen im Konzept verankert. Für die mathematische Bildung wird der Lehrgang *Zahlenland* (vgl. Preiß 2004, 2005) in freier Ausgestaltung durch die Erzieherinnen eingesetzt.

### 4.3.2.2 Erhebungsphase 1 in Kindertagesstätte 1

Hauptziele der ersten Erhebungsphase sind die Schärfung der Kriterien zur Analyse und Bewertung von Materialien – im Besonderen des Aspekts des mathematischen Potenzials – und die Entwicklung theoretischer Konzepte. Darüber hinaus dient diese Phase der Erprobung der Materialien und verschiedener Settings. Im Laufe der ersten Erhebungsphase sollen die Erzieherinnen verschiedene potenziell geeignete Materialien einsetzen.

Den Erzieherinnen (E1 und E2), die die Gestaltung der Spielsituationen übernehmen, werden von der Forscherin entsprechend dem Kriterienkatalog (Kapitel 3.4) ausgewählte Materialien zum Zahlbegriffserwerb zur Verfügung gestellt. Dabei handelt es sich durchgängig um punktuell einsetzbare Materialien, die Arbeits- und Organisationsformen nicht vorschreiben. Das Setting soll von den Erzieherinnen gestaltet werden. An den ersten beiden Terminen wählen die Erzieherinnen aus den bereit gestellten Materialien diejenigen aus, bei denen sie Potenzial für eigene Ideen und Zugangsweisen der Kinder vermuten (Würfel, Nüsse, Bohnen, Zählschachteln, Dominospiele, Zahlenkarten, Wendeplättchen). Diese Materialien bringen sie ohne Spielideen in die Gruppe ein. Die ersten beiden Videoaufzeichnungen (Szene 1 und 2) sind ein freies Aufzeichnen subjektiv interessanter Situationen mit unterschiedlichen Materialien (vgl. Mohn 2006). Neben der Materialerprobung können erste Zugänge der Kinder zu den Materialien erfasst werden. Eine erste Präzisierung des Konzepts *Aufforderungscharakter* kann vorgenommen werden.

Weil die Kinder viele verschiedene Materialien wählen, sind die Erzieherinnen herausgefordert, parallel stattfindende Spielgeschehen zu begleiten. An den nachfolgenden Terminen bringen die Erzieherinnen ausgewählte Materialien mit Spielideen ein. Die Spielangebote werden je nach Vorerfahrungen und Vorkenntnissen mit oder ohne Erzieherin wahrgenommen. Gegen Ende von Erhebungsphase 1 kommen verstärkt Regelspiele wie *Memory mit Tierkarten, Stechen mit Speedkarten, Hamstern* oder *Mensch ärgere dich nicht* zum Einsatz. Die Aufnahmen der Regelspiele ermöglichen die Beschreibung mathematischer Aktivitäten während des Spiels und einen Vergleich mit dem mathematischen Potenzial aus der Materialanalyse. Insbesondere der Einsatz von Spielen erweist sich im Hinblick auf die zu beobachtenden mathematischen Aktivitäten als besonders ergiebig.

Die Forscherin beobachtet die Spielsituationen mittels Videoaufzeichnung und verfasst anschließend Notizen. Eine Teilnahme ist nicht vorgesehen. Allerdings gelingt bei jüngeren Kindern die Trennung zwischen Beobachtung und direkter Teilnahme nicht immer. Nach Oswald und Krappmann (1991, 357) fordern jüngere Kinder häufiger als ältere Kinder Forschende auf, ihre Beobachterinnenrolle zu verlassen und zeitweilig zum Partner zu werden – so auch in der vorliegenden Untersuchung.

### 4.3.2.3 Erhebungsphase 2 in Kindertagesstätte 1

Gemäß dem *theoretischen Sampling* werden die Materialien für die zweite Erhebungsphase eingegrenzt. Nicht alle potenziell geeigneten Materialien erweisen sich im Hinblick auf die zu beobachtenden mathematischen Aktivitäten und den Aufforderungscharakter als tragfähig (vgl. Kapitel 5.3.1.1). Diese Tatsache bestätigt und bekräftigt nachlaufend den zirkulären Forschungsprozess und damit die Relevanz der Empirie für die Analyse von Materialien bzw. von Spielen im Besonderen.

Gemeinsam mit den Erzieherinnen werden Materialien und Spiele für ein „Matheregal" ausgewählt. Sie sollen dauerhaft im Freispiel zur Verfügung stehen. Kriterien für die Auswahl sind wiederum das mathematische Potenzial, aber auch die Beliebtheit bei Kindern und Erzieherinnen. Das Kriterium der Beliebtheit lässt sich auf die theoretischen Konzepte Aufforderungscharakter und Engagiertheit beziehen: Beliebtheit äußert sich im häufigen, wiederholten und intensiven Spielen. Das offene Anbieten der Materialien im Freispiel stellt eine gezielte Variation des Settings dar. Drei Wochen nach der Einrichtung des Regals werden an drei Terminen Spielsituationen im Freispiel mit einer Videokamera aufgezeichnet.

Während in Erhebungsphase 1 der Fokus auf den Materialien und dem Umgang der Kinder mit den Materialien liegt, erweitert sich dieser in Erhebungsphase 2 auf den Prozess der Materialauseinandersetzung und die Erzieherin. Für die Entfaltung des mathematischen Potenzials ergibt sich aufgrund der Erhebungsphase 1 die Hypothese eines engen Zusammenhangs zu den Interventionen der Erzieherin. In der zweiten Erhebungsphase soll daher die Erzieherin in den Fokus des Forschungsinteresses gerückt werden. Da die Erzieherinnen der Einrichtung wenig Erfahrung mit der Gestaltung mathematischer Spielsituationen und mathematischer

Gesprächsführung hatten, übernimmt die Forscherin die Rolle einer Erzieherin und nimmt am Spielgeschehen teil. In manchen Situationen sind auch Erzieherinnen (E2 und E3) beteiligt.

Die Spielsituationen finden zudem nicht mehr außerhalb, sondern innerhalb des Freispiels statt. Das Freispiel ist ein gängiges Setting und Prototyp der formalen Offenheit im Kindergarten. Regelspiele werden in der Kindertagesstätte 1 üblicherweise im Freispiel angeboten. In diesem Setting können Regelspiele im Unterschied zum wöchentlichen Angebot täglich angeboten werden. Die Erhebungsphase 2 kann auf diese Weise zeitlich konzentriert werden. Des Weiteren erfordert das Angebot größere personelle Ressourcen. Der Kontakt zur Forscherin, als einer wenig vertrauten Person, ist außerdem für die Kinder im Freispiel niederschwelliger als im wöchentlichen Angebot.

### 4.3.2.4 Erhebungsphase 3 in Kindertagesstätte 2

In Erhebungsphase III werden Spiele mit einem empirisch bewährten mathematischen Potenzial eingesetzt. Da Kita 1 für weitere Erhebungen aufgrund personeller Engpässe nicht mehr zur Verfügung steht, wird die Erhebung 3 in Kita 2 durchgeführt. Kita 2 wird ausgewählt, da die Erzieherinnen hier regelmäßig Spiele im intensiven Freispiel oder auch im offenen Angebot einsetzen. Folglich sind die Erzieherinnen erfahren im Einsatz von Spielen, wenn auch nicht unter mathematischer Perspektive. Im Spieleregal wird eine Auswahl an Spielen angeboten, die zum großen Teil bereits in der Einrichtung vorhanden sind: *UNO Junior, Schnipp Schnapp, Bilderlotto, Dominospiele mit Bildern und Anzahlen, Quips, Max Mümmelmann, Speed, Memory, Drachenstark, Tempo kleine Schnecke*. Für die Videoaufzeichnungen wird das jeweilige Spiel aufgrund des weiter eingegrenzten Erkenntnisinteresses zwischen Forscherin und Erzieherin vorab abgestimmt. So werden gezielt Spielsituationen zu den Spielen *Quips, Stechen mit Speedkarten* und *Max Mümmelmann* aufgenommen. Das Setting *offenes Angebot im Freispiel* mit Spielen wird in Kita 2 kontrastierend angeboten. Die dritte Erhebungsphase dient damit insbesondere der theoretischen Sättigung der entwickelten theoretischen Konzepte (Aufforderungscharakter, Engagiertheit, verbale Interaktion der Erzieherin) durch vergleichende Analyse.

## 4.4   Datenaufbereitung

Nach der bereits erfolgten Entscheidung für die Aufzeichnung mit Videotechnik und die Methode der Beobachtung (Kapitel 4.3.1) stellt die Datenaufbereitung die zweite interpretative Entscheidung innerhalb des Forschungsprozesses dar (vgl. z.B. Willmann & Hüper 2004, 137). Form und Genauigkeit der Datenaufbereitung und die Auswahl der Daten sind abhängig vom Erkenntnisinteresse. Unterschiedliche Forschungsgegenstände und -ziele erfordern verschiedene Formen der Datenaufbereitung.

> „In der Literatur über Transkription wird häufig auf die Notwendigkeit zur Standardisierung der Systeme hingewiesen. Paradoxerweise setzt die Standardisierung jedoch die Bereitschaft voraus, auf die Entwicklung eines eigenen Systems zu verzichten. Wie die Vielzahl vorliegender Transkriptionssysteme zeigt, scheint diese Bereitschaft bisher nicht gegeben zu sein. Überhaupt ist angesichts der Vielfalt möglicher Forschungsziele fraglich, ob eine Standardisierung überhaupt ein wünschenswertes Ziel ist." (Kowal & O'Connell 2010, 445)

Für die vorliegende Studie ist eine alleinige Aufbereitung der verbalen Daten nicht zielführend. Da sich junge Kinder wenig verbal äußern, müssen für die Datenanalyse sowohl visuelle als auch verbale Daten herangezogen werden. Verbale Äußerungen sind weder für das Verständnis des Spielverlaufs noch für weiter gehende Deutungen ausreichend.

Bei der Aufbereitung von Videodaten gilt es drei Aspekte näher zu betrachten. Erstens bedarf es einer Begründung der Datenaufbereitung an sich, die in der Regel bei Videodaten zeitaufwändig ist (Kapitel 4.4.1). Zweitens muss vor dem Hintergrund möglicher Formen der Datenaufbereitung (Kapitel 4.4.2) die Form und die Genauigkeit der Aufbereitung von Videodaten, die sich in Ton- und Bilddaten gliedern, dargestellt und gerechtfertigt werden (Kapitel 4.4.3). Und drittens muss begründet werden, welche der aufgezeichneten Daten aufbereitet werden (Kapitel 4.4.4).

In der Literatur wird neben der Bezeichnung *Datenaufbereitung* (vgl. Dinkelaker & Herrle 2009) auch die Bezeichnung *Datendokumentation* (vgl. z.B. Flick 2007, 371) für verschiedene Arten der Verschriftung bzw. Um-Schriftung (vgl. Beck & Maier 1994a, 51) von Daten verwendet. In der vorliegenden Arbeit wird von Datenaufbereitung gesprochen, da sich die Bezeichnung Daten*dokumentation* semantisch auch auf die Aufzeichnung von Daten und damit auf die Datenerhebung beziehen kann.

## 4.4.1 Notwendigkeit der Datenaufbereitung

Die Datenaufbereitung wird ganz grundsätzlich mit der Flüchtigkeit der aufgezeichneten Gespräche und Handlungen begründet.

> „Transkripte sind nötig, um das flüchtige Gesprächsverhalten für wissenschaftliche Analysen auf dem Papier dauerhaft verfügbar zu machen." (Kowal & O'Connell 2010, 438; vgl. auch Flick 2007, 383; Flick 1995, 161)

Die häufigste Form der Datenaufbereitung ist die Transkription von Tondaten. Durch die Transkription sind die Daten dauerhaft verfügbar und so der Analyse zugänglich. Für Videodaten kann die Begründung analog geführt werden. So begründet Beck (2009) die Protokollierung von Videodaten in Anlehnung an Oevermann (2008) mit der Herstellung von Lesbarkeit im Prozess von der Datenerhebung zur Datenaufbereitung. Die Aufzeichnung der Realität mit Videotechnik ermöglicht analog zur Aufzeichnung mit Audiotechnik zwar das wiederholte oder auch verlangsamte Abspielen. Dennoch unterliegt jede Aufzeichnung der realzeitlichen Flüchtigkeit. Erst die Notation bzw. Um-Schriftung (vgl. Beck & Maier

1994a, 51) der Videodaten stellt die aufgezeichnete Realität auf Dauer und ermöglicht so eine Analyse.

> „Die Übertragung auf Papier wird als eine forschungstechnische Vereinfachung im Hinblick auf die Auswertung des Materials gesehen." (Beck & Maier 1994a, 51)

Über die Notwendigkeit der Datenaufbereitung herrscht in der qualitativen Sozialforschung, aber auch in der Mathematikdidaktik Konsens. Dies schließt das Abspielen der Videoaufzeichnung in Echtzeit beispielsweise zu Beginn oder am Ende der Datenanalyse oder als ‚Textergänzung' nicht aus.

> „Transkripte sind als Ergänzungen und nicht als Ersatz für elektronische Aufnahmen zu verstehen." (Kowal & O'Connell 2010, 438)

Die Datenaufbereitung schafft jedoch erweiterte Zugriffs- und damit Analysemöglichkeiten:

> „Trotz bzw. gerade wegen dieser hohen Entsprechung der Zeitstruktur des Datenzugriffs mit der Zeitstruktur des Untersuchungsgegenstandes ist der Zugang mittels des in Echtzeit laufenden Videos für die wissenschaftliche Analyse häufig problematisch. Der Forschende wird zu jedem Zeitpunkt der Betrachtung mit einer Überfülle an Daten konfrontiert und in jedem neuen Moment kommt eine Vielzahl neuer Daten hinzu. Durch Wiederholen und Verlangsamen lässt sich dieser durch das stetige Voranschreiten der Datendarstellung entstehende Interpretationsdruck zwar mildern, aber nicht gänzlich auflösen. Erst im Rückgriff auf Formen der Verschriftlichung oder der Erzeugung von stehenden Bildern wird das Tempo der Interpretation vollständig durch die Interpretierenden – und nicht mehr durch die Eigenzeit des Datenstroms – kontrolliert." (Dinkelaker & Herrle 2009, 31)

Allerdings ist angesichts der veränderten technischen Möglichkeiten die weitgehende Konzentration auf die Aufbereitung verbaler Daten in Form von Transkripten in der Kritik.

> „In der bisher dominierenden Unterrichtsinteraktionsforschung ist eine starke Fokussierung auf das Wort [...] zu verzeichnen. Dementsprechend sind es Protokolle und Transkriptionen des (vorwiegend) sprachlich von den Beteiligten Geäußerten, die die Forschung bestimmen." (Kade & Nolda 2007, 159)

Knoblauch (2004, 125) verwendet für diese Fokussierung auf verbale Daten das Schlagwort *Logozentrismus*.

> „Im Unterschied zur angelsächsischen hat die deutschsprachige qualitative Sozialforschung einen starken hermeneutischen Hang zur Bearbeitung von Texten als Rohdaten, die entweder die Form von Interviews, natürlichsprachlicher Texte oder von Handelnden hergestellter Dokumente annehmen." (Knoblauch 2010, 625)

## 4.4.2 Formen der Datenaufbereitung

Für die Aufbereitung audio-visueller Daten „muss das Verhältnis von Text und Bild geklärt werden" (Flick 2007, 316). Während die Aufbereitung von Tondaten in Form von Transkripten in unterschiedlicher Genauigkeit eine gängige Vorgehensweise in der empirischen Sozialforschung ist, stellt die differenzierte Aufbereitung von Bilddaten eine jüngere Entwicklung dar (vgl. z.B. Dinkelaker & Herrle 2009, Knoblauch u.a. 2006, Corsten u.a. 2010, Reichertz & Englert 2011). Dinkelaker und Herrle (2009) unterscheiden verschiedene Aufbereitungsformen von Videodaten (Abb. 4.2). Ton- und Bilddaten können schriftlich, bildlich oder in einer Mischform dargestellt werden. Im Folgenden wird auf die unterschiedlichen Möglichkeiten eingegangen, um die eigene Vorgehensweise einzuordnen (Kapitel 4.4.3).

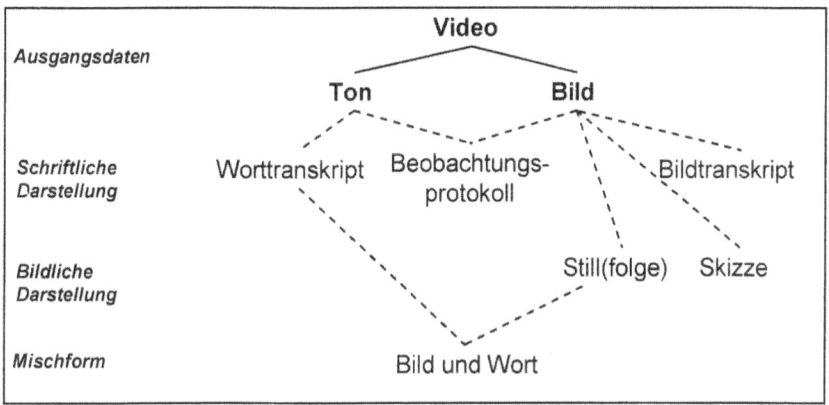

Abb. 4.2: Aufbereitungsformen (Dinkelaker & Herrle 2009, 32)

*Tondaten* können als *Worttranskripte* in unterschiedlicher Genauigkeit aufbereitet werden. Vereinfacht können einfache und komplexe Transkriptionssysteme unterschieden werden. Herrle u.a. (2010, 605) unterscheiden inhaltsorientierte Transkripte, die nur das gesprochene Wort transkribieren, von sozialorientierten partiturförmigen Transkripten, die auch nichtverbale Elemente berücksichtigen. Komplexe Systeme, die neben verbalen auch prosodische Merkmale wie die Tonhöhe und die Lautstärke sowie parasprachliche Merkmale wie Lachen oder Räuspern transkribieren, werden für sprachwissenschaftliche sowie sozio- und psycholinguistische Fragestellungen verwendet.

Wenn Studien ein eher inhaltlich ausgerichtetes Erkenntnisinteresse verfolgen, wird auf aufwändige Notationssysteme zugunsten der Einfachheit und der besseren Lesbarkeit meist verzichtet:

> „Erstens bindet eine zu genaue Transkription von Daten häufig Zeit und Energie, die sich sinnvoller in ihre Interpretation stecken lassen. Zweitens werden Aussage und Sinn des Transkribierten in der Differenziertheit der Transkription und der resultierenden Unübersichtlichkeit der erstellten Protokolle gelegentlich eher verstellt als zugänglich" (Flick 2007, 380).

Ein Überblick über verschiedene Transkriptionssysteme findet sich z.B. bei Langer 2010 (vgl. auch Kowall & O'Connell 2010, Dresing & Pehl 2011).

*Bilddaten* stellen aufgrund ihrer Komplexität eine Herausforderung für die Datenaufbereitung dar. Eine hohe Genauigkeit, sei es über verbale Beschreibungen oder über eng getaktete Stillfolgen, steht wie bei den Tondaten in einem gegenläufigen Verhältnis zur Lesbarkeit. Die Aufbereitung von Bilddaten muss – auch aufgrund forschungsökonomischer Überlegungen – eng auf das Erkenntnisinteresse abgestimmt werden. Dinkelaker und Herrle (2009, 32) unterscheiden drei Arten der Aufbereitung von Bilddaten: Bildtranskript, Skizze und Stillfolge (Abb. 4.2).

*Bildtranskripte* stellen außersprachliche Merkmale wie Gesten oder Blickverhalten entweder über Beschreibungen oder über Kodiersysteme dar (vgl. Herrle u.a. 2010, 605f.). Beispiele für unterschiedliche Kodiersysteme sind die von Birdwhistell (1970) entwickelte Kinesik oder die Labanotation (vgl. Guest 2005). Mit beiden Systemen sind Bildtranskripte von Körperbewegungen in beliebiger Genauigkeit möglich.

*Skizzen* sind im Unterschied zum Bildtranskript reduzierend angelegt. Es handelt sich um schematische Darstellungen, „die einen Überblick über Positionen von Gegenständen und Personen im Raum zu einem bestimmten Zeitpunkt verschaffen" (Herrle u.a. 2010, 608). Den Verlauf aber geben sie nur ausschnitthaft bzw. schwerpunktmäßig wieder. Skizzen sind im Kontext von Filmen nichts Ungewöhnliches: So genannte Storyboards sind Skizzenfolgen mit zentralen, ausgewählten Bildern eines Films. Sie geben eine Überblick über die Szene und die Einstellungen (vgl. dazu den Ausschnitt aus einem Storyboard von Steven Spielberg in Faulstich 2002, 62).

*Still(folgen)*, d.h. Standbilder bzw. Standbildfolgen informieren über den visuellen Ablauf des Geschehens (vgl. Herrle u.a. 2010, 608). Ähnlich wie Skizzenfolgen können Stillfolgen einen Überblick über die Sequenz geben. Allerdings sind sie im Unterschied zu Skizzen an das Bildmaterial der Videoaufzeichnung gebunden. Während mit Skizzen eine Konzentration zentraler Aspekte in einem Bild möglich ist, ist dies mit Stillfolgen nicht möglich. Aufgrund dieser Einschränkung werden Stillfolgen meist unter einem bestimmten Aspekt zusammengestellt. So zeigen Dinkelaker und Herrle (2009, 40) eine Stillfolge, die die Veränderung der Blickrichtung eines Kursleiters fokussiert. Hier ist allerdings zu beachten, dass durch die Unkenntlichmachung von Personen aufgrund des Datenschutzes die Blickrichtung in der Darstellung nur bedingt sichtbar ist.

Der Einsatz von Stillfolgen weist erkenntnistheoretische Schwierigkeiten auf (vgl. Beck 2006). Stillfolgen geben selbst bei einem festen zeitlichen Abstand, wie dies z.B. mit der Software MoviScript (vgl. Hampl 2008) möglich ist, nur einen Ausschnitt wieder. Eine Filmsekunde setzt sich aus 25 Einzelbildern zusammen. Je nachdem, welches dieser 25 Einzelbilder gewählt wird, sind fundamental unterschiedliche Interpretationen des Bildmaterials möglich, wie Beck (2006, 2009) aufzeigt. Des Weiteren suggerieren Stillfolgen in einem anderen Maße Vollständigkeit und Originalität, als dies Skizzen tun.

Die differenzierte Aufbereitung von Bilddaten erfolgt sowohl im Rahmen von Studien, die Kategorien aus den Daten entwickeln (vgl. z.B. Moritz 2010) als auch in Studien, die Daten hermeneutisch auswerten (vgl. z.B. Herrle 2007). Auf eine gesonderte Aufbereitung von Bilddaten wird hingegen in der Regel dann verzichtet, wenn Kategorien für die Kodierung bereits entwickelt sind. So werden beispielsweise in der Studie von Klieme u.a. (2006) lediglich die Tondaten von Unterrichtsvideos transkribiert und den Bilddaten zugeordnet. Videosequenzen werden beim Abspielen mit dem Transkript unterlegt. Das Kodieren erfolgt hochinferent, also einschätzend, mittels vorgegebener Kategorien, ohne eine weitere Aufbereitung bzw. Um-Schriftung der Bilddaten (vgl. auch König 2009, Sylva u.a. 2003, Seidel 2003). Für diese Zwecke können verschiedene Arten von Software verwendet werden (z.B. Interact, vgl. Mangold 2010).

Ist das Erkenntnisinteresse bzw. der Erkenntnisgegenstand so gelagert, dass sowohl verbale als auch nonverbale Daten von Interesse sind, werden für die Datenaufbereitung *Mischformen* verwendet. Dinkelaker und Herrle (2009) stellen die von ihnen praktizierte Mischung aus *Worttranskript* und *Stillfolgen* vor (vgl. Dinkelaker & Herrle 2009, 40, Herrle u.a. 2010, 609).

Eine weitere Möglichkeit zur Aufbereitung von Ton- und Bilddaten, die von Dinkelaker und Herrle (2009) nicht erwähnt wird, ist die *Kombination von Transkription und Deskription*. Deskriptionen beschränken sich dann nicht nur auf paraverbale Merkmale wie Lachen und Räuspern, sondern es werden z.B. auch Handlungen und Bewegungen beschrieben. Diese Beschreibungen kommen jedoch schnell an eine Grenze sowohl Aufwand als auch Lesbarkeit betreffend. Daher kann ergänzend mit analytischen Grafiken (vgl. Goodwin 2009) gearbeitet werden: Diese kombinieren Transkript, Deskription sowie Skizzen bzw. Abbildungen von Gegenständen (vgl. Tab. 4.4 und 4.5).

### 4.4.3 Datenaufbereitung in der vorliegenden Studie

Die Form der Datenaufbereitung entwickelt sich im Forschungsprozess in *drei* Schritten. In *Erhebungsphase 1* werden Verlaufsprotokolle von den Videoaufzeichnungen angefertigt. Einzelne Sequenzen werden für eine genauere Datenaufbereitung ausgewählt. Die Aufbereitung erfolgt mit Fokus auf ein (Spiel-)Material ohne Berücksichtigung parallel stattfindender Spielgeschehen und einem Minimum an sprachlicher Genauigkeit. Es werden weder Pausen noch paraverbale Merkmale noch Überschneidungen in verbalen Äußerungen, die eine Partiturschreibweise erforderlich machen, berücksichtigt (vgl. Flick 2007, 379f.). Zusätzlich zur Transkription verbaler Daten werden teilweise Handlungen mit und an den Materialien paraphrasiert (Deskription) (Tab. 4.2). Wenn die verbalen Äußerungen die Handlungen mit den Materialien kommentieren bzw. beschreiben, werden die Handlungen nicht zusätzlich paraphrasiert. Das Kontrollkriterium ist die Verständlichkeit des Spielverlaufs (vgl. zu den Transkriptionsregeln Abb. 4.3).

Tab. 4.2: Ausschnitt aus Datenaufbereitung Szene 8, Quips (Form 1)

| Zeile | Sprecher | Worttranskript und Paraphrase |
|---|---|---|
| 1 | E4 | Quips soll mer des spielen' *Erzieherin 4 öffnet die Spielschachtel* So dann darfst du dir mal eins aussuchen *Legt die Spielpläne vor Lisa* Welches möchtest du' *Lisa schaut Pläne an* Welches nimmst du' |
| 2 | Lisa | Das. *Lisa nimmt Plan mit den Farbklecksen* |
| 3 | E4 | Okay. Ich nehm des Haus. *Erzieherin 4 legt Plan vor sich* Und die zwei' kömmer wieder in Karton machen. Und wer fängt an' *Lisa streckt den Zeigefinger hoch* Warum fängst du an' Bist du die Jüngste' *Lisa nickt* Bist du jünger' *Lisa nickt* Wie alt bist du denn' *Christoph kommt an den Tisch* Möchtest du mitspielen Christoph' |
| 4 | Christoph | (Mag) so was *Christoph greift in die Schachtel* |

In *Erhebungsphase 2* werden die mathematischen Möglichkeiten ausgewählter Materialien und die Rolle der Erzieherin als eine mögliche Bedingung der Entfaltung des mathematischen Potenzials untersucht. Dazu werden umfangreichere Aufbereitungen angefertigt. Das Verlaufsprotokoll wird durch eine Abbildung der Spielmaterialien und einen Grundriss der räumlichen Situation ergänzt. Dies erlaubt eine Einordnung der Sequenz in den Kontext der gesamten Szene. Die Paraphrase von Handlungen wird auf *alle* Handlungen an Spielmaterialien und auf Mimik und Gestik ausgedehnt. Die verbalen Beschreibungen werden in separaten Spalten einerseits durch Videostandbilder und andererseits durch ein Storyboard, das Abbildungen von Spielmaterialien und Skizzen enthält, ergänzt (Tab. 4.3).

Tab. 4.3: Ausschnitt aus Datenaufbereitung Szene 8, Quips (Form 2)

| Zeit | Spre- cher | Worttrans- kript | Paraphrase (Handlung, Ges- tik, Mimik) | Standbild | Storyboard |
|---|---|---|---|---|---|
| 00:00 | E4 | Quips soll mer des spielen' So dann darfst du dir mal eins aus- suchen Welches möchtest du' Welches nimmst du' | E4 holt die Spiel- schachtel zu sich, öffnet sie und schiebt sie vor Lisa E4 legt die Spiel- pläne vor Lisa, Lisa breitet Spiel- pläne auf dem Tisch aus, E4 holt Würfel und Steine aus dem Stoffsäckchen aus der Schach- tel Lisa schaut die Pläne an | 00:01 | |
| 00:34 | Lisa | Das. | Lisa nimmt den Plan mit den Farbklecksen | 00:34 | |

| 00:35 | E4 | Okay. Ich nehm des Haus. Und die zwei' köm- mer wieder in Karton machen. Und wer fängt an' | E4 legt Plan vor sich<br><br>E4 packt die anderen zwei Pläne wieder in die Schachtel, leert das Stoff- säckchen mit den Steinen in die Schachtel | | |
| | | | Lisa streckt den Zeigefinger hoch | | |
| | | Warum fängst du an' Bist du die Jüngste' | E4 lehnt sich zu Lisa hinüber, schiebt die Schachtel in die Mitte Lisa nickt | 00:57 | |
| | | Bist du jünger' Wie alt bist du denn' | Lisa nickt<br><br>Lisa schaut E4 an | | |
| 01:13 | Chris- toph | (          ) | Christoph kommt an den Tisch | | |
| 01:14 | E4 | Möchtest du mitspie- len Chris- toph' | | 01:14 | |
| 01:15 | Chris- toph | (Mag) so was | Christoph greift in die Schachtel nach den Steinen | 01:15 | |

Im Vergleich mit der ersten Form (Tab. 4.2) wird die Spielsituation in der zweiten Form der Aufbereitung (Tab. 4.3) plastischer. Dies gelingt insbesondere durch die Abbildung der Spielmaterialien, die Standbilder und die ausführlichere Beschreibung der Handlungen am Material. Die Darstellung in Spalten erschwert jedoch die Lesbarkeit, da der zeitliche Zusammenhang von Transkript, Paraphrase und Standbild nicht eindeutig ist. Des Weiteren sind Paraphrase und Standbild eine Doppelung. Da es sich dabei aber nicht um eine redundante Doppelung, sondern um eine Doppelung mit leicht abweichenden Informationen handelt, erschwert dies sowohl Lesbarkeit als auch die Analyse der Daten. Außerdem können den Standbildern genauere Informationen zum Spielverlauf und zu Handlungen am Material nicht entnommen werden.

Letztendlich führt die Arbeit an der stark angereicherten und komplexen zweiten Form Datenaufbereitung und das Abwägen der Vor- und Nachteile zu einer *dritten Form* (Tab. 4.5): Sie ist eine Mischung aus *Worttranskript*, Deskription von Spielhandlungen sowie Bewegungen im Raum in Form der *Paraphrase*, *Abbildun-*

*gen* von Spielmaterialien, *Skizzen* von Tischkonfigurationen und einzelnen Stand-bildern. Beibehalten wird auch die Voranstellung von Abbildungen der Spielmate-rialien sowie der räumlichen Situation (Tab. 4.4). Standbilder und Standbildfolgen werden darüber hinaus zur Illustration zentraler Konzepte verwendet (Kapitel 5), wenn sie diese prägnanter als Paraphrasen und Deskriptionen verdeutlichen.

Tab. 4.4: Spielmaterial und räumliche Situation Szene 8

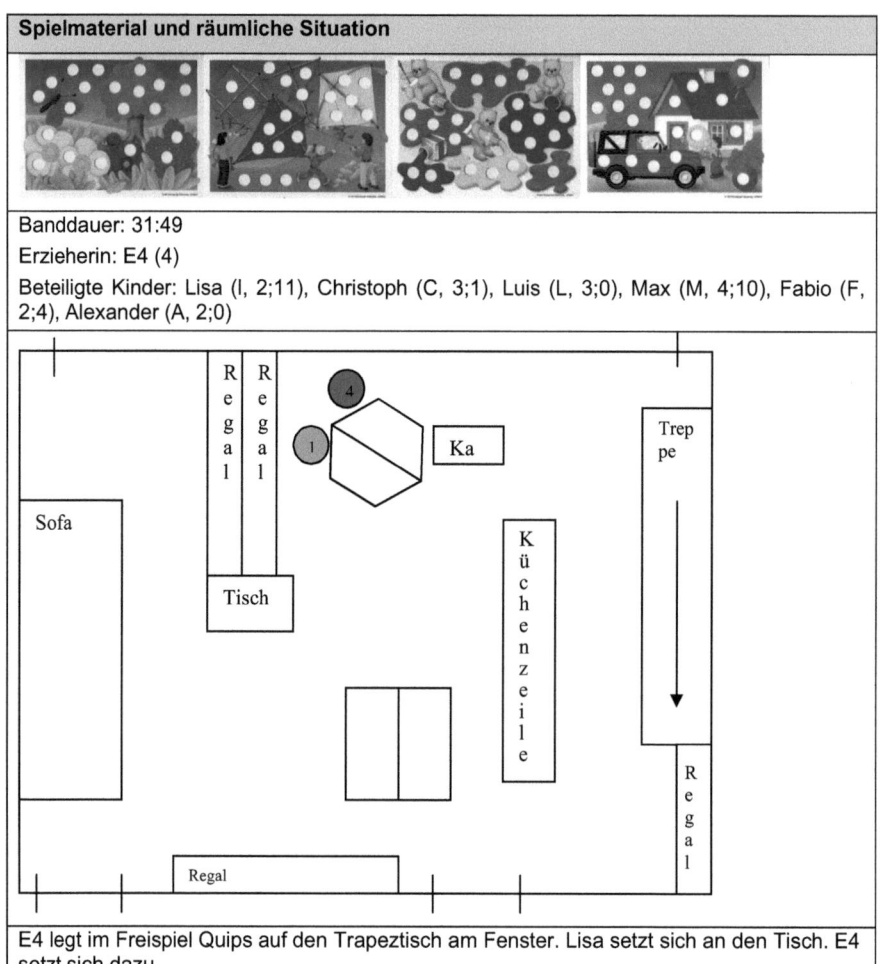

| **Spielmaterial und räumliche Situation** |
|---|

Banddauer: 31:49

Erzieherin: E4 (4)

Beteiligte Kinder: Lisa (I, 2;11), Christoph (C, 3;1), Luis (L, 3;0), Max (M, 4;10), Fabio (F, 2;4), Alexander (A, 2;0)

E4 legt im Freispiel Quips auf den Trapeztisch am Fenster. Lisa setzt sich an den Tisch. E4 setzt sich dazu.

Tab. 4.5: Ausschnitt aus Datenaufbereitung Szene 8, Quips (Form 3)

| Zeile | Zeit | Sprecher | Worttranskript und Paraphrase | Materialien, Skizzen, Bilder |
|---|---|---|---|---|
| 1 | 00:00 | E4 | Quips soll mer des spielen' *E4 holt die Spielschachtel zu sich, öffnet sie und schiebt sie vor Lisa* So dann darfst du dir mal eins aussuchen *Legt die Spielpläne vor Lisa, Lisa breitet Spielpläne auf dem Tisch aus, E4 holt Würfel und Steine aus dem Stoffsäckchen aus der Schachtel* Welches möchtest du' *Lisa schaut Pläne an* Welches nimmst du' | |
| 2 | | Lisa | Das. *Lisa nimmt Plan mit den Farbklecksen* | |
| 3 | | E4 | Okay. Ich nehm des Haus. *E4 legt Plan vor sich* Und die zwei' kömmer wieder in Karton machen. *E4 packt die anderen zwei Pläne wieder in die Schachtel, leert das Stoffsäckchen mit den Steinen in die Schachtel* Und wer fängt an' *Lisa streckt den Zeigefinger hoch* Warum fängst du an' *E4 lehnt sich zu Lisa hinüber, schiebt die Schachtel in die Mitte* Bist du die Jüngste' *Lisa nickt* Bist du jünger' *Lisa nickt* Wie alt bist du denn' *Lisa schaut E4 an* | |
| 4 | 01:13 | Christoph | (          ) *Christoph kommt an den Tisch* | |
| 5 | | E4 | Möchtest du mitspielen Christoph' | |
| 6 | | Christoph | (Mag) so was *Christoph greift in die Schachtel nach den Steinen* | |

Für das Erkenntnisinteresse der Arbeit stellt die dritte Form eine angemessene Form der Aufbereitung sowohl verbaler als auch nonverbaler Daten dar. Die Aufbereitung nonverbaler Daten teilt sich in die Deskription von Spielhandlungen sowie in die Abbildung von Spielmaterialien, Spielzügen und Tischkonfigurationen. Sie stellt eine Ergänzung zur Videoaufzeichnung dar. Der Spielverlauf ist grundsätzlich ohne die Videoaufzeichnung rekonstruierbar. Die Videoaufzeichnung kann

aber bei Unsicherheiten in der Transkription oder Deskription jeder Zeit hinzu gezogen werden.

| | |
|---|---|
| *lacht* | nonverbale Äußerungen, Tätigkeiten |
| **betont** | betont gesprochene Worte |
| viellei- | Abbruch eines Wortes |
| (doch) | Unsicherheit in der Transkription, schwer verständliche Äußerungen |
| ( ) | unverständliche Äußerung |
| , | ganz kurzes Absetzen innerhalb einer Äußerung |
| . | Senken der Stimme (am Ende eines Wortes) |
| ' | Heben der Stimme am Ende eines Wortes |
| Zeilenwechsel erfolgt bei einem Sprecherwechsel | |

Abb. 4.3: Legende zur Datenaufbereitung, Transkriptionsregeln

## 4.4.4 Datenauswahl

Die Datenauswahl orientiert sich im Wesentlichen an den verwendeten Materialien
und Spielen, da diese die leitende Perspektive der Arbeit darstellen. Gemäß dem
theoretischen Sampling werden daher Szenen mit zwei häufig gewählten Spielen
(*Stechen mit Speedkarten*, *Bohnenspiel*) ausgewählt (Merkmal für Aufforderungscharakter in dieser Gruppe). Kontrastierend werden in Erhebungsphase 3 das Spiel
*Quips* und das Spiel *Max Mümmelmann* gezielt hinzugenommen. Quips ist eine
käufliche Version des Bohnenspiels für jüngere Kinder. Max Mümmelmann weist
im Unterschied zu den anderen Spielen auch strategische Elemente auf. Aus Erhebungsphase 1 wurden kontrastierend zudem zwei Szenen mit einer breiten Materialauswahl hinzugenommen.

Als ein Ergebnis der Datenanalyse lassen sich folgende formale Kriterien für die
Auswahl benennen:

– Material: Auswahl oder Vorgabe
– Setting: außerhalb des Freispiels oder im Freispiel
– Anwesenheit der Erzieherin: ganz oder teilweise
– Anzahl der beteiligten Kinder: 1, 2, mehr als 2

Das Datenmaterial setzt sich unter Verwendung dieser Unterscheidungen aus insgesamt 11 Szenen zusammen (Tab. 4.6).

Tab. 4.6: Datenmaterial der empirischen Studie

| | |
|---|---|
| **Erhebungsphase 1** | Szene 1 (14.01.2008): Zählschachteln und Bohnen/Nüsse, Angebot außerhalb des Freispiels mit Materialauswahl, Erzieherin anwesend, mehrere Kinder |
| | Szene 2 (16.01.2008): Anzahl-Zahl-Domino, Angebot außerhalb des Freispiels mit Materialauswahl, Erzieherin teilweise anwesend, mehrere Kinder |
| | Szene 3 (18.02.2008): Stechen mit Speedkarten, Angebot außerhalb des Freispiels mit Spielauswahl, Erzieherin anwesend, 2 Kinder |
| | Szene 4 (03.03.2008): Stechen mit Speedkarten, Angebot außerhalb des Freispiels mit Spielauswahl, Erzieherin teilweise anwesend, 2 Kinder |
| **Erhebungsphase 2** | Szene 5 (28.04.2008): Bohnenspiel, Angebot im Freispiel mit Spielauswahl, Forscherin anwesend, mehrere Kinder |
| | Szene 6 (29.04.2008): Stechen mit Speedkarten, Angebot im Freispiel mit Spielauswahl, Forscherin anwesend, 3 Kinder, 2 Zuschauer |
| | Szene 7 (30.04.2008): Bohnenspiel, Angebot im Freispiel mit Spielauswahl, Forscherin anwesend, 1 Kind |
| **Erhebungsphase 3** | Szene 8 (15.01.2010): Quips, Angebot im Freispiel mit ausgewähltem Spiel, Erzieherin anwesend, mehrere Kinder |
| | Szene 9 (09.02.2010): Stechen mit Speedkarten, Angebot im Freispiel mit ausgewähltem Spiel, Erzieherin anwesend, 3 Kinder, Zuschauer |
| | Szene 10 (19.02.2010): Stechen mit Speedkarten, Angebot im Freispiel mit ausgewähltem Spiel, Erzieherin anwesend, 3 Kinder |
| | Szene 11 (24.02.2010): Max Mümmelmann, Angebot im Freispiel mit ausgewähltem Spiel, Erzieherin teilweise anwesend, 3 Kinder |

## 4.5   Datenanalyse

Videodaten haben die Eigenschaft, eine große Anzahl von Ereignissen und Zuständen zu dokumentieren. Die Analyse aller gleichzeitig und nacheinander auftretenden Ereignisse ist weder leistbar noch sinnvoll:

> „Limitierende Selektionen, die etwa bei der teilnehmenden Beobachtung schon vorab getroffen werden, drängen sich bei der Videographie im Rahmen des Analyseprozesses als Entscheidungsmöglichkeiten und -notwendigkeiten auf." (Dinkelaker & Herrle 2009, 42)

Es lassen sich grundsätzlich zwei verschiedene Vorgehensweisen bei der Datenanalyse unterscheiden. Die erste Form führt durch systematisch-extensionale Interpretation zu einer Vermehrung des Textmaterials. Die zweite zielt auf die Reduktion durch Zusammenfassung und Kategorisierung.

> „Interpretation von Texten kann zwei gegenläufige Ziele verfolgen: Das Aufdecken, Freilegen oder Kontextualisieren der enthaltenen Aussagen etc. führt in der Regel zu einer Vermehrung des Textmaterials – zu kurzen Passagen des Ursprungstextes werden seitenlange Interpretationen geschrieben. Die andere Strategie zielt auf die Reduktion der Ursprungstexte durch Zusammenfassung, Kategorisierung etc. Diese beiden Vorgehensweisen werden entweder alternativ verwendet oder nacheinander. Insgesamt lassen sich als grundsätzliche Strategien im Umgang mit dem Text die Kodierung von Material mit dem Ziel der Kategorisierung und/oder Theoriebildung von der […] mehr oder minder streng sequenziellen Analyse mit dem Ziel der Rekonstruktion der Fallstruktur unterscheiden." (Flick 2007, 387)

In der vorliegenden Untersuchung geht es insbesondere um letzteres – die Kodierung mit dem Ziel der Zusammenfassung und Kategorisierung (vgl. auch Beck & Maier 1994b). Dazu werden zwei Verfahren angewandt:

- Theoretisches Kodieren in Anlehnung an die Grounded-Theory-Methodologie (vgl. Strauss & Corbin 1990, 57ff., vgl. Kapitel 4.2)
- Segmentieren in Anlehnung an die Videographie (vgl. Dinkelaker & Herrle 2009, 41ff.)

## 4.5.1  Theoretisches Kodieren

Durch das offene Kodieren werden zunächst Kodes (Tab. 4.7, rechte Spalte) und – durch deren Zusammenfassung – theoretische Konzepte entwickelt (Kapitel 5). Ähnliche Daten werden durch einen Kode zusammengefasst und anschließend mit einer konzeptuellen Bezeichnung versehen. Sowohl Kodes als auch Konzepte werden über das Vergleichen und das Stellen von Fragen gefunden:

- Die Frage *Was ist es?* zielt auf die Entwicklung von Kodes.
- Die Fragen *Was ist ähnlich? Was gehört zusammen?* zielen auf die Entdeckung von Konzepten bzw. Kategorien durch die Zusammenfassung von Kodes.
- Die Frage *Worum geht es?* zielt auf die Benennung von Konzepten bzw. Kategorien in einer gewissen Vorläufigkeit.

Durch das permanente Vergleichen werden die entwickelten Konzepte ausdifferenziert und Hypothesen über Zusammenhänge generiert (axiales Kodieren, vgl. Kapitel 5.1.3, 5.2.3, 5.3.3, 5.4.3). Selektives Kodieren liefert die Kernkonzepte. Diese sind in der vorliegenden Studie die zentralen Bedingungen für die Entstehung mathematischer Lerngelegenheiten in Spielsituationen (vgl. Kapitel 5.5).

Tab. 4.7: Offenes Kodieren Szene 8, Segment 1

| Zeile | Zeit | Sprecher | Transkript und Paraphrase | Materialien, Skizzen, Bilder, Kodierung |
|---|---|---|---|---|
| 1 | 0:00 | E4 | *Lisa lächelt E4 an und zeigt auf die Schachtel auf dem Tisch* Quips soll mer des spielen' *E4 holt die Spielschachtel zu sich, öffnet sie und schiebt sie vor Lisa* So dann darfst du dir mal eins aussuchen *Legt die Spielpläne vor Lisa, Lisa breitet Spielpläne auf dem Tisch aus, E4 holt Würfel und Steine aus dem Stoffsäckchen aus der Schachtel* Welches möchtest du' *Lisa schaut Pläne an* Welches nimmst du' | **Spiel mit der Erzieherin** |
| 2 | | Lisa | Das. *Lisa nimmt Plan mit den Farbklecksen* | **Verteilen der Spielpläne** |
| 3 | | E4 | Okay. Ich nehm des Haus. *E4 legt Plan vor sich* Und die zwei' kömmer wieder in Karton machen. *E4 packt die anderen zwei Pläne wieder in die Schachtel, leert das Stoffsäckchen mit den Steinen in die Schachtel* Und wer fängt an' *Lisa streckt den Zeigefinger hoch* Warum fängst du an' *E4 lehnt sich zu Lisa hinüber, schiebt die Schachtel in die Mitte* Bist du die Jüngste' *Lisa nickt* Bist du jünger' *Lisa nickt* Wie alt bist du denn' *Lisa schaut E4 an* | **Frage – Spielbeginn** **Frage – Alter** |
| 4 | 1:17 | Christoph | (          ) *Christoph kommt an den Tisch* | **Spielgruppen-vergrößerung** |
| 5 | | E4 | Möchtest du mitspielen Christoph' | |
| 6 | | Christoph | (Mag) so was *Christoph greift in die Schachtel nach den Steinen* | **Materialbezogener Aufforderungscharakter** |

### 4.5.2 Segmentieren

In Anlehnung an Dinkelaker und Herrle (2009, 41ff.) werden die Daten einer *Segmentierungsanalyse* unterzogen. Sie gibt einen Überblick über den sequenziellen Verlauf, die Phasen der ganzen Szene und die räumlichen Veränderungen. Davon unterscheiden Dinkelaker und Herrle (2009, 52ff., 64ff.) die *Konfigurationsanalyse*, die die räumliche Anordnung zu einem bestimmten Zeitpunkt herausgreift, erfasst und genauer analysiert.

Diese beiden Analyseschritte werden integriert durchgeführt (Tab. 4.8). Tabellarisch wird die gesamte Spielsituation als eine Abfolge unterschiedlicher Segmente beschrieben. Die Beschreibung und Benennung der Segmente erfolgt über die Suche nach Gleichförmigkeiten und Wechseln im Spielgeschehen (vgl. Herrle u.a. 2010, 610) und stellt damit eine *Kodierung durch Vergleichen* dar. Der Spielprozess wird in Form eines Protokolls nachgezeichnet. Räumliche Veränderungen im Spielprozess wie der Weggang oder das Hinzukommen von Personen, werden in Skizzenfolgen dargestellt. Gleichzeitig werden auch Konstanzen in der räumlichen Anordnung betrachtet. So wird zu Beginn der Episode ein Grundriss des Gruppenzimmers abgebildet, in dem die Spielsituation lokalisiert ist.

Die Segmentierung ist eine nachträgliche Verdichtung der aufbereiteten Daten mit Hilfe theoretischer Konzepte.

Tab. 4.8: Segmentierung(sanalyse) Szene 8

| Zeit | Segment |
|------|---------|
| 00:00 | **1. Spielaufnahme, Spielgruppenformation und -vergrößerung** |

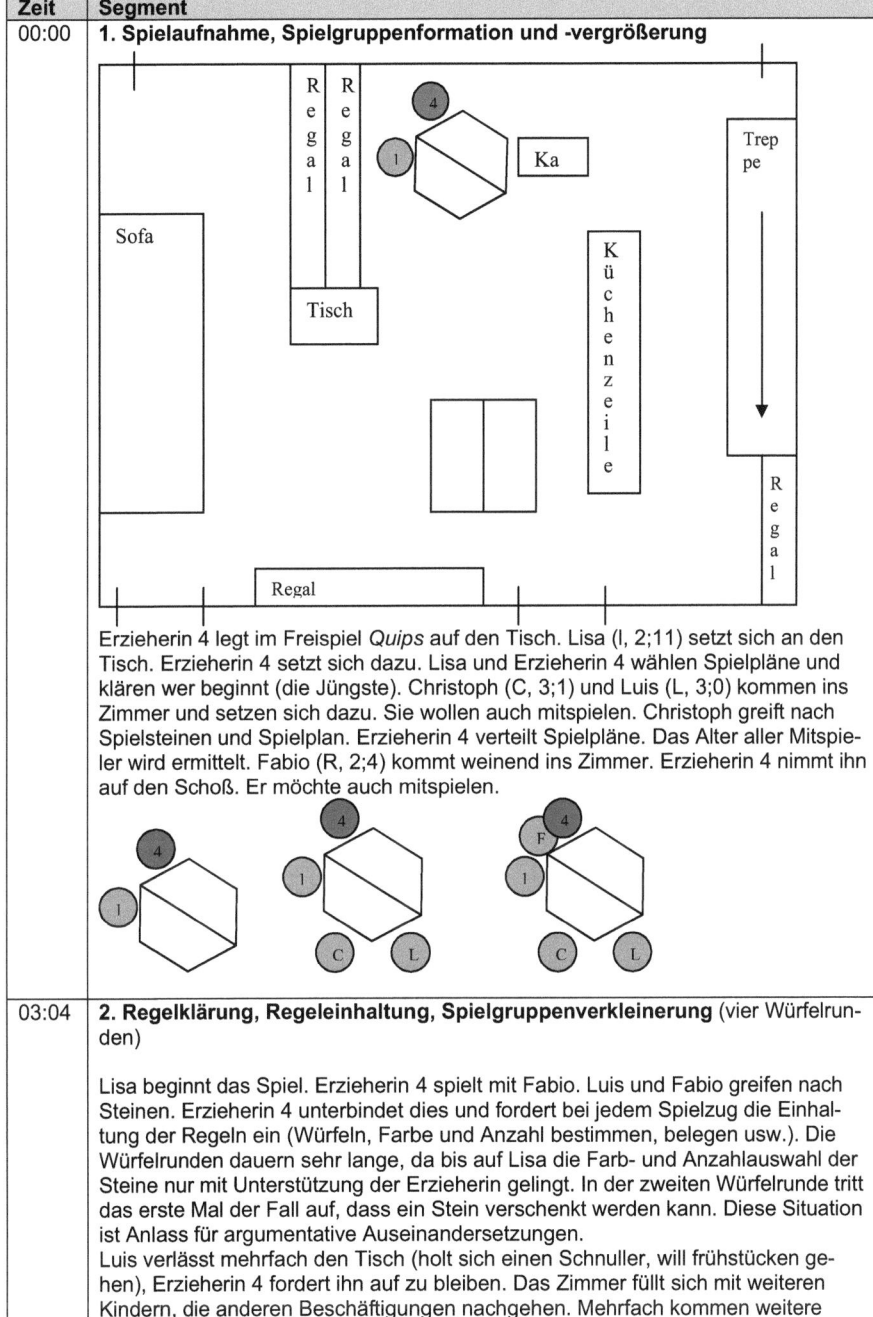

Erzieherin 4 legt im Freispiel *Quips* auf den Tisch. Lisa (l, 2;11) setzt sich an den Tisch. Erzieherin 4 setzt sich dazu. Lisa und Erzieherin 4 wählen Spielpläne und klären wer beginnt (die Jüngste). Christoph (C, 3;1) und Luis (L, 3;0) kommen ins Zimmer und setzen sich dazu. Sie wollen auch mitspielen. Christoph greift nach Spielsteinen und Spielplan. Erzieherin 4 verteilt Spielpläne. Das Alter aller Mitspieler wird ermittelt. Fabio (R, 2;4) kommt weinend ins Zimmer. Erzieherin 4 nimmt ihn auf den Schoß. Er möchte auch mitspielen.

| 03:04 | **2. Regelklärung, Regeleinhaltung, Spielgruppenverkleinerung** (vier Würfelrunden) |

Lisa beginnt das Spiel. Erzieherin 4 spielt mit Fabio. Luis und Fabio greifen nach Steinen. Erzieherin 4 unterbindet dies und fordert bei jedem Spielzug die Einhaltung der Regeln ein (Würfeln, Farbe und Anzahl bestimmen, belegen usw.). Die Würfelrunden dauern sehr lange, da bis auf Lisa die Farb- und Anzahlauswahl der Steine nur mit Unterstützung der Erzieherin gelingt. In der zweiten Würfelrunde tritt das erste Mal der Fall auf, dass ein Stein verschenkt werden kann. Diese Situation ist Anlass für argumentative Auseinandersetzungen.

Luis verlässt mehrfach den Tisch (holt sich einen Schnuller, will frühstücken gehen), Erzieherin 4 fordert ihn auf zu bleiben. Das Zimmer füllt sich mit weiteren Kindern, die anderen Beschäftigungen nachgehen. Mehrfach kommen weitere Personen in den Raum und sprechen Erzieherin 4 an.

Alexander (A, 2;0) wird von seiner Mutter gebracht. Erzieherin 4 nimmt ihn auf den Schoß. Nach kurzer Zeit stellt sich heraus, dass Alexander gewickelt werden muss. Ein Erzieher kommt und nimmt Erzieherin 4 Alexander ab. Als Alexander gewickelt wird, verlässt auch Luis den Tisch und das Zimmer. Das Spiel geht nun

139

| | |
|---|---|
| | zu dritt weiter. Die nächste Würfelrunde dauert wieder sehr lange, da mehrfach Steine verschenkt werden können und sprachliche Schwierigkeiten auftreten (Christoph, Fabio). Max (M, 4;10) kommt an den Tisch und setzt sich auf Luis' Platz. Christoph verlässt den Tisch, bleibt aber im Zimmer. Max möchte für Christoph weiter spielen. <br><br> 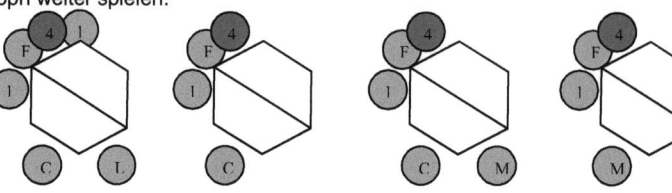 |
| 18:40 | **3. Spielfluss, stabile Spielgruppe mit Zuschauern** (vierzehn Würfelrunden), **Spielende** <br><br> 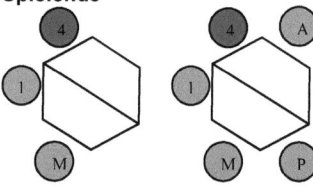 <br><br> Im Laufe der nächsten Würfelrunde verlässt Fabio den Tisch. Er hat während des Spiels Steine einsortiert, umsortiert und gestapelt. <br> Das Spiel wird von den verbleibenden drei Mitspielern zu Ende gespielt. Das Verschenken von Steinen wird weiterhin argumentativ und zunehmend kompetent bearbeitet. Die Spielzüge folgen schneller aufeinander und das Thema Gewinn wird sowohl von Lisa als auch von Max aufgeworfen. Damit sind positive und negative Emotionsäußerungen verbunden. Weitere Kinder tauchen zeitweise als Zuschauer auf. Philipp, ein Freund von Max bleibt bis zum Ende des Spiels. Alexander kommt wieder an den Tisch und setzt Steine in seinen Spielplan. Lisa gewinnt das Spiel, Max wird zweiter, da Erzieherin 4 ihm einen Stein schenkt. Gemeinsam wird aufgeräumt. |

## 4.6 Ergebnisse: Methode zur Erforschung von Spielsituationen mit jungen Kindern

Um Spielsituationen im Kindergarten, insbesondere ihre nonverbalen Aspekte, der Analyse zugänglich zu machen, werden in der vorliegenden Studie verschiedene Methoden verwendet:

– Datenerhebung: Mit der Methode *Videobeobachtung* werden sowohl verbale als auch non-verbale Daten erfasst.
– Datenaufbereitung: Verbale Daten bzw. Tondaten werden durch Transkripte aufbereitet, nonverbale Daten bzw. Bilddaten durch die Paraphrase von Spielhandlungen, durch Abbildungen von Spielmaterialien, Spielzügen und Tischkonfigurationen sowie durch Standbilder und Standbildfolgen. Diese Form der Datenaufbereitung ist ein Ergebnis der Arbeit und speziell auf den Gegenstand abgestimmt.

Die Datenanalyse mit dem Ziel der Theorieentwicklung hat zwei Bezugspunkte:

– Die Grounded-Theory-Methodologie: Das theoretische Kodieren dient der Entwicklung theoretischer Konzepte. Durch permanentes Vergleichen werden die theoretischen Konzepte verdichtet. Theoretisches Sampling ist die Grundlage der weiteren Datenerhebung und der Datenauswahl. Hier sind die verwendeten Spiele die leitende Perspektive.

– Die Videographie: Die Segmentierungsanalyse gibt einen Überblick über den sequentiellen Verlauf und die räumlichen Veränderungen. Sie nimmt damit die Spielsituation als Ganzes und den Spielprozess in den Blick. Sie stellt eine nachträgliche Verdichtung der aufbereiteten Daten dar. Wie die differenzierte Aufbereitung der Ton- und Bilddaten ist die Segmentierungsanalyse in der vorliegenden Form ein Ergebnis der Arbeit.

# 5    Spielsituationen im Kindergarten analysieren und gestalten

In diesem Kapitel werden die Entwicklung der zentralen Konzepte und die Konzepte selbst dargestellt. *Konzepte* sind in der vorliegenden Arbeit *Bedingungen für die Entstehung mathematischer Lerngelegenheiten in Spielsituationen*. Die Entwicklung erfolgt auf der Basis empirischer Daten, genauer der Analyse von Spielsituationen, vor dem Hintergrund der bisherigen Überlegungen (Kapitel 1 bis 4). Sie wird anhand exemplarischer Datenausschnitte und Datenanalysen transparent gemacht.

Spielsituationen sind, wie in Kapitel 2 ausgeführt (vgl. Abb. 2.4), bestimmt durch das Material, die Mitspieler und die Erzieherin. Während in Kapitel 3 durch die Analyse von Spielen die Bestimmungsgröße *Material* ausdifferenziert wird, können im Folgenden alle drei Bestimmungsgrößen – *Material, Mitspieler, Erzieherin* – sowie die *Spielsituation als Ganzes* in den Blick genommen werden (vgl. Abb. 2.4). Dazu werden vier verschiedene Analysefokusse auf die Daten eingenommen:

– Analysefokus *Mathematische Aktivitäten*: Die Daten werden daraufhin untersucht, welche mathematischen Aktivitäten (inhaltsbezogen und/oder allgemein) auftreten, und ob sie sich anhand verbaler Äußerungen und/oder nonverbaler Handlungen zeigen.
– Analysefokus *Setting*: Aufgrund der Daten lassen sich zwei Settings unterscheiden, in denen die Spielsituationen verortet sind: Angebot außerhalb des Freispiels, Angebot im Freispiel. Innerhalb der Settings werden eine Materialauswahl, eine Spielauswahl oder ausgewählte Spiele angeboten.
– Analysefokus *Spielprozess*: Der Spielprozess gliedert sich in die Spielaufnahme, die Spielaufrechterhaltung und das Spielende. Das Spielende kann durch einen vorzeitigen Abbruch, nach einer Spielrunde oder nach Spielwiederholungen erfolgen. Aus den Daten werden Konzepte generiert, die die Spielaufnahme und die Spielaufrechterhaltung unterstützen.
– Analysefokus *Verbale Interaktion*: Aufgrund der Daten wird zwischen anleitender und begleitender Interaktion unterschieden, die eine je verschiedene Form und Struktur aufweisen. Sowohl die Anleitung als auch die Begleitung kann von der Erzieherin oder den Kindern übernommen werden.

Diese Analysefokusse auf die Daten sind nicht nur theoretisch geleitet, sondern sie sind in ihrer Struktur auch ein Ergebnis der Datenanalyse. Diese Tatsache betont nicht nur die Zirkularität des Forschungsprozesses, sondern auch die Verschränkung von theoretischem Vorwissen, Datenaufbereitung und Datenanalyse. Die Analyse der Spielsituation ergänzt damit die Analyse der Spiele und verfolgt das Ziel der Theorieentwicklung im zirkulären Prozess.

Die mathematischen Aktivitäten und die verbale Interaktion werden durch das Kodieren von Transkripten in den Blick genommen (vgl. Kapitel 4.5.1, Tab. 4.7). Durch die Segmentierung(sanalyse) lassen sich das Setting und der Spielprozess beschreiben und analysieren, da sie den Spielprozess und die räumlichen Konstellationen und Veränderungen verdichtet darstellt (vgl. Kapitel 4.5.2, Tab. 4.8). Diese verdichtete Darstellung ist neben dem eher kleinteiligen offenen Kodieren der Transkripte eine zweite Form der Kodierung. Die einzelnen Segmente und die Ereignisse innerhalb der Segmente werden dabei durch theoretische Konzepte beschrieben. Theoretisches Kodieren und die vergleichende Analyse liefern folglich die zentralen theoretischen Konzepte, um die Spielsituation zu beschreiben und die Entstehung mathematischer Lerngelegenheiten zu erklären.

In Kapitel 5.1 wird zunächst anhand exemplarischer Datenausschnitte aufgezeigt, welche mathematischen Aktivitäten in Spielsituationen beobachtet werden können und diese mit den möglichen mathematischen Aktivitäten verglichen. In Kapitel 5.2 bis 5.4 werden dann die mathematischen Aktivitäten in den Kontext der Spielsituation eingebettet. Indem drei Analysefokusse auf die Daten eingenommen werden – Setting, Spielprozess und verbale Interaktion –, können Erkenntnisse darüber gewonnen werden, wie mathematische Aktivitäten in Spielsituationen entstehen.

Die im Laufe der Analyse durch Kodieren, Segmentieren und Vergleichen entwickelten Konzepte sind im Folgenden stets kursiv gedruckt. Jeder Analysefokus schließt mit der Formulierung von Hypothesen zur Entstehung mathematischer Lerngelegenheiten in Spielsituationen. Abschließend werden in Kapitel 5.5 die Ergebnisse der Datenanalyse, die zentralen Bedingungen für die Entstehung mathematischer Lerngelegenheiten in Spielsituationen, in Form von Kernkonzepten zusammengefasst.

## 5.1 Analysefokus *Mathematische Aktivitäten*

Im Folgenden soll der Frage nachgegangen werden, ob sich die tatsächlichen mathematischen Aktivitäten in den Spielsituationen mit möglichen mathematischen Aktivitäten decken, oder ob und gegebenenfalls wo es zu Abweichungen kommt. Dabei wird zwischen zahlbezogenen mathematischen Aktivitäten (Kapitel 5.1.1) und allgemeinen mathematischen Aktivitäten (Kapitel 5.1.2) unterschieden.

### 5.1.1 Zahlbezogene mathematische Aktivitäten

Der Vergleich zwischen möglichen und tatsächlichen zahlbezogenen mathematischen Aktivitäten wird im Folgenden exemplarisch anhand des Spiels *Stechen mit Speedkarten* nach den Regeln *Die größere Zahl gewinnt* vorgenommen. Der Abgleich erfolgt über die Kodierungen mathematischer Aktivitäten in der rechten Tabellenspalte. Einzelne Ausschnitte beziehen sich auch auf andere Spiele (*Quips*, *Bohnenspiel*, *Max Mümmelmann*).

Micha (M, 5;9) und Boris (B, 5;9) spielen in **Szene 4** das Spiel *Stechen mit Speedkarten* (vgl. Tab. 4.6 für einen Überblick über die Szenen der empirischen Studie). Das Spiel ist für beide Kinder neu. Dan (D, 4; 9) schaut zu. Erzieherin 2 führt zu

Beginn die Regeln ein, verlässt dann für kurze Zeit den Raum und wendet sich nach ihrer Rückkehr der anderen Spielgruppe am Tisch (Viktoria, Achmed) zu. Der folgende Ausschnitt setzt ein, kurz nachdem Erzieherin 2 den Tisch verlassen hat. Der Spielbeginn liegt ungefähr zweieinhalb Minuten zurück.

| Zeile | Zeit | Sprecher | Transkript und Paraphrase | Material, Skizzen, Bilder, Kodierung |
|-------|------|----------|---------------------------|--------------------------------------|
| 234 | 11:25 | | | |
| | | Micha | *Deckt eine Zwei auf* Zwei. | Micha **Anzahlbestimmung** |
| 235 | | Boris | *Deckt eine Drei auf* Drei. Ich habe mehr. *Micha legt die Zwei auf Boris Drei, Boris legt beide Karten neben sich* Mehr | Boris **Anzahlbestimmung** **Mengenvergleich** |
| 236 | | Micha | *Deckt eine Eins auf* Hab eins. | Micha **Anzahlbestimmung** |
| 237 | | Boris | *Deckt eine Zwei auf* Ich hab zwei *lacht* | Boris **Anzahlbestimmung** |
| 238 | 11:40 | Micha | Grr du hast mehr. *Boris lacht, Micha schüttelt die Hand, Boris deckt eine Vier auf* Jetzt, o ich hab mehr *Micha deckt eine Fünf auf* fünf hab ich *Micha greift nach beiden Karten, Boris zieht beide Hände zurück zu sich an den Körper, Micha legt beide Karten neben sich* Boris *deckt eine Fünf auf* O fünf *Micha deckt eine Drei auf* drei. Du hast mehr. *Boris lacht* | **Mengenvergleich** Boris Micha **Mengenvergleich** **Anzahlbestimmung** Boris Micha **Anzahlbestimmung** **Mengenvergleich** |

Nacheinander decken beide Kinder eine Karte auf, bestimmen die Anzahl (vermutlich über das Erfassen kleiner Mengen und das Wiedererkennen von Würfelbildern) und Vergleichen dann die Anzahlen auf den aufgedeckten Karten (vgl. z.B. Zeile 234–235). Die Anzahlbestimmung und der Mengenvergleich werden versprachlicht (Zeile 238). Auf den Mengenvergleich folgen entsprechende Handlungen: Schieben verlorener Karten zum Mitspieler, Greifen nach gewonnenen Karten (Zeile 235). Sowohl die *Anzahlbestimmung* als auch der *Mengenvergleich* ergeben sich organisch aus den Spielhandlungen. Doch nicht in allen Fällen stellt sich der Bezug von Anzahlbestimmung und Mengenvergleich wie im Ausschnitt aus Szene 4 dar.

Saskia (s, 4;2) und Viktoria (V, 4;0) spielen in **Szene 3** zunächst mit der Erzieherin (Ausschnitt Zeile 106 bis 113) und dann ebenfalls ohne die Erzieherin (Ausschnitt ab Zeile 610). Erzieherin 2 (E 2) hat zu Beginn von Runde 1 die Regeln eingeführt und die Kinder die gesamte erste Runde bei ihrem Spiel begleitet. Runde 2 wird zu dritt gespielt. Zu Runde 3 verlässt Erzieherin 2 den Tisch.

| Zeile | Zeit | Sprecher | Transkript und Paraphrase | Material, Skizzen, Bilder, Kodierung |
|---|---|---|---|---|
| 106 | 08:31 | | | |
| | | E2 | So, jetzt geht's nächste Karte, zack, zack. *Saskia deckt eine Vier auf* Wie viele sind das' *Viktoria deckt eine Zwei auf* | |
| 107 | | Saskia | Drei. *Saskia tippt mehrmals auf die Karte* | **Anzahlbestimmung** |
| 108 | | E2 | Mmh' | |
| 109 | | Saskia | Zwei. Hihihi. *Saskia tippt auf Viktorias Zwei* | **Anzahlbestimmung, Mengenvergleich** |
| 110 | | E2 | Das sind nicht drei, zähl noch mal. *E2 tippt auf die Vier* | |
| 111 | | Saskia | Eins, zwei, drei, vier. *Saskia tippt bei jedem Zahlwort auf ein Symbol* | **Aufsagen der Zahlwortreihe** |
| 112 | | E2 | Vier und zwei, wer hat jetzt mehr, Viktoria' *E2 schaut Viktoria an, Saskia greift nach beiden Karten* | **Mengenvergleich** |
| 113 | | Saskia | Ich. *Viktoria tippt auf die Vier* | **Mengenvergleich** |
| ... | | | ... | |
| 610 | 32:55 | | | |
| | | Saskia | *Saskia deckt eine Eins auf* Ein, noch mal eins. *Greift sich mit beiden Händen an den Kopf, lacht* | |
| 611 | | Viktoria | Jetzt bin ich dran. *Viktoria deckt eine Zwei auf* Ist eine zwei, kriegs' *Saskia legt ihre Eins auf Viktorias Zwei* Darf ma- ich krieg sie. *Viktoria nimmt beide Karten in die Hand, Saskia deckt eine Fünf auf, wirft sie vor Viktorias Stapel, Viktoria nimmt die Fünf in die Hand* **Nee**, du musch zählen, *Viktoria legt die* | **Anzahlbestimmung** **Mengenvergleich** |

| | | | | |
|---|---|---|---|---|
| | | | *Fünf vor Saskia* dann kriegsch du sie, nur- | |
| 612 | | Saskia | Eins, zwei, drei, vier. *Saskia tippt beim Zahlwort vier auf zwei Symbole vier. Viktoria deckt eine Eins auf* | **Aufsagen der Zahlwortreihe Anzahlbestimmung** <br><br> Viktoria |
| 613 | | Viktoria | Eine eins. *Saskia greift nach beiden Karten Du kriegsch sie. Zeigt auf Saskia, Viktoria deckt eine Fünf auf Eins, zwei Tippt beim Zahlwort Zwei auf zwei Symbole drei, vier.* | **Anzahlbestimmung Mengenvergleich** <br> Viktoria <br> **Aufsagen der Zahlwortreihe** |
| 614 | | Saskia | Eins *Saskia deckt eine Fünf auf* Eins, zwei | Saskia <br> **Aufsagen der Zahlwortreihe, Anzahlbestimmung** |
| 615 | | Viktoria | Pff, gleich. *Viktoria nimmt ihre Fünf in die Hand* | **Mengenvergleich** |
| 616 | | Saskia | Drei, vier fünf. *Tippt bei jedem Zahlwort auf eine Symbol* | **Aufsagen der Zahlwortreihe, Anzahlbestimmung** |
| 617 | 33:28 | Viktoria | Gleich. *Beide Kinder legen ihre fünf auf den Ablagestapel* Wir kriegen sie selber. *Beide ordnen die Ablagestapel* | **Mengenvergleich** |

Auch in diesem Ausschnitt können die antizipierten Schwerpunktaktivitäten des Spiels – *Anzahlbestimmung* und *Mengenvergleich* – durchgehend beobachtet werden. Zuerst wird die Anzahl bestimmt. Bei kleinen Mengen gibt es keinen Hinweis auf ein Zählen. Bei den Mengen vier und fünf wird die *Zahlwortreihe* zur Anzahlbestimmung *aufgesagt* (Zeile 111, 612f.). Dann werden die Mengen verglichen. Diese Vorgehensweise geht auf die Einführung durch Erzieherin zurück: Wie viele sind das? Wer hat jetzt mehr? (Zeile 106, 112) Die Erzieherin hält die Kinder bei jedem Stich dazu an, zuerst die Anzahl auf der Karte zu bestimmen und dann die beiden Mengen miteinander zu vergleichen (Zeile 106–113). Im Spiel ohne die Erzieherin führen die Kinder diese Vorgehensweise – Anzahlbestimmung, dann Mengenvergleich – fort. Es zeigt sich aber, dass ein Mengenvergleich auch ohne eine korrekte Anzahlbestimmung gelingen kann (Zeile 109, 615). Die (korrekte) Anzahlbestimmung ist für einen Mengenvergleich nicht zwingend notwendig. Der Mengenvergleich kann auch perzeptiv vorgenommen werden, indem z.B. abgeschätzt wird, wer mehr hat oder visuelle Muster (hier gleiche Anordnung) miteinander verglichen werden. Der Mengenvergleich gelingt, obwohl die Anzahlen nicht korrekt (Zeile 107), in einem Fall sogar unterschiedlich, bestimmt werden (Zeile 613–617).

In **Szene 6** spielen Rim (R, 6;2) und Lena (L, 4;6) zusammen. Michelle (M, 5;5) schaut zu, beteiligt sich aber auch am gemeinsamen Spiel. Die Forscherin sitzt mit am Tisch und begleitet das Spiel. Zwei weitere Kinder, Delphine (D) und Elias (E), schauen zu. Insgesamt werden zwei Runden gespielt. Der Ausschnitt setzt in der Mitte der ersten Runde ein.

| Zeile | Zeit | Sprecher | Transkript und Paraphrase | Material, Skizzen, Bilder, Kodierung |
|---|---|---|---|---|
| 155 | 16:59 | | | |
| | | Rim | Und zack. *Rim deckt eine Drei auf, schaut zu Lena, Lena nimmt ihre bereits aufgedeckte Zwei in die Hand* | Rim |
| 156 | | Michelle | O. *Michelle schiebt Lenas Zwei zu Rim, Rim schiebt die Karten beiseite, Rim deckt eine Vier auf* | **Mengenvergleich** Rim |
| 157 | 17:00 | Lena | Und zack. *Lena deckt eine Fünf auf, Michelle schiebt Lenas Fünf zu Rim* | Lena **Mengenvergleich** |
| 158 | | Rim | **Ää**. *Rim schiebt die zwei Karten zurück zu Lena, Rim lacht, Lena legt beide Karten neben sich* | **Mengenvergleich** |

Der *Mengenvergleich* wird nicht sprachlich ausgedrückt, sondern kann nur aufgrund der Materialhandlungen erschlossen werden: Stich Nehmen, Stich zum Spielpartner Schieben (Zeile 156ff.). Ob der Mengenvergleich über die Anzahlbestimmung vorgenommen wird bzw. die Anzahlbestimmung dem Mengenvergleich vorausgeht, muss in diesem Fall offen bleiben. Er könnte auch abschätzend – im Sinne mehr, weniger, gleich viel – erfolgt sein.

Im Spiel *Stechen mit Speedkarten* bilden die mathematischen Aktivitäten *Mengenvergleich* und *Anzahlbestimmung* den Schwerpunkt. Allerdings kann aufgrund der Beobachtungen in den verschiedenen Ausschnitten nicht unterschieden werden, ob die Anzahlbestimmung über das Abzählen von Objekten, das simultane Erfassen kleiner Mengen oder das Wiedererkennen von Würfelbildern erfolgt (vgl. zu Teilfähigkeiten des Zahlbegriffs Tabelle 3.1. bis 3.3). Kodiert wurden in allen Spielsituationen daher lediglich die beobachtbaren zahlbezogenen Aktivitäten *Mengenvergleich*, *Anzahlbestimmung* und *Aufsagen der Zahlwortreihe*.

Weiterhin kann der Mengenvergleich auch ohne Anzahlbestimmung erfolgen. Dies wird insbesondere deutlich an Ausschnitten, in denen die Anzahl falsch bestimmt wird, der Mengenvergleich aber trotzdem gelingt. Umgekehrt kann damit aus einem korrekten Mengenvergleich nicht auf eine zuvor erfolgte Anzahlbestimmung geschlossen werden, wenn diese nicht verbalisiert wird. Im Unterschied zum Mengenvergleich ist die Anzahlbestimmung nämlich aus Materialhandlungen ohne Verbalisierung nicht zu erschließen. Eine Verbalisierung kann durch die Erzieherin angeregt und mehr oder weniger organisch in den Spielablauf eingebunden werden. Das Reihum-Aufdecken unterstützt die Verbalisierung der Anzahlbestimmung, da dann die Aufmerksamkeit aller auf nur eine Karte gelenkt wird und nicht jeder auf seine eigene Karte fokussiert (vgl. dazu auch den folgenden Datenausschnitt aus Szene 9). Diese Vorgehensweise kann den Übergang vom rein perzeptiven Mengenvergleich zu einem numerischen Mengenvergleich im Sinne von „3 ist mehr als 2" unterstützen.

Mathematische Aktivitäten zu *Teil-Ganzes-Beziehungen* konnten beim *Stechen mit Speedkarten* im Unterschied zur Anzahlbestimmung, zum Mengenvergleich und zum Aufsagen der Zahlwortreihe, die Bestandteil aller beobachteten Spielsituationen waren, in der gesamten Studie nur ein einziges Mal beobachtet werden. In **Szene 9** spielt Erzieherin 4 (E 4) mit Ann (A, 5;8), Max (M, 4;11) und Julie (J, 4;6). Es wurde bereits eine Runde gespielt. Der Ausschnitt setzt mit dem zweiten Stich in der zweiten Runde ein.

| Zeile | Zeit | Sprecher | Transkript und Paraphrase | Material, Skizzen, Bilder, Kodierung |
|---|---|---|---|---|
| 34 | 01:45 | E4 | Wenn alle weg sind, gehts nächste los. *Julie deckt eine Drei auf* | Julie |
| 35 | | Ann | Wir ham vergessen zu sagen. | |
| 36 | | E4 | Was hast du' | |
| 37 | | Julie | Eins, zwei, drei. *Julie tippt bei jedem Zahlwort auf ein Symbol* | **Aufsagen der Zahlwortreihe** |
| 38 | | E4 | Fünf. *E4 deckt eine Fünf auf* | E4 **Anzahlbestimmung** |
| 39 | | Max | Ich habe die Vier. *Max deckt die Vier wieder auf* Vier. | Max **Anzahlbestimmung** |

| 40 | | Ann | Ich habe die Vier. *Ann deckt eine Vier auf* | Ann **Anzahlbestimmung** |
|---|---|---|---|---|
| 41 | | E4 | So, wo ist die höchste Zahl' *Ann und Max tippen auf die Fünf von E4* Da. *E4 sammelt den Stich ein* | **Mengenvergleich** |
| 42 | 2:00 | Max | Du hast die meisten. | **Mengenvergleich** |
| 43 | | E4 | Wie viel hab ich mehr' | |
| 44 | | Max | Mmm. Fünf mehr. | **Mengenvergleich** |
| 45 | | E4 | Ich habe fünf gehabt und was hattest du' | |
| 46 | | Max | Vier. Eins mehr. | **Teil-Ganzes-Beziehungen** |
| 47 | | E4 | Genau. | |

Jedes Kind bestimmt beim Aufdecken der Karte die Anzahl verbal, indem es die Zahlwortreihe aufsagt oder einfach ein Zahlwort nennt (Zeile 37ff.). Dies scheint eine vereinbarte Routine zu sein: „Wir ham vergessen zu sagen" (Zeile 35). Wie sich im vorhergehenden Ausschnitt gezeigt hat, verbalisieren Kinder die Anzahlbestimmung im Spiel nicht zwingend spontan (vgl. Szene 6). Vermutlich wird die Anzahl aber auch von diesen Kindern bestimmt, zumindest abschätzend. Die Routine, die Anzahl beim Aufdecken der eigenen Karte verbal zu bestimmen, stellt folglich für das einzelne Kind nicht zwingend eine substantielle Erweiterung gegenüber einem bloßen Aufdecken der Karten dar. Allerdings bildet die Routine den Ausgangspunkt für weitere mathematische Aktivitäten, hier bei Max (Zeile 41ff.). Durch Fragen und Impulse der Erzieherin werden zunächst die Mengen verglichen und dann die Differenz zwischen zwei Anzahlen bestimmt. Die mathematische Aktivität, dass Beziehungen zwischen der Anzahl als Ganzes und ihren Teilen hergestellt werden (*Teil-Ganzes-Beziehungen* zwischen (An)Zahlen, Zeile 46), tritt in keiner Spielsituation, im Unterschied zu den bisher beobachteten zahlbezogenen mathematischen Aktivitäten, spontan auf. Das Nachdenken über Zahlbeziehungen erfordert offensichtlich gezielte *Fragen und Impulse der Erzieherin* (Zeile 43, 45).

Dies wird auch am folgenden Ausschnitt aus **Szene 7** deutlich. Beat (B, 6;2) und die Forscherin (F) spielen das *Bohnenspiel*. Beat hat sich einen Spielplan mit anderen Anordnungen gewählt, wohingegen er der Forscherin einen Plan mit Würfelanordnungen aus dem Regal geholt hat. Beat wartet fast 10 Minuten auf den Spielbeginn, bis die Forscherin das Spiel mit einem anderen Kind beendet hat. Der Ausschnitt setzt ungefähr in der Mitte des Spiels ein, als Beat bereits sieben der zwölf Felder belegt hat.

| Zeile | Zeit | Sprecher | Transkript und Paraphrase | Material, Skizzen, Bilder, Kodierung |
|-------|------|----------|---------------------------|--------------------------------------|
| 62 | 37:18 | Beat | *Beat würfelt eine Sechs* **Sechs-** *Beat nimmt mit der rechten Hand Steine aus der Kiste* | **Anzahlbestimmung** |
| 63 | | F | **O** mal gucken, ob du- Magst, scht | |
| 64 | | Beat | Nur mit drei drei gehts. | **Teil-Ganzes-Beziehungen** |
| 65 | 37:23 | F | Was ist drei drei' *Beat nimmt weitere Steine mit der linken Hand aus der Kiste* | |
| 66 | 37:25 | Beat | Sechs. *Beat legt sie zu den anderen Steinen in der rechten Hand* | |
| 67 | 37:26 | F | **A,** kann man das da auch sehen auf dem Würfel die drei drei' *Beat holt noch weitere Stein mit der linken Hand* | |
| 68 | 37:30 | Beat | Ja. *Beat legt die Steine in die rechte Hand* | |
| 69 | 37:31 | F | Mmh. Jetzt bin ich ja mal gespannt, ob dus findest- | |
| 70 | | Beat | A, ja. *Beat zeigt mit dem Zeigefinger auf die Sechs in der zweitobersten Reihe* | **Anzahlbestimmung** |
| 71 | 37:37 | F | Des hier' Aha, wie hast dus gefunden' | |
| 72 | 37:40 | Beat | So, wegen *Beat fährt mit dem Zeigefinger vom oberen einzelnen Punkt zu den unteren zwei Punkten und zurück, tippt die unteren zwei Punkte an* die sind so, drei- *tippt die drei mittleren Punkte einzeln an und zwei verbindet die unteren beiden Punkte* da ist noch einmal *tippt auf den oberen einzelnen Punkt*, das wär dann hier *fährt im Bogen zu den unteren zwei Punkte*. Ist ne Sechs. | **Teil-Ganzes-Beziehungen Begründen** |

Der Ausschnitt zum *Bohnenspiel mit anderen Anordnungen* ist unter zwei Gesichtspunkten interessant. Einerseits werden Beziehungen zwischen dem Ganzen (6) und seinen Teilen (3-3, 1-2-3) hergestellt (Zeile 64, 72), was insgesamt nur sehr selten beobachtet werden konnte. Andererseits wird Beats spontanes Zerlegen (Zeile 64) durch die Fragen der Forscherin nach einer Begründung (Zeile 71) noch intensiviert (Zeile 72). Die Begründung, dass dieses Feld eine Sechs darstellt, ist eine verbal begleitete Materialhandlung, die erst auf Nachfragen geäußert wird.

Die Hypothese, dass Verbalisierungen – spontane, routinisierte sowie durch Impulse angeregte – ein Ausgangspunkt für weitere mathematische Aktivitäten sind, wird insbesondere in den Kapiteln 5.1.2, 5.3.2 und 5.4 wieder aufgegriffen und präziser gefasst.

Die mathematischen Aktivitäten beim *Stechen mit Speedkarten* sind damit jedoch noch nicht erschöpft. In *Spielbegleithandlungen* zur Vor- bzw. Nachbereitung des eigentlichen Spiels können weitere zahlbezogene mathematische Aktivitäten beobachtet werden.

In **Szene 4** wollen Achmed (A, 6;5) und Viktoria (V, 4;1) gemeinsam Stechen spielen. Erzieherin 2 (E 2) sitzt mit am Tisch. Viktoria hat dieses Spiel bereits in Szene 3 zusammen mit Erzieherin 2 und Saskia gespielt. Für Achmed ist das Spiel neu. Der Ausschnitt setzt mit dem Verteilen der Karten ein. Boris (B) und Micha (M) spielen am Tisch ein anderes Spiel.

| Zeile | Zeit | Sprecher | Transkript und Paraphrase | Material, Skizzen, Bilder, Kodierung |
|---|---|---|---|---|
| 323 | 18:45 | E2 | Aber wie viele kriegt jeder am Anfang' *Viktoria verteilt die Karten abwechselnd* Eigentlich zwanzig. | |
| 324 | | Viktoria | Zwanzig. | |
| 325 | | E2 | Wie viele ä, zählt ihr auch wie viele ihr verteilt' | |
| 326 | | Achmed | Fünf. | **Anzahlbestimmung** |
| 327 | | Viktoria | Eins eins. | **Aufsagen der Zahlwortreihe** |
| 328 | | Achmed | Sechs. *Achmed lacht* | **Anzahlbestimmung** |
| 329 | | Viktoria | Zwei, drei, vier, fünf, sechs, sieben, acht, neun. *Viktoria nennt bei jeder gegebenen Karte ein Zahlwort* | **Aufsagen der Zahlwortreihe** |
| 330 | 19:05 | Achmed | Ich zähl. *Achmed nimmt seine Karten auf die Hand, zählt sie leise* | |
| 331 | | Viktoria | Zehn. Sieben, acht, neun, zehn. dreiundzwanzig, sechsundzwanzig, siebenundzwanzig *Viktoria teilt weiter Karten aus, E2 schaut zu Micha und Boris* Ich weiß nich noch viel. Wie noch viel' *Viktoria schaut E2 an* | |

| 332 | | Achmed | Nein ich hab fünfzehn, sechzehn, siebzehn, achtzehn. *Achmed nimmt sich weitere Karten vom Stapel* | **Anzahlbestimmung, Weiterzählen** |
|---|---|---|---|---|
| 333 | | Viktoria | Zehn. *Viktoria nimmt sich eine Karte vom Stapel* | |
| 334 | 19:33 | Achmed | Zähl deine. | |
| 335 | | E2 | Genau, zähl mal deine. | |
| 336 | | Viktoria | Eins zwei drei vier fünf sechs sieben acht neun zehn sechsundzwanzig siebenundzwanzig *Viktoria zählt ihre Karten* | **Aufsagen der Zahlwortreihe** |
| 337 | | E2 | elf, zwölf, dreizehn, vierzehn, fünfzehn, sechzehn. **Sechzehn.** | |
| 338 | | Achmed | *Achmed nimmt eine Karte vom Stapel* Siebzehn, | **Weiterzählen** |
| 339 | | E2 | Siebzehn. | |
| 340 | | Achmed | achtzehn, neunzehn, zwanzig. *Achmed nimmt weitere Karten vom Stapel, legt sie vor Viktoria* | |

Beim *Stechen mit Mengenkarten* ist beim Verteilen der Karten *das Aufsagen der Zahlwortreihe* auch in einem größeren Zahlenraum zu beobachten, wenn jeder Mitspieler zu Spielbeginn eine bestimmte Anzahl an Karten erhalten soll. Das Aufsagen der Zahlwortreihe ist je nach Fähigkeiten des Kindes wie bei Achmed mit der *Anzahlbestimmung* verbunden (Zeile 328, 332, 340) oder verbleibt wie bei Viktoria im mehr oder weniger korrekten Aufsagen, ohne dass eine Anzahlbestimmung am Ende des Zählvorgangs vorgenommen wird (vgl. Zeile 331, 336). Viktorias Schwierigkeiten beim Verteilen einer bestimmten Anzahl an Karten ist zudem der Ausgangspunkt für Achmeds *Weiterzählen* (Zeile 332, 338).

In **Szene 4** spielen Boris (B, 5;9) und Micha (M, 5;9) ohne die Erzieherin. Dan (D, 4;9) schaut zu. Der Ausschnitt setzt ein, nachdem alle Karten aufgedeckt und alle Stiche entschieden sind.

| Zeile | Zeit | Sprecher | Transkript und Paraphrase | Material, Skizzen, Bilder, Kodierung |
|---|---|---|---|---|
| 260 | | Boris | Komm, ich zähl meine Karten zuerst. | |
| 261 | | Micha | Eins zwei drei *Micha zählt seine Karten auf den Tisch* vier fünf sechs sieben acht neun zehn elf zwölf dreizehn vierzehn. Vierzehn. *Boris schaut zu* | **Aufsagen der Zahlwortreihe**<br><br>**Anzahlbestimmung, Kardinalität** |

| 262 | | Boris | Jetzt hab, bin ich. Eins zwei | **Aufsagen der Zahlwortreihe** |
|---|---|---|---|---|
| 263 | | Micha | Ha, ich hab noch mehr *Micha greift nach den übrigen Karten auf dem Tisch* | |
| 264 | | Boris | Drei vier fünf | |
| 265 | 13:46 | Micha | Ich hab noch mehr *Micha nimmt die Karten zu seinem Stapel dazu* | |
| 266 | | Boris | Sechs sieben acht neun zehn elf zwölf dreizehn vierzehn fünf sechzehn siebzehn achtzehn neunzehn zwanzig einundzwanzig zweiundzwanzig vierundzwanzig fünfundzwanzig **sechsundzwanzig** | **Anzahlbestimmung, Kardinalität** |
| 267 | | Micha | Eins zwei drei vier fünf sechs sieben sieben acht neun zehn elf zwölf dreizehn | **Aufsagen der Zahlwortreihe** |
| 268 | | Boris | Ich habe sechsundzwanzig u jesses | **Anzahlbestimmung** |
| 269 | | Micha | Vierzehn fünfzehn sechszehn siebzehn | |
| 270 | 14:25 | Boris | *Boris klopft Micha auf den Arm* Ich hab ich hab sechsundzwanzig | |
| 271 | | Micha | Achtzehn neunzehn zwanzig vierundzwanzig fünfundzwanzig sechsundzwanzig siebenundzwanzig achtzwanzig neunundzwanzig einundzwanzig *Micha schaut Boris an* vierundzwanzig fünfundzwanzig sechsundzwanzig siebenundzwanzig achtundzwanzig neunundzwanzig achtundzwanzig. **Achtundzwanzig**. Boa. *Micha nimmt seine Karten in die Hand und stapelt sie* | **Aufsagen der Zahlwortreihe** |
| 272 | | Boris | Ich hab zehnund- . | |
| 273 | | Micha | Ich hab mehr boa. | **Vergleichen von Zahlen** |

Auch hier ist das *Aufsagen der Zahlwortreihe* in einem größeren Zahlenraum zu beobachten, bei dem die Fähigkeiten der Kinder, aber auch deren Grenzen zu Tage treten (Zeile 266, 271). Die Ermittlung des Gewinners erfordert neben der *Anzahlbestimmung* auch einen Vergleich der ermittelten Anzahlen. Wenn wie hier nicht die Höhe der Stapel miteinander verglichen wird, müssen *Zahlen*, hier sechsundzwanzig und achtundzwanzig, miteinander *verglichen werden* (ordinaler Vergleich, Zeile 273).

In **Szene 10** spielen Lotta, Ann und Marie-Luise mit Erzieherin 5 (E 5). Der Ausschnitt setzt ein, nachdem alle Karten aufgedeckt und alle Stiche entschieden sind.

| Zeile | Zeit | Sprecher | Transkript und Paraphrase | Material, Skizzen, Bilder, Kodierung |
|---|---|---|---|---|
| 243 | | Lotta | Wer hat denn gewonnen' | |
| 244 | 10:00 | E5 | Des weiß ich jetzt nicht genau, Ann. Hat der gewonnen, der die meisten Karten hat' *Ann nickt* Dann muss mer se zählen. | |
| 245 | | Lotta | Ja. *Alle Mitspieler zählen ihre Karten* | |
| ... | | | ... | |
| 321 | | Ann | Ich habe fünf. | |
| 322 | | Marie-Luise | Ich habe sieben. | |
| 323 | | Lotta | Wir haben fünfundzwanzig. *Franka steht neben Lotta* | |
| 324 | | E5 | Ich hab zwanzig. | |
| 325 | | Lotta | Dann hab ich gewonnen. | **Vergleich von Zahlen** |
| 326 | | E5 | *Warum'* | |
| 327 | | Lotta | *Weil ich fünfundzwanzig hab.* | |

Auch hier ist der *Vergleich von Zahlen* zur Ermittlung des Gewinners zu beobachten (Zeile 327).

Die zahlbezogene Ausrichtung der *Spielbegleithandlungen* kann wie bei Boris und Micha spontan auftreten. In den anderen beiden Ausschnitten geht diese Ausrichtung auf die Fragen und Aufforderungen der Erzieherin zurück (Zeile 323, 244). Sowohl das Verteilen von Karten zu Spielbeginn als auch das Vergleichen der gewonnenen Karten am Spielende können grundsätzlich auch ohne das Aufsagen der Zahlwortreihe, die Anzahlbestimmung und den Vergleich von Zahlworten ausgeführt werden, wenn alle Karten reihum verteilt bzw. die gewonnenen Karten über die Höhe der Kartenstapel verglichen werden. Folglich kann die Mathematisierung der Spielbegleithandlungen die mathematischen Aktivitäten im Spiel substantiell erweitern.

## 5.1.2 Allgemeine mathematische Aktivitäten

Mit der fortschreitenden Kodierung der Daten wurde deutlich, dass neben den zahlbezogenen mathematischen Aktivitäten auch allgemeine mathematische Aktivitäten in Spielsituationen auftreten können. Es wurde zwar schon im Rahmen der Spielanalysen vermutet (Kapitel 3.3), dass auch allgemeine mathematische Aktivitäten beobachtet werden können, aber es war in deutlich geringerem Maße möglich zu antizipieren, *welche* Aktivitäten wohl auftreten würden, da diese situations- und interaktionsabhängig sind.

Allgemeine mathematische Aktivitäten sind bei jungen Kindern oftmals eng mit Materialhandlungen verknüpft. Um diese Materialhandlungen zu verdeutlichen, werden in den folgenden Datenausschnitten sowohl Standbilder als auch Material-skizzen in der rechten Spalte abgebildet.

Der folgende Ausschnitt aus **Szene 6** setzt ein, nachdem die erste Spielrunde von Rim (R, 6;2) und Lena (L, 4;6) beendet ist. Michelle (M, 5;5) und die beiden ande-ren Zuschauer, Delphine (D) und Elias (E), sind immer noch am Tisch.

| Zeile | Zeit | Sprecher | Transkript und Paraphrase | Material, Skizzen, Bilder, Kodierung |
|---|---|---|---|---|
| 177 | | | | |
| | | Rim | Ich hab aber viel mehr als Lena. *Rim ordnet ihren Stapel* | **Mengenvergleich Vermuten** |
| 178 | | F | Mhm. *Lena ordnet ihren Stapel* | |
| 179 | | Rim | Viel mehr als du Lena. *Rim schaut Lena an* | **Mengenvergleich Vermuten** |
| 180 | 18:11 | Michelle | *Michelle steht auf* Leg die mal hin *Führt ihre Hand Richtung Lenas Stapel und* schau wer gewonnen hat. *Rim legt ihren Stapel verdeckt auf den Tisch. Lena legt ihren Stapel (mit Rückseite nach oben) neben eine letzte aufgedeckte Karte.* | **Prüfen** |
| 181 | | Lena | Du bist. *Lena zeigt auf Rims Stapel, Rim schiebt ihren Stapel zu sich her, Rim und Lena greifen jeweils zur nächsten Karte auf dem Stapel* | |
| 182 | 18:19 | F | Und wer hat gewonnen' *Rim schiebt ihren Stapel wieder in Richtung Tischmitte* | |
| 183 | | Lena | **Ich.** *Lena schaut zur F* | **Behaupten** |
| 184 | | Michelle | Neei. *Michelle greift nach Lenas Karten, Rim nimmt ihren Stapel in die Hand* | **Einwand** |
| 185 | | F | Und wie kann mers denn rausfinden' | |
| 186 | | Rim | **Des, weißt du** *Rim lehnt sich nach vorne, schaut Lena an* **doch noch nicht** Lena. *Lena schaut zu Rim, dann zu Michelle* | **Einwand** |

| 187 | 18:26 | Michelle | **Hinlegen.** *Michelle und Rim legen die Stapel nebeneinander, Lena schaut zu* | **Prüfen** |
|---|---|---|---|---|
| 188 | | Rim | Ich hab gewonnen. *Michelle stellt sich aufrecht hin, klatscht in die Hände* | **Mengenvergleich** |
| 189 | | Michelle | Hoo. | |
| 190 | | F | Mhm, *Rim schiebt ihren Stapel zu sich* wie hast du denn des jetzt gewusst, dass du gewonnen hast' | |
| 191 | | Rim | *Rim schiebt die Kartenstapel wieder zusammen* So. *Lena und Michelle beugen sich vor und schauen auf die Stapel* | **Begründen** |
| 192 | 18:37 | F | Wie, so' *F beugt sich zu Rim* | |
| 193 | | Rim | Sieh mal, *Rim drückt die Karten nach unten* ich hab noch eine Karte mehr als sie. | **Begründen** |
| 194 | | F | Aa, ok, mhm. | |
| 195 | 18:43 | Rim | So nochmal, komm. *Rim schiebt Lenas Stapel zu Lena, Rim nimmt ihren Stapel zu sich* | |

Am Ende der ersten Spielrunde rückt der Spielgewinn in den Blick der Kinder. Im obigen Ausschnitt wird der Spielgewinn durch Rim zunächst vermutet (Zeile 177, 179), anschließend durch das Aneinanderlegen der Stapel geprüft (Zeile 180, 187) und schließlich durch erneutes Aneinanderlegen der beiden Stapel und Versprachlichen des Vergleichs begründet (Zeile 191, 193). Außerdem ist eine argumentative Auseinandersetzung darüber zu beobachten, wann der Vergleich der beiden Stapel als gültig anerkannt werden soll (Zeile 183–187). So treten im Rahmen der zahlbezogenen Aktivität des Mengenvergleichs verschiedene allgemeine mathematische Aktivitäten auf: *Vermuten, Prüfen, Begründen.* Auch wenn sich diese, wie oben bereits erwähnt, bei jungen Kindern in nicht unerheblichem Maße auf Materialhandlungen stützen, so sind sie ohne auslösende und begleitende Verbalisierungen nicht möglich. Seinen Ausgang nimmt der Prozess der Gewinnerermittlung in Rims nicht näher begründeter Annahme, dass sie mehr Karten hat. Michelle regt an, diese Hypothese zu überprüfen. Der unvermittelte Übergang Lenas in eine zweite Spielrunde in Zeile 181, ohne dass der Spielgewinn der ersten Runde explizit geklärt wäre, unterbricht die Forscherin durch einen Impuls (Zeile 182, 185). Daraufhin zeigt sich, dass es in der Spielgruppe unterschiedliche Vorstellungen bzw. noch keine Vorstellungen über den Spielgewinn gibt. Nach einer kurzen, emotional aufgeladenen argumentativen Auseinandersetzung (Zeile 184–187), schieben Michelle und Rim die Stapel erneut nebeneinander. Rim stellt ihren Gewinn fest und begründet ihn auf die Frage der Forscherin hin adäquat und offensichtlich für Michelle und Lena überzeugend (Zeile 190–193).

Achmed (A, 6;5) und Viktoria (V, 4;1) spielen bereits eine Runde *Stechen mit Speedkarten*. Dan (D, 4;9) schaut zu. Der Ausschnitt aus **Szene 4** setzt mit dem zweiten Stich in der zweiten Runde ein.

| Zeile | Zeit | Sprecher | Transkript und Paraphrase | Material, Skizzen, Bilder, Kodierung |
|---|---|---|---|---|
| 440 | | Achmed | *Achmed schaut unter seine oberste Karte, schaut in die Kamera* Jetzt bekomm ich- | **Vermuten** |
| 441 | | Viktoria | Was' | |
| 442 | 26:52 | Achmed | Jetzt bekomm ich eine. *Schaut Viktoria an* | **Vermuten** |
| 443 | | Viktoria | Du. | |
| 444 | | Achmed | Guck. *Zeigt Viktoria seine oberste Karte, es ist eine Fünf, Viktoria deckt ebenfalls eine Fünf auf* Hä. | Achmed **Begründen** Viktoria |
| 445 | | Viktoria | **Hey gleich,** *Achmed schaut kurz in die Kamera, beide legen Ihre Karten neben sich* du darfst die selber behalten. | **Mengenvergleich Revision der Vermutung** |

Auch in diesem Ausschnitt kann das *Vermuten* und *Begründen* beobachtet werden. Achmed vermutet, dass er den nächsten Stich gewinnen wird (Zeile 440, 442). Seine Vermutung begründet er gegenüber Viktoria durch das Zeigen der Fünf: „Guck." (Zeile 444). Viktoria geht darauf aber nicht weiter ein. Achmeds Vermutung stützt sich vermutlich auf Erfahrungen aus der vorhergehenden Spielrunde, bei denen die Fünf stets gewonnen hat. Beim Aufdecken der gegnerischen Karte wird deutlich, dass die Vermutung „Die Fünf gewinnt immer", in dem besonderen Fall, dass eine zweite Fünf aufgedeckt wird, nicht zutrifft. Eine Revision bzw. Erweiterung der ursprünglichen Vermutung wird nicht explizit gemacht. Achmed schaut auch im weiteren Spielverlauf immer wieder vorab unter seine oberste Karte, aber er versprachlicht seine Vermutungen nicht. Zwischen Viktoria und Achmed findet kein verbaler Austausch über die Vermutungen und Begründungen zu Stichgewinnen statt.

Das Aufstellen von Vermutungen über zukünftige Stichgewinne und deren Begründung bietet Potenzial für Generalisierungen hinsichtlich des numerischen Mengenvergleichs in dem speziellen Kontext *Die größere Zahl gewinnt*: Eine Fünf gewinnt fast immer, außer wenn ...; eine Eins verliert fast immer, außer wenn ... Dieses Potenzial kann sich aber nur entfalten, wenn die Vermutungen und Begründungen explizit gemacht werden. Dazu könnte bzw. müsste eine Erzieherin, die das Spiel begleitet oder selbst mitspielt, in dieser Situation anregen.

Dass allgemeine mathematische Aktivitäten auch schon bei sehr jungen Kindern beobachtet werden können, zeigt der folgende Ausschnitt. Lisa (l, 2;11), Max (M, 4;10) und Erzieherin 4 (E 4) spielen in **Szene 8** *Quips mit Verschenken*, d.h. es können nicht benötigte Steine an Mitspieler abgegeben werden. Der folgende Ausschnitt setzt ca. 6 Minuten vor Spielende ein. Die Spielpläne aller drei Mitspieler sind schon gut gefüllt und nicht mehr alle Farben werden von jedem gebraucht.

| Zeile | Zeit | Sprecher | Transkript und Paraphrase | Material, Skizzen, Bilder, Kodierung |
|---|---|---|---|---|
| 417 | 25:08 | Lisa | *Lisa würfelt* Zwweiii blau *Holt zwei blaue Steine aus der Schachtel* | **Anzahlbestimmung** |
| 418 | 25:19 | Max | Aber niemand braucht die. *Lisa fegt einen grünen Stein aus ihrem Plan auf den Boden, Max sucht und holt den Stein vom Boden* Aber niemand braucht die des. *Max geht mit dem grünen Stein in der Hand zu seinem Plan und hält ihn über seine Wiese* | **Behaupten** |
| 419 | | E4 | Niemand brau- schau mal bei der Lisa is es rausgefallen *Max setzt den Stein in Lisas grünen Farbklecks die hat mit ihrem Rock wild rumgemacht. Lisa schaut auf ihren Plan* So und nu' | |

| 420 | | Lisa | Ich kann nicht mehr. *Lisa schaut auf Plan von E4 und von Max* Max kann nicht mehr, du kannst auch nicht mehr. *Lisa wirft die zwei blauen Steine zurück in die Schachtel* | **Prüfen** **Schlussfolgerung** |
|---|---|---|---|---|
| 421 | | Max | Doch ich kann, ich kann bei vielen. *Max nimmt die Würfel in die Hand* | **Behaupten** |
| 422 | | E4 | Max nach Lisa komm ich. *E4 holt sich die Würfel* | |
| 423 | | Max | Guck ich kann hier, hier. *Max zeigt auf seinen Plan* | **Begründen** |
| 424 | 25:50 | E4 | Ja aber keine Blau, das heißt was für Farben brauchen wir nicht mehr' | **Einwand** |
| 425 | | Max | Blau, orange, lila und orange. *E4 würfelt* | **Schlussfolgerung** |
| 426 | | E4 | Ich habe eine orange. *E4 legt die Würfel vor Max* | **Anzahlbestimmung** |
| 427 | | Lisa | **Doch** ich brauch noch rosa. *Lisa zeigt auf zwei leere Löcher in ihrem rosa Farbklecks, Max würfelt* | **Einwand mit Begründung** |
| 428 | | E4 | Du brauchst noch, genau. | |

In diesem Ausschnitt ist eine argumentative Auseinandersetzung aller Mitspieler darüber zu beobachten, ob Steine einer bestimmten Farbe noch benötigt werden. Es werden Einwände sowohl mit als auch ohne Begründung ausgetauscht, die anschließend anhand des Spielplans überprüft werden. Die *argumentative Auseinandersetzung* über das Verschenken von Steinen, die mit *Begründen* und *Prüfen* verbunden ist, erweitert das Verständnis für die Struktur des Spiels und der Spielpläne. Der *Vergleich* aller Spielpläne (Zeile 420) zeigt, dass kein Mitspieler mehr blaue Steine benötigt. Dies schließt aber nicht aus, dass nicht noch andere Steine gesetzt werden können (Zeile 423). Beim Vergleich aller Spielpläne können Farben, die keiner mehr benötigt, von Farben unterschieden werden, die noch einzelne brauchen (Zeile 425, 427). An diesem Ausschnitt wird besonders deutlich, dass eine argumentative Auseinandersetzung über mathematische Sachverhalte ohne Verbalisierungen nicht denkbar ist.

In **Szene 5** spielt Leika (L, 4;6) mit der Forscherin (F) das *Bohnenspiel*. Beide belegen Spielpläne mit Punktmustern in Würfelbildanordnung. Gulio (G) geht einem eigenen Spiel nach, Bosse (B, 3;10) und Lars (l, 3;10) schauen zu. Sowohl Leika als auch die Forscherin haben bereits viele Felder auf dem Spielplan belegt.

| Zeile | Zeit | Sprecher | Transkript und Paraphrase | Material, Skizzen, Bilder, Kodierung |
|---|---|---|---|---|
| 395 | | Leika | Ä ( ) bei mir muss ich nur noch eins, zwei, drei, vier. *Zählt die leeren Felder auf ihrem Plan* Vier. | Anzahlbestimmung Beschreiben |
| 396 | 18:24 | F | A ja, noch vier Felder. *Leika würfelt eine Fünf* | |
| 397 | | Leika | Hab ich Pech. | |
| 398 | | F | Mhm. *würfelt* Ich auch. | |
| 399 | | Leika | Oa. Jetzt bin ich dran. *Würfel fällt auf den Boden* | |
| 400 | | F | Guck mal. *Legt den Würfel auf den Tisch* | |
| 401 | | Leika | Wie viel hab ich' Sechs. *Leika und F lachen, Leika belegt eine Sechs* | Anzahlbestimmung Leika belegt |
| 402 | | Leika | Jetzt muss ich nur noch drei haben. | Anzahlbestimmung Beschreiben |
| 403 | 19:06 | F | Mhm. Ja, noch drei Felder musst du belegen. | |
| 404 | | Leika | Ganz schön bin ich unterwegs. | |

Durch das Belegen der Felder mit Muggelsteinen wird die Menge der Spielplanfelder in zwei Mengen zerlegt: in die bereits belegten und die noch zu belegenden. Gegen Ende des Spiels treten für Leika die nicht belegten Felder hervor. Spontan zählt sie, wie viele Felder noch frei sind (Zeile 395). Nach dem Belegen eines weiteren Feldes setzt Leika die *Beschreibung* fort (Zeile 402). Die quantitative Beschreibung des Spielplans lässt Strukturen und Beziehungen hervortreten: Wird ein Feld belegt, dann reduziert sich die Zahl der zu belegenden Felder um eins. Leika expliziert dies zwar nicht auf diese Weise, aber in der verbalen Beschreibung (Zeile 395, 402) können Beziehungen zwischen Zahlen erst sichtbar und damit fassbar werden. Das *Beschreiben der Spielpläne* bietet daher Potenzial für Einsichten in mathematische Strukturen und Beziehungen. Die Forscherin unterstützt Leikas Beschreibungen, indem sie diese wiederholt, präzisiert und bestätigt (Zeile 396, 403).

In **Szene 11** spielen Jana (J, 5 Jahre), Andi (A, 5 Jahre) und Janis (j, 4 Jahre) *Max Mümmelmann*. Erzieherin 6 (E 6) sitzt mit am Tisch und führt eine INFANS-Beobachtung durch, die sie schriftlich festhält. Jana kennt das Spiel gut. Sie hat zu Beginn die Regeln erklärt. Der Ausschnitt setzt mit der fünften Würfelrunde ein.

| Zeile | Zeit | Sprecher | Transkript und Paraphrase | Material, Skizzen, Bilder, Kodierung |
|---|---|---|---|---|
| 95 | | Andi | Du bist Jana. *Andi gibt Jana den Würfel, Jana würfelt eine Drei* | |
| 96 | 6:50 | Jana | Eins zwei drei *Jana zieht gegen den Uhrzeigersinn* | **Aufsagen der Zahlwortreihe zum Ziehen der Spielfigur - Ordinales Zählen** |
| 97 | | Andi | Nein des isch falsche Richtung. | **Einwand** |
| 98 | | Jana | Nee. *Jana greift nach der Max Mümmelmann Karte* | |
| 99 | | Andi | Doch. Wir gehen grad immer so lang. *Andi fährt im Uhrzeigersinn über die Spielfelder* Und du bist jetzt so. *Andi fährt gegen den Uhrzeigersinn über die Spielfelder* | **Einwand mit Begründung** |
| 100 | | Jana | Man darf wie man will. *Jana deutet einen Kreis an* | **Einwand** |
| 101 | | Andi | Au. Na gut mach. *Jana deckt die Max-Mümmelmann-Karte auf, Jana lacht* | Jana |
| ... | | | ... | |
| 145 | 09:40 | Andi | Eins zwei drei *Andi läuft gegen den Uhrzeigersinn, landet auf einem Spielfeld ohne Karten* Hier muss ich nehmen' *Andi greift nach dem nächsten Stapel* | **Aufsagen der Zahlwortreihe zum Ziehen der Spielfigur - Ordinales Zählen** |
| 146 | | Jana | Nein des geht nicht. *Jana zeigt auf die leere Stelle neben dem Spielfeld, Janis rückt seine Karten zurecht* | **Einwand mit Begründung (Rückbezug auf Regeln)** |
| 147 | | Andi | O Manno, ich kann keine nehmen. | |

| 148 | 09:50 | E6 | Warum nicht' | |
|---|---|---|---|---|
| 149 | | Jana | Du darfst auch andersrum laufen. *Jana beschreibt mit der Spielfigur in der Hand einen Kreis im Uhrzeigersinn* | |
| 150 | | Andi | O na gut, dann nehm ich anders rum. *Janis schaut zu Jana* | |
| ... | | | ... | |
| 187 | | Andi | So jetzt bin ich. Ich würfel. *Andi dreht den Würfel auf der Spitze an* Hui aja *Der Würfel kreiselt auf den Boden* Schon wieder runter gefallen. *Janis und Andi schauen auf den Boden* Zwei. *Jana steht auf* Nehm ich. Eins zwei. *Andi zieht im Uhrzeigersinn* Kann ich nicht eins zwei. *Andi zieht gegen den Uhrzeigersinn* Bin ich hier. Ich nehm mal. *Andi deckt eine Karte auf*<br><br>Die vier die hab ich noch nicht, die kommt hier hin, weil da kommt noch die d- *Andi zeigt in die Lücke zwischen Vier und Zwei* | **Anzahlbestimmung Aufsagen der Zahlwortreihe, ordinales Zählen Beschreiben Aufsagen der Zahlwortreihe**<br><br>Andi<br>**Zahlzeichen ordnen Begründen (Seriation)** |

Zu Beginn des Spiels wird die Regel, dass man in beide Richtungen ziehen kann, von Jana nicht expliziert. Die Spielfigur wird von allen Mitspielern stets im Uhrzeigersinn gezogen (Zeile 96). Jana bricht mit dieser Konvention, vermutlich um die Max-Mümmelmann-Karte zu erreichen. Andi beginnt eine argumentative Auseinandersetzung über diesen angeblichen Regelbruch (Zeile 97ff.), wobei er Janas Autorität in Sachen Regelkenntnis akzeptiert (Zeile 101). Bei seinem nächsten Spielzug (Zeile 145) zieht Andi nun selbst die Spielfigur gegen den Uhrzeigersinn, landet dabei aber auf einem Feld, neben dem keine Hasenkarten mehr liegen. Jana erinnert ihn an die Regelerweiterung, dass in beide Richtungen gezogen werden kann (Zeile 149). Beim nächsten Spielzug setzt Andi die Regelerweiterung selbständig um. Er zieht in beide Richtungen, um eine Hasenkarte zu bekommen (Zeile 187).

Die *argumentative Auseinandersetzung* über den vermeintlichen Regelbruch eröffnet Andi eine Strategie, den Fall eines Nicht-Ziehen-Könnens von Hasenkarten zu reduzieren, die er sich im Laufe mehrerer Spielzüge aneignet. Das gezielte Ansteuern der Max-Mümmelmann-Karte, das er auch anstrebt, gelingt ihm in dieser ersten Spielrunde allerdings noch nicht.

### 5.1.3  Ergebnisse: Hypothesen zu mathematischen Aktivitäten

Von den antizipierten Schwerpunkten des Spiels *Stechen mit Speedkarten* – Simultanes Erfassen kleiner Mengen und Mengen Vergleichen (vgl. Kapitel 3.3.2.2, Tab. 3.1) – zeigt sich in den obigen Datenausschnitten insbesondere der Mengenvergleich. Während diese mathematische Aktivität durchgängig in allen obigen Aus-schnitten beobachtet werden kann, kann Simultanes Erfassen nicht kodiert werden. Wenn berücksichtigt wird, dass die Kodierung Anzahlbestimmung das simultane Erfassen einschließt, dann kann auch der zweite Schwerpunkt des Spiels bestätigt werden. Allerdings gibt es auch Ausschnitte, in denen die Anzahlbestimmung nicht beobachtet werden kann. Dies ist jedoch nicht damit gleich zu setzen, dass Kinder sie in der Situation nicht vornehmen.

Es wird deutlich, dass die empirische Beobachtung mathematischer Aktivitäten nicht so differenziert möglich ist, wie theoretische Modelle die Teilfähigkeiten zum Zahlbegriff aufschlüsseln (vgl. Kapitel 1.6). Hinsichtlich der Anzahlbestimmung lässt sich lediglich beobachten, ob die Anzahl durch ein Zahlwort bestimmt wird oder nicht, ob die Zahlwortreihe aufgesagt wird oder nicht bzw. ob Objekte ange-tippt werden oder nicht. Ob eine Anzahlbestimmung tatsächlich über das Aufsagen der Zahlwortreihe vorgenommen wird, die Anzahlen simultan oder quasi-simultan erfasst oder lediglich Würfelbilder wiedererkannt werden, lässt sich in den Spielsi-tuationen nicht eindeutig unterscheiden. Beim Vergleich von Mengen ergibt sich ein ähnliches Problem. Mengen können perzeptiv oder unter Rückgriff auf kardina-le Vorstellungen von Zahlen miteinander verglichen werden. Es ist daher nicht ein-deutig festzustellen, ob der Mengenvergleich über die Anzahlbestimmung vorge-nommen wird oder nicht.

Von den möglichen mathematischen Aktivitäten (vgl. Kapitel 3.3.2.2, Tab. 3.1) beim Stechen mit Speedkarten können über das gesamte Datenmaterial hinweg bis auf Mengen Ordnen und Erstes Rechnen alle antizipierten Teilfähigkeiten beobach-tet werden. Werden neben den Spielhandlungen auch die Spielbegleithandlungen (Spielvorbereitung und -nachbereitung) berücksichtigt, erweitern sich die mathe-matischen Aktivitäten um den Vergleich von Zahlen und das Aufsagen der Zahl-wortreihe im größeren Zahlenraum (größer als 5). Außerdem können auch zahlrei-che allgemeine mathematische Aktivitäten wie Vermuten, Behaupten, Prüfen, Be-gründen oder Beschreiben beobachtet werden.

In der Konsequenz kann der Zusammenhang zwischen dem theoretischen ma-thematischen Potenzial eines Spiels und den tatsächlich beobachteten mathemati-schen Aktivitäten in realen Spielsituationen in der Konsequenz als lose bezeichnet werden. Wird ein Spiel nach Regeln gespielt, treten die antizipierten Schwerpunkte einigermaßen zuverlässig auf. Ihre Beobachtbarkeit ist aber, wie in den Analysen mehrfach deutlich wird, in hohem Maße an die Verbalisierung der Spielhandlungen durch die Kinder gebunden. Dies gilt insbesondere für die allgemeinen mathemati-schen Aktivitäten. Zahlbezogene mathematische Aktivitäten, die über die Schwer-punkte hinausgehen wie z.B. Teil-Ganzes-Beziehungen, werden nur thematisiert, wenn die Erzieherin entsprechende Impulse setzt. Die Verwendung anderer Anord-nungen beim *Bohnenspiel*, also Nicht-Würfelbilder, kann auch das spontane Zerle-gen des Ganzen in Teile anregen. Dabei stellen Würfelbilder eine mögliche Inter-pretationsfolie dar, vor der andere Anordnungen strukturiert werden (vgl. Szene 7 in Kapitel 5.1.2, vgl. auch Schuler 2010d). Die Hypothese, dass Mengenzerlegun-gen durch andere Anordnungen angeregt werden können, aber nur vor bereits vorhandenen Strukturen (z.B. Würfelbildern) vorgenommen werden können, wäre noch weiter zu prüfen. Spontane Verbalisierungen bilden den Ausgangspunkt.

Die Analysen der Datenausschnitte zum *Stechen mit Speedkarten* verdeutlichen (Kapitel 5.1.1 und 5.1.2), dass mathematische Aktivitäten in Spielsituationen einerseits hinter den möglichen zahlbezogenen mathematischen Aktivitäten zurückbleiben können, andererseits aber insofern darüber hinausgehen, als dass allgemeine mathematische Aktivitäten beobachtet werden können. Mathematische Aktivitäten können außerdem sowohl während des eigentlichen Spiels (Spielhandlungen) als auch vor und nach dem Spiel (Spielbegleithandlungen) auftreten. Die empirische Unterscheidung in Spielhandlungen und Spielbegleithandlungen erweitert das Verständnis für Spielsituationen.

Es lassen sich folgende Hypothesen formulieren:

–   In Spielsituationen wird das mathematische Potenzial eines Spiels nicht automatisch ausgeschöpft. Die Breite der mathematischen Aktivitäten in verschiedenen Spielsituationen mit demselben Spiel kann sehr unterschiedlich sein. Mathematische Aktivitäten in Spielsituationen können einerseits *hinter dem zahlbezogenen mathematischen Potenzial zurückbleiben* oder *darüber hinaus gehen*. Eine substantielle Erweiterung umfasst insbesondere das Auftreten allgemeiner mathematischer Aktivitäten.

–   Die mathematischen Aktivitäten bleiben dann hinter dem zahlbezogenen Potenzial zurück, wenn *Spielhandlungen wenig oder nicht verbal begleitet* werden.

–   Die mathematischen Aktivitäten gehen dann über das zahlbezogene Potenzial hinaus, wenn *Spielhandlungen verbal begleitet* sowie *Spielbegleithandlungen mathematisch ausgerichtet* werden.

–   Verbalisierungen können spontan auftreten oder durch die Einführung von Routinen (der Reihe nach eine Karte aufdecken, Anzahl bestimmen, Mengen vergleichen) und Impulse (Wie viele hab' ich mehr? Woher weißt du, dass du gewonnen hast?) unterstützt werden. Spontane Verbalisierungen müssen aufgegriffen, Routinen eingeführt und Impulse gesetzt werden. Dies muss in der Regel die Erzieherin übernehmen.

–   Allgemeine mathematische Aktivitäten treten dann auf, wenn spontane Äußerungen aufgegriffen oder wenn sie durch Fragen und Impulse angeregt werden.

–   Verbalisierungen – seien sie spontan, das Ergebnis eingeführter Routinen oder gezielter Impulse – sind Ausgangspunkte für weitere mathematische Aktivitäten, insbesondere für solche, die aufgrund der Analyse des mathematischen Potenzials nicht die Schwerpunkte des Spiels sondern nur ‚möglich' sind, aber auch für allgemeine mathematische Aktivitäten. Verbalisierungen bedürfen, wenn auch in unterschiedlichem Maß, der Anregung durch die Erzieherin.

Das Auftreten mathematischer Aktivitäten ist somit nicht nur auf das mathematische Potenzial der Spielmaterialien und der Spielregeln zurückzuführen, sondern im Wesentlichen auf die Interaktion in der Spielsituation zwischen den Mitspielern, der Erzieherin und den Spielmaterialien zurückzuführen. In den folgenden Kapiteln

(5.2 bis 5.4) werden die mathematischen Aktivitäten – zahlbezogen wie allgemein – im Kontext der Spielsituation betrachtet, mit dem Ziel, weitere Bedingungen für die Entstehung mathematischer Aktivitäten zu gewinnen.

## 5.2 Analysefokus *Setting*

Mit dem Analysefokus *Setting* werden die besonderen Rahmenbedingungen im Kindergarten, insbesondere die formale Offenheit, in den Blick genommen, in die auch Spielsituationen eingebettet sind.

Die im Kindergarten in der Grundstruktur herrschende formale Offenheit wirkt sich auf alle Settings der Studie aus: Es muss Verbindlichkeit hergestellt werden, damit sich die Kinder mit Materialien bzw. Spielen mit mathematischem Potenzial auseinandersetzen. Verbindlichkeit kann durch Angebote der Erzieherin erreicht werden, indem sie etwa Spiele mit mathematischem Potenzial anbietet. Wie im Folgenden aufgezeigt wird, ist sie aber auch dann nur teilweise zu erzielen.

Den Ausgangspunkt aller Settings stellen die Materialien dar. Sie werden von den Erzieherinnen ausgewählt und den Kindern zur Verfügung gestellt. Zu punktuell einsetzbaren Materialien (Kapitel 3.1.3), wie dies Spiele sind, werden jedoch üblicherweise keine Angaben gemacht, wie das Setting zu gestalten ist. Die im Rahmen der Studie erprobten Settings unterscheiden sich sowohl hinsichtlich der ausgewählten Materialien als auch in der Art und Weise, wie sie dargeboten werden. Die Materialien und die Art der Darbietung haben Einfluss auf den ersten Materialzugang und den weiteren Materialumgang und damit auch auf die mathematischen Lerngelegenheiten. Diese Auswirkungen lassen sich unter anderem an Material- und Ortswechseln festmachen.

Im Folgenden werden *Angebote außerhalb des Freispiels* (Kapitel 5.2.1) und *Angebote innerhalb des Freispiels* (Kapitel 5.2.2) unterschieden. Für jedes Setting werden anhand ausgewählter Datenausschnitte – Segmentierungen und Transkripte – die wesentlichen Konzepte herausgearbeitet. Auf diese Weise können die verschiedenen Settings beschrieben und die charakteristischen Merkmale hervorgehoben werden. Die Kodierungen wurden im Vergleich zum Analysefokus Mathematische Aktivitäten (Kapitel 5.1) weiter ausdifferenziert.

### 5.2.1 Angebot außerhalb des Freispiels

Beim Angebot außerhalb des Freispiels haben die Kinder weniger Wahlfreiheiten als beim Angebot im Freispiel. Es sind sowohl der Raum als auch die Materialien und die Dauer begrenzt. Die Teilnahme am Angebot ist freiwillig und erfolgt in Kindertagesstätte 1 nach vorheriger Anmeldung z.B. im Morgenkreis. Mit der Anmeldung drückt das Kind seinen Wunsch aus, am Angebot teilzunehmen. Es ist damit aber auch verpflichtet, das Angebot wahrzunehmen. Das Angebot findet zu einer festen Zeit für die Dauer ca. einer Stunde in einem Themenraum statt.

Das Setting *Angebot außerhalb des Freispiels* ist durch eine gemeinsame Anfangsrunde, eine Arbeitsphase gegebenenfalls mit Orts- und Materialwechseln und eine

Abschlussrunde gekennzeichnet. In Abbildung 5.1 ist dieser typische Ablauf anhand von Tischkonfigurationen dargestellt: Zuerst sitzen alle Kinder gemeinsam mit den beiden Erzieherinnen (1, 2) am Tisch. Anschließend wird am Tisch und am Boden gespielt. Seinen Abschluss findet das Angebot wieder am Tisch. Eine Erzieherin und ein Kind haben den Raum bereits verlassen.

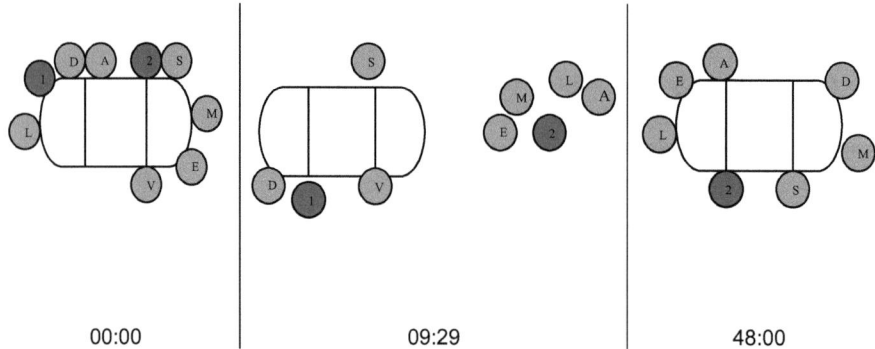

|  |  |  |
|:---:|:---:|:---:|
| 00:00 | 09:29 | 48:00 |

Abb. 5.1: Konfiguration eines Angebot außerhalb des Freispiels, Szene 1, Banddauer gesamt 53:00

Die Arbeitsphasen zwischen der Anfangs- und der Abschlussrunde gestalten die Erzieherinnen in den einzelnen Szenen unterschiedlich. Beim Angebot mit Materialauswahl ist der erste Zugang frei, beim Angebot mit Spielauswahl wird ein angeleiteter Umgang (Spiel nach Regeln) kommuniziert.

### 5.2.1.1 Angebot mit Materialauswahl

Im Folgenden wird die Arbeitsphase eines Angebots mit Materialauswahl (**Szene 1**) zunächst über eine Segmentierungsanalyse genauer betrachtet (Tab. 5.1). Anschließend werden einzelne Konzepte durch Datenausschnitte illustriert.

Die Erzieherinnen (E1, E2) haben für das Angebot (**Szene 1 und 2**) eine Kiste mit Materialien zusammengestellt. Folgende *Materialauswahl* steht den Kindern zur Verfügung:

–   Augen- und Zahlenwürfel
–   leere Streichholzschachteln (Zählschachteln) mit aufgedruckten Zahlzeichen von 0 bis 10
–   Nüsse, Bohnen
–   Zahlenkarten (0–20)
–   Dominospiele (klassisch, Anzahl-Zahl)
–   Pflaumenkerne/Wendeplättchen

166

Andere Materialien im Raum dürfen während des Angebots nicht verwendet werden. Innerhalb der angebotenen Materialien haben die Kinder freie Wahl, sie können sich ihre Spielpartner und ihren Platz im Raum frei wählen.

Tab. 5.1: Segmentierung Szene 1, Segment 1 bis 4

| Zeit | Segment |
|---|---|
| 00:00 | **1. Materialvorstellung**<br>Sitzordnung am Anfang: Lenni (L, 4;7), Erzieherin 1 (1), Dan (D, 4;9), Achmed (A, 6;4), Erzieherin 2 (2), Sonja (S, 6;5), Micha (M, 5;8), Elias (E, 4;6),Veronika (V, 5;6)<br><br> |
| 9:29 | **2. Materialwahl und erste freie Aktivitäten und Zugänge**<br>Lenni und Dan: Schachteln und Nüsse<br>Achmed: Würfel<br>Sonja und Veronika: Anzahl-Zahl-Domino<br>Micha und Elias schauen zu.<br>Lenni nimmt sich eine leere Schachtel und füllt diese mit Nüssen. Erzieherin 1 fordert Lenni zum Füllen der Schachtel mit Bohnen entsprechend des Zahlzeichens auf. Dan schaut zu, füllt eine eigene Schachtel. Erzieherin 1 geht um den Tisch herum zu Veronika und Elias. Sie regt Veronika zum Anlegen der Dominokarten an. Lenni und Dan füllen alleine weitere Schachteln ganz voll mit Nüssen und Bohnen. Lenni verlässt mit Micha den Tisch. Sie stellen am Boden Dominosteine auf, Erzieherin 2 setzt sich dazu. Erzieherin 2 führt Spielregeln ein (klassisches Domino). Dan füllt alleine weitere Schachteln ganz voll und stapelt gefüllte Schachteln. Sonja packt Zahlenkarten aus. Elias wirft Pflaumenkerne.<br><br> |
| 19:20 | **3. Regeleinführung, Schachteln entsprechend der Zahlzeichen füllen (Kamerafokus)**<br>Dan geht mit den gefüllten Schachteln zu Erzieherin 1. Erzieherin 1 fordert Dan zum Füllen gemäß der Zahlzeichen auf. Dan füllt die Schachteln gemäß den Zahlzeichen und ordnet sie flächig an. Parallel zu Dan „Schachtelfüllen" schlägt E1 Sonja die Spielidee „Nüsse würfeln" vor. Veronika legt weiterhin Anzahl-Zahl-Dominokarten aus. Achmed und Elias verlassen den Tisch und gehen zum Domino.<br><br> |

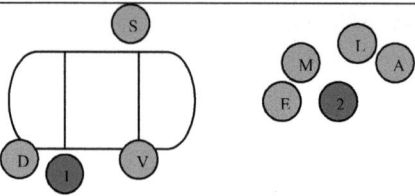

| | |
|---|---|
| 25:38 | **4. Umgang nach Regeln, Schachteln entsprechend der Zahlzeichen füllen, Schachteln nach Zahlzeichen ordnen (Kamerafokus)**<br>Sonja beendet das Nüssewürfeln.<br>Nach zwei Dominorunden kommt Erzieherin 2 zu Dan an den Tisch. Micha kommt ebenfalls an den Tisch. Achmed, Lenni und Ephraim bleiben am Boden und stellen Dominosteine auf. Erzieherin 1 fordert Dan zum Füllen weiterer Schachteln auf, Dan füllt weitere Schachteln, Erzieherin 2 begleitet das Füllen. Micha holt sich die Zahlenkarten.<br>Erzieherin 1 geht um den Tisch zu Sonja. Erzieherin 1 fordert Sonja zum Zurück-würfeln der Nüsse auf. Erzieherin 2 spielt mit Micha ein Anlegespiel mit Zahlenkar-ten. Dan füllt weitere Schachteln alleine. Erzieherin 2 regt das Ordnen der Schach-teln nach der Zahlzeichenfolge an, Dan ordnet die Schachteln.<br><br>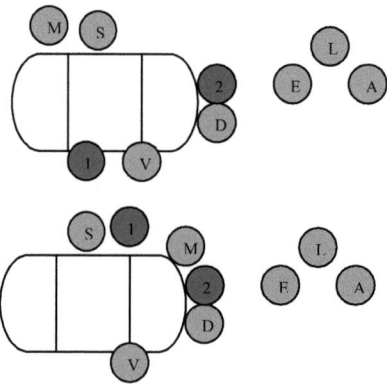<br><br>Erzieherin 1 ruft Achmed an den Tisch und regt Sonja und Achmed zum gemein-samen Nüsse Würfeln an. Dan verlässt die Schachteln (32:51). Veronika räumt Dominokarten auf. Erzieherin 1 geht zu Elias und Lenni, die am Boden raufen. Erzieherin 1 regt Elias und Lenni zum Kurvenbauen mit den Dominosteinen an.<br><br>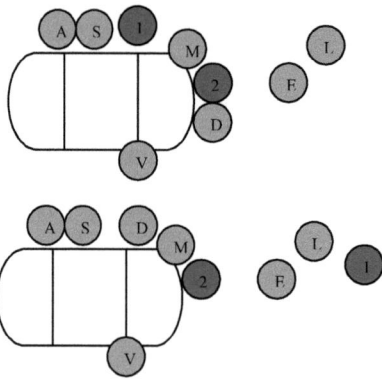 |

**Szene 1** beginnt mit der Materialvorstellung. Erzieherin 1 (E 1) schließt die Materialvorstellung (Tab. 5.1, Segment 1) mit der Aufforderung zu einem *freien explorierenden Umgang* mit den Materialien.

| Zeile | Zeit | Sprecher | Transkript und Paraphrase | Materialien, Skizzen, Bilder, Kodierung |
|---|---|---|---|---|
| 117 | 10:01 | E1 | Und jetzt könnt ihr mal ausprobieren, was man mit den Sachen machen kann. Jeder darf sich mal was nehmen. | **Freier explorierender Materialumgang** |

Zwischen der Materialvorstellung und der Abschlussrunde setzen sich die sieben Kinder mit den angebotenen Materialien in unterschiedlichen Konstellationen auseinander. Die gesamte Phase der Materialauseinandersetzung zeichnet sich durch eine *vielfältige Materialwahl* aus (Tab. 5.1, Segment 2). Fast jedes Kind wählt anfangs ein anderes Material. Alle Kinder, auch anfängliche Zuschauer, wenden sich im Laufe des Angebots den zur Verfügung gestellten Materialien zu und beschäftigen sich über einen längeren Zeitraum mit einem Material.

Sechs der sieben Kinder nehmen mindestens einen *Materialwechsel*, teilweise auch einen oder mehrere *Ortswechsel* vor (vgl. Tischkonfigurationen in Tab. 5.1). Zu Beginn einer Materialauseinandersetzung gehen die Kinder entsprechend der Aufforderung von Erzieherin 1 (vgl. Zeile 117) frei mit dem Material um: Lenni und Dan füllen Schachteln mit Bohnen und Nüssen ganz voll, Achmed würfelt, Sonja und Veronika packen Anzahl-Zahl-Dominokarten aus, benennen abgebildete Motive und bestimmen deren Anzahl, Lenni und Micha stellen Dominosteine auf. Dieser erste Zugang ist meist eher kurz und verändert sich bzw. endet mit der Zuwendung der Erzieherinnen. Die Erzieherinnen wenden sich den Kindern reihum zu, um den Materialumgang anzuleiten und Regeln einzuführen. Diese Reihumzuwendung ist auch mit Ortswechseln der Erzieherinnen verbunden, die in den Tischkonfigurationen in Tab. 5.1 für Segment 2 bis 4 sichtbar werden.

Im Folgenden wird ein Ausschnitt aus Segment 3 genauer betrachtet. Nachdem Dan (D, 4;9) im ersten freien Zugang in Segment 2 fünf Schachteln vollständig mit Bohnen und Nüssen gefüllt hat, verlässt er seinen Platz am Tisch, geht um den Tisch herum zu Erzieherin 1 (E 1). Der folgende Ausschnitt setzt zu Beginn von Segment 3, der Regeleinführung, ein (vgl. auch Tab. 5.1).

| Zeile | Zeit | Sprecher | Transkript und Paraphrase | Material, Skizzen, Bilder, Kodierung |
|---|---|---|---|---|
| 167 | 19:20 | E1 | *Dan geht mit seinen fünf vollständig mit Bohnen und Nüssen gefüllten Schachteln zu E1, E1 spielt mit Veronika* Jetzt hasch Sachen reingefüllt. Ja, schau mal, was ist denn des für eine Zahl' | **Freier Zugang** – Schachteln ganz füllen |

**Kontaktsuche** – Ortswechsel
**Frage** – Zahlzeichen

| | | | | |
|---|---|---|---|---|
| 168 | 19:30 | Dan | Äm, vier | **Zahlzeichen benennen** |
| 169 | 19:31 | E1 | Aha. Dann mach da mal **vier** Sachen rein in die Vier, nur vier | **Aufforderung** – füllen entsprechend Zahlzeichen **Regel** – füllen entsprechend Zahlzeichen |
| 170 | 19:37 | Dan | Eins, zwei, drei, vier *zählt die Dinge in der Schachteln* | **Aufsagen der Zahlwortreihe, Anzahlbestimmung** |
| 171 | 19:38 | E1 | Ja, dann leg mal vier rein | **Aufforderung** – füllen entsprechend Zahlzeichen |
| 172 | 19:43 | Dan | Eins, zwei, drei, vier *E1 hält in der einen Hand die offene Schachtel, in der anderen Hand Bohnen und Nüsse, Dan legt drei Nüsse und eine Bohne in die 4* | **Aufsagen der Zahlwortreihe, Anzahlbestimmung** |
| 173 | 19:46 | E1 | Vier, super, dann machsch mal zu, *Dan greift nach den Bohnen in der Hand von E1* mach mal die vier zu. *Dan nimmt die offene Schachtel aus der Hand von E1 und schließt sie* Dan ham mer die vier gerichtet. So. *E1 legt die 4 beiseite* So. Was ist denn des' *dreht die 6 zu Dan* | **Frage** – Zahlzeichen |
| 174 | 19:56 | Dan | Ein sechs. | **Zahlzeichen benennen** |
| 175 | 19:57 | E1 | Eine sechs. Wie viele Sachen mach mer denn da rein' | **Frage** – Füllmenge |
| 176 | | Sonja | Ich will mit Walnüsse, ich will mit Walnüssen probieren | **Kontaktsuche** |
| 177 | 19:59 | Dan | Ähm, sechs. | **Kardinalität** |
| 178 | 20:00 | E1 | Sechs. | |
| 179 | | Sonja | **Ich will mit Walnüssen was probieren.** | **Kontaktsuche** |
| 180 | | E1 | Des sind Haselnüsse und du darfst die nehmen, ja. | **Geteilte Aufmerksamkeit** |
| 181 | 20:03 | Dan | Eins, zwei *beginnt die Dinge in der Schachtel zu zählen, leert die 6 aus* Eins, zwei, drei, vier, fünf, sechs. *zählt Dinge auf dem Tisch* | **Aufsagen der Zahlwortreihe, Anzahlbestimmung** |
| 182 | 20:09 | E1 | Genau, und dann kannsch überall des reinmachen, was da drauf steht. | **Regel** – füllen entsprechend Zahlzeichen |
| 183 | | Veronika | Es sind acht Blumen. | **Kontaktsuche** |
| 184 | | E1 | Dann such dir die acht raus, ob du eine findest. | **Geteilte Aufmerksamkeit** **Aufforderung** – Zuordnung Menge-Zahlzeichen |

Durch die vielfältige Materialwahl und die damit verbundene Reihumzuwendung der Erzieherinnen suchen die Kinder immer wieder den Kontakt zu den Erzieherinnen. Die *Kontaktsuche* erfolgt durch in der Lautstärke zunehmende Ansprache oder durch Ortswechsel der Kinder zu den Erzieherinnen. Die Erzieherinnen reagieren mit *geteilter Aufmerksamkeit* und der *Einführung von Regeln* zum Materialumgang (Zeile 169, 182). So werden die ersten Zugänge, die nicht immer einen Zahlbezug haben, in zahlbezogene mathematische Aktivitäten überführt (*Umgang nach Regeln*).

Das Setting *Angebot mit Materialauswahl* lässt sich mit den oben entwickelten Konzepten wie folgt genauer bestimmen:

- Die Erzieherinnen rahmen das Angebot außerhalb des Freispiels mit einem Anfangskreis zur Materialvorstellung und einer Abschlussrunde. Es stehen ausgewählte Materialien zur freien Verfügung. *Verbindlichkeit* wird *durch Begrenzung der formalen Offenheit* hergestellt (Raum, Material, Spielpartner, Verweildauer).
- Während des *Angebots mit Materialauswahl* setzen sich die teilnehmenden Kinder zunächst frei mit Materialien auseinander, die ein mathematisches Potenzial haben.
- Der kommunizierte freie explorierende Materialumgang führt zu einer *vielfältigen Materialwahl*, sowie zu *Materialwechseln* und z.T. auch zu *Ortswechseln* der Kinder.
- Die Kinder finden *erste Zugänge* zu den Materialien und gehen mit den Materialien frei explorierend um. Diese ersten Zugänge haben nicht immer einen direkten Zahlbezug.
- Kinder, die sich alleine mit einem Material auseinandersetzen, suchen den *Kontakt* zur Erzieherin – entweder verbal oder durch Ortswechsel.
- Die Erzieherinnen sind während des gesamten Angebots *präsent*. Sie leiten die Materialauseinandersetzung durch Reihumzuwendung. Dazu *wechseln* sie im Laufe des Angebots mehrfach den *Ort*. Auf die Kontaktsuche mehrerer Kinder, die sich mit unterschiedlichen Materialien auseinandersetzen, reagieren die Erzieherinnen mit *geteilter Aufmerksamkeit*. Ihr Aufmerksamkeitsfokus wechselt dabei zwischen den verschiedenen Kindern. Während der geteilten Aufmerksamkeit wird der freie Materialzugang in einen angeleiteten Umgang insbesondere durch die *Einführung von Regeln* überführt. Durch die Einführung von Regeln fokussieren die Erzieherinnen Aufmerksamkeit und Handlungen der Kinder auf *zahlbezogene mathematische Aktivitäten*.

### 5.2.1.2 Angebot mit Spielauswahl

Im Folgenden wird die Arbeitsphase eines *Angebots mit Spielauswahl* (**Szene 3**) über eine Segmentierungsanalyse genauer betrachtet (Tab. 5.2). Dabei werden bereits entwickelte Konzepte (Kapitel 5.2.1.1) zur Kodierung genutzt. Eine Abschlussrunde findet nicht statt. Das Angebot löst sich gegen Ende fließend in ein

Freispiel auf. Einzelne Konzepte werden wieder durch detaillierte Datenausschnitte illustriert.

Während der erste Zugang zum Material beim *Angebot mit Materialauswahl* ein freier ist, werden beim *Angebot mit Spielauswahl* klare Spielideen zu den einzelnen Materialien formuliert.

Folgende *Spielauswahl* bieten die Erzieherinnen (E1, E2) den Kindern in Szene 3 und 4 an:

− Zählschachteln und Bohnen: Schachteln mit Bohnen füllen
− Nüsse und Würfel: Nüsse mit einem oder zwei Augenwürfeln erwürfeln
− Pflaumenkerne/Wendeplättchen: Pflaumenkerne werfen, wer mehr blaue hat, gewinnt einen Punkt
− Käferkarten (je 2 Käfer mit Punkten von 1 bis 6/10): Memory
− Mensch ärgere dich nicht
− Anzahl-Zahl-Domino
− Speedkarten: Stechen
− Hamstern

Tab. 5.2: Segmentierung Szene 3, Segment 1 bis 4

| Zeit | Segment |
|---|---|
| 00:00 | **1. Spielvorstellung**<br>Sitzordnung am Anfang im Stuhlkreis: Elias (E, 4;7), Lenni (L, 4;8), Dan (D, 4;10), Sarah (S, 5;5), Erzieherin 1 (1), Saskia (s, 4;2), Viktoria (V, 4;0); Erzieherin 2 (2) sitzt am Regal an der Wand und beschriftet Schachteln<br>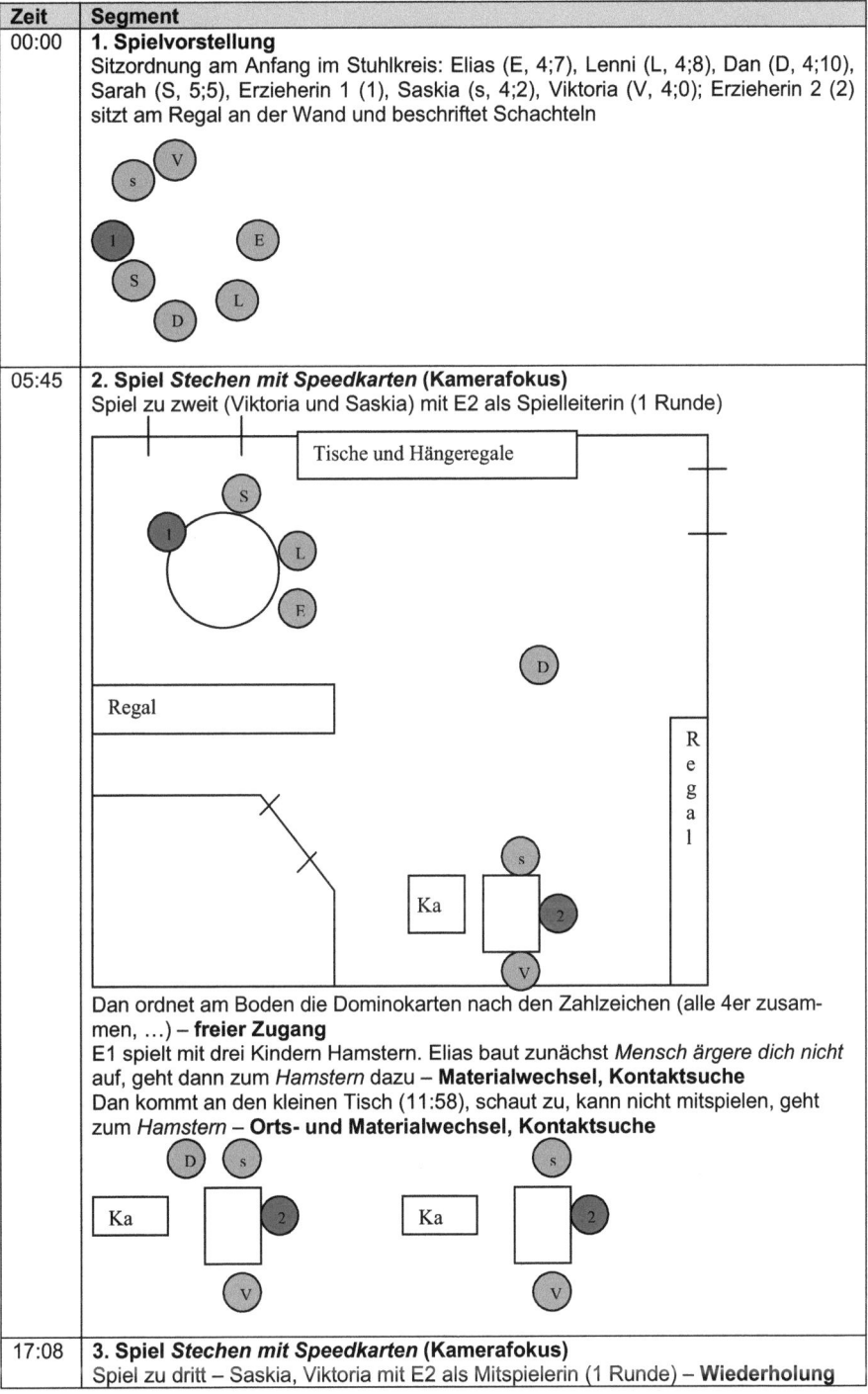 |
| 05:45 | **2. Spiel *Stechen mit Speedkarten* (Kamerafokus)**<br>Spiel zu zweit (Viktoria und Saskia) mit E2 als Spielleiterin (1 Runde)<br><br>Dan ordnet am Boden die Dominokarten nach den Zahlzeichen (alle 4er zusammen, …) – **freier Zugang**<br>E1 spielt mit drei Kindern Hamstern. Elias baut zunächst *Mensch ärgere dich nicht* auf, geht dann zum *Hamstern* dazu – **Materialwechsel, Kontaktsuche**<br>Dan kommt an den kleinen Tisch (11:58), schaut zu, kann nicht mitspielen, geht zum *Hamstern* – **Orts- und Materialwechsel, Kontaktsuche** |
| 17:08 | **3. Spiel *Stechen mit Speedkarten* (Kamerafokus)**<br>Spiel zu dritt – Saskia, Viktoria mit E2 als Mitspielerin (1 Runde) – **Wiederholung** |

| 28:41 | **4. Spiel *Stechen mit Speedkarten* (Kamerafokus)**<br>Spiel zu zweit (Saskia, Viktoria) ohne Erzieherin (1 angefangene Runde) – **Abbruch**<br>E2 geht zu Sarah, Spiel zu zweit (Sarah und E2) – **Ortswechsel**<br>Saskia und Viktoria verlassen den Tisch, gehen zu E2 und Sarah – **Orts- und Materialwechsel, Kontaktsuche** |
|---|---|

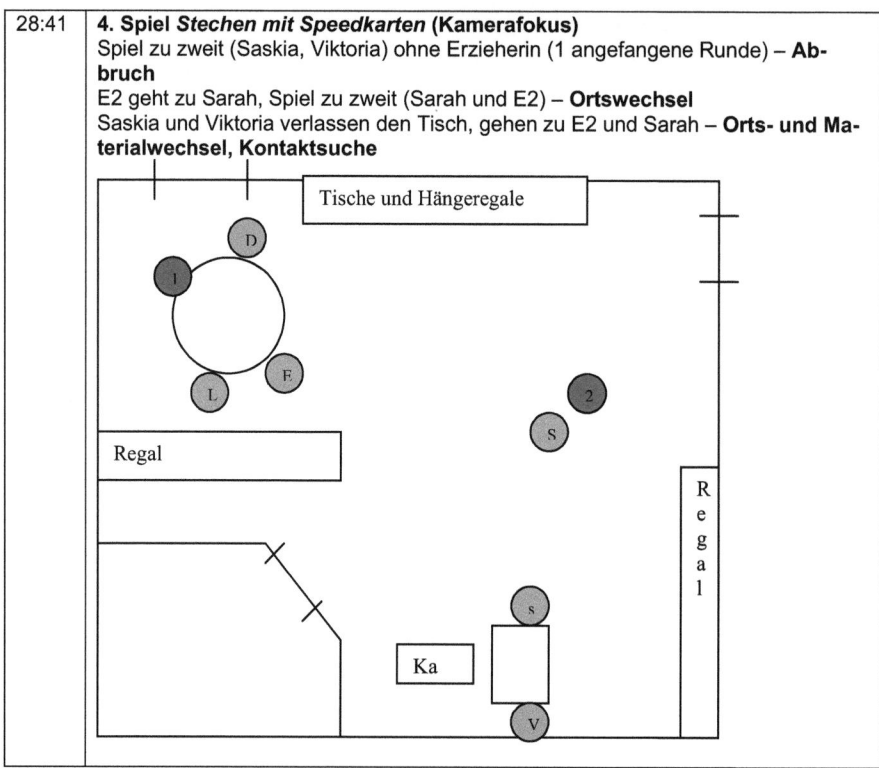

In **Szene 3** sitzt Erzieherin 1 zu Beginn des Angebots mit den Kindern im Stuhlkreis. In die Mitte hat sie eine Kiste gestellt. (Tab. 5.2, Segment 1)

| Zeile | Zeit | Sprecher | Transkript und Paraphrase | Material, Skizzen, Bilder, Kodierung |
|---|---|---|---|---|
| 1 | 1:10 | E1 | Wir haben euch nämlich Spiele mitgebracht, die ihr kennt. Ja' Und wenn ihr was nimmer wisst dann dürft ihr die E2 oder mich auch gleich fragen, wenn ihr am Spielen seid. | **Spiel nach Regeln** |
| ... | ... | ... | ... | |
| 54 | 03:10 | E1 | So E1 *greift in den Karton und holt das Spiel „Hamstern" heraus* und dann haben wir hier noch zwei neue Spiele, des eine des heißt Hamstern- Wer dies spielen möchte darf dann nachher zu mir kommen- *Dan streckt den Zeigefinger vor seinem Körper in die Höhe, Lenni schaut zu Dan, streckt seinen Zeigefinger über den* | **Neues Spiel nach Regeln mit der Erzieherin** |

| | | | | |
|---|---|---|---|---|
| | | *Kopf* Weil, des ist ein neues Spiel, muss ich euch erst erklären- und des Speed- *E1 hat Speed in der Hand* | |
| 55 | | Dan | Ich. *Dan steht auf und streckt den Zeigefinger in die Höhe, setzt sich auf den Stuhl* | |
| 56 | | E1 | des macht die E2 mit euch, | |
| ... | | .... | ... | |
| 61 | | E1 | Jetzt machen wirs nach der Reihe, jeder darf sich mal aussuchen, mit was er gerne spielen möchte. | |

In der Kiste befinden sich einerseits bereits bekannte Materialien und Spiele. Diese werden ausgepackt, benannt und die Regeln zum Umgang mit dem Material kurz wiederholt (vgl. Zeile 1ff.). In der Kiste sind andererseits auch zwei neue Spiele (Zeile 54). Die neuen Spiele werden nur gezeigt, weiteres soll im Spiel mit der Erzieherin geklärt werden. Die Kinder werden aufgefordert, sich ein Spiel auszuwählen. Es wird mehrfach kommuniziert, dass es klare Regeln gibt, nach denen gespielt werden soll (*Spiel nach Regeln*).

Nach der Spielvorstellung und der Spielwahl ist die Spielphase von zwei *Spielgruppen* an zwei Tischen im Raum bestimmt (Tab. 5.2, Segment 2). Die *neuen Spiele mit der Erzieherin* bilden den Schwerpunkt des Angebots. Die wenigen Orts- und Materialwechsel erfolgen bis auf eine Ausnahme vom Alleinspiel *hin zu den Erzieherinnen und zu bereits bestehenden Spielgeschehen*. Im Wesentlichen spielen alle Kinder während des Angebots ein Spiel an einem festen Ort.

Saskia (s, 4;2) und Viktoria (V, 4;0) wählen das Spiel *Stechen mit Speedkarten*. Sie spielen mit Erzieherin 2 (E 2) zwei Spielrunden. Nach zwei Spielrunden will Saskia noch eine dritte Runde spielen (Segment 4). Erzieherin 2 verlässt das Spiel und wechselt zu Sarah, die alleine am Boden spielt. Der folgende Ausschnitt setzt ein, nachdem Saskia und Viktoria vier Stiche gespielt haben.

| Zeile | Zeit | Sprecher | Transkript und Paraphrase | Material, Skizzen, Bilder, Kodierung |
|---|---|---|---|---|
| 618 | 33:32 | Saskia | Komm wir spielen nicht *dreht sich zur Seite* wir spielen ein anderes *Viktoria legt die Vier zurück auf den verdeckten Stapel* | **Spielabbruch Materialwechsel** |
| 619 | | Viktoria | Ja, ein anderes. *Saskia dreht sich* | |

| | | | nach hinten Da is is die Schachtel. *Saskia steht auf* | |
| --- | --- | --- | --- | --- |
| 620 | | Saskia | Komm wir machen äm komm wir spielen Marienkäfer *dreht sich zur Seite, beide Kinder verlassen den Tisch und setzen sich zu E1 und Sarah auf den Boden* | **Kontaktsuche – Ortswechsel** |

Nach dem Verteilen der Karten und ein paar Spielzügen bricht Saskia das Spiel mit folgender Aussage ab: „Komm wir spielen nicht, wir spielen ein anderes" (Zeile 618). Dabei dreht sie sich um und schaut, was Erzieherin 2 am Boden macht. Viktoria beginnt sofort mit Aufräumen, beide gehen zu Erzieherin 2 und schauen dort beim Spiel mit Sarah zu.

Der Weggang von Erzieherin 2 von ‚ihrem' Spiel hat einen *Spielabbruch* mitten im Spiel zur Folge. Die Kinder verlassen den Tisch und suchen den *Kontakt* zur Erzieherin, indem sie ihr räumlich folgen (Zeile 620, vgl. auch Tab. 5.2, Segment 4).

Das Setting *Angebot mit Spielauswahl* weist damit zusammenfassend folgende Gemeinsamkeiten zum Setting *Angebot mit Materialauswahl* auf:

– Die Erzieherinnen beginnen das Angebot mit einem Anfangskreis zur Spielvorstellung. Es stehen ausgewählte Spiele zur freien Verfügung. *Verbindlichkeit* wird *durch Begrenzung der formalen Offenheit* in mindestens drei Punkten – Raum, Material, Dauer – hergestellt.

– Während des *Angebots* setzen sich die teilnehmenden Kinder mit Spielen auseinander, die mathematisches Potenzial haben.

– Die Erzieherinnen sind während des gesamten Angebots *präsent*. Durch die *Einführung von Regeln* fokussieren sie die Aufmerksamkeit und die Handlungen der Kinder auf zahlbezogene mathematische Aktivitäten.

Es lassen sich aber auch Unterschiede beobachten:

– Wenn die Erzieherinnen einen *regelgeleiteten Umgang* mit einer Spielauswahl kommunizieren, *Regeln einführen* und *selbst mitspielen* oder *das Spiel begleiten*, bilden sich *Spielgruppen*. Das Alleinspiel stellt die Ausnahme dar. Geteilte Aufmerksamkeit ist nicht zu beobachten.

– Ein *freier explorierender Umgang* ist nur beim *Alleinspiel* zu beobachten. In den Spielgruppen wird nach Regeln gespielt.

– Kinder, die sich alleine mit einem Material auseinandersetzen, suchen den *Kontakt* zur Erzieherin entweder verbal oder durch *Ortswechsel zu anderen Spielgeschehen*. Sie schließen sich diesen Spielgeschehen an oder nehmen eine *Zuschauerrolle* ein.

– Die Spiele werden rundenweise gespielt, z.T. auch mehrerer Runden hintereinander *(Wiederholung). Material- und Ortswechsel* erfolgen in der Regel am *Ende einer Spielrunde.* Ein *Spielabbruch* mitten im Spiel wird nach Weggang der Erzieherin vom gemeinsamen Spiel beobachtet.

## 5.2.2 Angebot im Freispiel

Das *Freispiel* ist der Idealtypus einer formal offenen Situation im Kindergarten. Raum, Material, Dauer und Spielpartner sind frei wählbar. Im Alltag der Kindertagesstätte ergeben sich verschiedene Begrenzungen, sei es, dass nicht alle Räume geöffnet sind oder dass nicht alle Materialien zu jeder Tageszeit verfügbar sind. Angebote außerhalb des Freispiels stellen im Alltag der untersuchten Kindertagesstätten die Ausnahme dar. Als gezielte Variation im Sinne des theoretischen Samplings wurden in den Erhebungsphasen 2 und 3 Angebote innerhalb des Freispiels untersucht. *Verbindlichkeit* muss im Freispiel immer wieder neu hergestellt werden. Dies wird im Unterschied zur Erhebungsphase 1 nicht durch Begrenzungen von Raum, Material, Dauer und Spielpartner erreicht, sondern über die Erzieherin. Die *Erzieherin* bietet sich im Freispiel als *Spielpartnerin* oder *Spielbegleitung* für bestimmte Materialien oder Spiele an. Wer mit der Erzieherin spielen möchte, kann dies nur mit einer Auswahl an Spielen oder mit einem bestimmten Spiel tun. Neben der Herstellung von Verbindlichkeit soll die Erzieherin einen *regelgeleiteten Umgang* mit den Spielmaterialien unterstützen. Der Umgang nach Regeln weist in der Erhebungsphase 1 einen engen Zusammenhang zu zahlbezogenen mathematischen Aktivitäten auf. Es besteht natürlich auch die Möglichkeit, mit den ausgewählten Materialien ohne die Erzieherin zu spielen. Die anderen Räume und weitere Materialien im Raum sind auch beliebig nutzbar.

In den Erhebungsphasen 2 und 3 wird im Freispiel von der Forscherin selbst (F) und von unterschiedlichen Erzieherinnen (E2, E3, E4, E5, E6) das gemeinsame Spiel mit einer Auswahl oder mit einem bestimmten Spiel angeboten. Da die Erzieherinnen in Kita 1 wenig Erfahrung mit der Gestaltung mathematischer Spielsituationen und mathematischer Gesprächsführung hatten, übernimmt in der Erhebungsphase 2 die Forscherin die Rolle einer Erzieherin. In der Erhebungsphase 3 nimmt die Forscherin nicht an den Spielgeschehen teil. Eine Person – Forscherin oder Erzieherin – ist damit in beiden Erhebungsphasen für das Spielangebot verantwortlich und die ganze Zeit präsent (*Präsenz einer Erzieherin*). Weitere Erzieherinnen unterstützen das Spielangebot zeitweise, kümmern sich aber auch oder im Wesentlichen um die Kinder, die nicht am Spielangebot teilnehmen. Der Raum ist offen, so dass Kinder kommen und gehen können.

Im Unterschied zum Angebot außerhalb des Freispiels gibt es keine formale Struktur (Anfangs- und Abschlussrunde), sondern lediglich typische Elemente (Tab. 5.3), die in den Szenen 5 bis 11 so oder in ähnlicher Weise zu beobachten sind. Der Materialumgang ist nicht frei, sondern angeleitet in dem Sinne, dass nach Regeln gespielt wird. Das Spiel nach Regeln zielt auf zahlbezogene mathematische Aktivitäten, die in den Spielsituationen untersucht werden sollen. Ein regelgeleiteter Umgang hat sich in Erhebungsphase 1 als mögliche Bedingung für zahlbezogene mathematische Aktivitäten herausgestellt.

Tab. 5.3: Typische Elemente eines Angebots im Freispiel, idealtypisch für Szene 5 bis 11

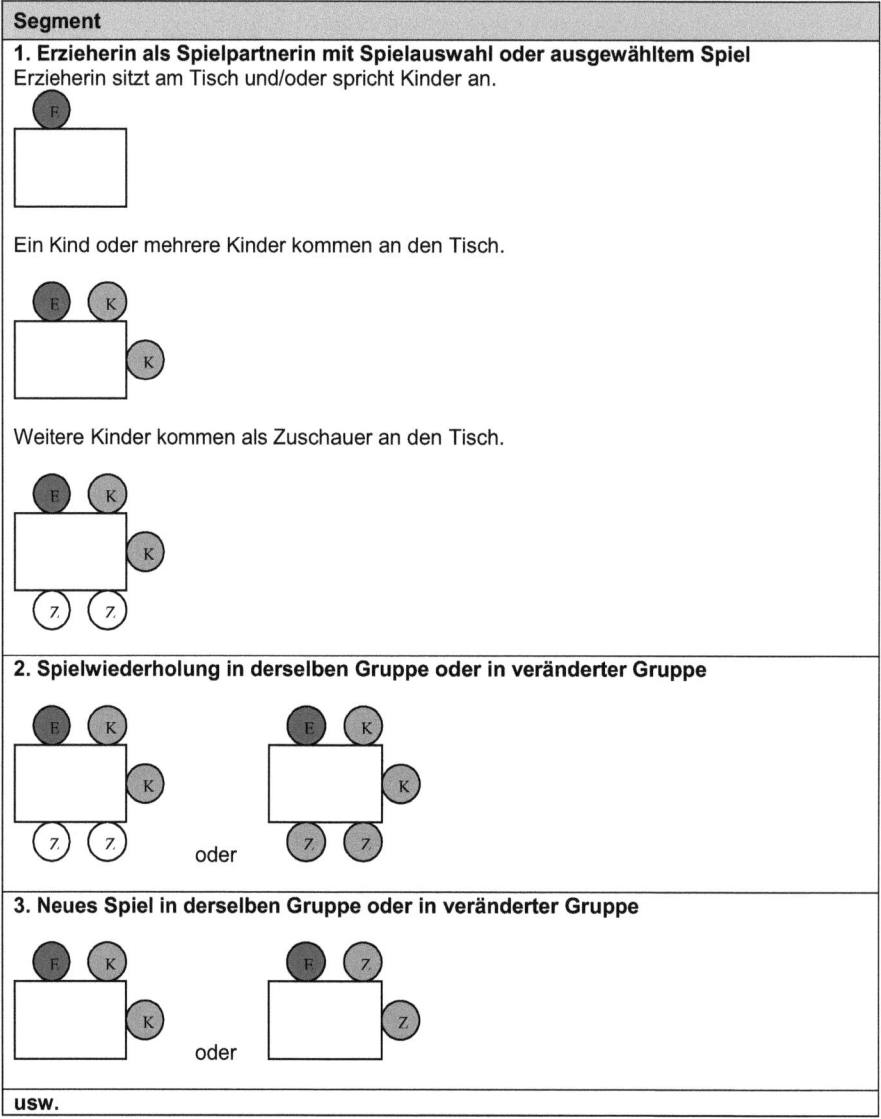

Im Folgenden soll **Szene 5** als ein Beispiel für ein Angebot im Freispiel exemplarisch analysiert werden. Im Freispiel liegt eine Spielauswahl aus, die verwendet werden kann. Eine Erzieherin spricht Kinder in den anderen Räumen an, dass im Bauzimmer gespielt werden kann.

Zu Beginn der Aufnahme sitzen die Forscherin (F), Erzieherin 3 und fünf Kinder am Tisch. Gulio (G) sitzt mit Bauklötzen auf dem Boden. Sandra (S) und Karina (K) kommen Hand in Hand ins Zimmer (Tab. 5.4).

Tab. 5.4: Segmentierung Szene 5, Segment 1 bis 3

| Zeit | Segment |
|---|---|
| 0:00 | **1. Spielwahl, Spielgruppenvergrößerung, Spielgruppenverkleinerung**<br>Sitzordnung am Anfang in Szene 5: Forscherin (F), Leika (L, 4;6) Lena (l, 4;6), Talitha (T), Georg (G), Erzieherin 3 (3), Finja (f), Gulio (G) sitzt am Boden, Sandra (S, 4;7) und Karina (K) kommen gerade ins Zimmer<br>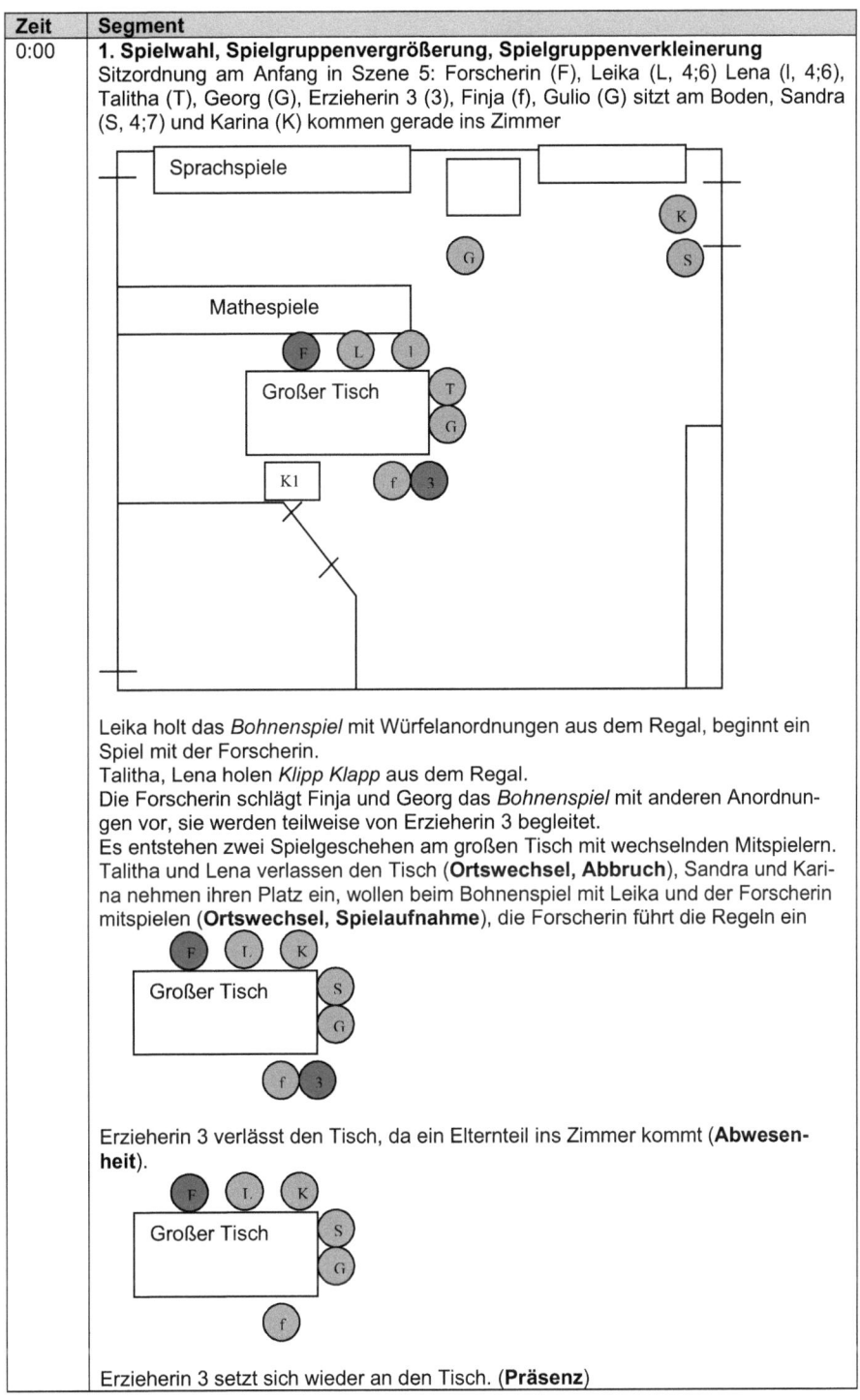<br>Leika holt das *Bohnenspiel* mit Würfelanordnungen aus dem Regal, beginnt ein Spiel mit der Forscherin.<br>Talitha, Lena holen *Klipp Klapp* aus dem Regal.<br>Die Forscherin schlägt Finja und Georg das *Bohnenspiel* mit anderen Anordnungen vor, sie werden teilweise von Erzieherin 3 begleitet.<br>Es entstehen zwei Spielgeschehen am großen Tisch mit wechselnden Mitspielern. Talitha und Lena verlassen den Tisch (**Ortswechsel, Abbruch**), Sandra und Karina nehmen ihren Platz ein, wollen beim Bohnenspiel mit Leika und der Forscherin mitspielen (**Ortswechsel, Spielaufnahme**), die Forscherin führt die Regeln ein |

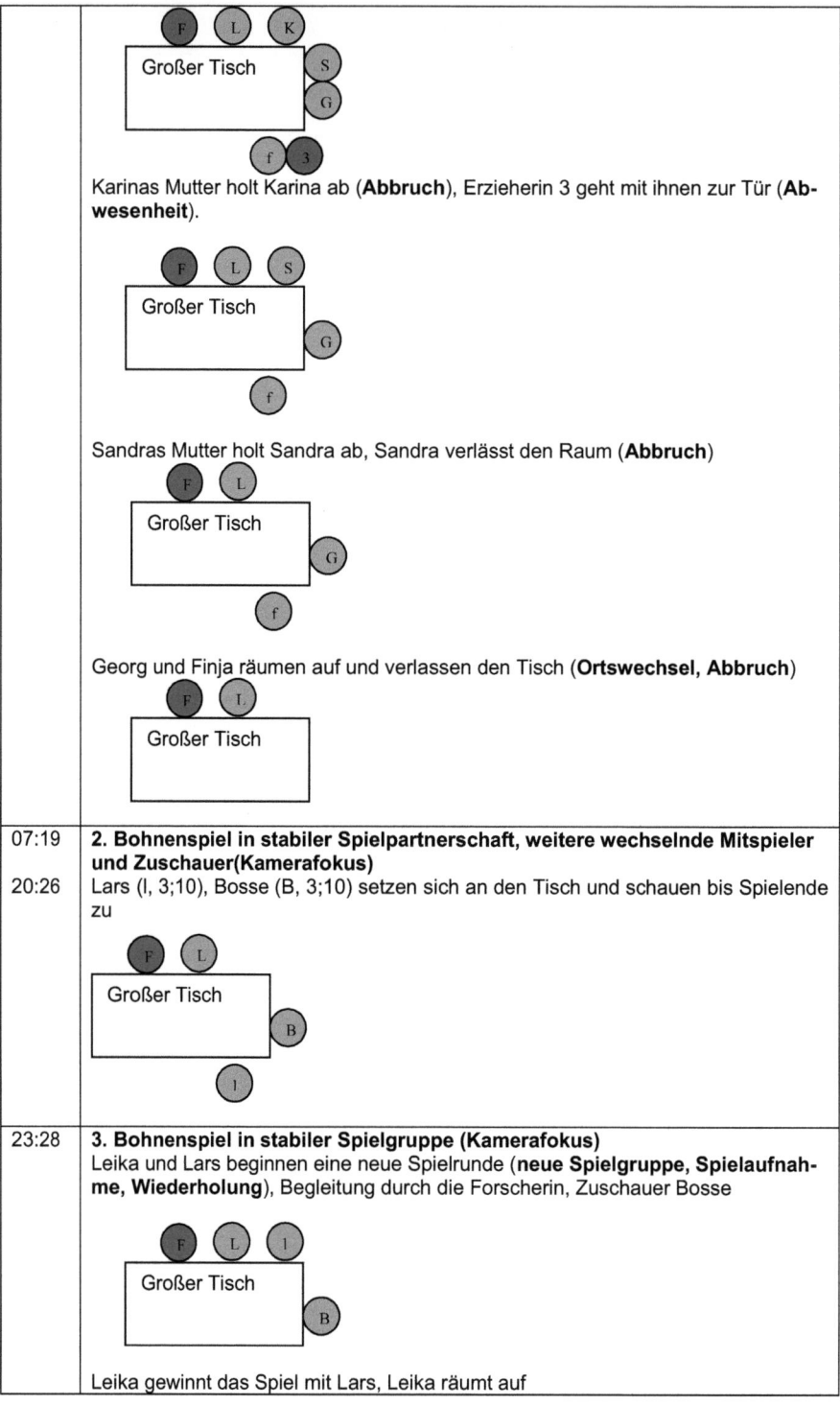

Karinas Mutter holt Karina ab (**Abbruch**), Erzieherin 3 geht mit ihnen zur Tür (**Abwesenheit**).

Sandras Mutter holt Sandra ab, Sandra verlässt den Raum (**Abbruch**)

Georg und Finja räumen auf und verlassen den Tisch (**Ortswechsel, Abbruch**)

| | |
|---|---|
| 07:19<br><br>20:26 | **2. Bohnenspiel in stabiler Spielpartnerschaft, weitere wechselnde Mitspieler und Zuschauer(Kamerafokus)**<br>Lars (l, 3;10), Bosse (B, 3;10) setzen sich an den Tisch und schauen bis Spielende zu |
| 23:28 | **3. Bohnenspiel in stabiler Spielgruppe (Kamerafokus)**<br>Leika und Lars beginnen eine neue Spielrunde (**neue Spielgruppe, Spielaufnahme, Wiederholung**), Begleitung durch die Forscherin, Zuschauer Bosse<br><br><br><br>Leika gewinnt das Spiel mit Lars, Leika räumt auf |

Im Unterschied zum Angebot außerhalb des Freispiels setzen sich nicht alle Kinder im Raum mit Spielen auseinander, die mathematisches Potenzial haben. Die Bildung *stabiler Spielgruppen*, in denen nach Regeln gespielt wird, stellt sich in Szene 5 als längerer Prozess dar (Tab. 5.4). Zu Anfang sitzen viele Kinder am Tisch. Einige wählen selbst ein Spiel aus dem Regal, andere warten ab, was am Tisch passiert und nehmen ein Spiel auf Vorschlag der Forscherin auf. Weitere Kinder kommen an den Tisch, nehmen ein Spiel auf, Kinder brechen das Spiel ab und verlassen den Tisch. Segment 1 ist geprägt von *Spielaufnahme, Spielabbruch, Spielgruppenvergrößerung* und *Spielgruppenverkleinerung*. Es ist nur eine stabile Spielpartnerschaft am Tisch zu beobachten (Leika und Forscherin). Das Spiel der beiden nach Regeln wird jedoch durch fortlaufende Spielabbrüche und Spielaufnahmen unterbrochen. *Spielabbrüche* in Segment 1 haben verschiedene Ursachen. Sie stehen in Zusammenhang mit der zeitweisen *Abwesenheit* der Erzieherin 3. Abbrüche werden auch durch *äußere Faktoren* im Kontext der formalen Offenheit, hier das Abholen durch die Eltern, verursacht. (Tab. 5.4)

Erst in Segment 2 beginnt das Spiel zwischen Leika (L, 4;6) und der Forscherin (F) richtig. So ergeben sich insbesondere gegen Ende von Segment 2 dichte Abschnitte sowohl im Hinblick auf zahlbezogene als auch allgemeine mathematische Aktivitäten (vgl. auch Datenausschnitt in Kapitel 5.1.2). Aber auch weiterhin kommen Kinder hinzu und verlassen das Spiel wieder. Fortlaufend wird das Spiel nach Regeln unterbrochen. Der Ausschnitt setzt ein, als Lena (l, 4;6) in Segment 2 erneut an den Tisch kommt, wo Leika und die Forscherin inzwischen nach dem Weggang aller anderen Kinder alleine spielen.

| Zeile | Zeit | Sprecher | Transkript und Paraphrase | Material, Skizzen, Bilder, Kodierung |
|-------|------|----------|---------------------------|--------------------------------------|
| 248 | 09:53 | Lena | Ich will auch spielen. *zu F, Lena nimmt den zweiten gelben Spielplan* | **Spielgruppenvergrößerung**<br><br>(F) (l) (l) |
| 249 | | F | Willst du auch mitspielen' *Lena nickt Leika würfelt* | |
| 250 | | Leika | Okay, okay Lena, dann bist du auch die Gelb. *sie greift in die Kiste nach gelben Steinen* Magst du mit dem Bild *Leika bewegt die Hand waagrecht hin und her über ihrem Spielplan* spielen oder mit sie' *zeigt auf Plan der F.* | **Erneute Regelklärung** |
| 251 | 10:06 | Lena | Mm mit dir. *Lena zeigt auf Leika* | |
| 252 | | Leika | Aber dann musst du mit mir des da tun, *Leika zeigt auf ihren Spielplan* doch, *Lena schiebt ihren Spielplan von sich weg zur Tischmitte, beugt sich über Leikas Spielplan* okay, | |

| | | | dann würfel- ich. Hab ich' nö- hab ich nicht. Oder hast du schon' *zu F* | |
|---|---|---|---|---|
| 253 | | F | Mm ich habe grad die ähm - was hab ich denn jetzt grad gewürfelt gehabt' *F, Leika, Lena schauen auf Spielplan der F* Ich glaub die Zwei hatte ich gerade gewürfelt. *F zeigt auf die belegte zwei* | |

Jeder Neuzugang zur Spielgruppe erfordert eine erneute Regelklärung, die den Spielfluss unterbricht. Die Regelklärung wird im obigen Ausschnitt von Leika übernommen, die Lena grob in die Abfolge der Spielhandlungen einweist. Mathematische Aktivitäten sind während der erneuten Regelklärung praktisch nicht zu beobachten. Nach zwei Würfelrunden verlässt Lena das Spiel.

Erst in Segment 3 sind keine ständigen Spielgruppenveränderungen mehr zu beobachten (Tab. 5.4, Segment 3). Lars (l, 3;10) wechselt nach der ersten Spielrunde von der Zuschauer- in die Spielerrolle und spielt mit Leika eine ganze Runde. Bosse (B, 3;10) schaut weiter zu. Auch die Forscherin schaut zu. Der Ausschnitt setzt unmittelbar nach Beginn der neuen Spielrunde ein.

| Zeile | Zeit | Sprecher | Transkript und Paraphrase | Material, Skizzen, Bilder, Kodierung |
|---|---|---|---|---|
| 466 | | Leika | *Leika würfelt eine Drei* Mhm. U. *belegt die Drei, legt den Würfel zu Lars, Lars würfelt eine Sechs, lächelt Leika an* Drauflegen, Lars. *Leika greift in ihr Häufchen mit gelben Steinen, Lars holt blaue Steine, Lars belegt die Sechs, einen Stein nach dem anderen* | **Regelaktualisierung** <br> Leika belegt <br> Lars belegt |
| 467 | 24:05 | Leika | Sechs **doch**. *beugt sich zu Lars* Mannomann, wann komm ich draa-aa' *greift nach dem Würfel* O, ja. Oh yea. Eine Fünf. *Leika belegt die Fünf, holt Steine einzeln, gibt Lars den Würfel, Lars würfelt eine Drei* | **Anzahlbestimmung** <br> **Anzahlbestimmung** <br> Leika belegt |
| 468 | | Lars | Drei. *Belegt die Drei, Bosse rutscht auf seinem Stuhl hin und her, hebt etwas vom Boden auf, setzt sich wieder hin, schaut weiter zu.* | **Anzahlbestimmung** <br> Lars belegt |
| 469 | 24:51 | Leika | Du hast drei und drei. *Leika und Bosse beugen sich über Lars Spielplan* | **Anzahlbestimmung** – Spielplanstruktur |
| 470 | | Lars | Drei und drei. | **Anzahlbestimmung** – Spielplanstruktur |
| 471 | | Leika | Du darfst nur einmal. Nicht drei und drei nehmen und dranmachen, die | **Regelaktualisierung** |

| | | | | |
|---|---|---|---|---|
| | | | Steine. Und jetzt bin ich dran. *Würfelt eine Drei, belegt die Drei, Leika legt Lars den Würfel hin, Lars würfelt eine Zwei, schaut auf seinen Plan* Zwei und zwei, zwei und zwei. Eins und Eins. *Lars holt Steine* Eins und Eins. *Lars belegt die Zwei* Jetzt fehlt mir ne (eine zwei), wenn ich des zählen muss und dann noch eine eins. Hm' Noch eine Vier, dann habe ich Pech, wenn ich gar keine habe. *Leika hat bereits die Drei und die Fünf belegt, es fehlen eins, zwei und vier* | Leika belegt / Lars belegt / **Seriation belegter Felder** |
| 472 | | F | Mhm. | |
| 473 | | Lars | Leika, du bist dran. *Leika steht auf, würfelt eine eins* Pech gehabt, *Leika holt Steine* Pech gehabt. *Leika belegt die Eins* | **Regelaktualisierung** / Leika belegt |
| 474 | 25:59 | Leika | Gar nicht. Hab gar nicht Pech gehabt. *Leika legt Lars den Würfel hin* | |
| 475 | | Lars | *Lars würfelt eine drei, Leika legt den Kopf auf ihre Arme* Vier. *Leika richtet sich auf* | **Anzahlbestimmung** |
| 476 | | Leika | **Nein drei.** | **Anzahlbestimmung** – Korrektur |
| 477 | | Lars | Drei. *belegt die Drei, Leika legt den Kopf auf die Arme* | Lars belegt |

Durch das Zuschauen sind Lars (l) die Regeln weitgehend bekannt. Regelklärungen treten hinter zahlbezogene mathematische Aktivitäten zurück. Sie werden lediglich punktuell durch Kommentierungen aktualisiert (Zeile 466, 471, 473). Während der Spielzüge und beim Erfassen der Spielplanstruktur werden vielfach Anzahlen bestimmt: Würfelbilder erfassen, Steine holen, Punktebilder auf dem Spielplan suchen.

Das Setting *Angebot im Freispiel* lässt sich wie folgt genauer bestimmen:

– Während eines *Angebots im Freispiel* setzt sich nur ein Teil der Kinder mit Spielen bzw. Materialien auseinander, die mathematisches Potenzial haben. Im Raum beschäftigen sich Kinder auch mit anderen Materialien.

– Verbindlichkeit kann im Freispiel über die *Präsenz der Erzieherin* hergestellt werden. Eine kontinuierliche Präsenz am Tisch kann die Entstehung *stabiler Spielgruppen* unterstützen. *Abwesenheit* oder *geteilte Aufmerksamkeit* der Erzieherin durch weitere Verantwortlichkeiten stehen in Zusammenhang mit *Spielabbrüchen*.

– Angebote im Freispiel haben eine andere Dynamik als Angebote außerhalb des Freispiels. Diese Dynamik entsteht durch die räumliche Offenheit des Angebots. Kinder kommen ins Zimmer, verlassen es oder wechseln den Ort im Raum. Kontinuierliche *Spielgruppenvergrößerung und -verkleinerung* reduzieren die mathematischen Aktivitäten, da das Spiel unterbrochen wird und fortlaufend Regeln erneut geklärt werden müssen, *stabile Spielgruppen* bzw. neue Spielgruppen aus Zuschauern und *Spielwiederholungen* erweitern die mathematischen Aktivitäten, da Regeln lediglich punktuell geklärt bzw. aktualisiert werden müssen.

–  *Mathematische Aktivitäten* treten bei der *Regeleinführung*, der *Regelklärung* während des Spiels, insbesondere aber beim *Spiel nach Regeln* auf. Beim Spiel nach Regeln sind mathematische Aktivitäten, die unmittelbar mit den *Spielhandlungen* verbunden sind, von darüber hinausgehenden *Spielplan- bzw. Spielmaterialbetrachtungen* zu unterscheiden. Erstere zeigen sich in Spielhandlungen, die nicht immer verbal begleitet werden. Letztere erfordern in der Regel verbale Äußerungen.

## 5.2.3  Ergebnisse: Hypothesen zum Setting

Nachdem die Charakteristika der verschiedenen Settings herausgearbeitet wurden, werden nun Hypothesen zu den Settings formuliert. Angebote außerhalb und innerhalb des Freispiels bieten verschiedene Möglichkeiten mathematische Aktivitäten anzuregen. Sie stellen aber auch unterschiedliche Anforderungen an die Erzieherin.

Für *Angebote außerhalb des Freispiels* lassen sich folgende Hypothesen formulieren:

–  Angebote außerhalb des Freispiels haben aufgrund ihrer Begrenzung der formalen Offenheit eine *höhere Verbindlichkeit*. Die Aufnahme einer Materialauseinandersetzung ist zunächst bei allen teilnehmenden Kindern garantiert. Wird jedoch eine Materialauswahl zur freien Verfügung gestellt, wird diese von den Kindern genutzt, d.h. die Kinder nutzen parallel ganz verschiedenen Materialien bzw. spielen verschiedene Spiele (*vielfältige Materialwahl*). Die Erzieherin steht dann vor der Herausforderung, zwischen verschiedenen Geschehen hin- und herzuwechseln und situationsangemessen zu reagieren. Es entsteht eine Situation der *geteilten Aufmerksamkeit*. Dadurch ist eine intensive Beobachtung und Begleitung des Spielgeschehens erschwert. Die *Präsenz mit geteilter Aufmerksamkeit* ermöglicht nicht für alle Kinder gleichermaßen Lerngelegenheiten.

–  Im ersten freien Zugang der Kinder zum Material stehen zahlbezogene Aktivitäten nicht immer im Mittelpunkt. Durch die *Einführung von Regeln* kann die Erzieherin die Aufmerksamkeit und die Handlungen der Kinder auf *zahlbezogene Aktivitäten* fokussieren. Diese Einführung von Regeln kann mehr oder weniger an den freien Zugang des Kindes anknüpfen. Geteilte Aufmerksamkeit erschwert das Anknüpfen an den ersten Zugang des Kindes, insbesondere dann, wenn die Erzieherin den regelgeleiteten Umgang unter dem Druck der geteilten Aufmerksamkeit zügig ansteuert.

– Mit einer *Spielauswahl* kann die Notwendigkeit der geteilten Aufmerksamkeit reduziert werden. Mehrere Kinder bilden eine Spielgruppe. Das Alleinspiel stellt die Ausnahme dar. In den *Spielgruppen* wird ein *Spiel mehrfach wiederholt* oder es werden verschiedene Spiele hintereinander gespielt.

– Angebote außerhalb des Freispiels erleichtern folglich die Aufnahme einer Materialauseinandersetzung, erschweren jedoch die Aufrechterhaltung des Spielgeschehens und die situationsangemessene Begleitung durch die Erzieherin. Dies gilt insbesondere bei einen vielfältigen Materialwahl der Kinder und dann, wenn nicht jede Spielgruppe von einer Erzieherin begleitet werden kann. Ihre Abwesenheit oder ihr Weggang können einen Abbruch zur Folge haben.

Für *Angebote innerhalb des Freispiels* lassen sich folgende Hypothesen formulieren:

– Angebote im Freispiel haben einen *geringeren Grad an Verbindlichkeit*. Sie können von den Kindern wahrgenommen werden, müssen es aber nicht. In diesem Setting ist eine Spielaufnahme nicht garantiert. Durch die Offenheit des Raumes und der Materialien können die Kinder sich diesem Angebot jeder Zeit entziehen und das Spielgeschehen verlassen. *Verbindlichkeit* wird durch die *Präsenz der Erzieherin* hergestellt. Geteilte Aufmerksamkeit oder Abwesenheit können einen Abbruch zur Folge haben. Soll geteilte Aufmerksamkeit reduziert werden, dann muss eine weitere Fachkraft im Raum zur Verfügung stehen.

– *Spielgruppenvergrößerungen und -verkleinerungen* sind ein normales Phänomen, dem durch die Schließung der Spielgruppe während einer Spielrunde entgegengewirkt werden kann. Spielerwechsel und Spielwechsel zwischen zwei Spielrunden führen einerseits zu weitgehend stabilen Spielgruppen innerhalb der Spielrunden. Andererseits müssen Regeln nicht ständig neu eingeführt oder aktualisiert werden. Zuschauer können bereits vor dem eigenen Spiel Einblick in die Spielregeln erlangen bzw. diese beim Zuschauen aktualisieren.

*Angebote außerhalb und innerhalb des Freispiels* sind typische Settings im Kindergarten. Beide sind im Hinblick auf mathematische Aktivitäten mit ausgewählten Materialien fruchtbare Settings. Die Aufgabe der Erzieherinnen gestaltet sich jedoch unterschiedlich. Während bei Angeboten außerhalb des Freispiels mehrerer Kinder bzw. mehrerer Spielgruppen begleitet werden müssen, muss bei Angeboten im Freispiel zunächst Verbindlichkeit etwa in Form stabiler Spielgruppen hergestellt werden. In beiden Settings stellt sich das Problem der geteilten Aufmerksamkeit. Die *Präsenz mit geteilter Aufmerksamkeit* ermöglicht nicht für alle Kinder gleichermaßen Lerngelegenheiten. Zahlbezogene mathematische Aktivitäten sind im freien Umgang mit den Materialien möglich aber nicht zwingend. Durch die Einführung entsprechender Regeln können zahlbezogene Aktivitäten gezielt angeregt werden. Allgemeine mathematische Aktivitäten sind an ein gemeinsames Spielgeschehen und an Verbalisierungen gebunden.

## 5.3 Analysefokus *Spielprozess*

Im nun folgenden Analyseschritt wird der *Spielprozess* genauer analysiert und detaillierter beschrieben. Während beim Analysefokus *Setting* zwei gängige, wenn nicht dominante Settings im Kindergarten, daraufhin beleuchtet werden, wie mathematische Aktivitäten angeregt werden können, nimmt das folgende Kapitel den Prozess und seine Zusammenhänge zu mathematischen Aktivitäten in den Blick. Wie in Kapitel 5.2 deutlich wird, ist in formal offenen Situationen die Materialauseinandersetzung stets fragil. Insbesondere im Freispiel sind Abbrüche ein normales Phänomen. Spielaufnahme und Spielaufrechterhaltung sind aber grundlegende Voraussetzungen für das Auftreten mathematischer Aktivitäten. Daher sollen im Folgenden die Aufnahme (Kapitel 5.3.1) und die Aufrechterhaltung (Kapitel 5.3.2) des Spiels genauer betrachtet werden. Es geht also um die Bestimmung der kurzfristigen und längerfristigen Anreize.

### 5.3.1 Spielaufnahme

Bei der Spielaufnahme handelt es sich um den ersten Zugang zu einem Spiel. Dieser erste Zugang im Sinne eines ersten Anreizes (Aufforderungscharakter) muss nicht zwingend eine intensive und anhaltende Materialauseinandersetzung (Engagiertheit) nach sich ziehen. Im Folgenden wird anhand verschiedener Datenausschnitte dargestellt und untersucht, wie Kinder zum Spielen kommen.

Der Ausschnitt setzt ein, als Leika (L, 4;6) ganz zu Beginn von **Szene 5** an den Tisch kommt. Die Forscherin sitzt am Tisch, bereit für ein gemeinsames Spiel mit Spielen aus dem Regal.

| Zeile | Zeit | Spre-cher | Transkript und Paraphrase | Material, Skizzen, Bilder, Kodierung |
|---|---|---|---|---|
| 3 | 00:13 | Leika | *Leika kommt an den Tisch, holt aus dem Regal zwei Spielpläne des Bohnenspiels und legt sie vor sich und die Forscherin Talitha (T), guck doch mal, was es Neues gibt-* |  **Spiel mit der Forscherin** **Neues Spiel** |

Leika holt sich ein Spiel aus dem Regal. Sie legt die Spielpläne vor sich und die Forscherin auf den Tisch, und fordert sie so zum gemeinsamen Spiel auf. Einem weiteren Kind am Tisch gegenüber bezeichnet sie es als ein neues Spiel. So kann sowohl das Neue als auch das Spiel mit der Forscherin die Spielaufnahme anregen.

In **Szene 6** haben Rim (R, 6;2) und Lena (L, 4;6) bereits eine Runde *Klipp Klapp* in Begleitung der Forscherin gespielt. Jetzt wollen sie ein neues Spiel beginnen. Der Ausschnitt setzt ein, als beide ein Spiel aus dem Regal gewählt haben.

| Zeile | Zeit | Sprecher | Transkript und Paraphrase | Material, Skizzen, Bilder, Kodierung |
|---|---|---|---|---|
| 8 | 10:16 | | *Rim sitzt auf dem Stuhl und hält das Spiel „Abräumen" in ihren Händen, Lena steht mit dem Spiel „Stechen" hinter der F* | **Eigenes Spiel** |
| 9 | | F | Du willst des spieln', hm' *F und Rim schauen sich an* | |
| 10 | | Lena | Aber ich möchte **des** hier. *F und Rim schauen zu Lena, Lena nimmt den Deckel des Kartenspiels ab* | |
| 11 | 10:38 | Rim | Na gut, dann (halt) Lenas Spiel. *Rim faltet ihren Spielplan zusammen, F schaut Rim an* | **Verzicht auf eigenes Spiel zugunsten der Spielpartnerin** |
| 12 | | F | Ja' *Rim nimmt ihr Spiel, steht auf und geht zum Regal* | |
| 13 | | Lena | Und dann hat der Af- *Lena steht neben Rim und nimmt die Spielkarten aus der Schachtel.* Ä Elias mitgemacht. *Lena setzt sich, nimmt sich die Karten, die auf dem Tisch liegen, Rim stützt ihren Kopf mit der rechten Hand* | |
| 14 | 10:50 | F | A. | |
| 15 | | Rim | Ha, immer du als erstes. | |
| 16 | | F | Hast dus schon mal mit ihm gespielt' | |
| 17 | | Lena | *Schiebt die Schachtel weg* Ja. | **Bekanntes Spiel** |

Rim und Lena wollen jeweils ihr selbst gewähltes Spiel spielen (Zeile 8, 10). Rim verzichtet zugunsten des gemeinsamen Spiels auf ihr eigenes Spiel (Zeile 11). Die Aussicht auf ein Spiel mit der Spielpartnerin führt in die Materialauseinandersetzung. Bei Lena hingegen ist es das bekannte Spiel (Zeile 13, 17), das einen großen Anreiz ausübt. Sie bekräftigt ihren Spielwunsch in Zeile 10 nachdrücklich.

Wie an beiden Ausschnitten deutlich wird, übt nicht nur das Material einen ersten Anreiz aus, sondern auch die soziale Situation. Aufgrund der Daten sind folglich bei der Spielaufnahme

– ein materialbezogener Aufforderungscharakter
– von einem sozialen Aufforderungscharakter

zu unterscheiden. Diese beiden Aspekte sind aufgrund der vorliegenden Daten nicht eindeutig zu trennen. Dennoch soll ihnen im Folgenden getrennt nachgegangen werden, wohl wissend, dass diese Trennung eine künstliche im Sinne einer heuristischen ist. Das Material ist stets in eine Situation eingebunden und in der Situation werden Materialien verwendet. Die heuristische Trennung soll die Charakteristika der beiden Aspekte deutlicher hervortreten lassen.

In Bezug auf den Aufforderungscharakter stellen sich zwei Fragen (vgl. auch Kapitel 3.2.3):

– Hat das Material bzw. die Situation Aufforderungscharakter?
– Wozu bzw. zu welchen Aktivitäten fordert das Material bzw. die Situation auf?

### 5.3.1.1 Materialbezogener Aufforderungscharakter

Unter dem Konzept *materialbezogener Aufforderungscharakter* soll im engeren Sinne verstanden werden, dass ein Material aufgrund seiner Eigenschaften bestimmte Aktivitäten nahelegt bzw. zu bestimmten Aktivitäten auffordern kann. Auf den materialbezogenen Aufforderungscharakter wird von Handlungen mit dem Material geschlossen.

In **Szene 1** stellt Erzieherin 1 (E 1) Material vor, mit dem während des Angebots gearbeitet werden kann. Der Ausschnitt setzt ein, als sie die Zählschachteln aus der Kiste holt.

| Zeile | Zeit | Sprecher | Transkript und Paraphrase | Material, Skizzen, Bilder, Kodierung |
|-------|------|----------|---------------------------|--------------------------------------|
| 1 | 05:13 | E1 | Was ist des' *Holt Kiste mit Streichholzschachteln aus dem Paket* | |
| 2 | | Lenni | (Leteki), Namen, Zahlen. | **Zahlzeichen** |
| 3 | | Mehrere Kinder | Zahlen. | |
| 4 | | E1 | Zahlen. A. Warte ich nehms mal auf den Schoß- | |
| 5 | 05:20 | Dan | Eins zwei | **Aufsagen der Zahlwortreihe** |
| 6 | | (Lenni) | Zahlen | |
| 7 | | Dan | drei vier fünf sechs | |
| 8 | | E1 | Aha. *öffnet die Kiste mit den Schachteln* | |
| 9 | | Dan | Sieben. | |
| 10 | | Lenni | Zahlen. | |
| 11 | | Dan | Acht neun zehn | |
| 12 | | Lenni | Hey, hier is noch Feuer | **Alltagsbezug** |
| 13 | | Dan | elf zwölf | |
| 14 | | E1 | Was Feuer' *Holt die Schachtel mit der 6 aus der Kiste* | |
| 15 | | Lenni | Dreizehn vierzehn | |
| 16 | | E1 | *Beugt sich zu Dan* Ja isch gut *Legt die 6 auf den Tisch* | **Unterbrechung kindlicher Materialzugang** |
| 17 | | Achmed | Des sind alle welche | |
| 18 | | E1 | Des sind Streichholzschachteln hasch du gemeint. *Legt die Schachtel mit der 5 auf den Tisch* | |

| 19 | | Achmed | Ich bin sechs. *Zeigt auf eine Schachtel auf dem Tisch, E1 legt die 10 auf den Tisch, es liegen die 6, die 5 und die 10 auf dem Tisch* | **persönliche Relevanz von Zahlzeichen** <br> 10 |
|----|---|--------|------|------|
| 20 | | Lenni | Und i bin, und i bin so *Streckt vier Finger in die Höhe* | |
| 21 | | E1 | Okay. | |
| 22 | | Micha | Ha, da is noch meine Fünfzahl *Micha zeigt mit gestrecktem Arm über den Tisch Richtung Schachteln* | |
| 23 | | E2 | Da ist noch deine Fünfzahl. *E1 holt eine weitere Kiste aus dem Karton und schüttelt sie* O, ist auch noch was drin. | |
| 24 | | (Lenni) | Was ist das' | |
| 25 | | Dan | Bin so, alt. *Zeigt vier Finger* | |
| 26 | | E1 | Was isch des' *Zeigt die neue Kiste* | **Abbruch Materialzugänge der Kinder** |
| 27 | | Veroni-ka | Du bist vier. | |
| 28 | | E1 | Habt ihr ne Idee' | |
| 29 | | Sonja | Würfel. | |

Die Zahlzeichen auf den Schachteln regen Dan zum Aufsagen der Zahlwortreihe an (Zeile 5ff.). Lenni stellt aufgrund der sichtbaren Reibeflächen einen Alltagsbezug her: Mit Streichholzschachteln kann man Feuer machen (Zeile 12). Achmed sieht im Zahlzeichen 6 sein Alter (Zeile 19). Verschiedene Kinder stellen ihr Alter daraufhin mit Fingerbildern dar (Zeile 20ff.). Der erste Zugang zu den Streichholzschachteln mit Zahlzeichen (Zählschachteln) ist durch die *Eigenschaften des Materials* bestimmt. Dabei können unterschiedliche Eigenschaften dominant werden, etwa die Zahlzeichen oder die alltägliche Verwendung. Je nach dem, welche Eigenschaft im Vordergrund steht, ergeben sich spontan zahlbezogene Aktivitäten wie das Zählen oder das Benennen und Darstellen von Zahlzeichen oder eben nicht. Diese ersten Zugänge der Kinder werden durch weitere Materialvorstellungen der Erzieherin abgebrochen und nicht weiter verfolgt.

Der folgende Ausschnitt aus **Szene 1** setzt am Ende der Materialvorstellung ein.

| Zeile | Zeit | Sprecher | Transkript und Paraphrase | Material, Skizzen, Bilder, Kodierung |
|-------|------|----------|---------------------------|--------------------------------------|
| 89 | 09:25 | E1 | So, jetzt ham mer ganz schön viel in der Kiste *E1 räumt die Kiste weg, auf dem Tisch liegen Materialien und Spiele* | |
| 90 | 9:29 | Lenni | Hey, was ist da' *Lenni greift nach der Streichholzschachtel 10 und schüttelt sie* | 10 |
| 91 | | E1 | Genau, und jetzt ist die Frage - jetzt dürft ihr einfach mal | **Freier explorierender Materialumgang** |
| 92 | | Mehrere Kinder | Streichhölzer | **Alltagsbezug** |
| 93 | | E1 | Mmh, sind da welche drin' | |

| 94 |  | Mehrere Kinder | Ja. |  |
|---|---|---|---|---|
| 95 |  | E1 und E2 | Schaut mal rein. |  |
| 96 |  | E1 | Sind da Streichhölzer drin' |  |
| 97 |  | ? | Nö. |  |
| 98 |  | Dan | Ja. |  |
| 99 | 9:40 | E1 | Nee. |  |
| 100 | 9:45 | Lenni | Aber hier könnt man noch rein-machen *Lenni öffnet die 10* | **leere Schachtel füllen** |

Auch hier steht wieder die alltägliche Verwendung im Vordergrund. Mehrere Kinder vermuten Streichhölzer in den Zählschachteln (Zeile 92). Doch aufgrund der Tatsache, dass die Schachteln leer sind, entsteht bei Lenni die Idee des Füllens (Zeile 100).

Diese Idee wird für Lenni und Dan in ihrem weiteren Materialzugang dominant (Abb. 5.2). Leere Streichholzschachteln fordern sie zum Füllen mit verfügbarem Material, hier Bohnen und Nüsse, auf. Die aufgedruckten Zahlzeichen spielen dabei keine Rolle (vgl. auch umgedrehter Schachteldeckel Abb. 5.2). Vielmehr geht es um das vollständige Füllen. So werden kleine Zwischenräume nachträglich mit Bohnen befüllt und der Füllprozess erst gestoppt, als sich die Schachtel nicht mehr schließen lässt. So kann aus dem ersten Anreiz des Füllens eine intensive Material-auseinandersetzung folgen, die aber in diesem Fall nicht mit zahlbezogenen Aktivitäten einhergeht.

11:17

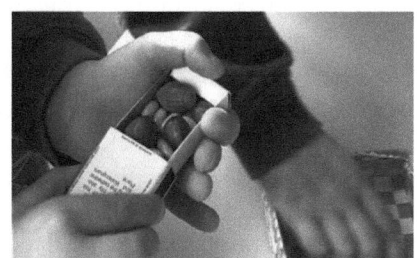
11:26

Abb. 5.2: Standbilder aus Szene 1, Segment 2: Materialbezogener Aufforderungscharakter

Im folgenden Ausschnitt packt Erzieherin 1 (E 1) ein klassisches Dominospiel mit Würfelbildern aus der Kiste.

| Zeile | Zeit | Spre-cher | Transkript und Paraphrase | Material, Skizzen, Bilder, Kodierung |
|---|---|---|---|---|
| 70 | 8:44 | E1 | Schaut mal ich hab des noch in nem anderen, en anderes gibt es noch. Kennt ihr des' *E1 holt eine Holzkiste aus der Schachtel und öffnet sie* |  |
| 71 |  | Lenni | Ja. |  |
| 72 |  | Achmed | A des hab ich zu Hause. | **bekanntes Material** |

| 73 | | Sonja | Nö. | |
|---|---|---|---|---|
| 74 | | Dan | Zahlen hab auch. | **bekanntes Material** |
| 75 | | Achmed | Des muss man so legen. | |
| 76 | | E1 | Wisst ihr wie des Spiel heißt' *Sonja schüttelt den Kopf* | |
| 77 | | Lenni | Ja, da kann man das so rum machen. | |
| 78 | | Achmed | Da muss man da muss man schieben, dann fliegen alle runter. | **Steine aufstellen** |
| 79 | | E1 | A da kann man so ne du meinsch ja so wenn man se nebeneinander stellt und dann eins antippt genau, mer kann noch was anderes damit machen. Des Spiel heißt Domino. *E1 stellt die Dominokiste auf den Tisch* | |
| 80 | | Dan | DeDomino' *Dan schaut zu E2* | |
| 81 | | E2 | Mh. E2 *Nickt* | |
| 82 | | Lenni | Dann, guck. *Lenni stellt den Dominostein senkrecht auf den Tisch* Guck mal gell dann macht man so dann fallen sie runter. *Lenni schnippst den Dominostein über den Tisch* | **Steine aufstellen** |

Dominosteine sind Achmed (A, 6;4) und Dan (D, 4;9) von zu Hause bekannt (Zeile 72, 74). Es ist jedoch nicht das Anlegen der Würfelbilder, das Achmed und Lenni als Erstes mit den Dominosteinen verbinden, sondern das Aufstellen und das Anschieben der Steine (Zeile 78, 82). Materialien, zu denen Kinder Vorerfahrungen haben, können den ersten Materialzugang dominieren. Insbesondere bei Materialien, die auch zum Bauen einladen, werden zahlbezogenen Eigenschaften in den Hintergrund gedrägt.

In **Szene 2** wählt Heiko (h, 4;9) das Anzahl-Zahl-Domino.

| Zeile | Zeit | Sprecher | Transkript und Paraphrase | Material, Skizzen, Bilder, Kodierung |
|---|---|---|---|---|
| 116 | 07:15 | | | |
| | | Heiko | Des nehm ich *Nimmt Anzahl-Zahl-Domino* | **Material wählen** |
| 117 | | E2 | Du nimmst mal das da, das heißt auch Domino, gell, was du da hast. Aha. | |
| 118 | | Rim | Ich nehm mal die Würfel. | **Material wählen** |
| 119 | | Heiko | *Packt die Karten aus* Ich liebe Elefanten, hier sind nur zwei Elefanten. *Tippt auf beide Elefanten* | |

| | | | | Motive benennen, Anzahlbestimmung |
|---|---|---|---|---|
| 120 | | E2 | So, *Haura greift nach der Kiste mit den Nüssen* | Geteilte Aufmerksamkeit |
| 121 | | Heiko | Eins, zwei, nur eins, zwei Elefanten *Leika greift nach der Kiste mit den Schachteln* | Aufsagen der Zahlwortreihe, Anzahlbestimmung |
| 122 | | E2 | Sandra, du darfst dir auch gerne was nehmen | Geteilte Aufmerksamkeit |
| 123 | | Heiko | Eins, zwei, drei, nur drei Flugzeuge | **Aufsagen der Zahlwortreihe, Anzahlbestimmung** |
| 124 | | E2 | Möchtest du nur gucken' Nimm was, komm hier sind so viele Sachen, schau mal, die und die und die noch *Sandra nimmt sich die Dominosteine, Leika räumt die Schachteln aus der Kiste, Haura hat die Haselnüsse und die Elfer raus Karten* | Schachteln ausräumen |
| 125 | | Heiko | Hey, Hasen hab ich gesehen, zwei Elefanten, nur *Rim räumt Würfel aus der Kiste* | **Motive benennen Würfel ausräumen** |
| | | | Vier Blumen *Heiko legt Karte auf die Seite* | **Zahlzeichen und Motiv benennen** |
| | | | Fünf *Benennt Zahlzeichen 5, E2 setzt sich zwischen Heiko und Sandra* Eins, zwei, drei, drei, vier, nur vier ähm *Tippt beim Zählen auf die Eichhörnchen* | **Zahlzeichen benennen, Aufsagen der Zahlwortreihe, Anzahlbestimmung, Vergleich Zahlzeichen und Menge** |
| 126 | | E2 | Das sind Eichhörnchen. | |
| 127 | | Sandra | Da isch gar nix drauf *Räumt Dominosteine aus* | Dominosteine ausräumen |
| 128 | | Heiko | Und zwei Pferden und zwei Elefante *Hält Karten nebeneinander* | **Anzahlbestimmung Mengenvergleich** |
| 129 | | E2 | Hm, die zwei sind da so gleich von der Menge | **Impuls, Klassifikation nach Anzahl** |
| 130 | | Heiko | Ja. *Legt Karten nebeneinander auf den Tisch* | |

Die Anzahl-Domino-Karten fordern Heiko dazu auf, die Motive und Zahlzeichen zu benennen sowie die Anzahlen zu bestimmen (erfassen, zählen) (Zeile 119, 212, 123, 125). Die Verwendung des Wörtchen „nur" in „nur zwei Elefanten" (Zeile 119, 121) „nur drei Flugzeuge" (Zeile 123) „nur vier" (Zeile 125) deutet darauf hin, dass auf einer Karte die Anzahl der abgebildeten Dinge mit der aufgedruckten Ziffer verglichen wird. Dies wird jedoch nicht weiter explizit gemacht. Des Weiteren werden die abgebildeten Mengen auf unterschiedlichen Karten miteinander verglichen (Zeile 128). Diesen Vergleich kommentiert Erzieherin 2 in Zeile 129 „Die zwei sind da so gleich von der Menge" und sie regt später durch einen Impuls die weitere Klassifikation nach der Anzahl an „Wo hast du denn die Zweier liegen?" (Zeile 149).

Das Aufgreifen zahlbezogener Zugänge eröffnet mathematische Lerngelegenheiten, die im Kontext der *geteilten Aufmerksamkeit* in Szene 2 nicht weiter verfolgt werden (*vielfältige Materialwahl*). Die Anzahlerfassung und das Vergleichen kleiner Mengen (Zeile 128) werden im Folgenden nicht weiter aufgegriffen und unterstützt.

Bei Materialien, zu denen die Kinder keine Vorerfahrungen haben und die nicht zum Bauen einladen, können auch im ersten Zugang zahlbezogene Aktivitäten beobachtet werden. Insbesondere durch situatives Aufgreifen durch die Erzieherin kann dieser Zugang gestärkt und ausgebaut werden.

In **Szene 8** kann der materialbezogene Aufforderungscharakter nicht nur im freien ersten Zugang, sondern auch während des Spiels nach Regeln beobachtet werden (Abb. 5.3).

Abb. 5.3: Standbilder Szene 8, Segment 2 –Materialbezogener Aufforderungscharakter

So stapeln und setzen Luis (3;0) und Fabio (2;4) Spielsteine beim Spiel *Quips* zwischen den eigentlichen Spielzügen. Spielsteine werden aus der Schachtel genommen, versetzt und probeweise in andersfarbige Vertiefungen gesetzt. Schon gesetzte Steine werden aus den Vertiefungen entfernt und zu kleinen Türmen gestapelt. Das Spiel nach Regeln erfordert das Aufschieben des materialbezogenen Aufforderungscharakters, was in diesem Fall nicht allen der noch sehr jungen Kinder gelingt.

Auch in **Szene 5** lassen sich beim *Bohnenspiel* ähnliche Beobachtungen machen (Abb. 5.4).

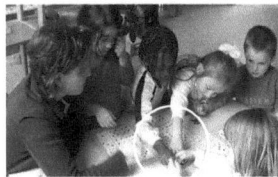

Abb. 5.4: Standbilder Szene 5, Segment 1 –Materialbezogener Aufforderungscharakter

Kinder holen sich Steine aus der Schachtel, sortieren die Steine nach Farbe und legen Steine auf den Spielplan. Der *materialbezogene Aufforderungscharakter* verweist auf mathematische Aktivitäten, die auch im Spiel nach Regeln auftreten. Allerdings muss im Spiel nach Regeln der Anreiz, den das Material ausübt, aufgeschoben werden. So darf beim Bohnenspiel erst dann ein Feld belegt werden, wenn die entsprechende Anzahl gewürfelt wurde.

Der *materialbezogene Aufforderungscharakter* lässt sich folgendermaßen genauer bestimmen:

– Im *freien ersten Zugang* bestimmen die Eigenschaften des Materials die Aktivitäten mit dem Material. Der Aufforderungscharakter eines Materials kann zahlbezogenen mathematischen Aktivitäten im Wege stehen, wenn sich der materialbezogene Aufforderungscharakter und das zahlbezogene mathematische Potenzial nicht decken bzw. weit auseinander liegen. Insbesondere bei Materialien, die sich auch zum Bauen eignen, wird diese Eigenschaft dominant. Hingegen regen Materialien mit zahlbezogenen Abbildungen (Ziffern, Zahlbilder), die wenige bzw. keine haptischen Eigenschaften haben, auch im ersten Zugang zu zahlbezogenen mathematischen Aktivitäten an.

– Zahlbezogene mathematische Aktivitäten ergeben sich im freien Zugang folglich nicht zwangsläufig sondern spontan – abhängig von der Situation und vom Kind. Sie können durch situatives Aufgreifen oder durch die Einführung geeigneter Spielregeln vertieft werden. Geteilte Aufmerksamkeit, die dann auftritt, wenn sich die Erzieherin verschiedenen Kindern mit unterschiedlichen Materialien zuwenden muss, erschwert dies.

– Auch im *Spiel nach Regeln* können haptische Materialeigenschaften dominant werden. An den Materialeigenschaften ausgerichtete Handlungen können insbesondere dann beobachtet werden, wenn eigene Zugänge nicht in das Spiel nach Regeln integriert oder für ein Spiel nach Regeln aufgeschoben werden können. Im Spiel nach Regeln müssen Materialhandlungen in einer gewissen Form und Reihenfolge ausgeführt werden. Dies gelingt insbesondere sehr jungen Kindern nicht immer.

5.3.1.2 Sozialer Aufforderungscharakter

Unter dem Konzept *sozialem Aufforderungscharakter* soll verstanden werden, dass eine bereits bestehende Spielsituation einen sozialen Anreiz ausübt. Dieses Konzept ist ein abduktiv gewonnenes Konzept der empirischen Studie. Hinzukommende Kinder werden durch die vorgefundene Situation zum Zuschauen, zum Mitspielen oder zum eigenen Spiel aufgefordert. Der soziale Aufforderungscharakter kommt insbesondere bei Angeboten im Freispiel zum Tragen. Durch die Offenheit des Raumes können hier weitere Kinder hinzukommen.

Abb. 5.5: Standbilder Szene 5, Segment 1 – Sozialer Aufforderungscharakter

In Abb. 5.5 kommen zwei Kinder ins Zimmer, sie nähern sich dem Tisch, der Blick ist auf das Geschehen am Tisch gerichtet, sie setzen sich an den Tisch, nachdem andere Kinder den Tisch verlassen haben.

Abb. 5.6: Standbilder Szene 6, Segment 2 und 3 – Sozialer Aufforderungscharakter

In Abb. 5.6 kommt ein weiteres Kind ins Zimmer. Nach kleineren Umwegen kommt es an den Tisch, schaut zunächst zu, übernimmt dann aber für beide Spielerinnen Spielhandlungen, was auch zu Konflikten führt (vgl. Zeile 203). Weitere Kinder setzen sich an den Tisch. Nachdem das erste Spielpaar sein Spiel beendet hat, spielen die ehemaligen Zuschauer dasselbe Spiel.

Der folgende Ausschnitt zeigt die Beteiligung des hinzukommenden Kindes – Michelle (M, 5;5) – in der Zuschauerrolle auf.

| Zeile | Zeit | Sprecher | Transkript und Paraphrase | Material, Skizzen, Bilder, Kodierung |
|---|---|---|---|---|
| 201 | 18:53 | Rim | *Rim deckt eine Zwei auf* Ich hab zwei. *Lena deckt eine Drei auf* | Rim<br>**Anzahlbestimmung**<br>Lena |
| 202 | | Michelle | Du Drei. *Michelle schiebt Rims Karte zu Lena, Rim legt die Hand auf Lenas Karte, zieht die Hand wieder zurück, Lena nimmt beide Karten, lacht, Lena legt die Karten zur Seite, Michelle deckt Lenas nächste Karte (Vier) auf, Rim deckt eine Eins auf, Lena rückt ihre Vier zurecht, Michelle schiebt Lenas vier zu Rims eins, dann wieder zurück.* | **Anzahlbestimmung**<br>**Mengenvergleich**<br>Michelle für Lena<br>Rim<br>**Mengenvergleich** |
| 203 | | Lena | **Moaaaaaa** *Lacht, greift über Michelles Hand nach Rims eins, Michelle zieht ihre Hand zurück und greift über Lenas Hand zu Lenas Kartenstapel* Du musst des nicht machen. *Rim deckt eine zwei auf, Michelle eine Vier* | **Mengenvergleich**<br>Rim  Michelle für<br>Lena |
| 204 | | Michelle | Oa. | |

Sowohl Rim (R, 6;2) und Lena (L, 4;6), die beiden Spielerinnen, als auch die Zuschauerin Michelle zeigen zahlbezogene mathematische Aktivitäten, die sich aufgrund der Spielregeln im Spielverlauf spontan ergeben.

Eine ähnliche Situation ist auch in den Abb. 5.7 zu sehen.

Abb. 5.7: Standbilder Szene 7, Segment 1 – Sozialer Aufforderungscharakter

Ein Kind kommt in den Raum bzw. an den Tisch, verfolgt das Spielgeschehen eine Weile und beginnt dann mit einem anderen Zuschauer ein eigenes Spiel.

In Abb. 5.8 verweilen zwei Kinder über längere Zeit in der Zuschauerrolle und verfolgen das Spielgeschehen am Tisch.

Abb. 5.8: Standbilder Szene 5, Segment 2 und 3 – Sozialer Aufforderungscharakter

Nach Beendigung der Spielrunde wechselt einer der Zuschauer in die Spielerrolle. Das Spiel nach Regeln kann ummittelbar beginnen. Eine Regelklärung ist nicht notwendig, lediglich punktuelle Regelaktualisierungen sind zu beobachten. Der Wechsel von der Zuschauer- in die Spielerrolle führt zu mathematischen Aktivitäten (vgl. auch Kapitel 5.2.2.)

Der *soziale Aufforderungscharakter* lässt sich folgendermaßen genauer bestimmen:

– Bereits begonnene Spiele üben einen sozialen Anreiz aus. Der *soziale Aufforderungscharakter* bestehender Spielgeschehen kann Kinder in die Materialauseinandersetzung führen. Sowohl Zuschauer als auch neu hinzukommende Mitspieler zeigen zahlbezogene mathematische Aktivitäten, die sich aus dem Spiel nach Regeln ergeben.

– Wenn ein Kind zunächst eine Zuschauerrolle einnimmt, dann kann der materialbezogene Aufforderungscharakter aufgeschoben, ein Spiel nach Regeln angeregt und damit zahlbezogene Aktivitäten im gemeinsamen Spiel ermöglicht werden.

## 5.3.2 Spielaufrechterhaltung

Während im vorherigen Abschnitt die Spielaufnahme betrachtet wurde, die mit den Konzepten *materialbezogener* und *sozialer Aufforderungscharakter* erklärt werden kann, soll im Folgenden die *Spielaufrechterhaltung* und ihr Bezug zu mathematischen Aktivitäten in den Blick genommen werden. Es geht folglich um die längerfristigen Anreize im Unterschied zu kurzfristigen. Spiele werden dann eher aufrechterhalten, wenn das Kind motiviert und interessiert ist, und es etwas zu entdecken gibt (vgl. Laevers 1997), also eine engagierte Auseinandersetzung mit dem Spielmaterial zu beobachten ist. Engagiertheit kann sich verschieden äußern: beispielsweise in ausgedehnten, intensiven, konzentrierten Materialhandlungen, in emotionalen oder in verbalen Äußerungen (vgl. auch Kapitel 3.2.4). Es gilt also danach zu fragen, wie sich längerfristige Anreize im Spiel äußern bzw. wie eine längerfristige Auseinandersetzung mit Hilfe des Konzepts Engagiertheit beschrieben werden kann.

Ein erstes Kriterium für eine engagierte Materialauseinandersetzung ist folglich die zeitliche Dauer. Die *ausdauernde Auseinandersetzung* mit einem Material bzw. mit einem Spiel deutet zudem auf *Konzentration* als einem Merkmal von Engagiertheit hin, wenn das Kind seine Aufmerksamkeit auf dieses Spielmaterial begrenzt. Im Hinblick auf mathematische Aktivitäten erweisen sich zwei weitere Aspekte als relevant: die *positive emotionale Involviertheit* und die *verbale Involviertheit* beim Spielen. Während es sich bei Ausdauer und Konzentration Merkmale der Engagiertheit nach Laevers (1997) handelt, sind die positive emotionale Involviertheit und die verbale Involviertheit abduktiv gewonnene Konzepte für Engagiertheitsmerkmale in Spielsituationen, die sich aber an die Merkmale Freude und Befriedigung, Energie, Reaktionsbereitschaft und verbale Äußerungen anlehnen (Kapitel 3.5.4). Im Folgenden sollen länger andauernde Spielgeschehen miteinander verglichen und mit Abbrüchen kontrastiert werden.

### 5.3.2.1 Positive emotionale Involviertheit

Engagiertheit kann sich bei Kindern unterschiedlich äußern. Beim Spielen von Gesellschaftsspielen bzw. Familienspielen sind positive Emotionen eine Möglichkeit, wie sich Engagiertheit zeigen kann. Die folgenden Datenausschnitte zeigen dies auf.

Saskia (4;2) und Viktoria (4;0) spielen in **Szene 3** mit Erzieherin 2 (E 2) *Stechen mit Speedkarten*. Sie spielen zwei volle Spielrunden, die dritte wird nur begonnen. Insgesamt verbringen sie eine halbe Stunde beim Stechen. Der Ausschnitt setzt gegen Ende der ersten Spielrunde ein.

| Zeile | Zeit | Sprecher | Transkript und Paraphrase | Material, Skizzen, Bilder, Kodierung |
|---|---|---|---|---|
| 210 | | E2 | *Saskia deckt eine Drei auf* gä' *Viktoria deckt eine Eins auf* Aha. *E2 rückt die Karten zurecht* | Saskia   Viktoria |
| 211 | 14:03 | Viktoria | Eins. *tippt auf die Eins* | **Anzahlbestimmung** |
| 212 | | E2 | Mmh. | |
| 213 | | Saskia | Eins, zwei, drei, *tippt synchron* vier. *zählt weiter* | **Aufsagen der Zahlwortreihe Anzahlbestimmung** |
| 214 | 14:08 | E2 | Jabäbäbäba. *schiebt die Drei näher zu Saskia* | |
| 215 | | Saskia | Eins, zwei, drei. *tippt synchron* | **Aufsagen der Zahlwortreihe Anzahlbestimmung** |

| 216 | | E2 | Genau. *Saskia greift nach beiden Karten* | **Mengenvergleich** |
|---|---|---|---|---|
| 217 | | Viktoria | (Eins) *tippt auf die Eins* | |
| 218 | | E2 | A, das ist mehr als eins, auf jeden Fall. *Saskia legt den Stich auf ihren offenen Stapel, Viktoria deckt eine Eins auf* | Viktoria |
| 219 | | Viktoria | Nochmal eins. *tippt auf das Haus* | **Anzahlbestimmung Vergleich** |
| 220 | | E2 | O, noch mal eins. *hebt Hände von den Oberschenkeln und legt sie wieder ab* O. | **Ausruf, Gestik** |
| 221 | | Saskia | *Saskia deckt eine Eins auf* Noch mal eins. *Saskia lacht* | Saskia **Anzahlbestimmung Vergleich Ausruf, Emotionen** |
| 222 | | E2 | **Aha.** | **Ausruf** |
| 223 | | Viktoria | O, jetzt darf ich die selber. *legt den Stich auf ihren offenen Stapel, Saskia auch* | **Ausruf Mengenvergleich** |
| 224 | | E2 | Genau. *Viktoria lacht, Saskia deckt eine Zwei auf* Zack. | **Emotionen** Saskia |
| 225 | 14:22 | Viktoria | Zack. *Deckt eine Zwei auf* | **Ausruf** Viktoria |
| 226 | | Saskia | Eins, zwei. *tippt synchron auf ihre Zwei* | **Aufsagen der Zahlwortreihe Anzahlbestimmung** |
| 227 | | E2 | Hä' | |
| 228 | | Viktoria | Zwei, zwei. *tippt synchron* | **Anzahlbestimmung** |
| 229 | | E2 | A. Eins, zwei. *Viktoria legt die Zwei auf ihren offenen Stapel* | **Mengenvergleich** |
| 230 | | Saskia | Zwei, zwei. *tippt synchron, legt die Zwei auf ihren offenen Stapel* | **Anzahlbestimmung Mengenvergleich** |
| 231 | 14:30 | E2 | Aha, aha. Jetzt habt ihr aber oft das gleiche gehabt. | |
| ... | | | ... | |
| 276 | 16:50 | E2 | Wer hat mehr' von euch beiden, wer hat gewonn' | |

| 277 | | Saskia | Ich. | |
|---|---|---|---|---|
| 278 | | E2 | Glaubst du, du hast **mehr'** *Saskia nickt* Solln wir sie mal nebeneinander legen *E2 nimmt Saskia den Stapel aus der Hand* und gucken welcher Stapel größer ist, jetzt Achtung *E2 legt Saskias Stapel in die Tischmitte* so hinlegen. *Viktoria hält ihren Stapel über Saskias Stapel* Stopp, nebendran legen- *Viktoria legt ihren Stapel neben Saskias Stapel* So, welcher Stapel ist größer' *E2 rückt beide Stapel zurecht* | |
| 279 | | Saskia | Ich. *Saskia zeigt auf ihren Stapel* | **Vergleichen** |
| 280 | | E2 | Der von der Saskia. Zehn Karten größer. Das habt ihr gut gemacht. | |
| 281 | 17:08 | Viktoria | Und nochmal. | **Wunsch nach Wiederholung** |

Trotz einer gewissen Gleichförmigkeit der Spielzüge (Anzahlbestimmung verbal, Mengenvergleich nonverbal) bleiben die Kinder beim Spiel. Gegen Ende der ersten Spielrunde ist eine zunehmende *emotionale Involviertheit* der Kinder und der Erzieherin zu beobachten (Zeile 220–225). Diese äußert sich in *Ausrufen, Lachen und Gesten* (positive Emotionen) aller Mitspieler, ausgelöst durch das mehrfache Aufdecken gleicher Anzahlen. Am Ende der Spielrunde wird der Wunsch nach einer weiteren Spielrunde geäußert (Zeile 281). Die positive emotionale Involviertheit begünstigt eine *Spielwiederholung*.

Emotionale Involviertheit zeigt sich aber nicht nur in Gesten, Ausrufen, Lachen oder dem Wunsch nach Spielwiederholung. In **Szene 5** spielt Leika (L, 4;6) das Bohnenspiel mit der Forscherin (F). Bosse (B, 3;10) und Lars (l, 3;10) schauen zu. Der Ausschnitt setzt kurz vor dem Ende der Spielrunde ein.

| Zeile | Zeit | Sprecher | Transkript und Paraphrase | Material, Skizzen, Bilder, Kodierung |
|---|---|---|---|---|
| 444 | | Leika | Au, sie gewinnt schon nicht. Aber, wenn ich jetzt nicht mehr Pech kriege, dann gewinne ich schon. | **Ausrichtung auf Gewinn und Spielende** |
| 445 | | F | Mhm. A, wenn ich jetzt ne drei würfel, guck mal, dann gewinne ich. | |
| 446 | | Leika | Ja. | |
| 447 | | F | Aber vielleicht würfel ich ja keine drei, vielleicht würfel ich ne zwei oder ne fünf. | |
| 448 | | Leika | Ja. *Belegt die Sechs weiter* | |

| 449 | 22:16 | F | Guck, mal wir brauchen beide noch ne drei. *Nimmt den Würfel* Du brauchst eine und ich brauch auch eine. Mal gucken, wer als erstes die drei würfelt. *Leika wippt mit ihrem Oberkörper hin und her, F würfelt eine Eins.* | **Körperhaltung** – Anspannung |
| 450 | | F | *A. reckt den rechten Arm kurz nach oben* | **Ausruf, Geste** |
| 451 | | Leika | Siehst du, Pech gehabt. *Würfelt eine Vier* Oa. | **Ausruf**<br>**Vergleich Würfel – Spielplan** |
| 452 | | F | Oa. Jetzt hab ich noch mal ne Chance, guck jetzt kann ich noch mal würfeln. *Würfelt eine Eins* A. | **Ausruf**<br><br>**Ausruf** |
| 453 | | Leika | Ja. Ich werde gewinnen, nananananana. *Würfelt eine Vier* Au, nein. *klopft zwei Mal mit der Faust auf den Tisch, gibt den Würfel an F* Ey Lars, magst du, dass ich gewinne' *Lars nickt* Okay. | **Ausrichtung auf Gewinn**<br>**Ausruf, Geste**<br>**Vergleich Würfel – Spielplan**<br><br>**Ausrichtung auf Gewinn** |
| 454 | | F | F *Würfelt eine Eins* A. Immer ne eins. *Leika zieht den angewinkelten Arm mit Faust nach unten* Was ist denn des fürn Würfel' *Leika würfelt eine Drei* Oa. | **Ausruf**<br>**Geste**<br><br>**Ausruf** |
| 455 | 22:53 | Leika | Jaaaa. *Beugt sich leicht vor, macht eine Faust* | **Ausruf, Geste, Körperhaltung**<br>**Vergleich Würfel – Spielplan** |
| 456 | | F | Du hattest recht die Leika. *Leika belegt die Drei* | Leika belegt |
| 457 | | Bosse | Haha. **Leika gewinnt. Leika gewinnt, Leika gewinnt.** | **Ausruf, Prosodie (lauter)** |
| 458 | | Lars | **Leika hat gewonnen.** *Lars streckt beide Arme in die Luft, Leika lächelt, winkelt Arme an, schaut auf den Spielplan, F lacht* | **Ausruf, Prosodie (lauter)** |
| 254 | | F | So du bist die Gewinnerin, hm' | |
| 255 | 23:11 | Leika | Ja. *Streckt die Arme in die Luft* | <br>**Ausruf, Geste** |

Die emotionale Involviertheit der Mitspieler aber auch der Zuschauer äußert sich neben (lauten) Ausrufen und Gesten in diesem Ausschnitt auch in der *verbalen Ausrichtung auf den Gewinn*, wenn etwa wiederholt der eigene Spielgewinn thematisiert wird (Zeile 444, 453). Die Ausrichtung auf den Gewinn bewirkt ein *Spielen bis zum Spielende* und in diesem Fall auch eine *Spielwiederholung*. Ein Zuschauer wechselt in die Mitspielerrolle und eine neue Runde beginnt (vgl. auch Abb. 5.8 in Kapitel 5.3.1.2). In dieser letzten Spielphase mit seiner starken Ausrichtung auf den Gewinn werden einzelne Spielzüge nicht mehr sprachlich begleitet oder Spielplan-betrachtungen vorgenommen (im Unterschied zu vorangehenden Ausschnitten, vgl. beispielhaft Ausschnitt aus Szene 5 in Kapitel 5.1.2). Sie verschwinden hinter den starken Emotionen und der Anspannung, die mit dem Spielende verbunden sind.

In **Szene 6** spielen Rim (R, 6;2) und Lena (L, 4;6) insgesamt zwei Runden *Stechen mit Speedkarten*. Michelle (M, 5;5), Delphine (D) und Elias (E) schauen zu. Der folgende Ausschnitt zeigt zunächst das Ende von Runde 1 (Zeile 188) und dann das Ende von Runde 2 (Zeile 242ff.)

| Zeile | Zeit | Sprecher | Transkript und Paraphrase | Material, Skizzen, Bilder, Kodierung |
|---|---|---|---|---|
| 188 | 18:42 | | | |
| | | Rim | Ich hab gewonnen. *Michelle stellt sich aufrecht hin, klatscht in die Hände* So nochmal, komm. | **Spielgewinn** **Spielwiederholung** |
| ... | ... | ... | ... | |
| 242 | 20:43 | Michelle | Ich weiß wer gewonnen hat, *Michelle legt beide Hände an die Taille* Lena- *Zeigt auf Lena, Rim schaut Michelle an, Lena nimmt einige ihrer Karten in die Hand* | |
| 243 | | Lena | Hähä. *Lacht, schaut zu Rim* | **Positive Emotionen** |
| 244 | | F | Mhm, warum denkst du, dass sie gewonnen hat' | |
| 245 | | Michelle | Weil sie hat mehr. *Michelle zeigt auf Lenas Karten* | **Abschätzen** |
| 246 | | F | Mhm. *Rim schaut zu Michelle, Michelle dreht ihren Kopf zu Rim* | |
| 247 | 20:51 | Rim | Ja und du spielst eh nicht mit. *Michelle schüttelt den Kopf, schaut auf den Tisch, Rim stützt sich mit den Ellenbogen auf den Tisch auf.* Hei da vorne sind Würfeln, *Rim schaut Richtung Regal* ich bin die Sechs und du' *Michelle dreht den Kopf Richtung Regal* Fünf gell' *Lena ordnet ihren Stapel EIRA* Und Lena is noch Vier. | **Negative Emotionen** |
| 248 | 20:59 | (Elias) | Ich auch. | |
| 249 | | Lena | Mach, lieg doch mal hin. *Lena legt ihren Kartenstapel in die Tischmitte, Rim legt ihren Stapel* | **Stapelvergleich** |

| | | | danebei, Michelle beugt sich vor, Lena legt ihre Hände auf beide Stapel und schaut von der Seite auf die Stapel | |
|---|---|---|---|---|
| 250 | | Rim | E, einmal hab ich gewonnen und einmal Lena gewonnen. | |
| 251 | | F | Mhm. | |
| 252 | 21:09 | Rim | Jetzt spiel ich was anderes. *Rim dreht sich zum Regal, steht auf* | **Spielverlust** **Spielwechsel** |

Nach der ersten Spielrunde äußert Rim den Wunsch nach einer zweiten (Zeile 188). Nach der zweiten Runde möchte sie ein anderes Spiel spielen (Zeile 252). Während das Ende von Runde 1 für Rim mit positiven Emotionen verbunden ist, verliert sie die zweite Runde. *Negative Emotionen* treten auf (Zeile 247). Im Unterschied zu positiven Emotionen können negative Emotionen eine Spielwiederholung verhindern und zum *Abbruch* in Form eines Spielwechsels führen (Zeile 247, Zeile 252).

Das Konzept *emotionale Involviertheit* lässt sich folgendermaßen genauer bestimmen:

– Emotionale Involviertheit ist ein Merkmal von Engagiertheit in Spielsituationen. Sie äußert sich im Spiel in spontanen Ausrufen, Lachen, Hüpfen, Klatschen sowie damit verbundene Gesten und Mimik. Sie mündet häufig in den Wunsch nach Spielwiederholung.
– Zahlbezogene Aktivitäten bleiben aufgrund der emotionalen Involviertheit der Beteiligten aber häufig nonverbal. Aufgrund des geringen Grades an Verbalisierungen in emotional aufgeladenen Spielsituationen treten allgemeine mathematische Aktivitäten nur vereinzelt auf.
– Positive Emotionen befördern jedoch den Wunsch nach einer Spielwiederholung und eröffnen somit erneut Lerngelegenheiten.
– Negative Emotionen befördern Spielwechsel und Spielabbrüche.

### 5.3.2.2 Verbale Involviertheit

Neben emotionaler Involviertheit zeigt sich Engagiertheit im Spiel auch in *verbaler Involviertheit*. Dieses Konzept soll anhand der folgenden Datenausschnitte verdeutlicht werden.

Lisa (2;11) und Max (4;10) zeigen in **Szene 8** beim Spiel *Quips* eine intensive, ausdauernde und zumeist konzentrierte Materialauseinandersetzung. Lisa ist die ganze Spielrunde über als Mitspielerin dabei (30 Minuten). Max ist die zweite Viertelstunde zuerst als Zuschauer, dann als Mitspieler beteiligt. Der Ausschnitt setzt ein, nachdem Max bereits fünf Minuten mitspielt.

| Zeile | Zeit | Sprecher | Transkript und Paraphrase | Material, Skizzen, Bilder, Kodierung |
|-------|------|----------|---------------------------|--------------------------------------|
| 391 | 23:33 | | | |
| | | E4 | *Max würfelt* Oi. | |
| 392 | | Max | Kann nicht. Ich schenk jemanden ne blau | **Vergleich Würfel und Plan** |
| 393 | | E4 | Oa, des find ich aber nett. | |
| 394 | | Max | Weil ich kann nicht. | **Begründen** |
| 395 | | E4 | Und wie viel hast du sogar gewürfelt' *E4 zeigt auf den Augenwürfel* | |
| 396 | | Max | Drei. *Max schaut auf Lisas Plan* | **Anzahlbestimmung** **Vergleich Würfel und Plan** |
| 397 | | Lisa | *Lisa schaut auf Max Plan, auf ihren Plan, dann auf Plan von E4* Äm. Zwei zu Erzieherin 4 *Lisa zeigt auf zwei Löcher im Himmel von E4* | **Vergleich Würfel und Pläne** **Anzahlbestimmung** **Begründen** |
| 398 | | Max | Und drei hab ich, und drei brauchst du. *Max setzt zwei blaue Steine in den Himmel von E4* | **Vergleich Augenzahl und Löcher** |

| 399 | | E4 | Vielen Dank. Jetzt hat- ist mein *Max will den dritten blauen Stein in den grünen Busch setzen* a, des passt da leider nicht mehr rein. *E4 schüttelt den Kopf* Und Lisa bei dir' *E4 zeigt auf Lisas Plan* | **Einwand** |
| 400 | | Lisa | Nich mehr. *Max schaut auf Lisas Plan* | **Vergleich Steine und Plan** |
| 401 | 24:08 | E4 | Au nich. Und beim- okay, dann müss mehr des drin lassen. *Max legt den dritten blauen Stein zurück in die Schachtel* Vielen Dank Max. *E4 schiebt die Würfel zu Lisa* Jetzt hast du mir mein Himmel fertig gemacht, des is aber schön. Lisa- *Lisa nimmt den Würfel in die Hand* | |

Durch die Regel des Verschenkens nicht benötigter Steine ist neben der Anzahlbestimmung der Vergleich von Würfelaugen, zu wählenden Steinen und verfügbaren Löchern in Bezug auf alle Spielpläne zu beobachten. Alle Mitspieler beteiligen sich an dieser *mathematischen Kommunikation*, die argumentative Züge trägt (Zeile 394ff.). Auch Lisa, die weder am Zug ist noch selbst blaue Steine mehr braucht, vergleicht alle Spielpläne miteinander und quantifiziert den Bedarf von Erzieherin 4 (Zeile 397).

Viktoria (4;1) und Achmed (6;5) spielen in **Szene 4** Stechen. Sie spielen insgesamt drei Runden. Nach einer kurzen Einweisung durch Erzieherin 2 (E 2) spielen sie alleine. Insgesamt dauern alle drei Spielrunden zusammen 20 Minuten. Danach endet das Spiel und beide Kinder verlassen den Raum (Abb. 5.10). Im Folgenden wird ein Ausschnitt aus Runde eins (Zeile 375–387) einem aus Runde zwei (Zeile 467) gegenüber gestellt. Der erste Ausschnitt setzt ein, kurz nach Beginn der ersten Runde. Der zweite Ausschnitt beginnt kurz vor dem Ende der zweiten Runde.

| Zeile | Zeit | Sprecher | Transkript und Paraphrase | Material, Skizzen, Bilder, Kodierung |
|---|---|---|---|---|
| 375 | 21:41 | | | |
| | | Viktoria | *Viktoria deckt eine Vier auf* Und jetzt hab ich mehr. *Achmed schaut unter seine oberste Karte* Eins zwei *Viktoria tippt beim Zahlwort Zwei auf zwei Symbole* drei | Viktoria **Vermuten Aufsagen der Zahlwortreihe** |
| 376 | | Achmed | Fünf. *Achmed deckt eine Fünf auf* Vier, fünf. | **Anzahlbestimmung** |

| | | | | |
|---|---|---|---|---|
| | | | | Achmed<br>**Mengenvergleich** |
| 377 | | Viktoria | Du kriegst se. *Viktoria gibt Achmed die Vier* Du kriegst sie. *Achmed legt beide Karten vor sich, Viktoria deckt eine Drei auf* Eins, zwei, drei. *Viktoria tippt bei jedem Zahlwort auf ein Symbol* | **Mengenvergleich**<br><br>Viktoria<br>**Aufsagen der Zahlwortreihe** |
| 378 | | Achmed | *Achmed schaut unter seine oberste Karte, deckt eine Vier auf* Vier. | **Vermuten**<br><br>Achmed<br>**Anzahlbestimmung** |
| 379 | | Viktoria | Jetzt kriegst sie nomal. *Achmed legt beide Karten vor sich* Oa. Immer<br><br>*Viktoria deckt eine Zwei auf* Zwei. *Viktoria tippt auf beide Symbole* | **Mengenvergleich**<br>**Ausruf**<br><br>Viktoria<br>**Anzahlbestimmung** |
| 380 | | Achmed | *Achmed deckt eine Fünf auf* Fünf | Achmed<br>**Anzahlbestimmung** |
| 381 | 22:11 | Viktoria | Jetzt hast du wieder, jetzt kriegst du sie wieder. *Viktoria gibt Achmed die Zwei, Achmed legt beide Karten vor sich* Och, manno. *Viktoria deckt eine Fünf auf* | **Mengenvergleich**<br><br>**Ausruf**<br><br>Viktoria |
| 382 | | Achmed | *Achmed deckt eine Eins auf* Du bekommst. | Achmed<br>**Mengenvergleich** |
| 383 | | Viktoria | Ich hab mehr, ich krieg sie. *Viktoria nimmt die Fünf in die Hand* Eins, zwei *Viktoria tippt beim Zahlwort Zwei auf zwei Symbole* | **Mengenvergleich**<br>**Aufsagen der Zahlwortreihe** |
| 384 | | Achmed | Fünf. | **Anzahlbestimmung** |
| 385 | 22:30 | Viktoria | Drei. *Viktoria tippt beim Zahlwort Drei auf zwei Häuser* Du hasch eins, ich krieg sie. *Achmed schaut unter seine oberste Karte* Wieder. *Viktoria deckt eine Fünf auf* | **Anzahlbestimmung,**<br>**Mengenvergleich**<br>**Vermuten**<br><br>Viktoria |
| 386 | | Achmed | Fünf. *Achmed deckt eine Vier auf* Du bekommst se. | **Anzahlbestimmung**<br><br>Achmed<br>**Mengenvergleich** |

| | | | | |
|---|---|---|---|---|
| 387 | | Viktoria | Eins, zwei *Viktoria tippt beim Zahlwort Zwei auf zwei Symbole* drei *Viktoria tippt beim Zahlwort Drei auf zwei Symbole* Ich krieg sie. *Viktoria greift nach der Vier* Eins, zwei *Viktoria tippt beim Zahlwort Zwei auf zwei Symbole* drei. Ok, ich krieg sie. Lalalalala. *Viktoria legt beide Karten neben sich* | **Aufsagen der Zahlwortreihe**<br><br>**Mengenvergleich**<br><br>**Positive Emotionen** |
| … | … | | … | |
| 467 | 28:50 | Viktoria | *Achmed deckt eine Fünf auf, Viktoria schiebt ihre Eins zu Achmed, Achmed legt beide Karten neben sich*<br><br>*Beide decken eine Vier auf, legen die Karten jeweils neben sich*<br><br>*Achmed schaut unter die oberste Karte, Viktoria deckt eine Zwei auf* Zwei. *Tippt auf beide Symbole, Achmed legt seine Vier auf Viktorias Zwei* Du kriegsts. *Viktoria schiebt ihre Zwei zu Achmed, Achmed legt beide Karten neben sich* | 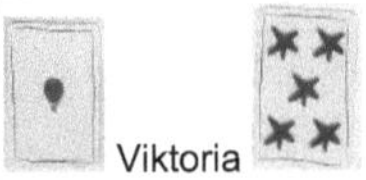 Viktoria Achmed<br>**Mengenvergleich**<br>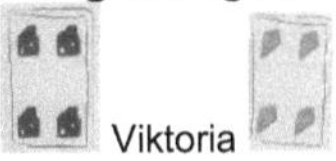 Viktoria Achmed<br>**Mengenvergleich**<br>**Vermuten**<br>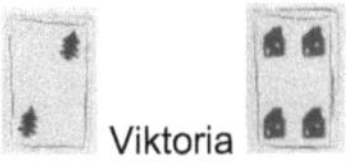 Viktoria Achmed<br>**Anzahlbestimmung**<br>**Mengenvergleich** |

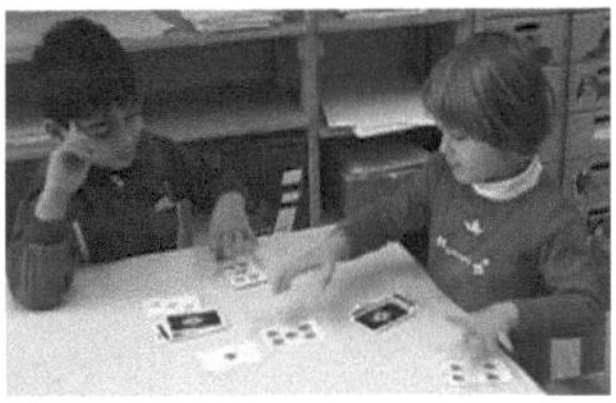

22:18

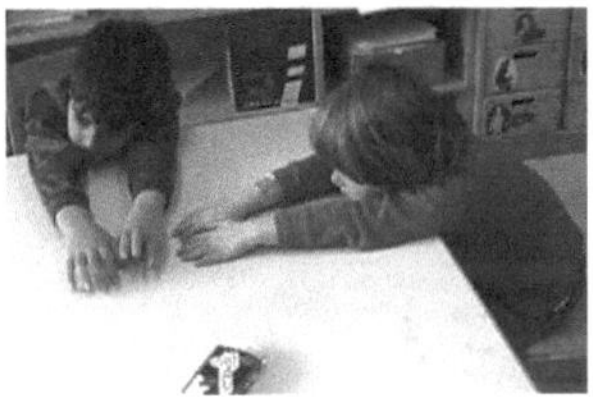

38:10

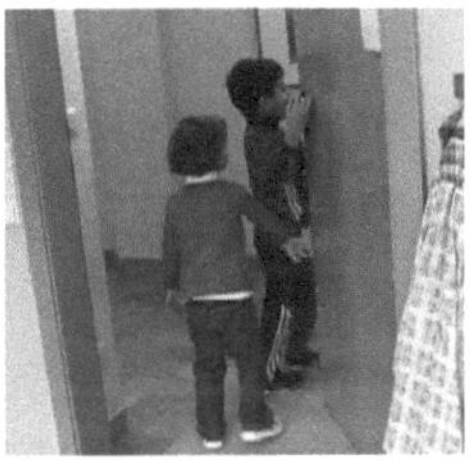

39:52

Abb. 5.10: Standbilder aus Szene 4, Segment 3

In Runde 1 sind die Themen der beiden Kinder, die sich verbal und handelnd zeigen, sehr unterschiedlich. Viktorias Themen sind das Aufsagen der Zahlwortreihe, die Anzahlbestimmung, der Mengenvergleich, das Einhalten der Regeln und der einzelne Stichgewinn. Sie verbalisiert Regeln bei Stichgewinn und Stichverlust (ich krieg, du kriegst). Stichverlust und Stichgewinn sind verknüpft mit Ausrufen, Lachen, die positive oder auch negative Emotionen zum Ausdruck bringen.

Für Achmed stellen die Anzahlbestimmung, der Mengenvergleich und das Einhalten der Regeln keine eigene Herausforderung dar. Seine Themen sind der Stich- und Spielgewinn. Seine Herausforderung besteht im vorherigen Anschauen der nächsten Karte, um herauszufinden, ob er den nächsten Stich gewinnen oder verlieren wird (Zeile 375, 378, 385, 467).

Im ersten Ausschnitt aus Runde eins sind beide Kinder verbal involviert. Die anfängliche verbale Involviertheit beider Kinder weicht im Laufe der Zeit einer zunehmenden Spielroutine, die sich in gleichförmigen Spielhandlungen zeigt (Zeile 467). Während sich anfangs beide Kinder am Gespräch beteiligen und sich aufeinander beziehen, beteiligt sich gegen Ende nur noch Viktoria verbal am Spielgeschehen. Die Stiche folgen schneller aufeinander und werden nur noch mit kurzen Einwürfen kommentiert. Auch die emotionale Involviertheit, die sich hier in Spielwiederholungen äußert, hat sich nach drei Spielrunden erschöpft. Auch die Kinder sind erschöpft. Nach drei Spielrunden verlassen sie den Raum (Abb. 5.10).

Das Konzept *verbale Involviertheit* lässt sich folgendermaßen genauer bestimmen:

–  Verbale Involviertheit ist ein Merkmal von Engagiertheit in Spielsituationen. Sie äußert sich in der verbalen Beteiligung der Mitspieler am Spielgeschehen.

–  Die verbale Involviertheit aller Mitspieler verweist auf Spielpassagen, die über gleichförmige Spielzüge hinausgehen und Herausforderungen für ein einzelnes oder mehrere Kinder darstellen.

–  Verbale Involviertheit intensiviert die zahlbezogenen mathematischen Aktivitäten, indem sie das Spiel – hier die zeitliche Dichte der Spielzüge – entschleunigt.

–  Verbale Involviertheit wirkt sich nur dann erweiternd auf zahlbezogene und allgemeine mathematischen Aktivitäten aus, wenn es ein gemeinsames Thema bzw. einen gemeinsamen Bezugspunkt in der Spielgruppe gibt.

–  Hat der verbale Austausch kein gemeinsames Thema bzw. keinen gemeinsamen Bezugspunkt oder entwickelt sich kein gemeinsames Thema, dann nimmt die verbale Involviertheit ab. Dies befördert den Spielabbruch.

### 5.3.3  Ergebnisse: Hypothesen zum Spielprozess

Unter dem Analysefokus *Spielprozess* konnten die zentralen Aspekte für die Gestaltung des Spielprozesses herausgearbeitet werden: *Spielaufnahme* und *Spielaufrechterhaltung*. In Erweiterung bisheriger Forschung zum Lernen im Spiel (vgl. Kapitel 2.3) kann der Spielprozess durch zwei Fragen ausdifferenziert werden: Wie kommen die Kinder zum Spiel? Wie bleiben die Kinder beim Spiel? Die Spielaufnahme und die Spielaufrechterhaltung stellen elementare Voraussetzungen für das Auftreten mathematischer Aktivitäten dar, sind aber unter den Bedingungen der formalen Offenheit prekär. Der Analysefokus *Spielprozess* liefert *zwei Konzepte*, die die Spielaufnahme und die Spielaufrechterhaltung erklären und damit auch begünstigen können: *Aufforderungscharakter* und *Engagiertheit*. Beide sind bereits bekannte theoretische Konzepte, die aber aufgrund der Datenanalyse für Spielsituationen ausdifferenziert werden konnten.

Es lassen sich folgende Hypothesen für die *Spielaufnahme* formulieren:

–  Der *materialbezogene Aufforderungscharakter* kann Kinder in die Materialauseinandersetzung führen. Der erste freie Zugang zu einem Material ist von seinen Eigenschaften bestimmt. Je nachdem, welche Eigenschaften dominant werden, können ganz unterschiedliche Materialhandlungen beobachtet werden. Diese weisen nicht zwingend einen Zahlbezug auf. Der Aufforderungscharakter eines Materials kann zahlbezogenen mathematischen Aktivitäten folglich im Wege stehen. Dies gilt insbesondere für Materialien, die zum Bauen einladen. Ein gemeinsames Spiel nach Regeln erfordert oftmals das Aufschieben von Materialhandlungen. Daher kann der materialbezogene Aufforderungscharakter insbesondere bei jungen Kindern ein gemeinsames Spiel nach Regeln erschweren.

– Bereits bestehende Spielgeschehen üben einen *sozialen Aufforderungscharakter* aus. Die Aufnahme eines Spiels über den sozialen Anreiz kann in Spielsituationen zuverlässig und wiederkehrend beobachtet werden. Das gemeinsame Spiel lädt andere Kinder zum Zuschauen und Mitspielen ein. Allerdings gelingt das gemeinsame Spiel nach Regeln nicht immer. Dies zeigt sich insbesondere an wiederholten Spielgruppenvergrößerungen und Spielgruppenverkleinerungen. Vergrößerungen erfordern erneute Regelklärungen, Verkleinerungen sind Ausdruck des vorzeitigen Abbruchs, ein in formal offenen Situationen normales Phänomen. Jedoch bietet die Zuschauerrolle durchaus Potenzial. Insbesondere der Einbezug von Zuschauern in eine nächste Spielrunde führt zu Spielwiederholungen. Das Zuschauen transportiert zugleich auch Regeln für eine neue Spielrunde und erleichtert ein erneutes bzw. fortgesetztes Spiel. Der sofortige Einbezug von Zuschauern hingegen wirkt sich ungünstig auf den Spielfluss auf. Das Spielgeschehen wird unterbrochen und Regeln müssen erneut geklärt werden.

Es lassen sich folgende Hypothesen für die *Spielaufrechterhaltung* formulieren:

– Beim Spielen von Gesellschaftsspielen äußert sich Engagiertheit vor allem emotional und verbal. *Emotionale Involviertheit* begünstigt das Zu-Ende-Spielen, stabile Spielgruppen sowie Spielwiederholungen. Sie schafft folglich wiederholt mathematische Lerngelegenheiten. In den emotional aufgeladenen Spielsituationen selbst, also insbesondere gegen Ende von Spielrunden, sind mathematische Aktivitäten jedoch nur noch vereinzelt zu beobachten. *Verbale Involviertheit* ist hingegen entscheidend für die Art und Vielfalt der beobachteten mathematischen Aktivitäten – zahlbezogen und allgemein. Verbalisierungen intensivieren zahlbezogene mathematische Aktivitäten, indem das Spiel etwa durch argumentative Auseinandersetzungen entschleunigt wird. Emotionale und verbale Involviertheit sind demnach in Bezug auf mathematische Aktivitäten als komplementär zu betrachten. Ein Spiel benötigt im Hinblick auf die Aufrechterhaltung und die mathematischen Aktivitäten sowohl Phasen emotionaler als auch verbaler Involviertheit. Das Fehlen einer oder beider Aspekte von Engagiertheit kann Über- oder Unterforderung anzeigen und den Spielabbruch begünstigen.

– Die verbale Involviertheit aller Mitspieler verweist auf Spielpassagen, die über gleichförmige Spielzüge hinausgehen und Herausforderungen für ein einzelnes oder mehrere Kinder darstellen.

– Verbale Involviertheit ist im Hinblick auf mathematische Aktivitäten besonders fruchtbar, wenn die verbale Interaktion ein gemeinsames Thema bzw. einen gemeinsamen Bezugspunkt hat.

## 5.4 Analysefokus *Verbale Interaktion*

In den vorstehenden Kapiteln wurde herausgearbeitet, dass mathematische Aktivitäten oft erst durch die Verbalisierung sichtbar werden, sie außerdem – bei gemeinsamem Thema bzw. Bezugspunkt – Möglichkeiten zur Erweiterung und Intensivierung mathematischer Aktivitäten bietet und die verbale Involviertheit der Kinder ein Kennzeichen ihrer Engagiertheit darstellt.

Indem andere Kinder oder die Erzieherin Bezug auf die in der Spielsituation spontanen auftretenden Äußerungen nehmen, können mathematische Aktivitäten kommunikativ weiter entwickelt werden. Daher wird im folgenden Analyseschritt insbesondere die verbale Interaktion in den Blick genommen. Ziel ist es, sie im Hinblick auf mathematische Aktivitäten genauer beschreiben zu können.

Im Folgenden sollen Ausschnitte miteinander verglichen werden, die sich hinsichtlich Form und Struktur der verbalen Interaktion unterscheiden. Grundsätzlich wird aufgrund der Daten zwischen Anleitung (5.4.1) und Begleitung (5.4.2) unterschieden.[19] Diese Unterscheidung wird mit den folgenden Datenausschnitten transparent gemacht.

### 5.4.1 Anleitung

Anleitung ist bei Spielen zumeist in Phasen der Regeleinführung, aber teilweise auch während des Spiels zu beobachten, wenn Regeln erneut und wiederholt geklärt und aktualisiert werden. Anleitung ist eine notwendige Voraussetzung für ein gemeinsames Spiel nach Regeln. Regeln, dies konnte im Vergleich mit freien Materialzugängen gezeigt werden, sind eine Bedingung zahlbezogener Aktivitäten (vgl. Kapitel 5.2.1.1 und 5.3.1.1). Zumeist übernimmt die Erzieherin die Anleitung. Sie kann aber auch von anderen Kindern übernommen werden. Der Anleitende hat in der Regel die größten Redeanteile. Die Anleitung kann mehr oder weniger engführend (im Sinne des Trichtermusters, vgl. Bauersfeld 1978, 162) sein, eher auf die Regeln selbst oder auf zahlbezogene mathematische Aktivitäten zielen. Anleitung kann das Ziel der weitgehend selbständigen Materialauseinandersetzung ohne die Erzieherin anstreben oder die Grundlage für ein gemeinsames Spiel schaffen. Anleitung ist auch insbesondere dann zu beobachten, wenn Fehler gemacht oder die Regeln nicht eingehalten werden.

---

19  vgl. zur Rolle der Erzieherin bei der Entstehung mathematischer Lerngelegenheiten auch Schuler (2012)

5.4.1.1 Anleitung durch die Erzieherin

Der folgende Ausschnitt aus **Szene 1** wurde bereits in Kapitel 5.2.1.1 analysiert und kodiert. Der Analysefokus *Verbale Interaktion* zieht eine in Teilen andere bzw. erweiterte Kodierung nach sich. Im Folgenden sind nur die für den Analysefokus verbale Interaktion wichtigen Kodierungen fett gedruckt. Der Ausschnitt setzt ein, als Erzieherin 1 (E 1) Dan (D, 4;9) zum Füllen der Schachteln entsprechend der Zahlzeichen anleitet.

| Zeile | Zeit | Spre-cher | Transkript und Paraphrase | Material, Skizzen, Bilder, Kodierung |
|---|---|---|---|---|
| 167 | 19:20 | E1 | *Dan geht mit seinen fünf vollständig mit Nüssen und Bohnen gefüllten Schachteln zu E1, E1 spielt mit Veronika* Jetzt hasch Sachen reingefüllt. Ja, schau mal, was ist denn des für eine Zahl' | Kontaktsuche – Erzieherin<br><br>**Frage** – Zahlzeichen benennen |
| 168 | 19:30 | Dan | Ähm, vier | Zahlzeichen benennen |
| 169 | 19:31 | E1 | Aha. Dann mach da mal **vier** Sachen rein in die Vier, nur vier | **Aufforderung, Korrektur** – entsprechend Zahlzeichen füllen |
| 170 | 19:37 | Dan | Eins, zwei, drei, vier *Zählt die Dinge in der Schachtel* | Anzahlbestimmung |
| 171 | 19:39 | E1 | Ja, dann leg mal vier rein. | **Aufforderung** – entsprechend Zahlzeichen füllen |
| 172 | 19:44 | Dan | Eins, zwei, drei, vier *E1 hält in der einen Hand die offene Schachtel, in der anderen Bohnen und Nüsse, Dan legt drei Nüsse und eine Bohne in die 4* | Anzahlbestimmung<br> |
| 173 | 19:47 | E1 | Vier, super, dann machsch mal zu, *Dan greift nach den Bohnen in der Hand von E1* mach mal die vier zu. *Dan nimmt die offene 4 aus der Hand von E1 und schließt sie* Dann ham mer die vier gerichtet. *E1 legt die 4 beiseite* So. Was ist denn des' *Dreht die 6 zu Dan* | **Lob**<br>**Aufforderung** – Schachtel schließen<br><br>Schachtel schließen<br><br>**Frage** – Zahlzeichen benennen |
| 174 | 19:56 | Dan | Ein sechs. | Zahlzeichen benennen |
| 175 | 19:57 | E1 | Eine sechs. Wie viele Sachen mach mer denn da rein' | **Frage** – Kardinalität |
| 176 | | Sonja | Ich will mit Walnüsse, ich will mit Walnüssen probieren | Kontaktsuche – Erzieherin |
| 177 | 19:59 | Dan | Ähm, sechs. | Kardinalität |
| 178 | 20:00 | E1 | Sechs. | |
| 179 | | Sonja | Ich will mit Walnüssen was probieren. | Kontaktsuche – Erzieherin |
| 180 | | E1 | Des sind Haselnüsse und du | **Geteilte Aufmerksamkeit** |

| | | | darfst die nehmen, ja. | |
|---|---|---|---|---|
| 181 | | Dan | Eins, zwei *Beginnt die Dinge in der Schachtel zu zählen, leert die 6 aus* Eins, zwei, drei, vier, fünf, sechs. *Zählt Dinge auf dem Tisch* | Anzahlbestimmung |
| 182 | 20:09 | E1 | Genau, und dann kannsch überall des reinmachen, was da drauf steht. | **Regel** – entsprechend Zahlzeichen füllen |
| 183 | | Veronika | Es sind acht Blumen. | Kontaktsuche Erzieherin |
| 184 | | E1 | Dann such dir die acht raus, ob du eine findest. | **Geteilte Aufmerksamkeit** |
| 185 | 20:10 | Dan | Eins, zwei, drei, vier, fünf *Legt bei jedem Zahlwort eine Nuss in die 6* und sechs. *Legt noch eine Bohne dazu, es liegt keine Nuss mehr auf dem Tisch* | Anzahlbestimmung |
| 186 | 20:25 | E1 | Super. *Dan schließt die 6* Und die fertigen machsch da *Nimmt die 4 in die Hand* dann weiß man die sind **richtig** gefüllt. *Dan legt die 6 links neben die 4* Toll. | **Lob** **Aufforderung** – gefüllte Schachteln beiseite legen |
| ... | | | ... | |
| 218 | 21:59 | Dan | Ähm, ein Null. | |
| 219 | 22:03 | E1 | Null, was isch bei Null' Wie viel isch dann da drin bei Null' *öffnet die 0, die ganz gefüllt ist, E1 wendet sich zur Seite* Veronika ich möcht, dass du jetzt aufhörst, ich red auch noch mit dem Dan, ja' | **Frage** – Kardinalität<br><br>Geteilte Aufmerksamkeit |
| 220 | | Dan | Eins | Anzahlbestimmung |
| 221 | 22:10 | E1 | Wie viel kommen da rein bei Null' | **Frage** - Kardinalität |
| 222 | | Dan | *Dan zieht die Schachtel ganz auf* Eins, zwei, drei, vier – *Zählt die Dinge in der Schachtel, tippt mit den Fingern an* | <br><br>Anzahlbestimmung |
| 223 | | E1 | Nee. Ja, die sind drin, aber wie viel macht man rein bei Null' | **Korrektur, Frage** - Kardinalität |
| 224 | 22:18 | Dan | Ähm, (sechs) *leert die 0 aus* | Anzahlbestimmung |
| 225 | | E1 | Gar nix. Null isch nix | **Korrektur** |
| 226 | | Dan | Nix' *schließt die 0* | Gegenfrage |
| 227 | 22:21 | E1 | Bleibt leer. Isch leer. Null isch | **Erklärung** |

| | | | gar nix. *schüttelt die leere Schachtel* Wenn ich sag, du kriegsch Null Gummibärle, heißt des du kriegsch gar keins. | |
|---|---|---|---|---|

Die verbale Interaktion zwischen Erzieherin 1 und Dan lässt sich durch folgendes *Schema* beschreiben: *Frage – Antwort* (Zeile 167f.) und *Aufforderung – Handlung* (Zeile 171f.). Abgeschlossen wird durch *Lob* nach erfolgter und korrekter Handlung (Zeile 173, 186). Bei Fehlern fragt die Erzieherin mehrfach nach, unterbricht das Kind in seinen Handlungen, *korrigiert* und *erklärt* (Zeile 219, 221, 223, 227). Die Erzieherin leitet den Materialumgang mit Fragen und Aufforderungen kleinschrittig an. Das Füllen der Schachteln folgt einem festen Ablauf, bei dem Dan in der Position des Antwortenden und Handlungsausführenden ist. Ziel der Anleitung ist der selbständige Materialumgang. Inhaltlich lassen sich folgende Schritte unterscheiden:

– Benennung des Zahlzeichens
– Bedeutung des Zahlzeichens (Kardinalität)
– Leeren der gefüllten Schachtel
– richtiges/korrektes Füllen der Schachtel
– Schließen und separates Beiseitelegen der richtig gefüllten Schachtel

Diese Schritte führt Dan im weiteren Verlauf im Kontext der geteilten Aufmerksamkeit fort, bis alle vorhandenen Schachteln gefüllt sind (vgl. Zeile 176–186). Die Erzieherin gibt Hilfe bzw. Dan holt sich Hilfe bei der Benennung der Zahlzeichen.

Die Struktur der verbalen Interaktion ist aufgrund der vielfältigen Materialwahl durch die *geteilte Aufmerksamkeit* der Erzieherin geprägt (Zeile 180, 184). Sie interagiert mit den einzelnen Kindern am Tisch in *parallelen Dyaden* (Abb. 5.11). Eine verbale Interaktion zwischen den Kindern, die sich jeweils mit unterschiedlichen Materialien beschäftigen, kann nicht beobachtet werden.

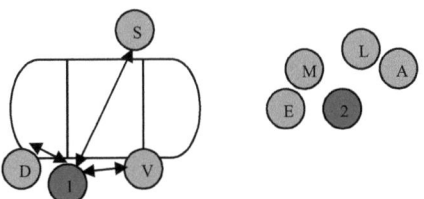

Abb. 5.11: Struktur *Anleitung* in Szene 1, Segment 4

Die verbale Interaktion zwischen Erzieherin 2 (E 2), Saskia (4;2) und Viktoria (4;0) in **Szene 3** läuft nach einem vergleichbaren Schema ab wie zwischen Erzieherin 1 und Dan in Szene 1. Der Ausschnitt setzt zu Beginn des Spiels ein.

| Zeile | Zeit | Sprecher | Transkript und Paraphrase | Material, Skizzen, Bilder, Kodierung |
|---|---|---|---|---|
| 82 | 05:45 | E2 | Kommt ihr zwei, Viktoria Saskia' *E2 geht durch den Raum, Viktoria und Saskia folgen, E1 setzt sich an den kleinen Tisch* Hier, Viktoria setzt sich hier hin und sag euch wies geht okay' Speed, Speed, schnell Schnelligkeit. Des ist nämlich ein bisschen abgewandelt zum ersten Mal *E2 mischt die Karten* Die misch ich euch eine Runde. So, dann kriegt jeder die Hälfte der Karten, dann müssen wir sie aufteilen. Eins zwei drei vier fünf sechs sieben acht *Gibt bei jedem Zahlwort jedem Kind eine Karte* | Anleitung zum Spiel – **vormachen, erklären** <br><br> **Erzieherin übernimmt Spielbegleithandlungen** – Karten mischen, verteilen, zählen |
| 83 | | Saskia | Und du' *E2 schüttelt den Kopf* | **Spielleitung**, keine Mitspielerin |
| 84 | | E2 | Neun zehn elf zwölf dreizehn vierzehn, fünfzehn sechzehn siebzehn achtzehn neunzehn zwanzig *Es bleiben Karten übrig, E2 legt die übrigen zur Seite* kriegt jetzt jeder mal, so jetzt macht ihr sie mal gerade *Schiebt Karten der Kinder ein wenig zusammen, Viktoria und Saskia schieben die Karten weiter zusammen* und dann legt ihr sie so hier hin *Legt die übrigen Karten vor sich* so vor euch, so wie ich, genau, *Viktoria und Saskia legen Karten als Stapel vor sich* so, und dann geht das so- *Schiebt Saskias Stapel zusammen* **Jede** nimmt die Karte ganz oben und dreht sie um und legt sie schnell hier hin. *Dreht die oberste Karte von Saskias Stapel und legt sie in die Tischmitte* Wie viele sind da drauf' *Zeigt auf das eine Zeichen auf der Karte, schaut Saskia an, Viktoria schaut auf die Karte* | Einführung von Regeln durch **Vormachen und Erklären** <br><br> E2 für Saskia <br> **Frage** – Anzahl |
| 85 | | Saskia | Äm, nur eins | Anzahlbestimmung |
| 86 | | E2 | Eins. *Streckt den Daumen nach oben* Jetzt schau mer mal bei dir- *Dreht Viktorias oberste Karte um und legt sie in die Tischmitte* Wie viele Sachen sind da drauf, wie viele Häuser' *Viktoria tippt mit dem Finger auf alle vier Häuser* | E2 für Viktoria <br> **Vormachen, Kommentieren** <br> **Frage** – Anzahl <br> Anzahlbestimmung |
| 87 | | Saskia | Drei | Anzahlbestimmung |
| 88 | | E2 | Wie viele' *Schaut Viktoria an, Vik-* | **Frage** – Anzahl |

| | | | *toria beugt sich nach vorne* | |
|---|---|---|---|---|
| 89 | 7:30 | Viktoria | Sieben. *Legt den Kopf auf den angewinkelten Arm* | Anzahlbestimmung 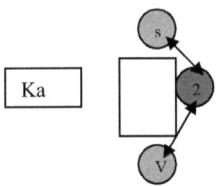 |
| 90 | | E2 | Sieben' Eins, zwei, drei, vier. *Tippt bei jedem Zahlwort auf ein Haus* Wer hat mehr' *Schaut Saskia an, Viktoria hebt den Kopf, ordnet ihren Stapel, E2 trommelt mit den Fingern auf den Tisch* | **Frage, Korrektur, Vormachen**<br><br>**Frage** – Mengenvergleich |
| 91 | | Saskia | Ich nicht. *Zeigt auf die Eins* | Mengenvergleich |

Die Kinder werden aufgefordert, die Anzahlen auf den Karten zu bestimmen „Wie viele sind da drauf?" (Zeile 84, 86) (*Aufforderungsfragen*). Außerdem sollen die Kinder die Anzahlen miteinander vergleichen „Wer hat mehr?" (Zeile 90). Ziel der Anleitung ist das weitgehend selbständige Spiel der Kinder nach diesen Regeln. Die Erzieherin selbst spielt nicht mit. Sie leitet das Spiel an – „ich sag euch wie's geht" (Zeile 82). Sie übernimmt alle Spielbegleithandlungen, auch das Verteilen und Abzählen der Karten (Zeile 82, 84). Die Kinder schauen zu. Alle weiteren Spielhandlungen macht sie vor, zeigt und kommentiert jeweils, was sie tut (Zeile 84, 86) (*Vormachen*). Fehler werden von ihr korrigiert (Zeile 90) (*Fehlerkorrektur*). Zahlbezogene mathematischen Aktivitäten (Anzahlbestimmung, Mengenvergleich) können im Wesentlichen bei einem Kind beobachtet werden.

Obwohl es sich im Unterschied zu Szene 1 um ein gemeinsames Spielgeschehen handelt, unterscheidet sich die verbale Interaktion in ihrer Struktur nicht. Die Erzieherin kommuniziert mit den Kindern in *parallelen Dyaden* (Abb. 5.12). Eine verbale Interaktion der Kinder untereinander findet nicht statt.

Abb. 5.12: Struktur *Anleitung* in Szene 3, Segment 2

Die auf die Erzieherin ausgerichtete verbale Interaktion wird erst im Spiel ohne die Erzieherin aufgebrochen. Nach der zweiten Runde verlässt Erzieherin 2 den Tisch. Saskia (4;2) und Viktoria (4;0) beginnen die dritte Runde zu zweit. Der Ausschnitt setzt mit dem vierten Stich ein.

| Zeile | Zeit | Sprecher | Transkript und Paraphrase | Material, Skizzen, Bilder, Kodierung |
|---|---|---|---|---|
| 611 | 33:07 | Viktoria | *Saskia deckt eine Fünf auf, wirft sie vor Viktorias Stapel, Viktoria nimmt die Fünf in die Hand* **Nee** du musch zählen, *Legt die Fünf vor Saskia* dann kriegsch du sie, nur- | Saskia<br>**Regeln**<br>**Spontane Äußerung - vermuten** |
| 612 | | Saskia | Eins, zwei, drei, vier. *Tippt bei Vier auf zwei Symbole* vieaar. *Viktoria deckt eine Eins auf* | **Anzahlbestimmung**<br>Viktoria |
| 613 | | Viktoria | Eine eins. *Saskia greift nach beiden Karten* Du kriegsch sie. *Zeigt auf Saskia, legt ihren Stich offen neben sich, Viktoria deckt eine Fünf auf* Eins, zwei *Tippt beim Zahlwort Zwei auf zwei Symbole* drei, vier. | **Anzahlbestimmung**<br>**Mengenvergleich**<br>Viktoria<br>**Anzahlbestimmung** |
| 614 | | Saskia | Eins *Deckt eine Fünf auf* Eins, zwei, | Saskia<br>**Anzahlbestimmung** |
| 615 | | Viktoria | Pff, gleich. *Nimmt ihre Fünf in die Hand* | **Perzeptiver**<br>**Mengenvergleich** |
| 616 | | Saskia | Drei, vier fünf. *Tippt synchron* | **Anzahlbestimmung** |
| 617 | 33:30 | Viktoria | Gleich. *Beide Kinder legen ihre Fünf auf den Ablagestapel* Wir kriegen sie selber. *Beide ordnen ihren Ablagestapel* | **Perzeptiver**<br>**Mengenvergleich**<br>**Regel** |

Die Kinder kommunizieren nun auch untereinander. Die Spielzüge folgen aber weiterhin dem eingeführten Schema Anzahlbestimmung, Mengenvergleich (Nee du musch zählen, Zeile 611). Die enge Anleitung durch die Erzieherin zur Anzahlbestimmung und zum Mengenvergleich bestimmt das Spielgeschehen somit nicht nur in der Anfangsphase, sondern ist über alle drei Spielrunden hinweg leitend. Und dies selbst dann, wenn die Kinder die Anzahlbestimmung für den Mengenvergleich gar nicht nutzen (Zeile 613–617).

Während die verbale Interaktion in den bisherigen Ausschnitten vorwiegend inhaltlich ausgerichtet ist – es sind durchgängig zahlbezogene Aktivitäten beobachtbar –, sind bei geteilter Aufmerksamkeit und bei verschiedenen Zugängen der Kinder auch nicht inhaltliche Interaktionen zu beobachten. In **Szene 8** spielt Erzieherin 4 (E 4) *Quips* mit Lisa (l, 2;11), Christoph (C, 3;1) und Luis (L, 3;0). Fabio (R, 2;4) sitzt bei Erzieherin 4 auf dem Schoß und darf für sie Spielzüge ausführen. Der

Ausschnitt setzt ein als Fabio bereits 5 Minuten bei Erzieherin 4 auf dem Schoß sitzt.

| Zeile | Zeit | Sprecher | Transkript und Paraphrase | Material, Skizzen, Bilder, Kodierung |
|---|---|---|---|---|
| 155 | 08:10 | | | |
| | | E4 | Lisa dann hol dir mal zwei, dann hast du eins übrig *Fabio holt einen rosa Stein aus dem Ballon* und des darfst du verschenken *Lisa holt zwei blaue Steine aus der Schachtel* Lass des mal drin Fabio wir bauen jetzt kein Turm *Lisa setzt die blauen Steinen in den blauen Farbklecks, Fabio setzt den rosa Stein ins rote Dach* Da passt des nicht rein. *Fabio holt den rosa Stein aus der Tür* Lass es drinnen bitte. *Fabio setzt den Stein zurück, Luis setzt seine blauen Steine vom Himmel in den orangefarbenen Schmetterling* | **Regelklärung** – Steine verschenken **Materialbezogener Aufforderungscharakter** Anzahlbestimmung **Geteilte Aufmerksamkeit, Regeleinhaltung** Lisa **Materialbezogener Aufforderungscharakter Regeleinhaltung** Fabio **Materialbezogener Aufforderungscharakter** Luis |
| 156 | | Christoph | Gock gock gock gock. Tobei tobei tobei tobei tobei *Christoph schüttelt Hände und Arme* | |

| 157 | 08:28 | E4 | Und eins hast du noch, des darfst du verschenken Lisa. *Fabio setzt den dritten rosa Stein in den* Ballon Luis lass es mal Himmel drin. *Luis setzt die blauen Steine in den Himmel* | **Geteilte Aufmerksamkeit, Regelklärung** – Steine verschenken |
|---|---|---|---|---|

**Geteilte Aufmerksamkeit, Regelklärung** – Steine verschenken

Fabio
**Regeleinhaltung**

Luis

Lisa (2;11) spielt das Spiel nach Regeln, wohingegen sich bei Fabio (2;4) und Luis (3;0) der Aufforderungscharakter des Materials im Stapeln und Versetzen der Steine zeigt. Die Erzieherin wendet sich den Kindern gesondert zu: Mit Lisa findet eine *inhaltlich ausgerichtete Kommunikation* statt: Steine verschenken, Anzahlbestimmung. Fabio und Luis werden von der Erzieherin aufgefordert, das Turmbauen bzw. das Versetzen der Steine zu beenden. Für sie können in dieser Situation durch die fehlende inhaltliche Ausrichtung und dem Bestreben der Erzieherin nach einem gemeinsamen Spiel entsprechend der Regeln in dieser Situation keine mathematischen Lerngelegenheiten entstehen.

Die inhaltlich gespaltene verbale Interaktion spiegelt sich auch in der Struktur wider: Sie ist *in parallelen Dyaden* auf die Erzieherin hin ausgerichtet (Abb. 5.13). Allerdings unterscheidet sich die Qualität der verbalen Interaktion im Hinblick auf mathematische Aktivitäten von den vorherigen Ausschnitten. Während mit dem Kind, das an der Reihe ist, eine inhaltliche Kommunikation zu beobachten ist, werden in der geteilten Aufmerksamkeit die Zugänge der anderen Kinder unterbunden. Die Erzieherin ist hier im Wesentlichen auf die Regeleinhaltung bedacht.

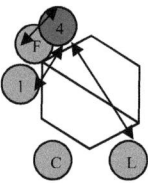

Abb. 5.13: Struktur *Anleitung* in Szene 8, Segment 2

In der Anleitung, auch in einer stark engführenden, können zahlbezogene mathematische Aktivitäten beobachtet werden, insofern die verbale Interaktion inhaltlich ausgerichtet ist. Eine inhaltliche Ausrichtung der verbalen Interaktion mit allen Kindern ist in geteilter Aufmerksamkeit und bei unterschiedlichen Zugängen der

Kinder jedoch erschwert. Allerdings beschränken sich die mathematischen Aktivitäten in der engführenden Anleitung im Wesentlichen auf die Anzahlbestimmung durch Zählen, das Erfassen kleiner Anzahlen und den Mengenvergleich. Weitere zahlbezogene Aktivitäten und allgemeine mathematische Aktivitäten können nicht beobachtet werden.

### 5.4.1.2 Anleitung durch Kinder

Sind Spiele einzelnen Kindern bereits bekannt, können auch Kinder die Anleitung übernehmen. Diese Rolle muss ihnen aber von den Erzieherinnen überlassen werden (Zeile 2). In **Szene 10** übernimmt Ann (A, 5;8) die Einführung der Regeln.

| Zeile | Zeit | Sprecher | Transkript und Paraphrase | Material, Skizzen, Bilder, Kodierung |
|---|---|---|---|---|
| 1 | 00:00 | Ann | Bei dem, bei dem muss man zwar zusammen spielen. *Ann hat die Karten in der Hand* | |
| 2 | | E5 | Okay, du erklärst uns *E5 setzt sich, Marie-Luise auch* | |
| 3 | | Ann | Nein, jeder kriegt jetzt bis die Karten leer sind einen Stapel | **Regeln erklären** |
| 4 | | E5 | Okay. | |
| 5 | | Ann | Und wenn ich des hinleg, wir machen mit der höchsten Zahl, und wer die höchste Zahl hat kriegt dann alle Karten, immer so weiter | **Regeln erklären** |
| 6 | | E5 | A okay, wie viel kriegt jetzt jeder am Anfang, wie viel Karten' | Nachfrage |
| 7 | | Ann | Die Ganzen kriegt jeder. | |
| 8 | | E5 | Soll mer die vielleicht mal noch mischeln' | Nachfrage |
| 9 | | Ann | Verteilen. Erst mischeln, *Ann beginnt die Karten zu mischen* dann verteilen bis sie ganz leer sind. | **Kind übernimmt Spielbegleithandlungen** |
| 10 | | E5 | Okay. *Ann mischt* Meinsch des reicht' | Nachfrage |
| 11 | | Ann | Mmh. | |
| 12 | | E5 | Okay, dann los. *Ann verteilt die Karten reihum* | |
| ... | | | ... | |
| 37 | | Ann | Okay ich fang, nee Marie-Luise, ich, du, du *Ann zeigt auf Marie-Luise, sich selbst, E5 und Lotta* | |
| 38 | | E5 | Ich würd sagen wir machens immer so im Kreis, oder' Weil wenn wirs | Regeln klären |

| | | | | |
|---|---|---|---|---|
| | | | so übers Eck machen, dann wiss mer irgendwann nimmer wer dran ist. | |
| 39 | | Ann | So, schau so Marie-Luise, ich, du und Lotta. | |
| 40 | | E5 | Also gehts so rum. *E1 zeigt die Richtung an* | |
| 41 | | Ann | Du musst jetzt eine Karte so hinlegen. *Ann greift nach Marie-Luises oberster Karte* | **Erklären, Vormachen** |
| 42 | | E5 | Okay. | |
| 43 | | Ann | Und dann bin ich dran. So aufdecken. *Ann deckt Marie-Luises oberste Karte auf* Eins. *Ann deckt eine Drei auf* Drei. Du bist. | **Auffordern** Ann für Marie-Luise Anzahlbestimmung Ann Anzahlbestimmung **Auffordern** |
| 44 | 03:00 | E5 | *E5 deckt eine Vier auf* Vier. | E5 Anzahlbestimmung |
| 45 | | Ann | Und du' | **Auffordern** |
| 46 | | Lotta | Zwei. *Lotta deckt eine Zwei auf* | Anzahlbestimmung Lotta |
| 47 | | Ann | Okay, wer hat die höchste Zahl' | **Frage** – Mengenvergleich |
| 48 | | E5 | Ich, weil ich hab vier. Eins zwei drei vier. *Ann sammelt die Karten ein* Jetzt krieg ich alle. | Mengenvergleich, Begründen durch Anzahlbestimmung |
| 49 | | Ann | Ja. | |
| 50 | | E5 | Okay gut, kapiert. Ihr auch' | |
| 51 | | Lotta | Ja. | |

Ann erklärt und übernimmt Spielbegleithandlungen wie das Mischen und Verteilen der Karten (Zeile 9f.). Sie leitet die erste Spielrunde durch Vormachen und Kommentieren, Auffordern und Fragen an (Zeile 41ff.). Dabei werden auch von den Mitspielern Anzahlen bestimmt und die Karten hinsichtlich der Anzahl verglichen. Bei der Regeleinführung wird sie von Erzieherin 5 unterstützt (vgl. Zeile 6, 8, 10, 38).

Der Vergleich mit den letzten beiden Ausschnitten zeigt, dass die Regeleinführung unabhängig davon, wer sie übernimmt, typische Elemente aufweist: *vormachen, erklären, auffordern, fragen.* Die verbale Interaktion ist *in Dyaden auf die anleitende Person ausgerichtet.* Sie hat den Hauptredeanteil und steuert die verbale Interaktion. Sie *übernimmt Spiel(begleit)handlungen* und kontrolliert diejenigen der anderen. Für die anleitende Person ergeben sich zahlreiche Lerngelegenheiten. Mathematische Aktivitäten der anderen Mitspieler sind von den Redezuweisungen durch die anleitende Person bestimmt. Gleichzeitig wird auch deutlich, dass ein Spiel nach Regeln die verbale Interaktion inhaltlich ausrichtet. Die *Regeln* ermöglichen somit bis zu einem gewissen Grad die *mathematische Ausrichtung der verbalen Interaktion*, allerdings nur in Bezug auf spielnotwendige Handlungen wie in den obigen Beispielen die Anzahlbestimmung und den Mengenvergleich.

## 5.4.2 Begleitung

Wie im vorherigen Kapitel 5.4.1 aufgezeigt wurde, bietet die Anleitung im Sinne einer Regeleinführung bestimmte Möglichkeiten und stellt im Hinblick auf die inhaltliche Ausrichtung der verbalen Interaktion und das gemeinsame Spiel eine notwendige Voraussetzung dar. Sie ist eine wesentliche Bedingung zahlbezogener Aktivitäten beim Spielen in formal offenen Situationen.

Die verbale Interaktion in den folgenden Ausschnitten unterscheidet sich von der bisherigen in der Form und Struktur. Während sich die Anleitung durch Vormachen, Erklären, Fragen, Auffordern einer anleitenden Person auszeichnet, die die verbale Interaktion steuert, stellt sich die Begleitung anders dar. Dabei ist nicht außer Acht zu lassen, dass der Übergang zwischen Anleitung und Begleitung fließend ist. Während zu Spielbeginn die anleitende Person die verbale Interaktion dominiert, geht diese Dominanz im Laufe des Spiels zurück. Sie kann aber bei Regelverstößen oder bei Fehlern wieder auftreten. Begleitung ist gekennzeichnet von einer größeren Breite der Kommunikationsformen und einer anderen Struktur.

### 5.4.2.1 Begleitung durch die Erzieherin

In **Szene 9** hat Erzieherin 4 (E 4) bereits eine Runde *Stechen mit Speedkarten* mit Julie (J, 4;6), Max (M, 4;11) und Ann (A, 5;8) gespielt. Der Ausschnitt setzt kurz nach Beginn der neuen Spielrunde ein.

| Zeile | Zeit | Sprecher | Transkript und Paraphrase | Material, Skizzen, Bilder, Kodierung |
|---|---|---|---|---|
| 47 | 02:12 | E4 | Ich hab eine Zwei. *E4 deckt eine Zwei auf* | E4<br>**Kommentierung**, Anzahlbestimmung |
| 48 | | Julie | Ich habe eine Zwei. *Julie deckt eine Zwei auf* | Julie<br>**Kommentierung**, Anzahlbestimmung |
| 49 | | E4 | Ann- | **Aufforderung** |
| 50 | | Max | Ich habe eine Eins. *Max deckt eine Eins auf* | Max<br>**Kommentierung**, Anzahlbestimmung |
| 51 | | Ann | Ich hab eine Eins. *Ann deckt eine Eins auf, Ann lacht* | Ann<br>**Kommentierung**, Anzahlbestimmung, Positive Emotionen |
| 52 | | E4 | Okay. *Max lacht* Was ist denn hier los' *E4 lacht* | Positive Emotionen<br>**Offener Impuls** |
| 53 | | Max | Guck mal zwei Einser. *Max zeigt auf Karten* | **Beschreibung**, Anzahl |
| 54 | | Ann | Alle zwei gleiche Farben. *Ann zeigt auf gleichfarbige Karten, die über-kreuz liegen* | <br>**Beschreibung**, Farben |
| 55 | | Max | Hey- | Ausruf |
| 56 | | E4 | Mach mer grad die nächste Runde. | |
| 57 | | Max | des ist ja lustig. Nach der Eins kommt Zwei, nach der, und Einser Eins, Zweier Zwei | **Beschreibung**, Seriation – Mengen ordnen |

| 58 | | E4 | Witzig, hammer noch nie gehabt. | |
| 59 | | Julie | Guck, zwei zwei. *Julie zeigt auf die Zweier* | Ausruf<br>**Beschreibung**, Anzahl |
| 60 | | E4 | Was kömmer jetzt machen' | Offener Impuls |
| 61 | | Ann | Und die gleiche Farbe. *Ann zeigt überkreuz* | **Beschreibung**, Farben |
| 62 | | Julie | Eins eins. *Julie zeigt auf die Einser* | **Beschreibung**, Anzahl |
| 63 | | Max | So wie ich im dritten dritten. | **Vergleichen** – Geburtsdatum |
| 64 | | Ann | Okay. | |
| 65 | | E4 | Stimmt, du hast am dritten dritten Geburtstag. *Julie hält eine Vier in der Hand* | Bestätigung |
| 66 | | Max | Und vierer vierer. | |
| 67 | | E4 | So und nu' Legen mer alle noch mal eine drüber. Zwei. *E4 deckt eine Zwei auf, Julie legt ihre Vier auf den Tisch* | **Offener Impuls**<br>**Kommentierung** – Regeln<br><br>E4        Julie<br>**Kommentierung**, Anzahlbestimmung |
| 68 | | Ann | Fünf. *Ann deckt eine Fünf auf* | <br>Ann<br>**Kommentierung**, Anzahlbestimmung |
| 69 | 3:00 | Max | Vier. *Max deckt eine Vier auf* | <br>Max<br>**Kommentierung**, Anzahlbestimmung |
| 70 | | Ann | Ich hab die höchste Zahl. *Ann sammelt den Stich ein* | **Kommentierung**, Mengenvergleich |
| 71 | | Max | *Max schaut seine nächste Karte an* Ach was du nicht sagst, gleich hab ich die höchste Zahl. | Vorhersagen |
| 72 | | Ann | Ja na toll, des weißt du ja gar nicht. | **Einwand** |
| 73 | | Max | Doch. *Max zeigt Ann die Fünf* | <br>Max<br>**Einwand mit Begründung** |
| 74 | | Ann | Na toll, du weißt nicht, ob du gewinnst oder ich. *Julie schaut unter ihre nächste Karte* | **Einwand** |
| 75 | | Max | Des weiß ich auch schon. | **Einwand** |

| 76 | | E4 | Okay, auf gehts. *Ann deckt eine Drei auf* Eins *E4 deckt eine Eins auf, Julie deckt eine Vier auf* | **Aufforderung –** Spielfortführung Ann E4 Julie **Kommentierung,** Anzahlbestimmung |
|---|---|---|---|---|
| 77 | | Max | Fünf. | Max **Kommentierung,** Anzahlbestimmung |
| 78 | 03:25 | Ann | Du kriegst die Karte. *Ann schiebt den Stich zu Max* Okay wer ist dran' | **Kommentierung,** Stichgewinn **Frage** – Regeln |

Die verbale Interaktion zwischen Erzieherin 4, Max, Ann und Julie lässt sich sowohl der Form als auch der Struktur nach nicht auf ein einfaches Muster bringen wie die verbale Interaktion bei der Regeleinführung (vgl. Kapitel 5.4.1). Der Ausschnitt ist von *Kommentierungen* geprägt – (fast) alle Mitspieler bestimmen reihum die Anzahl beim Aufdecken der nächsten Karte – und *Beschreibungen*, die sich aus einer zufälligen Struktur eines Stiches ergeben (Zeile 54), an denen sich ebenfalls alle Mitspieler beteiligen. Gegen Ende des Ausschnitts kommt es zu einer kurzen *argumentativen Auseinandersetzung* zwischen zwei Kindern über die Vorhersage des Stichgewinns (Zeile 71–75). Erzieherin 4 greift diese nicht auf, sondern fordert zur Fortsetzung des Spiels auf (Zeile 76). Die *Erzieherin* agiert im Wesentlichen *als Mitspielerin* und tritt nur *punktuell als Fragende und Impulsgeberin* aus dieser Rolle heraus (Zeile 52, 60, 67).

Die Struktur lässt sich als eine weitgehend *gleichberechtigte verbale Interaktion* aller Mitspieler beschreiben, die sich reihum *in Bezug auf das Material* und teilweise im *wechselseitigen Bezug* aufeinander an der Kommunikation beteiligen.

In **Szene 7** spielen Beat (B, 6;2) und die Forscherin (F) das Bohnenspiel. Beat hat bereits 10 Minuten auf das gemeinsame Spiel gewartet, bis die Forscherin das Spiel mit einem anderen Kind beendet hat. Der Ausschnitt setzt unmittelbar zu Spielbeginn ein, Beat hat das erste Mal gewürfelt.

| Zeile | Zeit | Sprecher | Transkript und Paraphrase | Material, Skizzen, Bilder, Kodierung |
|-------|------|----------|---------------------------|--------------------------------------|
| 1 | 33:35 | Beat | *Beat hat eine Fünf gewürfelt (Da isses) Beat tippt auf die Fünf in der rechten unteren Ecke des Spielplans* | |
| 2 | | F | *F beugt sich zu Beat hinüber* Wie denn' | **Begründungsimpuls** |
| 3 | 33:37 | Beat | So - des sieht aus wie ne Fünf. *Beat fährt die Punkte im Rechteck ab, zeigt zum Schluss auf den mittleren Punkt* | Anzahlbestimmung<br><br>**Begründung über Struktur** |
| 4 | 33:40 | F | Mhm. *Beat greift mehrere Plättchen aus der Kiste, nimmt ein Plättchen legt es auf den linken oberen Punkt, F schaut Beat zu* | |
| 5 | 33:51 | F | *Beat hat die Fünf vollständig belegt, F nimmt den Würfel, würfelt, nimmt drei Plättchen aus der Kiste (      )* Okay. A, ich hab vier, guck- ich legs mal dahin- *belegt die Punkte der Vier, nimmt ein weiteres Plättchen, Beat schaut zu, nimmt sich den Würfel, nachdem die vier vollständig belegt ist* ich könnts, guck ich könnts auch dahinlegen. *F deutet auf die weitere Vier auf dem Spielplan, Beat schaut auf seinen Spielplan* | **Kommentierung**, Anzahlbestimmung<br><br><br>**Kommentierung**, Spielplanstruktur |
| 6 | 34:04 | Beat | D des ganz Schwache i ist ganz leicht für mich. *Beat fährt in der Luft mit dem Zeigefinger über seinem Spielplan im Kreis herum, schaut zwischen Spielplan und F hin und her* | **Beschreibung** Spielplan |
| 7 | 34:06 | F | Was ist ganz leicht für dich' *F beugt sich zu Beat hinüber mit dem Zeigefinger an den Lippen* | **Echte Frage (Verständnis)** |

| 8 | 34:09 | Beat | Des Schwáche. *Beat fährt mit dem Zeigefinger in der Luft in einer schrägen Linie über seinen Spielplan* | |
|---|---|---|---|---|
| 9 | 34:10 | F | Was meinst du mit schwách' *Beat zeigt auf die Fünf, die nicht einem Würfelbild ähnelt. Schaut F kurz an* | **Echte Frage (Verständnis)** |
| 10 | 34:12 | Beat | Die(se) Teile falsch aussehen. *Fährt mit dem Finger über die oberen drei Punkte der Fünf, dann über die unteren beiden Punkte* |  Erklärung über Struktur |
| 11 | 34:15 | F | **Aaaaa-** weil's *F nickt, Beat nickt* | |
| 12 | 34:16 | Beat | Die kann ich. | |
| 13 | | F | so durchnander ist- meinst du- mhm. | |
| 14 | 34:19 | Beat | *Beat würfelt eine zwei* Zwei, ist ganz lustig. Eine zwei. *F schaut Beat mit dem Finger an den Lippen zu* Die ist ganz leicht, *Beat holt den Würfel näher, er kruschtelt mit der rechten Hand in der Kiste* weil die is so- *mit dem Daumen und dem Zeigefinger der linken Hand zeigt er auf die beiden Punkte, die eng beieinander stehen* | Anzahlbestimmung   **Begründung über Struktur** |
| 15 | 34:29 | F | Mhm. *F beugt sich zu Beat hinüber, Beat kruschtelt weiter in der Kiste und schaut auf seinen Spielplan, F lehnt sich zurück* | |
| 16 | 34:33 | Beat | Hä Eins ist verkehrt rum- *Beat deutet mit dem Zeigefinger auf die Eins in der unteren Reihe, die im rechten unteren Eck des Feldes platziert ist. F beugt sich vor mit den Unterarmen auf dem Tisch* | Anzahlbestimmung  **Beschreibung** Spielplan, Struktur  |
| 17 | 34:35 | F | Was ist verkehrt rum' *Beat schaut zwischen Kiste, Spielplan und F hin und her* | **Echte Frage (Verständnis)** |
| 18 | 34:36 | Beat | Die Eins so- *Beat deutet mit dem Zeigefinger auf die Eins in der unteren Reihe, holt Muggelsteine aus der Kiste* | **Begründung** |

| 19 | 34:38 | F | Die Eins' Mhm. Wie kennst du die denn, die Eins' Wie wär die denn richtig' *Beat führt die linke Hand zur rechten Hand, nimmt in jede Hand einen Muggelstein und belegt die Zwei* | **Impuls** |
|----|-------|------|----------------------------------------------|--------|
| 20 | 34:47 | Beat | So in der Mitte. *Beat deutet mit dem Zeigefinger auf die Mitte des Feldes der Eins, schaut die F an, diese beugt sich weiter zu Beat hinüber und schaut auf seinen Spielplan* | **Begründung über Struktur** |

Die verbale Interaktion zwischen der Forscherin und Beat kann ebenfalls als *gleichberechtigte verbale Interaktion* beschrieben werden, allerdings geht die Forscherin hier primär auf die Äußerungen, Entdeckungen Beats ein. Dies ist in diesem Maße möglich, da sie alleine mit ihm spielt. Im Spiel zu mehreren, wie in der vorherigen Szene, kann so eine intensive inhaltliche Kommunikation mit einem Kind zu einem Spielzug das gemeinsame Spiel sprengen, da zu lange Leerläufe für die anderen entstehen. Im Spiel zu zweit führen *echte Fragen* und *Impulse zur Begründung* (Zeile 2, 7, 9, 17, 19) zu zahlreichen verschiedenen mathematische Aktivitäten, die sich insbesondere dem *Beschreiben*, dem *Begründen* und dem *Strukturieren* von Anzahlen vor dem Hintergrund bekannter Würfelbilder zuordnen lassen.

Die Struktur der verbalen Interaktion stellt sich hier notwendigerweise als Dyade dar. Allerdings unterscheidet sie sich von den Dyaden in Kapitel 5.4.1. Die Forscherin geht auf die Äußerungen des Kindes ein und versucht, diese zu verstehen (echte Fragen) und es zu umfassenderen Begründungen anzuregen (Impulse). Den *Ausgangspunkt der verbalen Interaktion bilden die Äußerungen des Kindes* und nicht Fragen und Aufforderungen der Forscherin.

Die Begleitung durch die Erzieherin kann somit unterschiedliche Formen annehmen. Dies hängt auch davon ab, ob sie alleine mit einem Kind oder mit mehreren Kindern spielt. Begleitung zeichnet sich grundsätzlich dadurch aus, dass sie über enge Fragen und Aufforderungen bzw. Demonstrationen und Erklärungen hinausgeht. Sie verbindet diese durchaus notwendige und tragfähige Form der verbalen Interaktion mit *Kommentierungen zu eigenen und fremden Spielzügen, Beschreibungen der Spielpläne, offenen Impulsen, Begründungsimpulsen* und *echten Fragen*. Diese Form der verbalen Interaktion setzt eine Beobachtung der kindlichen Vorgehensweisen voraus, auf die aus dem Kommunikationsverhalten in der Situation nur indirekt geschlossen werden kann. Im Unterschied zur engen Anleitung, die auf das gemeinsame Spiel nach Regeln fokussiert und oftmals einzelne Mitspieler anspricht, ermöglicht die Begleitung die *Beteiligung aller an der verbalen Interaktion*.

### 5.4.2.2 Begleitung durch Kinder

Auch Kinder können im Spiel mit anderen eine begleitende Funktion übernehmen. Begleitung zeichnet sich auch hier durch vielfältige Reaktionen auf die Mitspieler und deren Einbezug in das Spielgeschehen aus; des Weiteren durch Kommentierungen zu eigenen und fremden Spielzügen.

In **Szene 11** spielen Jana (J, 5 Jahre), Andi (A, 5 Jahre) und Janis (j, 4 Jahre) das Spiel *Max Mümmelmann*. Erzieherin 6 (E 6) sitzt mit am Tisch, übernimmt aber im Wesentlichen eine beobachtende Funktion. Sie kennt die Spielregeln nicht. Der Ausschnitt setzt mit dem ersten Spielzug ein, nachdem Jana die Regeln erklärt hat.

| Zeile | Zeit | Sprecher | Transkript und Paraphrase | Material, Skizzen, Bilder, Kodierung |
|---|---|---|---|---|
| 29 | | Andi | Wir wissen wie des geht. | |
| 30 | 03:00 | Jana | Ja. Ich würfel. *Jana würfelt* Vier darf man laufen, eins zwei drei vier, *Jana zieht den Spielstein vier Felder im Uhrzeigersinn* dann darf man die Karte aufdecken, hä. *Jana legt die Karte vor sich* Ne Fünf, ne Hasenmama. Jetzt bist du Janis. *Jana gibt Juri den Würfel* Wir spielen halt so rum *Jana zeigt im Uhrzeigersinn* okay' Andi' *Janis würfelt* | **Kommentierung**, Regel **Kommentierung**, Anzahlbestimmung, Aufsagen der Zahlwortreihe zum Ziehen der Spielfigur <br><br> Jana <br> **Kommentierung**, Ziffern benennen <br> **Aufforderung**, Regel |
| 31 | | Andi | Manno. | |
| 32 | 03:20 | Janis | Drei. | Anzahlbestimmung |
| 33 | | Jana | Drei darfst du gehen. | **Kommentierung**, zu ziehende Felder |
| 34 | | Janis | Eins zwei drei. *Janis zieht die Spielfigur im Uhrzeigersinn* | Aufsagen der Zahlwortreihe zum Ziehen der Spielfigur |
| 35 | | Jana | Jetzt darf die Karte nehmen. *Jana zeigt auf den Stapel, Janis deckt vom Stapel daneben auf, legt die Karte vor sich* | **Kommentierung**, Regel <br><br> Janis |
| 36 | | Andi | Eins. | Ziffern benennen |
| 37 | | Janis | Eins. | |
| 38 | | Jana | Genau. | **Bestätigung** |
| 39 | | Andi | Jetzt bin ich. *Andi holt sich den Würfel* | **Kommentierung**, Regel |
| 40 | | Jana | Is en bisschen kleiner Tisch. | |
| 41 | | Andi | Ich würfel mal. *Andi würfelt Fünf* | |

| 42 | 03:41 | Jana | Fünf. | Anzahlbestimmung |
|---|---|---|---|---|
| 43 | | Andi | Eins zwei drei vier fünf *Andi zieht im Uhrzeigersinn Andi greift nach der Karte auf dem Max Mümmel-mannstapel* | Aufsagen der Zahlwortreihe zum Ziehen der Spielfigur |
| 44 | | Jana | Nein da. *Jana zeigt auf den Stapel neben der Spielfigur* | **Regeleinhaltung** |
| 45 | | Andi | Warum' | **Begründungsfrage** |
| 46 | | Jana | Da muss man | **Begründen** |
| 47 | | Andi | Warum nicht hier' *Andi zeigt auf den Max Mümmelmannstapel* | **Wiederholung Frage** |
| 48 | | Jana | Da wo man steht muss man neh-men. | **Begründen** |
| 49 | | Andi | Aber warum nicht hier' *Andi zeigt auf den Max Mümmelmannstapel* | **Wiederholung Frage** |
| 50 | 03:58 | Jana | Des darf man halt nicht, wenn man hier steht *Jana zeigt auf das Feld neben dem Max Mümmelmannsta-pel* dann darf man die Karte neh-men okay' | **Begründen** |
| 51 | | Andi | *Andi deckt eine Zwei vom Stapel neben der Spielfigur auf* Oa zwei. | Andi<br>Ziffern benennen |
| 52 | | Jana | Jetzt bin ich. *Jana würfelt* Drei. Eins zwei drei *Jana zieht im Uhr-zeigersinn* | **Kommentierung**, Regel **Kommentierung**, Anzahlbestimmung, Aufsagen der Zahlwortreihe zum Ziehen der Spielfigur |
| 53 | | Andi | Du musst die hier nehmen. *Andi zeigt auf den Stapel neben dem Spielfeld* | **Kommentierung**, Regel |
| 54 | | Jana | Genau. *Jana deckt eine Karte auf.* Vier. Hinter die Fünf. Jetzt bist du Janis. | **Bestätigung** Jana<br>Ziffern benennen<br>Ordnen von Zahlzeichen<br>**Kommentierung**, Regel |
| 55 | | Janis | *Janis würfelt* Zwei. *Janis zieht im Uhrzeigersinn* | **Kommentierung**, Anzahlbestimmung |
| 56 | | Jana | Genau, darfst die oberste. *Janis deckt die Karte auf* | **Kommentierung**, Regel |
| 57 | 04:30 | Andi | Eins zwei drei vier fünf *Andi zählt die Felder von der Spielfigur bis zur Max Mümmelmannkarte* | Aufsagen der Zahlwortreihe zum Ziehen der Spielfigur |
| 58 | | Janis | Vier. | Ziffern benennen |

| | | | | |
|---|---|---|---|---|
| | | | | Janis |
| 59 | | Jana | Vier. Kannst auch die Vier. *Janis legt die Vier neben die Eins* | **Bestätigung**<br>Janis |
| 60 | | Andi | Ich brauch eine Fünf, dann darf ich die Karte *Janis tauscht die Eins und die Vier und rückt sie weiter auseinander, Andi würfelt* Sechs o sechs klasse eins zwei drei vier fünf sechs *Andi zieht im Uhrzeigersinn* | **Vorhersagen**<br>Janis<br>Ordnen von Zahlzeichen<br>Anzahlbestimmung<br>Aufsagen der Zahlwortreihe<br>Bezug zur Vermutung |
| 61 | | Jana | Dann darfst du die nehmen. *Janis schaut Richtung Musikzimmer (laute Musik)* | **Kommentierung**, Regel |
| 62 | | Andi | Eine Eins hui *Andi legt die Eins neben seine Zwei, Jana würfelt* Darf ich dann die nehmen' *Andi zeigt auf die Max Mümmelmann-karte* | Ziffern benennen<br>Andi<br>Ordnen von Zahlzeichen<br>**Frage**, Regel |
| 63 | | Jana | Nee. | |
| 64 | | Andi | Nur wenn man hier steht' *Andi zeigt auf das entsprechende Feld* | **Frage**, Regel |
| 65 | | Jana | Ja. | |

In diesem Ausschnitt werden mathematische Aktivitäten vielfach kommentiert, also versprachlicht.

– Anzahlbestimmung bei Würfelbildern
– Aufsagen der Zahlwortreihe beim Setzen des Spielsteins
– Benennen von Ziffern auf den Spielkarten
– Ordnen von Zahlzeichen (Seriation)
– argumentative Auseinandersetzung über das Ziehen von Karten
– Vorhersagen von benötigten Würfelaugen, um die Max Mümmelmannkarte zu erreichen

An diesem Ausschnitt wird deutlich, dass Anleitung und Begleitung fließend ineinander übergehen bzw. parallel auftreten und nicht nur in getrennten Phasen des Spielverlaufs. Die eigentliche Regeleinführung geht dem obigen Ausschnitt voraus. Dann werden die Regeln durch Kommentierungen (Zeile 30), Aufforderungen (Zeile 35) und Korrekturen (Zeile 44) lediglich aktualisiert. Darüber hinaus kommentiert Jana ihre Spielhandlungen (Zeile 30, 52, 54), was verschiedene mathematische Aktivitäten nach sich zieht. Auch die Spielhandlungen der anderen Mitspieler werden kommentiert oder auf deren Kommentierungen Bezug genommen (Zeile 33, 35, 42, 56, 59). So werden alle Spielzüge von zwei oder allen Mitspielern verbal begleitet. Durch die gemeinsame Materialreferenz und die wechselseitige Bezugnahme entstehen für alle Mitspieler mathematische Lerngelegenheiten.

Sowohl die Anleitung als auch die Begleitung stellen hohe Anforderungen, insbesondere an die Verbalisierungsfähigkeit und -bereitschaft des Kindes. Aber auch die Regeln des Spiels müssen umfassend durchschaut und verstanden werden.

Dies zeigt sich auch im Vergleich mit einem Ausschnitt aus **Szene 4**, der bereits in Kapitel 5.1.2 als Beispiel verwendet wurde. Achmed (A, 6;5) und Viktoria (V, 4;1) spielen alleine. Erzieherin 2 hat die Regeln zu Beginn eingeführt und dann die Spielsituation verlassen. Der Ausschnitt setzt zu Beginn der zweiten Spielrunde ein.

| Zeile | Zeit | Sprecher | Transkript und Paraphrase | Material, Skizzen, Bilder, Kodierung |
|-------|------|----------|---------------------------|--------------------------------------|
| 440 | | Achmed | *Achmed schaut unter seine oberste Karte* Jetzt bekomm ich- | **Vermuten** |
| 441 | | Viktoria | Was' | |
| 442 | 26:52 | Achmed | Jetzt bekomm ich eine. *Schaut Viktoria an* | **Vermuten** |
| 443 | | Viktoria | Du. | |
| 444 | | Achmed | Guck. *Zeigt Viktoria seine oberste Karte, Viktoria deckt eine Fünf auf* Hä. | Achmed **Begründen** Viktoria **Ausruf, Irritation** |
| 445 | | Viktoria | **Hey gleich,** *Achmed schaut kurz in die Kamera, beide legen Ihre Karten neben sich* du darfst die selber behalten. | **Mengenvergleich** **Regel** |

Das überraschende Ereignis, dass beide Kinder eine Fünf aufdecken und Achmed wider eigenes Erwarten den Stich nicht gewinnt, wird von ihm nicht kommentiert (Zeile 444). Auch im Folgenden schaut er immer wieder unter die nächste aufzudeckende Karte, allerdings verbalisiert er dies nicht. Damit mathematische Aktivitäten für alle Mitspieler fruchtbar werden können, dürfen sie nicht im Nonverbalen verbleiben. Die Versprachlichung und die Entwicklung zu einem gemeinsamen Thema bedürfen gegebenenfalls der Unterstützung durch die Erzieherin. Die *Präsenz der Erzieherin* erweist sich auch hier – wie bereits unter dem Analysefokus *Setting* – als eine zentrale Bedingung für mathematische Lerngelegenheiten.

Die Bedeutung der Präsenz zeigt sich auch in **Szene 11**, in der Max Mümmelmann in weiten Teilen ohne die Begleitung von Erzieherin 6 (E 6) gespielt wird.

| Zeile | Zeit | Sprecher | Transkript und Paraphrase | Material, Skizzen, Bilder, Kodierung |
|---|---|---|---|---|
| 104 | | Jana | *Jana deckt die Max Mümmelmannkarte auf,* *Jana lacht* Darf man was klauen. | Jana **Kommentierung**, Regel |
| 105 | 07:30 | Andi | Was klaust du' | |
| 106 | | Jana | Ich darf bei den beiden klauen. *Jana zeigt auf Janis und Andi, Janis schiebt seine drei geordneten Karten zusammen* | **Erläuterung**, Regel |
| 107 | | Andi | Nein nicht meine. | |
| 108 | 07:38 | Jana | Das is halt so. Man muss sich nicht ärgern, okay Andi' | |
| 109 | | Andi | Nein ich mach die ganz hart hin. *Andi presst die Karten mit der Faust auf den Tisch, Janis schaut lächelnd zwischen Jana und Andi hin und her, er verdeckt seine Karten mit der Hand* | |
| 110 | | Jana | Die wollen die beide wollen sie einfach nicht hergeben. *Jana wendet sich an E6, Janis lehnt mit beiden Unterarmen auf seinen Karten, Andi hält seine Karten mit den Fäusten fest* | **Kontaktsuche** – Erzieherin |

Jana, die das Spiel kompetent durch Kommentierungen und argumentative Klärungen begleitet, wendet sich zur Durchsetzung der Regeln an Erzieherin 6 (Zeile 110). Die Präsenz der Erzieherin verhindert im weiteren Verlauf vermutlich Sprengung und Abbruch des Spiels durch den Regelkonflikt.

Anleitung und Begleitung sind notwendig, damit mathematische Lerngelegenheiten in Spielsituationen entstehen können. Kinder selbst sind dazu in unterschiedlichem Maß in der Lage. Die Präsenz der Erzieherin ist somit eine grundsätzliche Bedingung. Die Unterstützung durch die Erzieherin, also die kommunikative Ausgestaltung der Situation, ist abhängig von der Regelkenntnis der Kinder und ihrer Fähigkeit und Bereitschaft zur Verbalisierung.

### 5.4.3 Ergebnisse: Hypothesen zur verbalen Interaktion

Der Analysefokus *verbale Interaktion* vertieft die bereits zu Beginn entwickelte Hypothese (vgl. Kapitel 5.1.1, 5.1.3), dass inhaltlich ausgerichtete Verbalisierungen für die Entstehung individuell substantieller mathematischer Lerngelegenheiten von nicht zu unterschätzender Bedeutung sind. Verbalisierungen umfassen spontane Äußerungen der Kinder, eingeführte Routinen und Reaktionen auf Impulse und Fragen der Erzieherin. Sie bedürfen aber einer gemeinsamen inhaltlichen Ausrichtung, was sich auch in einer entsprechenden Struktur widerspiegelt.

Formale und strukturelle Gemeinsamkeiten der verbalen Interaktion können mit Blick auf die heuristische Unterteilung in Anleitung und Begleitung wie folgt zusammengefasst werden (Tab. 5.5).

Tab. 5.5: Form und Struktur der verbalen Interaktion in Spielsituationen

| | Anleitende Interaktion | Begleitende Interaktion |
|---|---|---|
| **Form** | ▪ Inhaltlich enge Fragen und Aufforderungen<br>▪ Korrektur von Fehlern<br>▪ Übernahme von Spielhandlungen und Spielbegleithandlungen durch die anleitende Person<br>▪ Vormachen und Kommentieren von Musterspielzügen | ▪ Offene Fragen und Impulse<br>▪ Echte Fragen<br>▪ Kommentierungen zu Spielzügen und Spielplänen<br>▪ Beschreibungen von Spielzügen und Spielplänen<br>▪ Anknüpfen an spontane Äußerungen |
| **Struktur** | ▪ Dominanz und hoher Redeanteil der anleitenden Person<br>▪ Steuerung der Redebeiträge der Mitspieler durch die anleitende Person<br>▪ Parallele Dyaden, mit Ausrichtung auf die anleitende Person | ▪ Wechselseitige Bezugnahme in der verbalen Interaktion (Inhalt, Struktur)<br>▪ Gemeinsame Materialreferenz |
| **Funktion** | ▪ Gemeinsames Spiel auf der Grundlage von Regeln<br>▪ Grundlage für eine inhaltliche Ausrichtung der verbalen Interaktion | ▪ Ermöglicht die Beteiligung aller an der Kommunikation<br>▪ Eröffnet mathematische Lerngelegenheiten für alle |
| **Mathematische Aktivitäten** | ▪ Zahlbezogene Aktivitäten | ▪ Vertiefung und Erweiterung zahlbezogener Aktivitäten<br>▪ Allgemeine mathematische Aktivitäten |

Im Hinblick auf mathematische Aktivitäten lassen sich folgende Hypothesen für die verbale Interaktion in Spielsituationen formulieren:

– *Anleitung* ermöglicht durch die Einführung bzw. Aktualisierung von Regeln ein *gemeinsames Spiel* und bildet damit die Grundlage einer *inhaltlichen Ausrichtung der verbalen Interaktion* sowie zahlbezogener Aktivitäten.

- *Anleitung* zum gemeinsamen Spiel nach Regeln kann auch misslingen. Die Forcierung von Regelgleichheit für alle Mitspieler kann zu Spielabbrüchen führen. Regeldifferenzierung hingegen reduziert die Möglichkeiten einer verbalen Interaktion mit wechselseitigen Bezügen, da sich kein gemeinsames Thema entwickeln kann.

- Die *Anleitung durch Kinder* (unterstützt durch die Erzieherin) ist weniger engführend, als wenn dies die Erzieherin alleine übernimmt. Dies zeigt, dass die Anleitung der Form nach offener gestaltet werden kann. Der Einbezug von Kindern in die Anleitung kann eine der Struktur nach ausschließlich auf die Erzieherin hin ausgerichtete verbale Interaktion (*parallele Dyaden*) aufbrechen.

- *Begleitung* eröffnet allen Mitspielern eine weitgehend gleichberechtigte Teilnahme an der Kommunikation. Sie zeichnet sich durch eine *wechselseitige Bezugnahme* und eine *gemeinsame Materialreferenz* aus. Sie schafft darüber hinaus möglichst *vielfältige mathematische Lerngelegenheiten* für alle Kinder und zwar für Zuschauer wie Mitspieler.

- *Anleitende und begleitende Interaktion* ergänzen sich. Beide Arten sind notwendig, um im Kontext der formalen Offenheit mathematische Lerngelegenheiten entstehen zu lassen. Die verbale Interaktion sollte das gesamte Spektrum von Fragen, Auffordern, Kommentieren, Beschreiben, Vormachen, Erklären umfassen. Verschiedene verbale Interaktionsformen haben in der Lernbegleitung unterschiedliche Funktionen. Anleitung in Form des Vormachens, Erklärens, Fragens und Aufforderns dient der Einführung und Aktualisierung von Regeln sowie der Vermittlung von Konventionen bei Fehlern. Kommentierungen und Beschreibungen von Spielzügen und Spielplänen, aber auch offene Impulse und echte Fragen ermöglichen eine verbale Interaktion der wechselseitigen Bezugnahme und gleichberechtigten Teilhabe. Parallele Dyaden gilt es im Laufe des Spiels in eine verbale Interaktion der wechselseitigen Bezugnahme mit gemeinsamer Materialreferenz zu überführen. Im Hinblick auf die mathematischen Aktivitäten können dann sowohl zahlbezogene als auch allgemeine mathematische Lerngelegenheiten entstehen.

- Kinder sind in unterschiedlichem Maß in der Lage und von sich aus bereit, das Spielgeschehen anzuleiten und zu begleiten. Die Erzieherin muss ihre Anleitung und Begleitung auf die Regelkenntnis der Kinder und ihre Fähigkeit und Bereitschaft zur Verbalisierung abstimmen: Sie muss spontane Äußerungen aufgreifen, eigene Spielzüge kommentieren, um spontane Äußerungen anzuregen, Routinen einführen – damit auch zurückhaltende Kinder verbal involviert werden – sowie weiterführende Impulse setzen. Die situativ angepasste Unterstützung steht somit für eine *individuelle Präsenz der Erzieherin*.

## 5.5   Zusammenfassung der Ergebnisse

Im Folgenden werden in der Zusammenschau und Verdichtung der Konzepte und ihrer Zusammenhänge die zentralen Bedingungen für die Entstehung mathematischer Lerngelegenheiten herausgearbeitet (Abb. 5.14). In der Begrifflichkeit der

Grounded-Theory-Methodologie stellen diese zentralen Bedingungen die Kernkonzepte dar, die durch selektives Kodieren entstehen (vgl. Strauss & Corbin 1990, 116ff., Kapitel 4.2). Es wird nochmals deutlich, dass dabei einerseits bestehende Konzepte weiterentwickelt andererseits aber auch neue Konzepte aus den Daten gewonnen wurden (vgl. Kapitel 4.1.3).

Im Anschluss an die Spielanalysen in Kapitel 3.3 zeigt sich nun bei der Analyse von Spielsituationen, dass Spiele neben ihrem zahlbezogenen mathematischen Potenzial weitere Möglichkeiten für mathematisches Lernen bieten. In Spielsituationen können sowohl inhaltsbezogene (hier speziell zahlbezogene) als auch allgemeine mathematische Lerngelegenheiten entstehen. Tabelle 5.6 gibt einen Überblick über die tatsächlich beobachteten mathematischen Aktivitäten.

Tab. 5.6: Beobachtete zahlbezogene und allgemeine mathematische Aktivitäten

| Zahlbezogene mathematische Aktivitäten | Allgemeine mathematische Aktivitäten | |
|---|---|---|
| ■ Verbales Zählen<br>■ Anzahlbestimmung durch Zählen oder Erfassen<br>■ Mengen bzw. Zahlen vergleichen und ordnen<br>■ Mengen zerlegen | ■ Vergleichen<br>■ Ordnen<br>■ Sortieren<br>■ Strukturieren | ■ Beschreiben<br>■ Vermuten/Behaupten<br>■ Prüfen<br>■ Begründen |

Allerdings können diese zahlbezogenen und allgemeinen mathematischen Aktivitäten in ihrer vollen Breite nur über das gesamte Datenmaterial hinweg beobachtet werden. So sind im Hinblick auf mathematische Aktivitäten weniger dichte Spielsituationen von solchen mit einer Vielfalt an mathematischen Aktivitäten und/oder mit großer Intensität zu unterscheiden. Die Kontrastierung dieser Extreme und weiterer Situationen sowie ihre Einbettung in den Kontext der jeweiligen Spielsituation führen im Ergebnis zu *Bedingungen für die Entstehung mathematischer Lerngelegenheiten*. Indem vier verschiedene Analysefokusse auf die Daten eingenommen werden, konnten zahlreiche Konzepte im Hinblick auf die drei Bestimmungsgrößen der Spielsituation (Spielmaterial und Spielregeln, Mitspieler und Zuschauer, Erzieherin) und die Spielsituation als Ganzes entwickelt werden. Diese Konzepte werden durch die Formulierung von Hypothesen zu mathematischen Aktivitäten und zueinander in Beziehung gesetzt (Kapitel 5.1.3, 5.2.3, 5.3.3, 5.4.3).

Im Folgenden sind die vier Analysefokusse leitend für die Darstellung der Kernkonzepte (Kapitel 5.5.1). Anschließend werden die Bezüge der gewonnenen Konzepte zu mathematischen Lerngelegenheiten weiter konkretisiert und damit die Gestaltungsmöglichkeiten der Erzieherin aufgezeigt (Kapitel 5.5.2).

### 5.5.1 Bedingungen für die Entstehung mathematischer Lerngelegenheiten in formal offenen Situationen

Unter dem Analysefokus *Mathematische Aktivitäten* zeigt sich, dass das *mathematische Potenzial* eines Spiels (Spielmaterial und Spielregeln) eine notwendige jedoch keine hinreichende Bedingung für die Entstehung mathematischer Lerngelegenheiten darstellt. Es antizipiert die Breite und die Schwerpunkte der *möglichen inhaltsbezogenen mathematischen Aktivitäten* in Spielsituationen. Die Entstehung inhaltsbezogener mathematischer Aktivitäten ist aber nicht garantiert. Werden Spielzüge wenig verbal begleitet, treten primär diejenigen inhaltsbezogenen mathematischen Aktivitäten auf, die die Schwerpunkte des Spiels bilden. Werden Spielzüge hingegen ausführlich kommentiert, entstehen weitere zahlbezogene Aktivitäten, die über die Schwerpunkte hinausgehen. Fragen und Impulse der Erzieherin und das Aufgreifen spontaner Äußerungen können darüber hinaus allgemeine mathematische Aktivitäten anregen. Allgemeine mathematische Aktivitäten sind ein Indikator für die Intensität der Spielsituation. Die mathematischen Aktivitäten werden auch durch die mathematische Ausrichtung von Spielbegleithandlungen erweitert (Spielmaterial und Spielplan vorbereiten, Spielmaterialien verteilen, die beginnende Person auswählen und den Gewinner ermitteln).

Für die Gestaltung von Spielsituationen sind aus diesem Analysefokus zwei Konsequenzen zu ziehen. Einerseits bedarf es einer sorgfältigen Auswahl von Spielen bzw. Materialien vor allem im Hinblick auf ihr mathematisches Potenzial. Andererseits müssen Spielhandlungen und Spielbegleithandlungen sowie Beobachtungen zu und Beschreibungen von Spielmaterialien verbalisiert werden, wenn sich dieses Potenzial für alle Mitspieler entfalten soll. Verbalisierungen können spontan auftreten, sie müssen aber auch durch die Einführung von Routinen und durch das Setzen von Impulsen durch die Erzieherin angeregt werden. Routinen zielen primär auf zahlbezogene mathematische Aktivitäten, wohingegen Impulse darüber hinaus auch allgemeine mathematische Aktivitäten anregen können. Impulse sind im Hinblick auf mathematische Lerngelegenheiten besonders erfolgreich, wenn sie an spontane Verbalisierungen der Kinder anknüpfen. Spontan auftretende Verbalisierungen verweisen auf individuelle mathematische Herausforderungen. Dass das Auftreten mathematischer Aktivitäten nicht nur vom mathematischen Potenzial des Spiels, sondern im Wesentlichen von der verbalen Interaktion in der Spielsituation bestimmt ist, bestätigt auch rückblickend die Notwendigkeit der Empirie.

Unter dem Analysefokus *Setting* zeigt sich, dass die *Präsenz der Erzieherin mit ungeteilter Aufmerksamkeit* eine weitere Bedingung für die Entstehung mathematischer Lerngelegenheiten darstellt. Diese Präsenz stellt im Kontext der formalen Offenheit Verbindlichkeit her. Präsenz mit ungeteilter Aufmerksamkeit befördert die Spielaufnahme, die Spielaufrechterhaltung, stabile Spielgruppen und Spielwiederholungen. Bei Abwesenheit oder bei Präsenz mit geteilter Aufmerksamkeit sind im Hinblick auf mathematische Aktivitäten weniger dichte Sequenzen, aber auch Abbrüche in Form von Material- und Ortswechseln bzw. von Spielwechseln und Spielgruppenverkleinerungen zu beobachten. Die Präsenz mit ungeteilter Aufmerksamkeit begünstigt das Gelingen von Angeboten sowohl außerhalb als auch innerhalb des Freispiels. Im Hinblick auf die Gestaltung von Spielsituationen ist die Präsenz in ungeteilter Aufmerksamkeit im Kontext der formalen Offenheit nicht zwangsläufig gegeben, sondern muss im Kindergartenalltag abgestimmt bzw. hergestellt werden.

Unter dem Analysefokus *Spielprozess* wird deutlich, dass die Spielaufnahme und die Spielaufrechterhaltung in formal offenen Situationen prekär sind. Im Hinblick auf mathematische Lerngelegenheiten geht es folglich auch um die Frage, ob Kinder ins Spiel finden und im Spiel bleiben. Die Spielaufnahme kann über den materialbezogenen und den sozialen Aufforderungscharakter, die Spielaufrechterhaltung über die positive emotionale und die verbale Involviertheit erklärt werden.

Der *materialbezogene Aufforderungscharakter* unterstützt die Materialauseinandersetzung insbesondere bei Angeboten mit einer Materialauswahl und einem freien Materialzugang. Im Hinblick auf zahlbezogene mathematische Aktivitäten kann er jedoch hinderlich sein, da bei jungen Kindern oftmals andere Eigenschaften von Materialien dominant werden, insbesondere Eigenschaften, die das Bauen nahe legen. Durch die Einführung von Regeln (zum Materialumgang, zum gemeinsamen Spiel) kann die Erzieherin auf zahlbezogene mathematische Aktivitäten fokussieren. Dies kann jedoch nur gelingen, wenn das Kind sich offen für die Anregungen der Erzieherin zeigt und der materialbezogene Aufforderungscharakter aufgeschoben werden kann. Ansonsten kann es zu Abbrüchen kommen.

Der *soziale Aufforderungscharakter* von Spielsituationen kann insbesondere bei Angeboten im Freispiel die Spielaufnahme erklären. Von Spielsituationen geht ein sozialer Anreiz aus, der zum Zuschauen und/oder Mitspielen einlädt. In beiden Rollen können für die beteiligten Kinder mathematische Lerngelegenheiten entstehen. Für die Gestaltung von Spielsituationen im Freispiel ist der soziale Aufforderungscharakter von entscheidender Bedeutung. Anders als bei Materialien (vgl. Lee 2010, Royar & Streit 2010), bei denen die Bindung über den materialbezogenen Aufforderungscharakter gelingt, ist die spezifische Stärke des Spiels die soziale Bindung. Das gemeinsame Spiel in der Gruppe und insbesondere mit der Erzieherin kann auch für diejenigen Kinder mathematische Lerngelegenheiten eröffnen, die sich aufgrund anderer Anreize nicht an Spielen mit mathematischem Potenzial beteiligen würden. Vor allem die Zuschauerrolle ermöglicht einen niederschwelligen Zugang zum Spiel. Das gemeinsame Spiel birgt viele Chancen im Hinblick auf mathematische Aktivitäten. Als Konsequenz für die Gestaltung ergibt sich die Etablierung einer Spielkultur, die aber wiederum von der Präsenz der Erzieherin in ungeteilter Aufmerksamkeit abhängig ist.

Eine *positive emotionale Involviertheit* sowie *eine verbale Involviertheit* aller Mitspieler unterstützen die Spielaufrechterhaltung. Positive Emotionen und die Ausrichtung auf den Gewinn begünstigen eine Spielwiederholung und die Beendigung von Spielrunden, und damit auch stabile Spielgruppen. Emotionen können aber die verbale Involviertheit und damit die mathematischen Lerngelegenheiten reduzieren. Verbale Involviertheit ist in Bezug auf mathematische Aktivitäten besonders fruchtbar, wenn sich ein gemeinsames Thema entwickelt bzw. ein gemeinsamer Bezugspunkt der verbalen Interaktion auszumachen ist. Dies ist vor allem dann der Fall, wenn an spontane Äußerungen der Kinder angeknüpft wird und diese dadurch verstärkt werden. Ein weiteres Kennzeichen verbaler Involviertheit ist das Heraustreten aus dem eigentlichen Spielgeschehen, indem beispielsweise der Spielplan, eine auffällige Kartenkonstellation oder fehlerhafte Spielhandlungen etc. betrachtet werden. Für die Gestaltung von Spielsituationen bedeutet dies, dass die Interventionen der Erzieherinnen im Hinblick auf die Spielaufrechterhaltung in hohem Maße adaptiv sein müssen. Dies erfordert einerseits die Präsenz mit ungeteilter Aufmerksamkeit andererseits entsprechendes fachdidaktisches Wissen. Welche Aspekte dieses Wissen konkret umfasst, stellt ein Forschungsdesiderat dar.

Der Analysefokus *verbale Interaktion* lenkt das Augenmerk auf die Breite (unterschiedliche zahlbezogene mathematische Aktivitäten) sowie die Qualität bzw. Intensität (zahlbezogene und allgemeine mathematische Aktivitäten) der mathematischen Lerngelegenheiten und ihre Bedingungen. Eine verbale Interaktion, die sowohl auf die Breite als auch die Qualität der mathematischen Lerngelegenheiten zielt, zeichnet sich durch eine Komplementarität anleitender und begleitender Interaktion sowie die individuelle Präsenz der Erzieherin aus. Die Hypothese der Komplementarität soll im Folgenden genauer bestimmt werden.

*Anleitende und begleitende Interaktion* ergänzen sich notwendigerweise. Die Anleitung dient der Einführung von Regeln und Routinen und damit der inhaltlichen Ausrichtung. Sie allein ist aber nicht ausreichend. Die Begleitung unterstützt den emotionalen und verbalen Einbezug aller Mitspieler und ermöglicht das Aufgreifen individueller Herausforderungen. Begleitung baut aber auf der Anleitung auf, da diese ein gemeinsames Spiel erst möglich macht. Von der Erzieherin ist folglich ein weites Repertoire konkreter Interaktionsformen gefordert: Dieses reicht von inhaltlichen Fragen und Aufforderungen, dem Vormachen und Demonstrieren bis zu offenen Fragen und Impulsen sowie Beschreibungen und Kommentierungen von Spielplänen und Spielzügen. Allerdings sollte die Anleitung möglichst wenig engführend sein und die Kinder sollten so weit wie möglich bei der Einführung und Aktualisierung von Regeln einbezogen werden bzw. diese wenn möglich selbst übernehmen. Eine ausschließlich engführende Anleitung kann primär zahlbezogene mathematische Aktivitäten anregen. Sie verhindert eine wechselseitige Bezugnahme und die Entwicklung eines gemeinsamen Themas durch die starke Ausrichtung auf die anleitende Person. Anleitung muss daher in eine Begleitung übergehen. Begleitung zielt auf spontane Äußerungen der Kinder und das Anknüpfen an diese. Themen der Kinder werden aufgegriffen, und es kann eine Interaktion der wechselseitigen Bezugnahme entstehen. Spielsituationen, die hinsichtlich mathematischer Lerngelegenheiten besonders vielfältig und intensiv sind, zeichnen sich sowohl durch eine inhaltlich ausgerichtete Kommunikation als auch eine wechselseitige Bezugnahme aller oder fast aller Mitspieler mit gemeinsamer Materialreferenz aus. Nicht nur die eigenen Spielzüge werden kommentiert sowie der eigene Spielplan beschrieben, sondern alle Mitspieler beziehen sich im Gespräch auf den aktuellen Spielzug. Interventionen der Erzieherin, die auf die Breite und die Qualität mathematischer Lerngelegenheiten zielen, können jedoch auch die Selbstläufigkeit des

Spiels zerstören. Die Erzieherin bewegt sich folglich stets im Spannungsfeld zwischen Beobachtung und Intervention. Die Entscheidung für oder gegen ein bestimmtes Handeln beruht dabei auf situativen Entscheidungen. So ist auch Spielbegleitung stets Handeln unter Druck und bedarf der reflexiven Bearbeitung (vgl. z.B. Wahl 2001).

Die Präsenz der Erzieherin in ungeteilter Aufmerksamkeit befördert eine Spielaufnahme und eine Spielaufrechterhaltung. Die *Präsenz* muss jedoch je nach Situation und Mitspielern neu, also *individuell* ausgestaltet werden. Im Hinblick auf die Komplementarität von anleitender und begleitender Kommunikation ist die Präsenz der Erzieherin als *Mitspielerin* besonders günstig. Sie ermöglicht eine stärkere Anleitung der Kinder, die mit den Spielregeln noch wenig vertraut sind, aber auch eine Zurücknahme, wenn dies Kinder übernehmen können. Spontane kindliche Äußerungen können sofort oder später aufgegriffen werden. Ferner kann die Erzieherin als Mitspielerin ihre eigenen Spielhandlungen kommentieren und beschreiben, um die Kinder zur Verbalisierung der eigenen Spielzüge und der Spielzüge der Mitspieler anzuregen.

### 5.5.2 Gestaltungsmöglichkeiten der Erzieherin

In Abbildung 5.14 werden die zentralen Bedingungen für die Entstehung mathematischer Lerngelegenheiten und ihre Bezüge zu den Bestimmungsgrößen der Spielsituation durch Verbindungslinien graphisch dargestellt. Im Vergleich zu Einsiedler (1981; Abb. 2.3) und Abbildung 2.4 zeigen diese Bedingungen auf, wie Spielsituationen durch die Erzieherin gestaltet werden müssen, damit für die Mitspieler aber auch die Zuschauer mathematische Lerngelegenheiten entstehen. Alle Bedingungen, die im Rahmen der qualitativen Studie herausgearbeitet wurden, sind struktureller Natur; d.h. sie sind auch in anderen Spielsituationen mit anderen Materialien sowie anderen Kindergartenkonzepten als in der vorliegenden Untersuchung relevante Bedingungen, die bei Gestaltung berücksichtigt werden müssen. Im Einzelfall stellt sich ihr Zusammenspiel durchaus unterschiedlich dar bzw. es können einzelne Bedingungen durch die Gegebenheiten vor Ort mehr oder weniger bedeutsam sein:

– So spielt beispielsweise der materialbezogene Aufforderungscharakter bei Spielen eine geringere Rolle als beim Ansatz „Gleiches Material in großer Menge" (vgl. Lee 2010).
– Der soziale Aufforderungscharakter von Spielsituationen kommt vor allem im Freispiel und bei Konzepten in offenen Räumen zum Tragen.
– Die ungeteilte Aufmerksamkeit ist in einem offenen Raum mit nur einer betreuenden Erzieherin schwerer herzustellen und aufrechtzuerhalten als in einer abgetrennten Nische, in der die Erzieherin mit den Kindern ungestört spielen kann.

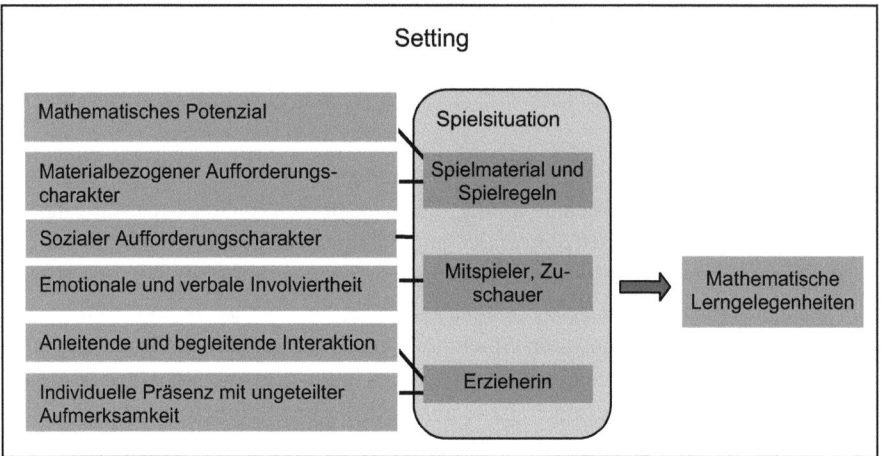

Abb. 5.14: Bedingungen für die Entstehung mathematischer Lerngelegenheiten in Spielsituationen im Kindergarten

Für das *Spielmaterial und Spielregeln* ergibt sich die bereits in der Spielanalyse entstandene Bedingung *mathematisches Potenzial*. Das mathematische Potenzial kann empirisch als eine grundlegende Ausgangsbedingung bestätigt werden, als dass es grundsätzlich möglich ist, mathematische Aktivitäten gemäß diesem Potenzial zu beobachten. Des Weiteren ergibt sich die Bedingung *materialbezogener Aufforderungscharakter*, ein empirisch weiter entwickeltes Konzept. Dass die Spielaufnahme jedoch nicht nur über das Material erklärt werden kann, dem wird mit dem abduktiv gewonnenen Konzept *sozialer Aufforderungscharakter* Rechnung getragen, das sich auf die *Spielsituation als Ganzes* bezieht.

Für die *Mitspieler und die Zuschauer* lassen sich zwei Bedingungen für die Entstehung mathematischer Lerngelegenheiten identifizieren, wobei die *positive emotionale* und die *verbale Involviertheit* als komplementär zu betrachten sind. Sie stellen empirische Ausdifferenzierungen und Erweiterungen bestehender Engagiertheitsmerkmale speziell für Spielsituationen dar.

Für die *Erzieherin* knüpfen beide Bedingungen unmittelbar an die Rollen- und Qualitätsdiskussion der Lernbegleitung an (vgl. Kapitel 2.4). Während die individuelle Präsenz mit ungeteilter Aufmerksamkeit auf die Bedeutsamkeit der Strukturqualität hinweist (vgl. Tietze u.a. 2005, Kapitel 2.4.3), bestätigt die Komplementarität anleitender und begleitender Interaktion die Notwendigkeit der Rollenintegration in der Lernbegleitung (vgl. Textor 2000, Leuchter 2009) betont aber zugleich die Überlegenheit der begleitenden Interaktion im Hinblick auf die Breite und Intensität der mathematischen Aktivitäten (vgl. Siraj-Blatchford u.a. 2005, Sylva u.a. 2010). Ziel der Anleitung ist die inhaltliche Ausrichtung der Kommunikation, Ziel der Begleitung ist die wechselseitige Bezugnahme mit gemeinsamer Materialreferenz.

Des Weiteren gibt es auch innerhalb der Bedingungen Bezüge. Dabei sind für die Fragestellung der vorliegenden Arbeit insbesondere die *Gestaltungsmöglichkeiten der Erzieherin* relevant und interessant:

– Grundlegende Rahmenbedingungen, die durch die Erzieherin direkt beeinflusst werden können, sind das mathematische Potenzial über die Beurteilung und Auswahl entsprechender Spiele, sowie deren gezielte Variation in Bezug auf das Material und die Regeln, aber auch die individuelle Präsenz mit ungeteilter Aufmerksamkeit.

– Inwiefern der materialbezogene Aufforderungscharakter der Spielmaterialien in der Spielsituation zum Tragen kommt hängt von den Mitspielern ab und ist damit von der Erzieherin nicht direkt zu beeinflussen. Sie kann den materialbezogenen Aufforderungscharakter bei der Auswahl von Spielen insbesondere mit sehr jungen Kindern mit bedenken.

– Im Hinblick auf den sozialen Aufforderungscharakter kann die Erzieherin Spielsituationen gezielt initiieren. Inwiefern die Spielsituation jedoch einen sozialen Anreiz auf einzelne Kinder ausübt, ist von diesen abhängig und damit durch die Initiierung ebenfalls nur indirekt zu beeinflussen.

– Die angestrebte verbale Involviertheit der Mitspieler und gegebenenfalls auch der Zuschauer kann von der Erzieherin über eine sowohl anleitende als auch vor allem begleitende Interaktion beeinflusst werden.

Je nachdem wie die zentralen Bedingungen zusammenspielen können im Hinblick auf mathematische Lerngelegenheiten unterschiedlich dichte und intensive Spielsituationen entstehen. Aus der Datenanalyse ergeben sich dazu folgende *Hypothesen*:

– Ist der materialbezogene Aufforderungscharakter sehr dominant, dann treten nicht zwingend inhaltsbezogene mathematische Aktivitäten auf. Treten sie dennoch auf, bleiben sie häufig nonverbal.

– Eine positive emotionale Involviertheit unterstützt die Spielaufrechterhaltung. Eine Dominanz positiver wie negativer Emotionen wirkt sich jedoch ungünstig auf die Vielfalt mathematischer Lerngelegenheiten aus.

– Eine ausschließlich anleitende Interaktion durch die Erzieherin, die durch enge Fragen und Aufforderungen, Vormachen und Erklären gekennzeichnet ist, wirkt sich ebenfalls ungünstig auf die Vielfalt und Qualität der mathematischen Lerngelegenheiten aus. Das mathematische Potenzial wird auf der inhaltlichen Ebene nicht ausgeschöpft. Auch allgemeine mathematische Aktivitäten treten im Rahmen einer anleitenden Kommunikation nur marginal auf.

– Dichte und intensive Spielsituationen erfordern kleine, stabile Spielgruppen sowie die individuelle Präsenz der Erzieherin in ungeteilter Aufmerksamkeit. Die Erzieherin muss über ein breites Interaktionsrepertoire verfügen, das sich zwischen Anleitung und Begleitung bewegt. Das Verhältnis von Anleiten und Begleiten ist nicht pauschal zu bestimmen, sondern abhängig vom Alter und den Fähigkeiten der Kinder. Die notwendige Adaptivität kann die Erzieherin in der Rolle als Mitspielerin am besten ausfüllen.

–  Sind alle Mitspieler verbal involviert, was spontane Äußerungen der Kinder begünstigt, und findet durch Anleitung eine inhaltliche Ausrichtung der Kommunikation statt sowie durch Begleitung eine Kommunikation der wechselseitigen Bezugnahme mit gemeinsamer Materialreferenz, dann können für alle Mitspieler aber auch für die Zuschauer mathematische Lerngelegenheiten entstehen. Durch eine individuelle Präsenz der Erzieherin können spontane Äußerungen der Kinder aufgegriffen werden. D.h., wenn im Zusammenspiel der zentralen Bedingungen eine *inhaltlich ausgerichteten Kommunikation mit wechselseitiger Bezugnahme und gemeinsamer Materialreferenz* entsteht, dann treten sowohl vielfältige inhaltsbezogene als auch allgemeine mathematische Aktivitäten auf.

# 6    Diskussion und Ausblick

„Eine alltägliche Tätigkeit ist umso mathematischer, je klarer, formaler und exakter begleitende Erklärungen sind." (Klep 2006, 213)

„Sprache ist unabdingbar für das Verständnis mathematischer Sachverhalte." (Schütte 2002, 16)

Die Ergebnisse der vorliegenden Arbeit sind ganz unterschiedlicher Natur und Struktur:

– Leitlinien und Ziele mathematischer Bildung im Kindergarten (Kapitel 1.6)
– Überlegungen zum Lernen und zur Lernbegleitung im Spiel (Kapitel 2.5)
– Kriterien zur Analyse und Bewertung von Materialien und Spielen zum Erwerb des Zahlbegriffs (Kapitel 3.4)
– Methode zur Erforschung von Spielsituationen mit jungen Kindern (Kapitel 4.6)
– Bedingungen für die Entstehung mathematischer Lerngelegenheiten in formal offenen Situationen und Gestaltungsmöglichkeiten der Erzieherin (Kapitel 5.5)

Die Leitlinien und Ziele mathematischer Bildung sowie die Überlegungen zur Notwendigkeit des spielenden Lernens junger Kinder und der Lernbegleitung im Spiel bilden die theoretische Grundlage des Forschungsvorhabens. Der Kriterienkatalog und die Bedingungen für die Entstehung mathematischer Lerngelegenheiten basieren auf den beiden zentralen Schritten des Forschungsprozesses: der Analyse von Spielen und der Analyse von Spielsituationen. In Abbildung 6.1 ist zusammenfassend dargestellt, was diese beiden Schritte leisten.

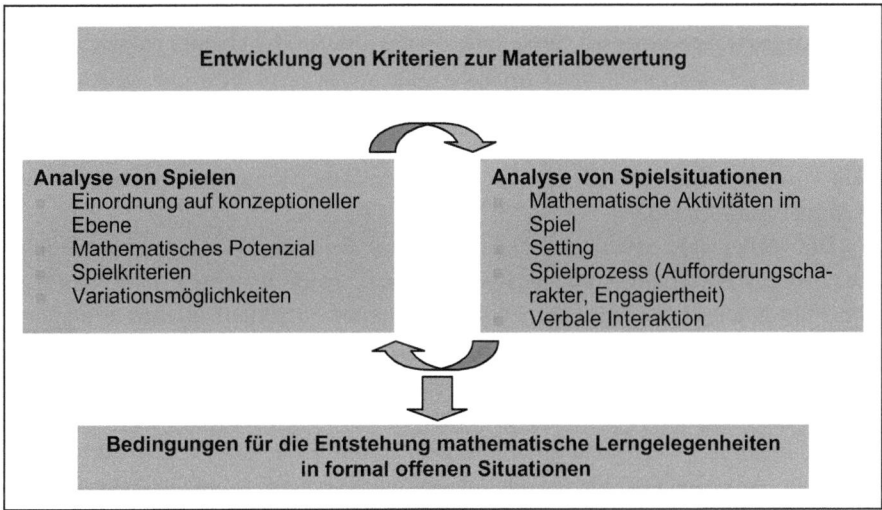

Abb. 6.1: Generierung von Kriterien für die Materialbewertung und von Bedingungen für die Entstehung mathematischer Lerngelegenheiten

Die Arbeit trägt darüber hinaus zur Methodenentwicklung bei, vor allem im Hinblick auf die Datenaufbereitung und die Datenanalyse von Ton- und Bilddaten im speziellen Kontext von Spielsituationen mit jungen Kindern.

Im Folgenden werden vor dem Hintergrund der Qualitätssicherung und Qualitätsentwicklung im Elementarbereich die Ergebnisse des Forschungsvorhabens diskutiert. Ausblickend werden Konsequenzen für die weitere Forschung, die Professionalisierung der Erzieherinnen und die Gestaltung der Kindergartenpraxis formuliert.

Angesichts der Tatsache, dass in unterschiedlichen nationalen Studien zur pädagogischen Qualität von Kindertagesstätten in keinem der untersuchten europäischen Länder noch in den USA „eine im Durchschnitt gute Qualität" (Tietze 2010, 555) erreicht wird, ist die Frage nach der Gestaltung von Bildungs- und Lernprozessen insbesondere vor dem Hintergrund des quantitativen Ausbaus der Betreuung von unter 3-Jährigen sowie der Ganztagsbetreuung von 3- bis 6-Jährigen nach wie vor eine drängende und dringende Frage.

> „Unter den Bedingungen quantitativer Expansion ist es schwierig, überhaupt Ressourcen für Qualitätsverbesserungen zu mobilisieren." (Tietze 2008, 16)

Qualität muss über alle drei Qualitätsbereiche – *Orientierungsqualität, Strukturqualität und Prozessqualität* – entwickelt werden (zu den Begrifflichkeiten vgl. Kapitel 2.4.3.1). Dabei kann die Prozessqualität einerseits indirekt über die Orientierungs- und die Strukturqualität andererseits aber auch direkt entwickelt werden. Die Bildungspläne der Länder und der „Gemeinsame Rahmen der Länder für die frühe Bildung" (JMK & JMK 2004) in Kindertageseinrichtungen zielen staatlicherseits auf die Orientierungsqualität. Die Anhebung des Ausbildungsniveaus des pädagogischen Personals soll über den Bereich der Strukturqualität auch die Qualität der pädagogischen Prozesse verbessern. Tietze (2008, 25ff.) betont jedoch, dass die erwarteten Effekte bisher nicht nachgewiesen werden konnten. Die direkte Anhebung der Prozessqualität wird durch die Fortbildung der Fachkräfte angegangen. Während die Maßnahmen zur Verbesserung der Orientierungs- und Strukturqualität sehr kostenintensiv sind, gilt dies für die direkte Entwicklung der Prozessqualität in weit geringerem Maße.

Die vorliegende Arbeit zielt nicht direkt auf die Entwicklung der Prozessqualität. Ziel des Forschungsvorhabens ist es jedoch, Spielsituationen im Hinblick auf die Entstehung mathematischer Lerngelegenheiten in formal offenen Situationen über die Analyse von Spielen und Spielsituationen besser zu verstehen, über die Generierung von Bedingungen die Chancen und Grenzen des Einsatzes von Spielen zur frühen mathematischen Bildung auszuloten und in der Folge konkrete Hinweise für die didaktische Gestaltung aufzuzeigen. Damit bietet das Forschungsvorhaben durchaus Ansatzpunkte für die Qualitätsentwicklung früher mathematischer Bildung.

Die im Rahmen der vorliegenden Arbeit entwickelten *Kriterien zur Materialbewertung* zielen auf eine *differenzierte Einordnung und Analyse* von Materialien und von Spielen im Besonderen. Sie ermöglichen zweierlei: Einerseits können Materialien unterschiedlichen Ansätzen früher mathematischer Bildung – Lehrgänge und (Förder-)Programme, Integrative Ansätze, Punktuell einsetzbare Materialien – konzeptionell zugeordnet werden. Diese Unterscheidung ist eine speziell für die Kindergartenpraxis praktikable Unterscheidung, da Produkte von Verlagen auf dieser Grundlage verglichen und begründet ausgewählt werden können. Andererseits können konkrete Spielideen und Aktivitäten mit einzelnen Materialien, die auf den Erwerb des Zahlbegriffs zielen, genauer auf ihr mathematisches Potenzial zum Erwerb des Zahlbegriffs analysiert werden und ermöglichen damit einen gezielten Einsatz für die frühe mathematische Bildung.

Im Rahmen der Qualitätseinschätzung von Kindertagesstätten werden *Materialien als Indikator für die domänenspezifische Prozessqualität* herangezogen (vgl. Tietze u.a. 2007, 43, Roßbach & Tietze 2008). Diese Einschätzung erfolgt primär über die Quantität (z.B. keine bzw. einige Materialien zum Zählen), die Vielfalt (z.B. viele Materialien zum Zählen und Messen) und deren Verfügbarkeit (z.B. täglich, einen wesentlichen Teil des Tages). Während diese Art der Einschätzung der Prozessqualität statischer Natur ist, könnte eine differenzierte Einordnung und Analyse der Materialien auf der Basis der Ergebnisse der vorliegenden Arbeit die Qualitätseinschätzung auf eine breitere Grundlage stellen sowie situationsabhängige und prozessuale Aspekte berücksichtigen: Welche Teilfähigkeiten des Zahlbegriffs können mit dem Material gefördert werden? Werden die zur Verfügung gestellten Materialien verwendet bzw. hat das Material Aufforderungscharakter? Zu welchen Handlungen fordert das Material auf bzw. treten mathematische Aktivitäten bei der Verwendung auf? Zeigen die Kinder Merkmale von Engagiertheit in der Materialauseinandersetzung?

Die entwickelten Analysekriterien schließen insofern an die mathematikdidaktische Diskussion zur Aufgabenqualität an, als unter dem Kriterium mathematisches Potenzial neben der notwendigen inhaltlichen Ausrichtung auf Teilfähigkeiten des Zahlbegriffs auch allgemeine mathematische Aktivitäten (vgl. Walther 2004, KMK 2005) sowie die Strukturierung bzw. Eigenstrukturierung von Arbeitsmitteln (vgl. Radatz u.a. 1996, 37ff., Schütte 2004b, 7, 2004c, d) und die Qualität von Aufgaben (niederschwelliger Zugang, Bearbeitung auf verschiedenen Niveaus, vgl. z.B. Schütte 2008, 89f., Rathgeb-Schnierer & Rechtsteiner-Merz 2010, 28ff.) aufgegriffen und für die Elementardidaktik spezifiziert und fruchtbar gemacht werden. Mathematikdidaktische Theorien erweisen sich folglich auch im Elementarbereich als anschlussfähig. Mit den Kriterien Aufforderungscharakter und Engagiertheit, die speziell auf den Bildungsort Kindergarten mit seiner formalen Offenheit zielen, geht der Kriterienkatalog aber über materialinhärente Kriterien sowie die mathematikdidaktische Diskussion hinaus und stellt die Bedeutsamkeit auch situationsabhängiger Kriterien für die Auswahl und Beurteilung von Materialien insbesondere in formal offenen Situationen heraus.

So zeigen die Kriterien Aufforderungscharakter und Engagiertheit spezifische Stärken und Schwächen verschiedener Ansätze auf. Während der materialbezogene Aufforderungscharakter bei integrativen Ansätzen wie MATHElino (vgl. Royar & Streit 2010) oder „Gleiches Material in großer Menge" (vgl. Lee 2010) Kinder in die Materialauseinandersetzung führt, ist dieser bei Spielen einerseits weniger ausgeprägt, andererseits muss er je nach Spiel sogar aufgeschoben werden. Umgekehrt verfolgen Kinder bei Materialien nach dem Prinzip „Gleiches Material in großer Menge" ihr eigenes Thema, das sie eher nebeneinander und nicht zwingend miteinander erforschen und durcharbeiten. „Ideen wandern" ohne die Notwendigkeit verbaler Kommunikation durch die Gruppe (vgl. Hülswitt 2006, 115). Die Stärke des Einsatzes von Spielen lässt sich mit den Konzepten *sozialer Aufforderungscharakter* und *verbale Involviertheit* prägnant beschreiben.

Dass die Bedeutsamkeit situationsabhängiger Kriterien auch für die Didaktiken anderer Bildungsstufen von Bedeutung ist, also auch schulische von frühkindlicher Forschung profitieren kann (und nicht nur umgekehrt), lässt sich in Bezug auf die organisatorische Öffnung des Unterrichts verdeutlichen. Freiarbeit und Wochenplanarbeit sind der formalen Offenheit von Kindergartensettings durchaus vergleichbar. Die Ergebnisse der Arbeit legen nahe, dass bei der Material- bzw. Aufgabenauswahl auch im schulischen Kontext neben materialinhärenten situationsabhängige Kriterien zu berücksichtigen sind. So sollten Materialien einen Aufforderungscharakter haben, der auf die intendierten mathematischen Aktivitäten zielt. Und die Engagiertheit in der Materialauseinandersetzung kann als ein Maß für die Lernbereitschaft herangezogen werden und damit auf die tatsächlich genutzte Lernzeit beispielsweise in der Freiarbeit verweisen. (zur Qualitätsdiskussion von Unterricht vgl. z.B. Helmke 2003, 104ff.)

Dass der Einsatz der so analysierten und bewerteten Materialien aber nicht per se, vor allem für junge Kinder, mathematische Lerngelegenheiten in Spielsituationen entstehen lässt, dies wurde im Rahmen der Arbeit bereits mehrfach ausgeführt und anhand der empirischen Studie aufgezeigt. Slogans wie „Mathe ist überall" sind folglich irreführend, da sie die *Komplexität der Anforderungen an die Erzieherinnen* und die Notwendigkeit der Anleitung und Begleitung verschleiern.

Im Rahmen der empirischen Studie treten in Spielsituationen durchaus eine Vielfalt an zahlbezogenen sowie allgemeinen mathematischen Lerngelegenheiten auf. Dies gilt auch im Kontext der formalen Offenheit und in altersgemischten Spielgruppen mit noch sehr jungen Kindern (Spannbreite: ca. 3 bis 6 Jahre). Vor dem Hintergrund der in Kapitel 1.6 formulierten Leitlinie einer breiten mathematischen Bildung im Kindergarten können Spiele mit mathematischem Potenzial zum Erwerb des Zahlbegriffs folglich grundsätzlich als geeignet aber durchaus als ergänzungsbedürftig bewertet werden. Die grundsätzliche Eignung ergibt sich durch das Auftreten aller relevanten Teilfähigkeiten des Zahlbegriffs sowie das Auftreten allgemeiner mathematischer Aktivitäten. Ob Spiele auch für andere inhaltliche Leitideen gewinnbringend eingesetzt werden können, ist eine offene Frage.

Die Berücksichtigung allgemeiner mathematischer Kompetenzen stellt in der frühkindlichen mathematikdidaktischen Forschungspraxis ein Forschungsdesiderat dar. Sie werden zwar als wichtig angesehen (vgl. Steinweg 2008, Kaufmann 2010, Rathgeb-Schnierer 2012), finden aber bei der Beurteilung der Qualität frühkindlicher mathematischer Bildung zu wenig oder keine Berücksichtigung. So fokussieren Studien zur Wirksamkeit verschiedener Ansätze frühkindlicher mathematischer

Bildung auf den Zuwachs an inhaltsbezogenen mathematischen Kompetenzen (vgl. Friedrich & Munz 2005, Krajewski 2008, Peter-Koop u.a. 2008, Pauen & Pahnke 2008, Rechsteiner u.a. 2012). Signifikante Unterschiede in der Wirksamkeit verschiedener Ansätze (z.B. Das Zahlenbuch Frühförderprogramm, Wittmann & Müller 2009; Zahlenland, Friedrich & de Galgoczy 2004, Preiß 2004 u. 2005; Mengen zählen Zählen, Krajewski u.a. 2007; Förderung im Kindergartenalltag versus Einzelförderung, Peter-Koop u.a. 2008; Spielintegrierte Förderung, Rechsteiner u.a. 2012) können aber auf dieser Basis nicht oder nicht zuverlässig nachgewiesen werden. Auch die älteren Studien von Floer und Schipper (1975) oder Einsiedler u.a. (1985) machen dies bereits deutlich.

> „Insgesamt entsteht jedoch der Eindruck, dass es […] nicht von Bedeutung ist, mit welchen Methoden man Kindern der interessierenden Altersgruppe die Mathematik näher bringt – Hauptsache, Zahlen, Ziffern, Formen und Muster sowie Messinstrumente werden überhaupt thematisiert." (Pauen & Pahnke 2008, 205)

Für die Förderung inhaltsbezogener mathematischer Kompetenzen ist Pauen und Pahnke (2008) zuzustimmen, nicht jedoch im Hinblick auf allgemeine mathematischen Kompetenzen oder das entstehende Bild von Mathematik. Hier ergeben sich aus der vorliegenden Arbeit spezifische Anforderungen an die Erzieherin (Kapitel 5.5).

Dass allgemeine mathematische Kompetenzen häufig nicht berücksichtigt werden, ist damit zu erklären, dass es generell aber vor allem bei jungen Kindern schwieriger ist, prozessbezogene als inhaltsbezogene Kompetenzen zu erfassen. Allerdings könnten die Daten der Intervention in den obigen Studien für Aussagen über auftretende allgemeine mathematische Aktivitäten oder auch über den Grad der Engagiertheit bei der Materialauseinandersetzung genutzt werden. Die Berücksichtigung dieser Aspekte kann das Kriterium des Leistungszuwachses in einem begrenzten Bereich ergänzen, sowie beispielsweise Aufschluss über die Passung in den Kindergartenalltag und die Berücksichtigung kindlicher Lernformen geben. Dies würde auch den Anschluss zur Qualitätsdiskussion in der Elementarpädagogik schaffen und diese gleichzeitig um prozessuale Aspekte erweitern.

Im Rahmen der empirischen Studie wird immer wieder deutlich, dass das Auftreten allgemeiner mathematischer Aktivitäten auf eine hohe Qualität der verbalen Interaktion verweist. Allgemeine mathematische Aktivitäten können vor allem in Situationen mit inhaltlich ausgerichteter Kommunikation mit wechselseitiger Bezugnahme und gemeinsamer Materialreferenz beobachtet werden. Die Beobachtung dieser Art der Interaktion bzw. allgemeiner mathematischer Aktivitäten könnte folglich als weiterer Indikator für die Prozessqualität herangezogen werden und bestehende Instrumente der Erfassung entscheidend erweitern (vgl. Tietze u.a. 2007, 43, Roßbach & Tietze 2008).

Die *Entstehung mathematischer Lerngelegenheiten* mit ausgewählten Spielen (in formal offenen Situationen) ist nicht voraussetzungslos, sondern beruht auf einem *komplexen Zusammenspiel verschiedener Bedingungen*, die sich auf alle drei Bestimmungsgrößen der Spielsituation und die Situation als Ganzes (vgl. Abb. 5.14) beziehen. Diese Bedingungen können von der Erzieherin in unterschiedlichem Ausmaß beeinflusst werden (Kapitel 5.5.2). Diese Tatsache macht die Gestaltung der Spielsituation durch die Erzieherin unter verschiedenen Aspekten, aber vor allem hinsichtlich der verbalen Interaktion höchst anspruchsvoll: So erfordert beispielsweise das gemeinsame Spiel ein gewisses Maß an Anleitung, zugleich eröffnet eine enge Anleitung aber nur sehr eingeschränkt mathematische Lerngelegenheiten oder kann in formal offenen Situationen sogar zum Abbruch führen. Von Seiten der Erzieherin ist folglich eine adaptive Lernbegleitung notwendig, die anleitende aber insbesondere begleitende Elemente umfasst.

Diese Erkenntnis schließt an Befunde der Studie von Albers (2009, 262f.) zur Sprache und Interaktion im Kindergarten an. Er stellt die positiven Auswirkungen eines angemessenen Verhältnisses von initiierendem und responsivem Verhalten der Erzieherin für eine Interaktion des „anhaltend gemeinsamen Denkens" (vgl. Sylva u.a. 2010) heraus, da die Kinder so zu längeren und komplexeren Gesprächsbeiträgen angeregt werden. Hingegen lässt beispielweise ein eingesetztes Vorschultraining nur kurze und wenig komplexe Antworten der Kinder zu, die von der Erzieherin wiederum nicht adäquat aufgenommen und erweitert wurden. Auch Tietze und Viernickel (2007) weisen im Nationalen Kriterienkatalog zur pädagogischen Qualität verschiedene Interaktionsformen im Kindergarten aus, die die Komplexität und den Anspruch an die Fachkraft verdeutlichen: Beobachtung, Dialog- und Beteiligungsbereitschaft und Impulse. Die Erzieherin muss folglich auch in der Spielbegleitung permanent situativ passende Entscheidungen treffen. Die geforderte Adaptivität macht allgemeine Aussagen zur verbalen Interaktion als auch zur Intervention durch die Fachkraft schwierig.

> „But when is intervention necessary? A useful strategy is to ask whether mathematical thinking is *developing* or whether it is *stalled*." (Clements 2001, 272)

Übertragen auf Spielsituationen bedeutet dies, dass die Erzieherin nur dann über ihre Rolle als Mitspielerin hinaus intervenieren sollte, wenn sich kein gemeinsames Thema entwickelt bzw. der gemeinsame Bezugspunkt nicht von allen Mitspielern durchdrungen wird, da Spielhandlungen oder ihre verbale Begleitung nicht verstanden werden. Eine Intervention der Erzieherin kann die Peer-Interaktion (vgl. Albers 2009, 261) oder wie in der vorliegenden Studie die Materialauseinandersetzung oder das Spiel abbrechen.

In diesem Zusammenhang kann grundsätzlich die Rolle von Programmen diskutiert werden. Programme werden oftmals als nicht kompatibel mit elementarpädagogischen Konzeptualisierungen angesehen. Dass eine ganzheitliche Entwicklungsförderung nicht per se im Widerspruch zum Einsatz spezifischer Förderprogramme stehen muss, hebt Albers (2009, 265) hervor. Vielmehr ist auch hier zu berücksichtigen, wie sich die verbale Interaktion darstellt. Fokussieren Programme wie ‚Mengen, zählen, Zahlen' (vgl. Krajewski u.a. 2007) oder ‚Zahlenland' (vgl. Preiß 2004 u. 2005) jedoch mit drehbuchähnlichen Texten vornehmlich auf die Anleitung bzw. das Intitiieren, dann besteht die Gefahr, dass eine adaptive Interaktion verhindert wird: Die Fachkraft spricht vor, das Kind spricht nach, die Fachkraft fragt und fordert auf, das Kind antwortet. „Drehbücher" sind auf den ersten Blick attraktiv: Sie sollen die Erzieherin entlasten und den adäquaten Programmeinsatz gewährleisten. Enge Formen der Anleitung räumen den Kindern jedoch nur wenige Spielräume für die eigene Verbalisierung ein.

Drehbuchähnliche Anleitungen kommen jedoch nicht nur im Kontext von Programmen zur Anwendung. So gibt Siegler (2009, 437) auch beim Einsatz von Spielen genau vor, was die Kinder zu den einzelnen Spielzügen sprechen sollen. Kinder aus bildungsfernen Familien profitieren im Hinblick auf zahlbezogene Kompetenzen von dieser engen Anleitung. Auch Krajewski (2008) konnte solche Effekte bei Risikokindern nachweisen.

Eine enge Anleitung zur Verbalisierung stellt nach Siegler (2009) keine besonderen Anforderungen an die Fachkräfte:

> „No special skills are required for parents or teachers or teachers' aides at child care and Head Start centers to play such games with children." (Siegler 2008, 451)

Zu dieser Schlussfolgerung finden sich in den vorliegenden Daten nur zum Teil Entsprechungen. Wenn die Erzieherin in der engen Anleitung verharrt, was wiederum für die Kinder nur kurze, wenig komplexe Antworten ermöglicht und durch die Orientierung der Fachkraft am „Drehbuch" ein Aufgreifen der kindlichen Äußerungen verhindert wird, dann reduzieren sich die mathematischen Lerngelegenheiten auf ein Minimum. Dies gilt insbesondere für größere Kindergruppen. Je kleiner die Kindergruppe, desto eher gelingt der Übergang von der Anleitung zu einer begleitenden bzw. responsiven verbalen Interaktion. Dies deckt sich mit Befunden von Albers (2009, 262) zur Sprachförderung. Auch Sylva u.a. (2003,4) können „anhaltend gemeinsames Denken" am häufigsten beobachten, wenn ein Kind mit nur einem Erwachsenen oder mit einem weiteren Kind kommuniziert.

Aus der geführten Diskussion lassen sich Konsequenzen für die *mathematikdidaktische Forschung*, für die *Erzieherinnenaus- und -fortbildung* sowie für die *Kindergartenpraxis* formulieren.

### Konsequenzen für die mathematikdidaktische Forschung

In Bezug auf die in Kapitel 1 aufgezeigten Forschungsfelder – Kompetenzerhebung, Diagnostik, Entwicklungsforschung und deren Evaluation, Erforschung von Alltagspraxen – ist festzustellen, dass im Anschluss an die elementarpädagogische Diskussion das Feld *Qualität mathematischer Bildung im Kindergarten* zu öffnen und zu vertiefen ist. Die gezielte Gestaltung des Settings und dessen empirische Erforschung ist eine forschungsmethodisch zielführende Vorgehensweise, um Aufschlüsse über die Qualitätsentwicklung elementarer mathematischer Bildung zu erlangen. Während die Erforschung bestehender Praxen oftmals eher Defizite aufzeigt (vgl. z.B. Brandt & Tiedemann 2011) ermöglicht die Erforschung arrangierter Settings Hypothesen über eine gelingende und förderliche Gestaltung. Im Rahmen der Arbeit konnte aufgezeigt werden, dass die Qualität mathematischer Bildung einerseits vom mathematischen Potenzial der eingesetzten Materialien abhängig ist, andererseits aber auch von der Erzieherin, die diese Materialien in verschiedenen Settings einsetzt und das Spiel adaptiv begleitet. Diese Erkenntnis kann in der Konsequenz auch für die Erfassung der Qualität herangezogen werden.

Das Forschungsvorhaben gibt konkrete Antworten auf die Frage nach der Gestaltung mathematischer Bildung mit Spielen zur Leitidee Zahl, und es zeigt die komplexen Anforderungen an die Erzieherin in der Spielbegleitung auf. Offen bleibt jedoch, ob der Einsatz von Spielen im Kindergartenalltag eine ausreichende Förderung von sogenannten „Risikokindern" leisten kann, oder ob Spiele der Ergänzung durch spezielle (Förder-)Programme bedürfen. Aufgrund der vorliegenden Ergebnisse ist jedoch zu vermuten, dass der Einsatz ausgewählter Spiele den Erwerb des Zahlbegriffs in gleichem Maße unterstützen kann und im Hinblick auf die Qualität der verbalen Interaktion die Möglichkeiten von Programmen sogar übersteigt.

Es ergeben sich folgende mögliche Forschungsbereiche:

- Die Formulierung inhaltsbezogener Ziele für weitere Leitideen auf der Grundlage fachdidaktischer Forschung und psychologischer Grundlagenforschung;
- darauf aufbauend die Formulierung von Kriterien zur Bestimmung des mathematischen Potenzials von Materialien zu anderen Leitideen;
- die Weiterentwicklung bestehender Instrumente zur Erfassung der domänenspezifischen Prozessqualität (vgl. KES-R bzw. KES-R-E) insbesondere im Hinblick auf eine differenzierte Materialanalyse und die Identifizierung besonders dichter und intensiver Spielsituationen über die Form und Struktur der verbalen Interaktion, die verbale Involviertheit der Mitspieler und Zuschauer sowie das Auftreten allgemeiner mathematischer Aktivitäten;
- der Entwurf von Fortbildungskonzepten für Erzieherinnen, damit Bildungssituationen im Kindergarten gemäß den entwickelten Bedingungen gestaltet werden können, verbunden mit der Erhebung tatsächlichen Lernens der Kinder und nicht nur von Lerngelegenheiten wie in der vorliegenden Studie;
- eine längsschnittliche Untersuchung zum Einsatz von Spielen, wobei nicht nur die Wirksamkeit im Hinblick auf fachliches Lernen gemessen werden sollte, sondern auch die Prozessqualität als Indikator herangezogen werden muss;
- die Erforschung des Potenzials der Gestaltung des Übergangs zwischen Kindergarten und Grundschule mit Spielen unter dem Gesichtspunkt der Anschlussfähigkeit.

*Konsequenzen für die Erzieherinnenaus- und -fortbildung*

Spielbegleitung, die auf die verbale Involviertheit der Mitspieler und Zuschauer zielt, erfordert eine Präsenz mit ungeteilter Aufmerksamkeit. Diese Bedingung verweist auf die grundlegende Bedeutsamkeit struktureller Rahmenbedingungen wie den Erzieherin-Kind-Schlüssel (vgl. Tietze u.a. 2005, Kapitel 2.4.3) oder ungestörte Spielräume. Die vorliegende Studie bestätigt damit die Relevanz der Strukturqualität für die Prozessqualität. Damit strukturelle Verbesserungen sich auf die

Qualität der Prozesse auswirken können, bedarf es einer Aus- und Fortbildung von Erzieherinnen, die den hohen Anforderungen und der Komplexität der Spielbegleitung gerecht wird.

Es lassen sich vier Zielrichtungen formulieren. Erzieherinnen sollen befähigt werden

–   Materialien auf einer konzeptionellen Ebene vor dem Hintergrund der Besonderheiten frühen (mathematischen) Lernens und frühkindlicher Lernformen einzuordnen,
–   Materialien auf der Grundlage von inhaltsbezogenen mathematischen Zielen und von fachdidaktischem Wissen beispielsweise zum Erwerb des Zahlbegriffs auszuwählen,
–   Materialien, Regeln und Aktivitäten entsprechend der Gegebenheiten vor Ort (Setting, Alter und Fähigkeiten der Kinder) zu verändern und anzupassen,
–   Lernprozesse in anleitender und begleitender Interaktion mit dem Ziel der Erweiterung inhaltsbezogener und der Entstehung allgemeiner mathematischer Aktivitäten zu unterstützen.

*Konsequenzen für die Kindergartenpraxis*

Spiele stellen *eine* Möglichkeit dar, mathematische Lerngelegenheiten im Kindergartenalltag im Kontext der formalen Offenheit zu schaffen. Ihr Einsatz fügt sich organisch in das Freispiel ein, ohne dass grundlegende Einschränkungen der formalen Offenheit (Wahlfreiheit der Räume, der Materialien, der Spielpartner und der Verweildauer) im Sinne der Generierung eines schulischen Setting notwendig wären. Der soziale Aufforderungscharakter, der von Spielsituationen ausgeht, kann in diesem Zusammenhang als eine besondere Stärke hervorgehoben werden. So kann die Erzieherin durch das Anbieten eines Spiels, durch das Aufgreifen eines Spielwunsches sowie durch das eigene Mitspiel die Entstehung einer Spielsituation anregen. Kinder können in unterschiedlichen Rollen in das Spiel involviert werden – als Mitspieler oder auch als Zuschauer. Weitere Spielgeschehen können durch ein bereits bestehendes Spiel angeregt werden und so weitere Spielgruppen im Raum entstehen lassen. Allerdings bleibt es ein Stück weit zufällig, welche Kinder durch Spiele tatsächlich erreicht werden. Die Förderung aller Kinder ist folglich nicht zwingend gewährleistet bzw. es bedarf einer sorgfältigen Dokumentation durch die Erzieherin (vgl. Viernickel & Völkel 2005, Steinweg 2006). Das Setting des „verordneten Spiels" (vgl. Rechsteiner u.a. 2012), das die formale Offenheit in nahezu allen Punkten aufhebt, kann das Setting des Angebots im Freispiel möglicherweise sinnvoll ergänzen. Dies gilt insbesondere für Kinder, die über den sozialen Aufforderungscharakter nicht zum gemeinsamen Spiel angeregt werden, aber auch für Kinder, die einen besonderem Förderbedarf im Hinblick auf den Erwerb des Zahlbegriffs haben. Die Entwicklung einer Spielkultur über die gesamte Kindergartenzeit hinweg und nicht erst im letzten Kindergartenjahr kann folglich zur Qualitätsentwicklung innerhalb des bestehenden Systems beitragen und dies nicht nur für die mathematische Bildung sondern auch für andere Bildungsbereiche. Eine Verankerung im jeweiligen Konzept des Kindergartens kann dies zusätzlich unterstützen.

Die im Rahmen der Studie aufgezeigten Möglichkeiten von Spielen im Hinblick auf allgemeine mathematische Aktivitäten machen deutlich, dass Spiele mit mathematischem Potenzial zum Erwerb des Zahlbegriffs trotz ihrer inhaltlichen Beschränkung einen Beitrag zu einer breiten mathematischen Bildung leisten können.

Spiele können außerdem eine Verbindung zur *Schule* schaffen und hier Anschlussfähigkeit im Sinne der Kontinuität herstellen (vgl. zu Kontinuitäten und Diskontinuitäten im Übergang z.B. Roßbach 2006). Darüber hinaus sind Spiele aber auch für den Einsatz in der *Familie* interessant. Eine Stärke von Spielen besteht darin, dass sie anders als Programme oder materialgestützte Ansätze in das Elternhaus hineinwirken können bzw. dort bereits vorhanden sind. Sie bieten damit einen Ansatzpunkt für den Ausbau von Kindertagesstätten zu Familienzentren bzw. dem Engagement von Kindertagesstätten in der Elternbildung. Diese jüngere Entwicklung geht auf die Einschätzung zurück, dass der Einfluss der Familie auf die Entwicklung und das Lernen der Kinder besonders hoch ist.

> „Auf der Grundlage verschiedener Untersuchungen kann davon ausgegangen werden, dass die von der Familienqualität ausgehenden Effekte etwa zwei- bis dreimal so groß sind wie die des institutionellen Settings." (Tietze 2010, 557)

Es ist allerdings davon auszugehen, dass die Ergebnisse der vorliegenden Arbeit auch für die Gestaltung von Spielsituationen im familiären Kontext Relevanz haben. So zeigen beispielsweise Brandt und Tiedemann (2011, 131f.), dass beim Einsatz von Spielen im Kindergarten und im familiären Kontext vergleichbare Formen der Interaktion beobachtet werden können, die weniger vom institutionellen Rahmen als von den dahinterliegenden alltagspädagogischen Vorstellungen der Erzieherinnen bzw. der Elternteile abhängen. D.h., dass auch Eltern eine Spielbegleitung, die mathematische Lerngelegenheiten eröffnet, gegebenenfalls im Spiel mit den Kindern und den Erzieherinnen erst erlernen müssen. Gelingende Spielsituationen im Rahmen der empirischen Studie zeigen jedoch perspektivisch auf, dass die Entwicklung einer Spielkultur in unterschiedlichen Zusammenhängen möglich und lohnenswert ist.

# Literatur

Albers, Timm (2009). *Sprache und Interaktion im Kindergarten.* Bad Heilbrunn: Klinkhardt.

Andres, Beate & Laewen, Hans-Joachim (2005). Beobachtung und Dokumentation in Kindertageseinrichtungen. In Bertelsmann-Stiftung (Hrsg.). *Guck mal!: Bildungsprozesse des Kindes beobachten und dokumentieren.* Gütersloh: Verl. Bertelsmann-Stiftung, S. 33–48.

Arnett, Jeffrey (1989). Caregivers in day-care centers. Does training matter? *Journal of Applied Developmental Psychology*, 10(4), S. 541–552.

Aristoteles (1981). *Politik.* Übers. und hg. v. Eugen Rolfes. Hamburg: Meiner Verlag.

Arnold, David H.; Fisher, Paige H.; Doctoroff, Greta L. & Dobbs, Jennifer (2002). Accelerating Math Development in Head Start Classrooms. *Journal of Educational Psychology* 94(4), S. 762–770.


Baden-Württemberg, Ministerium für Kultus, Jugend und Sport (2011). *Orientierungsplan für Bildung in baden-württembergischen Kindergärten und weiteren Kindertageseinrichtungen.* http://www.kultusportal-bw.de/servlet/PB/show/1285728/KM_KIGA_ Orientierungsplan_2011.pdf (09.02.2012).

Baden-Württemberg, Ministerium für Kultus, Jugend und Sport (Hrsg.) (2004). *Bildungsplan für die Grundschule.* Ditzingen. Philipp Reclam. http://www.bildung-staerkt-menschen.de/ unterstuetzung/schularten/GS/bildungsstandards (20.01.2012).

Balfanz, Robert; Ginsburg, Herbert P. & Greenes Carole (2003). The Big Math for Little Kids. Early Childhood Mathematics Program. *Teaching Children Mathematics* 9(5), S. 264–268.

Baroody, Arthur J.; Lai, Meng-lung & Mix, Kelly S. (2006). The development of young children's early number and operation sense and its implications for early childhood education. In Bernard Spodek & Olivia N. Saracho (Hrsg.) (2006)². *Handbook of Research on the Education of Young Children.* Mahwah, New Jork: Lawrence Erlbaum Associate Publishers, S. 187–221.

Bauersfeld, Heinrich (2000). Radikaler Konstruktivismus, Interaktionismus und Mathematikunterricht. In Ernst, Begemann (Hrsg.). *Lernen verstehen – verstehen lernen: zeitgemäße Einsichten für Lehrer und Eltern.* Frankfurt a.M. Lang, S. 117–145.

Bauersfeld, Heinrich (1978). Kommunikationsmuster im Mathematikunterricht. Eine Analyse am Beispiel der Handlungsverengung durch Antworterwartung. In Heinrich Bauersfeld (Hrsg.). *Fallstudien und Analysen zum Mathematikunterricht.* Hannover: Schroedel, S. 158–170.

Baumert, Jürgen; Klieme, Eckard; Neubrand, Michael; Prenzel, Manfred; Schiefele, Ulrich; Schneider, Wolfgang; Stanat, Petra; Tillmann, Klaus-Jürgen & Weiß, Manfred (Hrsg.) (2001). *PISA 2000: Basiskompetenzen von Schülerinnen und Schülern im internationalen Vergleich.* Opladen: Leske + Budrich.

Bayern, Bayerisches Staatsministerium für Arbeit und Sozialordnung, Familie und Frauen (überarbeitete Fassung 2006). *Der Bayerische Bildungs- und Erziehungsplan.* Weinheim: Beltz. http://www.bildungsserver.de/zeigen.html?seite=2027 (23.11.2010).

Beck, Christian (2009). *Interpretative Videoanalyse.* Vortrag auf der Summerschool der Gesellschaft für Didaktik der Mathematik. Kassel. http://home.ph-freiburg.de/eichlerfr/ Interpretative_Videoanalyse.pdf (01.10.2009).

Beck, Christian (2006). *Sequenzprotokoll zum Film.* Arbeitspapier für das Seminar „„5x2': Auflösung partnerschaftlicher Sozialisationspraxis" an der Universität Mainz im Wintersemester 2006/07. [Vervielfältigtes Typoskript]. Wörrstadt.

Beck, Christian & Maier, Hermann (1994a). Mathematikdidaktik als Textwissenschaft. Zum Status von Texten als Grundlage empirischer mathematikdidaktischer Forschung. *Journal für Mathematik-Didaktik*, 15(1/2), S. 35–78.

Beck, Christian & Maier, Hermann (1994b). Zu Methoden der Textinterpretation in der empirischen mathematikdidaktischen Forschung. In Hermann Maier & Jörg Voigt (Hrsg.). *Ver-*

*stehen und Verständigung. Arbeiten zur interpretativen Unterrichtsforschung.* IDM-Reihe Bd. 19. Köln: Aulis, S. 43–76.

Beck, Erwin; Baer, Matthias, Guldimann, Titus, Bischoff, Sonja; Brühwiler, Christian; Müller, Peter; Niedermann, Ruth; Rogalla, Marion & Vogt, Franziska (2008). *Adaptive Lehrkompetenz. Analyse und Struktur, Veränderbarkeit und Wirkung handlungssteuernden Lehrerwissens.* Münster: Waxmann.

Beck, Erwin; Guldimann, Titus & Zutavern, Michael (1991). Eigenständig lernende Schülerinnen und Schüler. *Zeitschrift für Pädagogik*, 37(5), S. 735–768.

Beckmann, Jürgen & Heckhausen, Heinz (2010)[4]. Motivation durch Erwartung und Anreiz. In Jutta Heckhausen & Heinz Heckhausen (Hrsg.). *Motivation und Handeln.* Heidelberg: Springer, S. 105–143.

Benigno, Joann P. & Ellis, Shari (2004). Two is greater than three: Effects of older siblings on parental support of preschooler's counting in middle-class families. *Early Childhood Research Quarterly*, 19(1), S. 4–20.

Benz, Christiane (2010). *Minis entdecken Mathematik.* Braunschweig: Westermann.

Berger, Peter L. & Luckmann, Thomas (1969). *Die gesellschaftliche Konstruktion der Wirklichkeit: eine Theorie der Wissenssoziologie.* Frankfurt a.M.: Fischer.

Biedinger, Nicole & Becker, Birgit (2006). Der Einfluss des Vorschulbesuchs auf die Entwicklung und den langfristigen Bildungserfolg von Kindern. Ein Überblick über internationale Studien im Vorschulbereich. *Mannheimer Zentrum für Europäische Sozialforschung.* http://www.mzes.uni-mannheim.de/publications/wp/wp-97.pdf (16.01.2012).

Bildungspläne der Bundesländer für die frühe Bildung in Kindertageseinrichtungen. http://www.bildungsserver.de/zeigen.html?seite=2027 (23.11.2010).

Birdwhistell, Ray L. (1970). *Kinesics and Context. Essays on Body Motion Communication.* Philadelphia: University of Pennsylvania Press.

Birkel, Peter (1995). *Weingartner Grundwortschatz-Rechtschreib-Test für erste und zweite Klassen (WRT 1+).* Göttingen: Hogrefe.

Blum, Werner; Drüke-Noe, Christina; Hartung, Ralph & Köller, Olaf (Hrsg.) (2006). *Bildungsstandards Mathematik: konkret: Sekundarstufe I.* Berlin: Cornelsen Scriptor.

Bönig, Dagmar; Schlag, Bernd & Streit-Lehmann, Julia (2010). *Mathematik, Naturwissenschaft & Technik.* Berlin: Cornelsen Scriptor.

Bohnsack, Ralf (Hrsg.) (2007). *Die dokumentarische Methode und ihre Forschungspraxis: Grundlagen qualitativer Sozialforschung.* Wiesbaden: VS Verlag für Sozialwissenschaften.

Bos, Wilfried; Lankes, Eva-Maria; Schwippert, Knut; Valtin, Renate; Voss, Andreas; Badel, Isolde & Plaßmeier, Nike (2003). Lesekompetenzen deutscher Grundschülerinnen und Grundschüler am Ende der vierten Jahrgangsstufe im internationalen Vergleich. In Wilfried Bos, Eva-Maria Lankes, Manfred Prenzel, Knut Schwippert, Gerd Walther & Renate Valtin (Hrsg.). *Erste Ergebnisse aus IGLU. Schülerleistungen am Ende der vierten Jahrgangsstufe im internationalen Vergleich.* Münster: Waxmann, S. 69–142.

Brainerd, Charles J. (1979). *The origins of number concept.* New York: Prager Publishers.

Brandt, Birgit (2002). *Kinder als Lernende: Partizipationsspielräume und -profile im Klassenzimmer. Eine mikrosoziologische Studie zur Partizipation im Klassenzimmer.* Frankfurt a.M.: Peter Lang.

Brandt, Birgit & Tiedemann, Kerstin (2011). Alltagspädagogik in mathematischen Spielsituationen mit Vorschulkindern. In Birgit Brandt; Rose Vogel & Götz Krummheuer (Hrsg.). *Die Projekte erStMal und MaKreKi. Mathematikdidaktische Forschung am „Center for Individual Development and Adaptive Education" (IDeA).* Münster: Waxmann, S. 91–134.

Brandt, Birgit & Tiedemann, Kerstin (2009). Learning Mathematics within Family discourses. *Proceedings of CERME 6.* Lyon. http://ife.ens-lyon.fr/publications/edition-electronique/cerme6/wg14-03-brandt.pdf (07.02.2012).

Bremen, Der Senator für Arbeit, Frauen, Gesundheit, Jugend und Soziales (2004). Rahmenplan für Bildung und Erziehung im Elementarbereich. *Frühkindliche Bildung in Bremen* http://www.soziales.bremen.de/sixcms/media.php/13/Rahmenplan.pdf (09.02.2012).

Bruner, Jerôme (1971). *Studien zur kognitiven Entwicklung.* Stuttgart: Klett.

Büchel, Felix; Spieß, Katharina C. & Wagner, Gerd (1997). Bildungseffekte vorschulischer Kinderbetreuung. *Kölner Zeitschrift für Soziologie und Sozialpsychologie* 49(3), S. 528–539.

Caluori, Franco (2004). *Die numerische Kompetenz von Vorschulkindern. Theoretische Modelle und empirische Befunde.* Hamburg: Verlag Dr. Kovač.

Carlsen, Martin; Erfjord, Ingvald & Hundeland, Per Sigurd (2009). Orchestration of mathematical activities in the kindergarten: The role of questions. *Proceedings of CERME 6.* Lyon. http://www.inrp.fr/publications/edition-electronique/cerme6/wg14-04-carlsen.pdf (26.01.2012).

Casey, Beth M; Andrews, Nicole; Schindler, Holly; Kersh, Joanne E.; Samper, Alexandra & Copley, Juanita (2008). The Development of Spatial Skills through Interventions Involving Block Building Activities. *Cognition and Instruction* 26(3), S. 269–309.

[CIS] – Arnett, Jeffrey (1989). Caregivers in day-care centers. Does training matter? *Journal of Applied Developmental Psychology*, 10(4), S. 541–552.

Clarke, Barbara; Clarke, Doug; Grüßing, Meike & Peter-Koop, Andrea (2008). Mathematische Kompetenzen von Vorschulkindern: Ergebnisse eines Ländervergleichs zwischen Australien und Deutschland. *Journal für Mathematik-Didaktik*, 29(3/4), S. 259-286.

Clements, Douglas H. (2004). Major Themes and Recommendations. In Douglas H. Clements, Julie Sarama & Ann-Marie DiBiase (Hrsg.). *Engaging young children in mathematics: Standards for early childhood mathematics education.* Mahwah, N.J.: Erlbaum, S. 7–72.

Clements, Douglas H. (2001). Mathematics in Preschool. *Teaching Children Mathematics* 7(5), S. 270–275.

Clements, Douglas H. (1999). Subitizing: What is it? Why teach it? *Teaching Children Mathematics*, 5(7), S. 400–405.

Clements, Douglas H. (1984). Training Effects on the Development and Generalization of Piagetian Logical Operations and Knowledge of Number. *Journal of Educational Psychology*, 76(5), S. 766–776.

Clements, Douglas H. & Sarama, Julie (2007a). Effects of a preschool mathematics curriculum: summative research on the building blocks project. *Journal of Research in Mathematics Education*, 38(2), S. 136–163.

Clements, Douglas H. & Sarama, Julie (2007b). Early childhood mathematics learning. In Frank K. Lester (Hrsg.). *Second Handbook of Research on Mathematics Teaching and Learning.* Greenwich CT: Information Age Publishers, S. 461–555.

Clements, Douglas H.; Sarama, Julie & DiBiase, Ann-Marie (Hrsg.) (2004). *Engaging young children in mathematics: Standards for early childhood mathematics education.* Mahwah, NJ: Erlbaum.

Cognition and Technology Group at Vanderbilt (1990). Anchored instruction and its relations to situated cognition. *Educational Researcher*, 19(6), S. 2–10.

Collins, Alan; Brown, John S. & Newman, Susan E. (1989). Cognitive Apprenticeship: teaching the crafts of reading, writing and mathematics. In Lauren B. Resnick (Hrsg.). *Knowing, learning and instruction. Essays in the honor of Robert Glaser.* Hillsdale, NJ: Erlbaum, S. 453–494.

Corsten, Michael; Krug, Melanie & Moritz, Christine (Hrsg.) (2010). *Videographie praktizieren. Herangehensweisen, Möglichkeiten, Grenzen.* Wiesbaden: VS Verlag Sozialwissenschaften.

Csikszentmihalyi, Mihalyi (1985). *Das Flow-Erlebnis. Jenseits von Angst und Langeweile im Tun aufgehen.* Stuttgart: Klett-Cotta.


Dehaene, Stanislas (1992). Varieties of numerical abilities. *Cognition* 44, S. 1–42.

Denzin, Norman K. (1989). *The Research Act.* Englewood Cliffs, New Jork: Prentice Hall.

Dinkelaker, Jörg & Herrle, Matthias (2009). *Erziehungswissenschaftliche Videographie. Eine Einführung.* Wiesbaden: VS Verlag.

Diskowski, Detlef (2008). Bildungspläne für Kindertagesstätten – ein neues und noch unbegriffenes Steuerungsinstrument. In Hans-Günther Roßbach & Hans-Peter Blossfeld (Hrsg.).

*Frühpädagogische Förderung in Institutionen*. Wiesbaden: VS Verlag für Sozialwissenschaften, S. 47–61.

Dolenc, Ruth; Gasteiger, Hedwig; Kraft, Gerti & Loibl, Gabriele (2005). *ZahlenZauberei. Mathematik für Kindergarten und Grundschule*. Oldenbourg: München.

Dollase, Rainer (2006). Rettet den ganzheitlichen Ansatz! Oder: eine Bedienungsanleitung für den Einsatz von Förderprogrammen in Kindertageseinrichtungen. *Welt des Kindes*, 84(6), S. 8–11.

Dornheim, Dorothea (2008). *Prädiktion von Rechenleistung und Rechenschwäche: Der Beitrag von Zahlen-Vorwissen und allgemein-kognitiven Fähigkeiten*. Berlin: Logos.

Dresing, Thorsten & Pehl, Thorsten (2011). *Praxisbuch Transkription. Regelsysteme, Software und praktische Anleitungen für qualitative ForscherInnen*. Marburg. http://www. audiotranskription.de/praxisbuch (07.07.2011).

Dreyer, Petra & Schillert, Ruth (2007). *König Plus und Rabe Minus: Zahlen, Formen, Mengen: Kinder erwerben spielerisch mathematische Vorläuferfertigkeiten in Kindergarten und Schuleingangsbereich*. Münster: Ökotopia-Verlag.

[ECERS-E] – Sylva, Kathy; Siraj-Blatchford, Iram & Taggart, Brenda (2006). *Assessing quality in the early years: Early Childhood Environment Rating Scale-Extension (ECERS-E): four curricular subscales, Revised Edition*. Stoke on Trent: Trentham Books.

[ECERS-R] – Harms, Thelma; Clifford, Richard M. & Cryer, Debby (1998). *Early Childhood Environment Rating Scale, Revised Edition (ECERS-R)*. New York. Teachers College Press.

Edelmann, Walter (2000)[5]. *Lernpsychologie*. Weinheim: Beltz.

[EDK] – Schweizerische Konferenz der kantonalen Erziehungsdirektionen (2011). Grundkompetenzen für die Mathematik. *Nationale Bildungsstandards*. http://edudoc.ch/record/96784/files/grundkomp_math_d.pdf (18.01.2012).

Eichler, Klaus-Peter (2004). Geometrische Vorerfahrungen von Schulanfängern. *Praxis Grundschule* 27(2), S. 12–20.

Einsiedler, Wolfgang (1999)[3]. *Das Spiel der Kinder. Zur Pädagogik und Psychologie des Kinderspiels*. Bad Heilbrunn/Obb.: Klinkhardt.

Einsiedler, Wolfgang (1989). Zum Verhältnis von Lernen im Spiel und intentionalen Lehr-Lern-Prozessen. *Unterrichtswissenschaft* 4(17), S. 291–308.

Einsiedler, Wolfgang (1982). Neuere Befunde zum Verhältnis von Spielen und Lernen im Kindesalter. *Spielmittel*, 2(5), S. 2–9.

Einsiedler, Wolfgang; Heidenreich, Elke & Loesch, Carola (1985). Lernspieleinsatz im Mathematikunterricht der Grundschule. *Spielmittel*, 5(2), S. 2–10.

Faulstich, Werner (2002). *Grundkurs Filmanalyse*. München: Fink.

Faust, Gabriele & Roßbach, Hans-Günther (2004). Der Übergang vom Kindergarten in die Grundschule. In Liselotte Denner & Eva Schumacher (Hrsg.). *Übergänge im Elementar- und Primarbereich reflektieren und gestalten – Beiträge zu einer grundlegenden Bildung*. Bad Heilbrunn: Klinkhardt, S. 91–105.

Faust-Siehl, Gabriele (2001). Konzept und Qualität im Kindergarten. In Gabriele Faust-Siehl & Angelika Speck-Hamdan (Hrsg.). *Schulanfang ohne Umwege. Mehr Flexibilität im Bildungswesen*. Frankfurt a.M.: Grundschulverband – Arbeitskreis Grundschule e.V., S. 53–79.

Fetzer, Marei (2007). *Interaktion am Werk: eine Interaktionstheorie fachlichen Lernens, entwickelt am Beispiel von Schreibanlässen im Mathematikunterricht der Grundschule*. Bad Heilbrunn: Klinkhardt.

Fleer, Marilyn (2009). A Cultural-Historical Perspective on Play: Play as a Leading Activity Across Cultural Communities. In Ingrid Pramling-Samuelsson & Marilyn Fleer (Hrsg.). *Play and Learning in Early Childhood Settings. International Perspectives*. Dordrecht: Springer, S. 1–17.

Flexer, Roberta J. (1986). The power of five: the step before the power of ten. *Arithmetic Teacher*, 34(3), S. 5–9.

Flick, Uwe (2007). *Qualitative Sozialforschung. Eine Einführung.* Reinbek bei Hamburg: Rowohlt Verlag.

Flick, Uwe (1996)[2]. *Qualitative Forschung. Theorie, Methoden, Anwendung in Psychologie und Sozialwissenschaften.* Reinbek bei Hamburg: Rowohlt Verlag.

Flick, Uwe (1995). Stationen des qualitativen Forschungsprozesses. In Uwe Flick; Ernst von Kardorff; Heiner Keupp; Lutz von Rosenstiel & Stephan Wolff (Hrsg.). *Handbuch qualitative Sozialforschung: Grundlagen, Konzepte, Methoden und Anwendungen.* Weinheim: Beltz Psychologie-Verl.-Union, S. 147–173.

Flitner, Andreas (2002)[11]. *Spielen – Lernen. Praxis und Deutung des Kinderspiels.* Weinheim: Beltz.

Floer, Jürgen (1995). Wie kommt das Rechnen in den Kopf? Veranschaulichen und Handeln im Mathematikunterricht. *Die Grundschulzeitschrift,* 9(82), S. 20–22, 39.

Floer, Jürgen & Schipper, Wilhelm (1975). Kann man spielend lernen? Eine Untersuchung mit Vor- und Grundschulkindern zur Entwicklung des Zahlverständnisses. *Sachunterricht und Mathematik in der Grundschule,* 3(1), S. 241–252.

Freud, Sigmund (1920/76)[8]. *Jenseits des Lustprinzips. Gesammelte Werke Bd. 13.* Frankfurt a.M.: Fischer.

Freudenthal, Hans (1977). *Mathematik als pädagogische Aufgabe.* Stuttgart: Klett.

Friebertshäuser, Barbara; Langer, Antje & Prengel, Annedore (Hrsg.)[3] (2010). *Handbuch Qualitative Forschungsmethoden in der Erziehungswissenschaft.* Weinheim, München: Juventa

Friedrich, Gerhard & de Galgoczy, Viola (2004). *Komm mit ins Zahlenland. Eine spielerische Entdeckungsreise in die Welt der Mathematik.* Christophorus-Verlag: Freiburg.

Friedrich, Gerhard & Munz, Horst (2004). Projekt- und Evaluationsbericht „Komm mit ins Zahlenland". Ein „ganzheitliches" Frühförderkonzept am Beispiel elementarer Mathematik. http://www.ifvl.de/material/Projektbericht-Zahlenland.pdf (17.02.2009).

Fritz, Annemarie & Ricken, Gabi (2005). Früherkennung von Kindern mit Schwierigkeiten im Erwerb von Rechenfertigkeiten. In Marcus Hasselhorn; Wolfgang Schneider & Harald Marx (Hrsg.). *Diagnostik von Mathematikleistungen.* Göttingen: Hogrefe, S. 5–27.

Fritz, Jürgen (1991). Zum Lernen überlisten? Spielen und Lernen. *Spielmittel* 1, S. 96–101.

Fritz, Jürgen (1982). Beurteilung von Brettspielen: Spielwert und Eignung. *Spielmittel* 1, S. 63–68.

Fritz, Jürgen (1981a). Wie lassen sich Brettspiele angemessen beurteilen? Oder: Wir wissen viel zu wenig über das Brettspiel. *Spielmittel* 4, S. 41–49.

Fritz, Jürgen (1981b). Beurteilung von Brettspielen: Wirkungsgefüge, Spieldynamik, Aufforderungscharakter. *Spielmittel* 5, S. 4–14.

Fthenakis, Wassilios E. (Hrsg.) (2009). *Natur-Wissen schaffen. Band 2: Frühe mathematische Bildung.* Troisdorf: Bildungsverlag EINS.

Fthenakis, Wassilios E. (2002). Der Bildungsauftrag in Kindertageseinrichtungen: ein umstrittenes Terrain. *Bildung, Erziehung, Betreuung* 7(1), S. 6–10.

Fthenakis, Wassilios E.; Gisbert, Kristin; Griebel, Wilfried; Kunze, Hans-Rainer; Niesel, Renate & Wustmann, Corina (2007). *Auf den Anfang kommt es an: Perspektiven für eine Neuorientierung frühkindlicher Bildung.* http://www.bmbf.de/pub/bildungsreform_band_16.pdf (14.02.2012).

Fuson, Karen C. (1988). *Childrens counting and concepts of numbers.* New York: Springer.


Gasteiger, Hedwig (2010). *Elementare mathematische Bildung im Alltag der Kindertagesstätte. Grundlegung und Evaluation eines kompetenzorientierten Förderansatzes.* Münster: Waxmann.

Geiling, Ute (2006). Vom Kindergarten in die Schule. In Günther Opp; Theodor Hellbrügge, & Luc Stevens, (Hrsg.). *Kindern gerecht werden. Kontroverse Perspektiven auf Lernen in der Kindheit.* Bad Heilbrunn. Klinkhardt, S. 197–207.

Gelman, Rochel & Gallistel, Charles R. (1978). *The Child's Unterstanding of Number.* Cambridge, MA: Harvard University Press.

Gerhardt, Uta (2001). *Idealtypus. Zur methodologischen Begründung der modernen Soziologie.* Frankfurt a.M.: Suhrkamp.

Gerstenmaier, Jochen & Mandl, Heinz (1995). Wissenserwerb unter konstruktivistischer Perspektive. *Zeitschrift für Pädagogik*, 41(6), S. 867–888.

Gerster, Hans-Dieter (2003). Schwierigkeiten bei der Entwicklung arithmetischer Konzepte im Zahlenraum bis 100. In Annemarie Fritz; Gabi Ricken & Siegbert Schmidt (Hrsg.). *Handbuch Rechenschwäche. Lernwege, Schwierigkeiten und Hilfen bei Dyskalkulie*. Weinheim, Basel, Berlin: Beltz, S. 201–221.

Gerster, Hans-Dieter & Schultz, Rita (2000). Schwierigkeiten beim Erwerb mathematischer Konzepte im Anfangsunterricht. *Bericht zum Forschungsprojekt Rechenschwäche – Erkennen, Beheben, Vorbeugen*. http://opus.bsz-bw.de/phfr/volltexte/2007/16/ (07.12.2010).

Ginsburg, Herbert P. (2009). Early Mathematics Education and How to Do It. In Oscar A. Barbarin & Barbara H. Wasik (Hrsg.). *Handbook of Child Development and Early Education. Research to Practice*. New York, London: The Guilford Press, S. 403–427.

Ginsburg, Herbert P.; Inoue, Noriyuki & Seo, Kyoung-Hye (2004). Young children doing mathematics: observations of everyday activities. In Juanita V. Copley (Hrsg.). *Mathematics in the early years*. Reston, VA: National Council of Teachers of Mathematics, S. 88–99.

Glaser, Barney G. & Strauss, Anselm L. (1998). *Grounded theory: Strategien qualitativer Forschung*. Bern: Hans Huber.

Glaser, Barney G. & Strauss, Anselm L. (1967). *The Discovery of Grounded Theory: Strategies for Qualitative Research*. New York: Aldine de Gruyter.

Gölitz, Dietmar; Roick, Thorsten & Hasselhorn, Marcus (2006). *DEMAT 4: Deutscher Mathematiktest für vierte Klassen*. Göttingen, Bern, Wien: Hogrefe.

Goodwin, Charles (2009). Video and the analysis of embodied human interaction. In Ulrike Tikvah Kissmann (Hrsg.). *Video Interaction Analysis. Methods and Methodology*. Frankfurt a. M.: Peter Lang, S. 21–40.

Götze, Daniela (2007). *Mathematische Gespräche unter Kindern. Zum Einfluss sozialer Interaktion von Grundschulkindern beim Lösen komplexer Textaufgaben*. Hildesheim, Berlin: Franzbecker.

Grassmann, Marianne (1996). Geometrische Fähigkeiten der Schulanfänger. *Grundschulunterricht* 43(5), S. 25–27.

Grassmann, Marianne; Mirwald, Elke; Klunter, Martina & Veith, Ute (1995). Arithmetische Kompetenzen von Schulanfängern – Schlussfolgerungen für die Gestaltung des Anfangsunterrichts. *Sachunterricht und Mathematik in der Primarstufe* 23(7), S. 302–321.

Greenes, Carole (2004). Ready to Learn. Developing young children's mathematical powers. In Juanita V. Copley (Hrsg.). *Mathematics in the early years*. Reston, VA: National Council of Teachers of Mathematics, S. 39–47.

Grell, Frithjof (2010). Über die (Un-)Möglichkeit, Früherziehung durch Selbstbildung zu ersetzen. *Zeitschrift für Pädagogik*, 56(2) S. 154–167.

Groos, Karl (1899). *Die Spiele der Menschen*. Jena: Fischer.

Gruber, Hans (2008). Lernen und Wissen. In Wolfgang Schneider & Marcus Hasselhorn (Hrsg.). *Handbuch der Pädagogischen Psychologie*. Göttingen: Hogrefe, S. 95–104.

Grüßing, Meike & Peter-Koop, Andrea (2007). Mathematische Frühförderung. Inhalte, Aktivitäten und diagnostische Beobachtungen. In Christiane Brokmann-Nooren; Iris Gereke; Hanna Kiper & Wilm Renneberg (Hrsg.). *Bildung und Lernen der Drei- bis Achtjährigen*. Bad Heilbrunn: Klinkhardt, S. 168–184.

Grund, Martin; Haug, Gerhard & Naumann, Carl Ludwig (1994). *Diagnostischer Rechtschreibtest für 4. Klassen* (DRT 4). Weinheim: Beltz.

Guest, Ann Hutchinson (2005). *Labanotation. The System of Analyzing and Recording Movement*. New York; Abingdon, GB: Routledge.

Hampl, Stefan (2008). *MoviScript – Software zur Videotranskription*. Wien. http://www. moviscript.net (20.01.2012).

Harms, Thelma; Clifford, Richard M. & Cryer, Debby (1998). *Early Childhood Environment Rating Scale, Revised Edition (ECERS-R)*. New York. Teachers College Press.

Hasemann, Klaus (2003). Ordnen, Zählen, Experimentieren. Mathematische Bildung im Kindergarten. In Sigrid Weber (Hrsg.). Die Bildungsbereiche im Kindergarten. Basiswissen für Ausbildung und Praxis. Freiburg: Herder, S. 181–205.

Hasselhorn, Marcus (2011). Lernen im Vorschul- und frühen Schulalter. In Franziska Vogt; Miriam Leuchter; Annette Tettenborn; Ursula Hottinger; Marianna Jäger & Evelyne Wannack (Hrsg.). *Entwicklung und Lernen junger Kinder*. Münster: Waxmann, S. 11–21.

Hasselhorn, Marcus (2010). Möglichkeiten und Grenzen der Frühförderung aus entwicklungspsychologischer Sicht. *Zeitschrift für Pädagogik* 56(2), S. 168–177.

Hasselhorn, Marcus (2005). Lernen im Altersbereich zwischen 4 und 8 Jahren: Individuelle Voraussetzungen, Entwicklung, Diagnostik und Förderung. In Titus Guldimann & Bernhard Hauser (Hrsg.). *Bildung 4- bis 8-jähriger Kinder*. Münster: Waxmann, S. 77–88.

Hasselhorn, Marcus, & Gold, Andreas (2006). *Pädagogische Psychologie: Erfolgreiches Lernen und Lehren*. Stuttgart: Kohlhammer.

Hauser, Bernhard (2005). Das Spiel als Lernmodus: Unter Druck von Verschulung – im Lichte neuerer Forschung. In Titus Guldimann & Bernhard Hauser (Hrsg.). *Bildung 4- bis 8-jähriger Kinder*. Münster: Waxmann, S. 143–167.

Heckhausen, Heinz (2010). Entwicklungslinien der Motivationsforschung. In Jutta Heckhausen & Heinz Heckhausen (Hrsg.)[4]. *Motivation und Handeln*. Heidelberg: Springer, S. 11–42.

Heinze, Aiso & Grüßing, Meike (Hrsg.) (2009). *Mathematiklernen vom Kindergarten bis zum Studium: Kontinuität und Kohärenz als Herausforderung für den Mathematikunterricht*. Münster, München, Berlin: Waxmann.

Heinze, Sigrid (2007). Spielen und Lernen in Kindertagesstätte und Grundschule. In Christiane Brokman-Nooren; Iris Gereke; Hanna Kiper & Wilm Renneberg (Hrsg.). *Bildung und Lernen der Drei- bis Achtjährigen*. Bad Heilbrunn/Obb.: Klinkhardt, S. 266–280.

Helmke, Andreas (2003). *Unterrichtsqualität. Erfassen, bewerten, verbessern*. Seelze: Kallmeyer.

Helmke, Andreas & Weinert, Franz E. (1997). Bedingungsfaktoren schulischer Leistung. In Franz E. Weinert (Hrsg.). *Psychologie des Unterrichts und der Schule. Enzyklopädie der Psychologie*. Themenbereich D, Serie I, Bd. 3. Göttingen: Hogrefe, S. 71–176.

Hengartner, Elmar; Hirt, Ueli; Wälti, Beat & Primarschulteam Lupsingen (2006). *Lernumgebungen für Rechenschwache bis Hochbegabte. Natürliche Differenzierung im Mathematikunterricht*. Zug: Klett und Balmer.

Hengartner, Elmar & Röthlisberger, Hans (1995). Rechenfähigkeit von Schulanfängern. In Hans Brügelmann; Heiko Balhorn & Iris Füssenich (Hrsg.). *Am Rande der Schrift. Zwischen Sprachenvielfalt und Analphabetismus*. Lengwil: Libelle, S. 66–85.

Herrle, Matthias (2007). *Selektive Kontextvariation. Die Rekonstruktion von Interaktionen in Kursen der Erwachsenenbildung auf der Basis audiovisueller Daten*. Frankfurt a.M.: Johann Wolfgang Goethe-Universität.

Herrle, Matthias; Kade, Jochen & Nolda, Sigrid (2010). Erziehungswissenschaftliche Videographie. In Barbara Friebertshäuser; Antje Langer & Annedore Prengel (Hrsg.)[3]. *Handbuch Qualitative Forschungsmethoden in der Erziehungswissenschaft*. Weinheim, München: Juventa, S. 599–619.

Hess, Kurt (2003). *Lehren – zwischen Belehrung und Lernbegleitung. Einstellungen, Umsetzungen und Wirkungen im mathematischen Anfangsunterricht*. Bern: hep-Verlag.

Hirt, Ueli & Wälti, Beat (2008). *Lernumgebungen im Mathematikunterricht. Natürliche Differenzierung für Rechenschwache bis Hochbegabte*. Seelze-Velber: Kallmeyer, Klett.

Hoeltje, Bettina (1996). *Kinderszenen. Geschlechterdifferenz und sexuelle Entwicklung im Vorschulalter*. Stuttgart: Enke.

Hoenisch, Nancy & Niggemeyer, Elisabeth (2004). *Mathe-Kings. Junge Kinder fassen Mathematik an*. Weimar, Berlin: Verlag das netz.

Höglinger, Susanne; Senftleben, Hans-Günter (1997). Schulanfänger lösen geometrische Aufgaben. *Grundschulunterricht* 44(5), S. 36-39.

Hopf, Michaela (2011). Sustained Shared Thinking in der frühpädagogischen Praxis des naturwissenschaftlich-technischen Lernens. *Zeitschrift für Grundschulforschung* 1(4), S. 73–85.

Hülst, Dirk (2010). Grounded Theory. In Barbara Friebertshäuser; Antje Langer & Annedore Prengel (Hrsg.)[3]: *Handbuch Qualitative Forschungsmethoden in der Erziehungswissenschaft*. Weinheim, München: Juventa, S. 281–300.

Hülswitt, Kerensa Lee (2007). Freie mathematische Eigenproduktionen. Die Entfaltung entdeckender Lernprozesse durch Phantasie, Ideenwanderung und den Reiz unordentlicher Ordnungen. In Ulrike Graf & Elisabeth Moser Opitz (Hrsg.). *Diagnostik und Förderung im Elementarbereich und Grundschulunterricht*. Baltmannsweiler: Schneider Verlag Hohengehren, S. 150–164.

Huhn, Norbert; Dittrich, Gisela; Dörfler, Mechthild & Schneider, Kornelia (2000). Videografieren als Beobachtungsmethode in der Sozialforschung. In Friederike Heinzel (Hrsg.). *Methoden der Kindheitsforschung. Ein Überblick über Forschungszugänge zur kindlichen Perspektive*. Juventa: Weinheim und München, S. 185–202.

Humboldt, Wilhelm v. (1797/1959). *Bildung und Sprache. Eine Auswahl aus seinen Schriften*. Paderborn: Schöningh.

Hume, David (1758/2000). *Eine Untersuchung über den menschlichen Verstand*. Ditzingen: Reclam.

[JMK & KMK] – Jugendministerkonferenz und Kultusministerkonferenz (2004). *Gemeinsamer Rahmen der Länder für die frühe Bildung in Kindertageseinrichtungen*. http://www.kmk.org/fileadmin/veroeffentlichungen_beschluesse/2004/2004_06_04-Fruehe-Bildung-Kitas.pdf (23.11.2010).

[JMK] Jugendministerkonferenz (2002). *Beschluss. Bildung fängt im frühen Kindesalter an*. http://www.mbjs.brandenburg.de/media_fast/5527/TOP%204%20-%20Beschluss. 15475542.pdf (07.07.2009).

Jungwirth, Helga & Krummheuer, Götz (Hrsg.) (2006). *Der Blick nach innen. Aspekte der alltäglichen Lebenswelt Mathematikunterricht*. 2 Bände. Münster: Waxmann.

Kade, Jochen & Nolda, Sigrid (2007). Das Bild als Kommentar und Irritation. Zur Analyse von Kursen der Erwachsenenbildung/Weiterbildung auf der Basis von Videodokumentationen. In Barbara Friebertshäuser; Heide von Felden & Burkhard Schäffer (Hrsg.). *Bild und Text. Methoden und Methodologien visueller Sozialforschung in der Erziehungswissenschaft*. Opladen & Farmington Hills: Verlag Barbara Budrich, S. 159–177.

Kamii, Constance (2004)[2]. *Young Children Continue To Reinvent Arithmetic. 2nd Grade*. Implications of Piaget's Theory. New York: Teachers College Press.

[KES-R] Tietze, Wolfgang; Schuster, Käthe-Maria; Grenner, Katja & Roßbach, Hans-Günther (2007)[3]. *Kindergarten-Skala* (KES-R). Revidierte Fassung. Neuwied: Luchterhand.

[KES-R-E] Roßbach, Hans-Günther & Tietze Wolfgang (2008). *Kindergarten – Skala – Erweiterung* (KES-R-E). Unveröffentlicht.

Kaufmann, Liane; Nuerk, Hans-Christoph; Graf, Martina; Krinzinger, Helga; Delazer, Margarete; Willmes, Klaus (2009). *TEDI-MATH: Test zur Erfassung numerisch-rechnerischer Fertigkeiten vom Kindergarten bis zur 3. Klasse*. Bern: Huber.

Kaufmann, Sabine (2010). *Handbuch für die frühe mathematische Bildung*. Braunschweig: Schroedel.

Kaufmann, Sabine & Lorenz, Jens Holger (2009). *Elementar – Erste Grundlagen in Mathematik*. Braunschweig: Westermann.

Kelle, Udo (1994). *Empirisch begründete Theoriebildung. Zur Logik und Methodologie interpretativer Sozialforschung*. Weinheim: Deutscher Studienverlag.

Kelle, Udo & Kluge, Susann (2010). *Vom Einzelfall zum Typus. Fallvergleich und Fallkontrastierung in der qualitativen Sozialforschung*. Wiesbaden: VS Verlag für Sozialwissenschaften.

Kirriemuir, John; McFarlane, Angela (2006). *Literature Review in Games and Learning.* http://www.futurelab.org.uk/resources/documents/lit_reviews/Games_Review.pdf (20.01.2012).

Klep, Jost (2006). Persönlichkeitsentwicklung und mathematische Aktivität. In Meike Grüßing & Andrea Peter-Koop (Hrsg.). *Die Entwicklung mathematischen Denkens in Kindergarten und Grundschule: Beobachten – Fördern – Dokumentieren.* Offenburg: Mildenberger, S. 200–216.

Klieme, Eckhard; Pauli, Christine & Reusser, Kurt (Hrsg.) (2006). *Dokumentation der Erhebungs- und Auswertungsinstrumente zur schweizerisch-deutschen Videostudie „Unterrichtsqualität, Lernverhalten und mathematisches Verständnis". Teil 3: Videoanalysen.* Frankfurt a. M.

[KMK] – Ständige Konferenz der Kultusminister der Länder in der Bundesrepublik Deutschland (Hrsg.) (2005). *Bildungsstandards im Fach Mathematik für den Primarbereich.* München, Neuwied: Wolters Kluwer Deutschland.

[KMK] – Ständige Konferenz der Kultusminister der Länder in der Bundesrepublik Deutschland (Hrsg.) (2004). *Bildungsstandards im Fach Mathematik für den mittleren Bildungsabschluss.* München, Neuwied: Wolters Kluwer Deutschland.

[KMK] – Ständige Konferenz der Kultusminister der Länder in der Bundesrepublik Deutschland (Hrsg.) (2003). *Bildungsstandards im Fach Mathematik für den Hauptschulabschluss.* München, Neuwied: Wolters Kluwer Deutschland.

Knoblauch, Hubert (2010). Zukunft und Perspektiven qualitativer Forschung. In Uwe Flick; Ernst von Kardorff & Ines Steinke (Hrsg.)[8]. *Qualitative Forschung. Ein Handbuch.* Reinbek bei Hamburg: Rowohlt, S. 623–632.

Knoblauch, Hubert (2004). Die Video-Interaktions-Analyse. *Sozialer Sinn* 5(1), S. 123–138.

Knoblauch, Hubert; Schnettler, Bernt; Raab, Jürgen u.a. (Hrsg.) (2006). Video Analysis: Methodology and Methods: Qualitative Audiovisual Data Analysis in Sociology. Frankfurt am Main, Berlin, Bern: Peter Lang.

König, Anke (2009). *Interaktionsprozesse zwischen ErzieherInnen und Kindern. Eine Videostudie aus dem Kindergartenalltag.* Wiesbaden: VS Verlag für Sozialwissenschaften.

Köppen, Dagmar (1988). *70 Zwiebeln sind ein Beet. Mathematikmaterialien im offenen Anfangsunterricht.* Basel, Weinheim: Beltz.

Kowal, Sabine & O'Connell, Daniel (2010). Zur Transkription von Gesprächen. In Uwe Flick; Ernst von Kardorff & Ines Steinke (Hrsg.)[8]. *Qualitative Forschung. Ein Handbuch.* Reinbek bei Hamburg: Rowohlt, S. 437–447.

Krajewski, Kristin (2008). Vorschulische Förderung mathematischer Kompetenzen. In Franz Petermann (Hrsg.). *Angewandte Entwicklungspsychologie.* Göttingen: Hogrefe, S. 275–304.

Krajewski, Kristin (2005). Früherkennung und Frühförderung von Risikokindern. In Michael von Aster & Jens Holger Lorenz (Hrsg.). *Rechenstörungen bei Kindern.* Neurowissenschaft, Psychologie, Pädagogik. Göttingen: Vandenhoeck & Ruprecht, S. 150–163.

Krajewski, Kristin (2003). *Vorhersage von Rechenschwäche in der Grundschule.* Hamburg: Verlag Dr. Kovač.

Krajewski; Kristin; Küspert, Petra & Schneider, Wolfgang (2002). *Deutscher Mathematiktest für erste Klassen. DEMAT 1+.* Göttingen. Beltz Test.

Krajewski, Kristin; Nieding, Gerhild & Schneider, Wolfgang (2007). *Mengen, zählen, Zahlen (MZZ).* Berlin.

Krajewski, Kristin; Renner, Agnes; Nieding, Gerhild & Schneider, Wolfgang (2008). Frühe Förderung von mathematischen Kompetenzen im Vorschulalter. In Hans-Günther Roßbach & Hans-Peter Blossfeld (Hrsg.). *Frühpädagogische Förderung in Institutionen.* Wiesbaden: VS Verlag für Sozialwissenschaften, S. 91–103.

Krajewski, Kristin & Schneider, Wolfgang (2006). Mathematische Vorläuferfertigkeiten im Vorschulalter und ihre Vorhersagekraft für die Mathematikleistungen bis zum Ende der Grundschulzeit. *Psychologie in Erziehung und Unterricht* 53(4), S. 246–262.

Krapp, Andreas & Weidemann, Bernd (2006)[5]. *Pädagogische Psychologie.* Weinheim: Beltz.

Krauthausen, Günther (1995). Die „Kraft der Fünf" und das denkende Rechnen. Zur Bedeutung tragfähiger Vorstellungsbilder im mathematischen Anfangsunterricht. In Gerhard N. Müller & Erich Ch. Wittmann (Hrsg.). *Mit Kindern Rechnen*. Frankfurt: Arbeitskreis Grundschule, S. 87–108.

Krauthausen, Günter & Scherer, Petra (2001). *Einführung in die Mathematikdidaktik*. Heidelberg, Berlin: Spektrum.

Krotz, Friederich (2005). *Neue Theorien entwickeln: eine Einführung in die Grounded Theory, die Heuristische Sozialforschung und die Ethnographie anhand von Beispielen aus der Kommunikationsforschung*. Köln: von Halem.

Krummheuer, Götz & Fetzer, Marei (2005*). Der Alltag im Mathematikunterricht. Beobachten – Verstehen – Gestalten*. Heidelberg: Spektrum.

Lack, Claudia (2009). *Aufdecken mathematischer Begabung von Kindern im 1. und 2. Schuljahr*. Wiesbaden: Vieweg+Teubner.

Laevers, Ferre (Hrsg.) (1997). *Die Leuvener Engagiertheits-Skala für Kinder. LES-K*. Erkelenz: Fachschule für Sozialpädagogik.

Laewen, Hans-Joachim (2006). Funktionen der institutionellen Früherziehung: Bildung, Erziehung, Betreuung, Prävention. In Lilian Fried & Susanna Roux (Hrsg.). *Handbuch der Pädagogik der frühen Kindheit*. Weinheim, Basel: Beltz, S. 96–107.

Laewen, Hans-Joachim & Andres, Beate (2007). Das infans-Konzept der Frühpädagogik. In Norbert Neuß (Hrsg.). *Bildung und Lerngeschichten im Kindergarten. Konzepte – Methoden – Beispiele*. Berlin: Cornelsen Scriptor, S. 73–99.

Lamnek, Siegfried (2010)[5]. *Qualitative Sozialforschung*. Weinheim, Basel: Beltz.

Langer, Antje (2010). Transkribieren – Grundlagen und Regeln. In Barbara Friebertshäuser; Antje Langer & Annedore Prengel (Hrsg.)[3]. Handbuch Qualitative Forschungsmethoden in der Erziehungswissenschaft. Weinheim, München: Juventa, S. 515–526.

Lee, Kerensa (2010). *Kinder erfinden Mathematik. Gestaltendes Tätigsein mit gleichem Material in großer Menge*. Weimar, Berlin: verlag das netz.

Leiss, Dominik (2011). Adaptive Lehrerinterventionen beim mathematischen Modellieren – empirische Befunde einer vergleichenden Labor- und Unterrichtsstudie. *Journal für Mathematik-Didaktik* 31(2), S. 197–226.

Leuchter, Miriam (2009). *Die Rolle der Lehrperson bei der Aufgabenbearbeitung. Unterrichtsbezogene Kognitionen von Lehrpersonen*. Münster: Waxmann.

Leuders, Timo (2008). Gespielt – gelernt – gewonnen! Produktive Übungsspiele. *Praxis der Mathematik in der Schule* 50(22), S. 1–7.

Leuders, Timo (2001). *Qualität im Mathematikunterricht der Sekundarstufe I und II*. Berlin: Cornelsen Scriptor.

Lorenz, Jens Holger (2011). Die Macht der Materialien (?) Anschauungsmittel und Zahlenrepräsentation. In Anna S. Steinweg (Hrsg.). *Medien und Materialien. Tagungsband des Arbeitskreis Grundschule in der Gesellschaft für Didaktik der Mathematik 2011*. Bamberg: University of Bamberg, S. 39–54. Press. http://www.opus-bayern.de/uni-bamberg/volltexte/2011/382/pdf/MatDidGS1Steinwegopusse A2.pdf (16.12.2011).

Lorenz, Jens Holger (Hrsg.) (2009). Zur Relevanz des Repräsentationswechsels für das Zahlenverständnis und erfolgreiche Rechenleistungen. In Annemarie Fritz; Gabi Ricken & Siegbert Schmidt (Hrsg.). *Handbuch Rechenschwäche. Lernwege, Schwierigkeiten und Hilfen bei Dyskalkulie*. Erweiterte und aktualisierte Ausgabe.Weinheim, Basel, Berlin: Beltz, S. 230–247.

Lorenz, Jens Holger (2006). Förderdiagnostische Aufgaben für Kindergarten und Anfangsunterricht. In Meike Grüßing & Andrea Peter-Koop (Hrsg.). *Die Entwicklung mathematischen Denkens in Kindergarten und Grundschule: Beobachten – Fördern – Dokumentieren*. Offenburg: Mildenberger, S. 55–66.

Lorenz, Jens Holger (2005). Diagnostik mathematischer Basiskompetenzen im Vorschulalter. In Marcus Hasselhorn; Wolfgang Schneider & Harald Marx (Hrsg.). *Diagnostik von Mathematikleistungen*. Göttingen: Hogrefe, S. 29–48.

Lorenz, Jens Holger (1995). Arithmetischen Strukturen auf der Spur. Funktion und Wirkung von Veranschaulichungsmitteln. *Die Grundschulzeitschrift* 9(82), S. 8–12.

Löschenkohl, Erich (1981). *Leistung, Lernprozeß und Motivation im Kinderspiel. Untersuchungen zum Spielerfolg von Kindern im technischen und verbalen Bereich.* Wien: Österreichischer Bundesverlag.

Lompscher, Joachim; Nickel, Horst; Ries, Gerhild & Schulz, Gudrun (Hrsg.) (1997). *Leben, Lernen und Lehren in der Grundschule.* Neuwied: Luchterhand.

Lüders, Christian (2010). Beobachten im Feld und Ethnographie. In Uwe Flick; Ernst von Kardorff & Ines Steinke (Hrsg.)[8]. *Qualitative Forschung. Ein Handbuch.* Reinbek bei Hamburg. Rowohlt S. 384–401.

Mackowiak, Katja; Lauth, Gerhard W. & Spieß, Ralf (2008). *Förderung von Lernprozessen.* Stuttgart: Kohlhammer.

Mangold (2010). *INTERACT Quick Start Manual V2.4.* Mangold International GmbH (Hrsg.) www.mangold-international.com (20.01.2012).

Maturana, Humberto & Varela, Francisco (1987). *Der Baum der Erkenntnis.* München: Scherz.

Mayr, Toni & Ulich, Michaela (2003). Die Engagiertheit von Kindern. Zur systematischen Reflexion von Bildungsprozessen in Kindertageseinrichtung. In Wassilios E. Fthenakis (Hrsg.). *Elementarpädagogik nach PISA. Wie aus Kindertagesstätten Bildungseinrichtungen werden können.* Freiburg: Herder, S. 169–189.

Mey, Günter (2005). Forschung *mit* Kindern – Zur Relativität von kindangemessenen Methoden. In Günter Mey (Hrsg.). *Handbuch qualitative Entwicklungspsychologie.* Köln: Kölner Studienverlag, S. 151–183.

Mohn, Elisabeth (2006). Permanent Work on Gazes. Video Ethnography as an Alternative Methodology. In Hubert Knoblauch, Bernt Schnettler, Jürgen Raab & Hans-Georg Soeffner (Hrsg.). *Video Analysis: Methodology and Methods: Qualitative Audiovisual Data Analysis in Sociology.* Frankfurt am Main, Berlin, Bern: Peter Lang, S. 173–180.

Moritz, Christine (2010). *Dialogische Prozesse in der Instrumentalpädagogik: Eine Grounded Theory Studie.* Essen, Ruhr: Die blaue Eule.

Moser Opitz, Elisabeth (2001). *Zählen – Zahlbegriff – Rechnen. Theoretische Grundlagen und eine empirische Untersuchung zum mathematischen Erstunterricht in Sonderklassen.* Bern, Stuttgart, Wien: Haupt.

Müller, Gerhard N. & Wittmann, Erich Ch. (2008). *Das kleine Denkspielbuch.* Seelze: Kallmeyer.

Müller, Gerhard N. & Wittmann, Erich Ch. (2007). *Das kleine Formenbuch Teil 2: Falten – Bauen – Zeichnen.* Seelze: Kallmeyer.

Müller, Gerhard N. & Wittmann, Erich Ch. (2006). *Das kleine Formenbuch. Teil 1: Legen – Bauen – Spiegeln.* Seelze: Kallmeyer.

Müller, Gerhard N. & Wittmann, Erich Ch. (2004). *Das Zahlenbuch. Schülerbuch.* Stuttgart: Klett.

Müller, Gerhard N. & Wittmann, Erich Ch. (2004). *Das kleine Zahlenbuch. Band 2: Schauen und Zählen.* Seelze: Kallmeyer.

Müller, Gerhard N. & Wittmann, Erich Ch. (2002). *Das kleine Zahlenbuch. Band 1: Spielen und Zählen. Seelze:* Kallmeyer.

[NCTM] – National Council of Teachers of Mathematics (2000). *Principles and Standards for School Mathematics.* Reston, VA. http://www.nctm.org (18.03.2011).

Neunzig, Walter (1972). *Mathematik im Vorschulalter.* Herder: Freiburg.

OECD (2006). *Starting strong II. Early Childhood Education and Care.* Paris: Organization for Economic Cooperation and Development. http://www.oecd.org/dataoecd/ 14/32/37425999.pdf (07.03.2011).

OECD (2004). *Die Politik der frühkindlichen Betreuung, Bildung und Erziehung in der Bundesrepublik Deutschland. Ein Länderbericht der Organisation für wirtschaftliche Zusam-*

*menarbeit und Entwicklung (OECD)*. http://www.bmfsfj.de/RedaktionBMFSFJ/ Pressestelle/Pdf-Anlagen/oecd-studie-kinderbetreuung,property=pdf.pdf (14.02.2012).

Oerter, Rolf (2008). Kindheit. In Rolf Oerter & Leo Montada (Hrsg.)[6]. *Entwicklungspsychologie*. Weinheim, Basel: Beltz, S. 225–270.

Oerter, Rolf (2006). Spielen und lernen. Elemente einer Spielpädagogik in der Schule. *Schulmagazin 5 bis 10*, 74(7–8), S. 5–8.

Oerter, Rolf (1993). *Psychologie des Spiels: ein handlungstheoretischer Ansatz*. München: Quintessenz.

Oevermann, Ulrich (2008). *„Krise und Routine" als analytisches Paradigma in den Sozialwissenschaften*. (Abschiedsvorlesung gehalten im April 2008.) http://www.ihsk.de/ publikationen/Ulrich-Oevermann_Abschiedsvorlesung_Universitaet-Frankfurt.pdf (21.09.2008).

Oevermann, Ulrich; Allert, Tilman; Konau, Elisabeth & Krambeck, Jürgen (1979). Die Methodologie einer ‚objektiven Hermeneutik' und ihre allgemeine forschungslogische Bedeutung in den Sozialwissenschaften. In Hans-Georg Soeffner (Hrsg.). *Interpretative Verfahren in den Sozial- und Textwissenschaften*. Stuttgart: Metzler, S. 352–434.

Oswald, Hans & Krappmann, Lothar (1991). Kinder. In Uwe Flick; von Ernst Kardorff; Heiner Keupp; Lutz von Rosenstiel & Stephan Wolff (Hrsg.). *Handbuch qualitative Sozialforschung*. München: Beltz/PVU, S. 355–358.

Ott, Isabella (2008). Wie Kinder im selbstbestimmten Spiel lernen – Auswertung einer Beobachtungssequenz. In Barbara Daiber & Inga Weiland (Hrsg.). *Impulse der Elementardidaktik – Eine gemeinsame Ausbildung für Kindergarten und Grundschule*. Baltmannsweiler: Schneider Verlag Hohengehren, S. 147–167.

Padberg, Friedhelm (1992)[2]. *Didaktik der Arithmetik*. Mannheim, Leipzig, Wien, Zürich.

Parten, Mildred (1932). Social participation among preschool children. *Journal of Abnormal & Social Psychology*, 27(3), S. 243–269.

Pauen, Sabina & Pahnke, Janna (2008). Mathematische Kompetenzen im Kindergarten. Evaluation der Effekte einer Kurzzeitintervention. *Empirische Pädagogik* 22(2), S. 193–208.

Peirce, Charles S. (1978)[4]. *Collected Papers*. Cambridge, Mass.: Belknap Press.

Peter-Koop, Andrea (2009). Orientierungspläne Mathematik für den Elementarbereich – ein Überblick. In Aiso Heinze & Meike Grüßing (Hrsg.). *Mathematiklernen vom Kindergarten bis zum Studium: Kontinuität und Kohärenz als Herausforderung für den Mathematikunterricht*. Münster: Waxmann, S. 47–52.

Peter-Koop, Andrea & Grüßing, Meike (2007). Bedeutung und Erwerb mathematischer Vorläuferfähigkeiten. In Christiane Brokmann-Nooren; Iris Gereke; Hanna Kiper & Wilm Renneberg, (Hrsg.). *Bildung und Lernen der Drei- bis Achtjährigen*. Bad Heilbrunn: Klinkhardt, S. 153–166.

Peter-Koop, Andrea; Grüßing, Meike & Schmitman gen. Pothmann, Angela (2008). Förderung mathematischer Vorläuferfähigkeiten: Befunde zur vorschulischen Identifizierung und Förderung von potenziellen Risikokindern in Bezug auf das schulische Mathematiklernen. *Empirische Pädagogik* 22(2), S. 209–224.

Peter-Koop, Andrea; Wollring, Bernd; Spindeler, Brigitte & Grüßing, Meike (2007). *Elementarmathematisches Basisinterview (EMBI)*. Zahlen und Operationen. Offenburg: Mildenberger.

Peters, Sally (1998). Playing Games and Learning Mathematics: The results of two intervention studies. *International Journal of Early Years Education* 6(1), S. 49–58.

Piaget, Jean (1969). *Nachahmung, Spiel und Traum*. Stuttgart: Klett.

Piaget, Jean (1964). Die Genese der Zahl beim Kind. In Jean Piaget (Hrsg.). *Rechenunterricht und Zahlbegriff*. Braunschweig: Westermann, S. 50–72.

Piaget, Jean & Szeminska, Alina (1972). *Die Entwicklung des Zahlbegriffs beim Kinde*. Stuttgart: Klett.

Popper, Karl R. (1977). Grundprobleme der Erkenntnislogik. Zum Problem der Methodenlehre. In Gunnar Skirbekk (Hrsg.). *Wahrheitstheorien. Eine Auswahl aus den Diskussionen über die Wahrheit im 20. Jahrhundert*. Frankfurt a. M.: Suhrkamp, S. 109–139.

Preiß, Gerhard (2007). *Leitfaden Entenland.* 2 Bände. Kirchzarten: Zahlenland Verlag Prof. Preiß.

Preiß, Gerhard (2004 u. 2005). *Leitfaden Zahlenland.* 2 Bände. Kirchzarten: Zahlenland Verlag Prof. Preiß.

Prenzel, Manfred; Baumert, Jürgen; Blum, Werner; Lehmann, Rainer; Leutner, Detlef; Neubrand, Michael; Pekrun, Reinhard; Rost, Jürgen & Schiefele, Ulrich (Hrsg.) (2003). *PISA 2003. Der zweite Vergleich der Länder in Deutschland – Was wissen und können Jugendliche?* http://pisa.ipn.uni-kiel.de/PISA2003_E_Zusammenfassung.pdf (14.02.2012).

Quaiser-Pohl, Claudia (2008). Förderung mathematischer Vorläuferfähigkeiten im Kindergarten mit dem Programm „Spielend Mathe". In Frank Hellmich & Hilde Köster (Hrsg.). *Vorschulische Bildungsprozesse in Mathematik und* Naturwissenschaften. Bad Heilbrunn: Klinkhardt, S. 103-125.

Radatz, Hendrik & Schipper, Wilhelm (1983). *Handbuch für den Mathematikunterricht an Grundschulen.* Hannover: Schroedel.

Radatz, Hendrik; Schipper, Wilhelm; Dröge, Rotraut & Ebeling, Astrid (1996). *Handbuch für den Mathematikunterricht. 1. Schuljahr.* Hannover: Schroedel.

Ramani, Geetha B. & Siegler, Robert S. (2008). Promoting broad and stable improvements in low-income children's numerical knowledge through playing number board games. *Child development* 79(2), S. 375–394.

Rathgeb-Schnierer, Elisabeth (2012). Mathematische Bildung. In Diemut Kucharz u.a. (Hrsg.). *Elementarbildung. Reihe Bachelor/ Master.* Weinheim: Beltz, S. 50–85.

Rathgeb-Schnierer, Elisabeth (2007). Rechenschwache Kinder arbeiten mit Zahlbildern im Zehnerfeld. In Andreas Filler & Sabine Kaufmann (Hrsg.). *Kinder fördern – Kinder fordern. Festschrift zum 60. Geburtstag von Jens Holger Lorenz.* Hildesheim, Berlin: Franzbecker, S. 103–115.

Rathgeb-Schnierer, Elisabeth (2006). *Kinder auf dem Weg zum flexiblen Rechnen. Eine Untersuchung von Rechenwegen bei Grundschulkindern auf der Grundlage offener Lernangebote und eigenständiger Lösungsansätze.* Hildesheim, Berlin: Franzbecker.

Rauschenbach, Thomas; Mack, Wolfgang; Rudolf, Hans; Lingenauber, Sabine; Schilling, Matthias; Schneider, Kornelia; Züchner, Ivo (2004). *Non-formale und informelle Bildung im Kindes- und Jugendalter. Berlin: Bundesministerium für Bildung und Forschung (BMBF).* http://www.bmbf.de/pub/nonformale_und_informelle_bildung_kindes_u_jugendalter.pdf (03.01.2011).

Rechsteiner, Karin; Hauser, Bernhard & Vogt, Franziska (2012).. Förderung der mathematischen Vorläuferfertigkeiten im Kindergarten: Spiel oder Training? *Beiträge zum Mathematikunterricht.* http://www.phsg.ch/Portaldata/1/Resources/forschung_und_entwicklung/ lehr_lernforschung/2012_Rechsteiner_et_al_BzMU.pdf (20.04.2012).

Rechsteiner-Merz, Charlotte (i.Vorb.). Flexibles Rechnen und Zahlenblickschulung – Eine Untersuchung zur Entwicklung und zur Förderung von Rechenkompetenzen bei Erstklässlern, die Schwierigkeiten beim Rechnenlernen zeigen.

Rechsteiner-Merz, Charlotte (2011). „Nimm doch die Rechenmaschine!". *Grundschulzeitschrift,* 25(248/ 249), S. 44–47.

Reichertz, Jo (2003). *Die Abduktion in der qualitativen Sozialforschung.* Opladen: Leske+Budrich.

Reichertz, Jo & Englert, Carina J. (2011). *Einführung in die qualitative Videoanalyse: Eine hermeneutisch-wissenssoziologische Fallanalyse.* Wiesbaden: VS Verlag für Sozialwissenschaften.

Resnick, Lauren B. (1989). Developing Mathematical Knowledge. *American Psychologist* 44(2), S. 162–168.

Rheinland-Pfalz, Ministerium für Bildung, Wissenschaft, Jugend und Kultur (2004). *Bildungs- und Erziehungsempfehlungen für Kindertagesstätten in Rheinland-Pfalz.* Weinheim: Beltz. http://www.bildungsserver.de/zeigen.html?seite=2027 (23.11.2010).

# Literatur

Rheinberg, Falko (2010). Intrinsische Motivation und Flow-Erleben. In Jutta Heckhausen & Heinz Heckhausen (Hrsg.)[4]. *Motivation und Handeln*. Heidelberg: Springer, S. 365–387.

Rogoff, Barbara (1990). *Apprenticeship in thinking. Cognitive development in social context*. New York: Oxford University Press.

Roßbach, Hans-Günther (2006). Institutionelle Übergänge in der Frühpädagogik. In Lilian Fried & Susanna Roux (Hrsg.). *Pädagogik der frühen Kindheit*. Berlin: Cornelsen Sciptor, S. 280–292.

Roßbach, Hans-Günther (2004). Kognitive anregende Lernumwelten im Kindergarten. *Zeitschrift für Erziehungswissenschaft, Beiheft 3*, S. 9–24.

Roßbach, Hans-Günther & Tietze Wolfgang (2008). *Kindergarten – Skala – Erweiterung (KES-R-E)*. Unveröffentlicht.

Roux, Susanna (2008). Bildung im Elementarbereich – Zur gegenwärtigen Lage der Frühpädagogik in Deutschland. In Frank Hellmich & Hilde Köster (Hrsg.). *Vorschulische Bildungsprozesse in Mathematik und Naturwissenschaften*. Bad Heilbrunn: Klinkhardt, S. 13–25.

Royar, Thomas (2007a). *Die Käferschachtel*. Lichtenau: AOL-Verlag.

Royar, Thomas (2007b). Mathematik im Kindergarten. Kritische Anmerkungen zu den neuen „Bildungsplänen" für Kindertageseinrichtungen. *mathematica didactica* 30(1), S. 29–48.

Royar, Thomas & Streit, Christine (2010). *MATHElino. Kinder begleiten auf mathematischen Entdeckungsreisen*. Seelze: Klett, Kallmeyer.

Ruf, Urs & Gallin, Peter (1999). *Dialogisches Lernen in Sprache und Mathematik. Austausch unter Ungleichen. Grundzüge einer interaktiven und fächerübergreifenden Didaktik* (Bd. 1). Seelze-Velber: Kallmeyer.

Rubin, Kenneth H.; Maioni, Terrence L. & Hornung, Margret (1976). Free play behaviors in middle- and lower class preschoolers: Parten and Piaget revisited. *Child Development* 47(2), S. 414–419.

Rubin, Kenneth H.; Watson, Kathryn S. & Jambor, Thomas W. (1978). Free-play behaviors in preschool and kindergarten children. *Child Development* 49(2), S. 534–536.

Ruwisch, Silke & Peter-Koop, Andrea (Hrsg.) (2003). *Gute Aufgaben im Mathematikunterricht der Grundschule*. Offenburg. Mildenberger.


Schäfer, Gerd E. (2006). Der Bildungsbegriff in der Pädagogik der frühen Kindheit. In Lilian Fried & Susanna Roux (Hrsg.). *Handbuch der Pädagogik der frühen Kindheit*.Weinheim, Basel: Beltz, S. 33–44.

Schäfer, Gerd E. (2003). *Der bayrische Erziehungs- und Bildungsplan – ein Instruktionsansatz?* http://www.hf.uni-koeln.de/data/eso/File/Schaefer/BildungInDerFruehenKindheit_Instruktionsanatz.pdf (04.04.2012).

Scheuerl, Hans (1990). *Das Spiel. Bd. 1 Untersuchungen über sein Wesen, seine pädagogischen Möglichkeiten und Grenzen*. Weinheim, Basel: Beltz.

Schipper, Wilhelm (2009). *Handbuch für den Mathematikunterricht an Grundschulen*. Hannover: Schroedel.

Schipper, Wilhelm (1998). „Schulanfänger verfügen über hohe mathematische Kompetenzen". Eine Auseinandersetzung mit einem Mythos. In Andrea Peter-Koop & Peter Sorger (Hrsg.). *Das besondere Kind im Mathematikunterricht*. Offenburg: Mildenberger, S. 119–140.

Schmid-Barkow, Ingrid (2008). Schriftspracherwerb als Gegenstand der gemeinsamen Ausbildung von Erzieherinnen und Grundschullehrerinnen. In Barbara Daiber & Inga Weiland (Hrsg.). *Impulse der Elementardidaktik – Eine gemeinsame Ausbildung für Kindergarten und Grundschule*. Baltmannsweiler: Schneider Verlag Hohengehren, S. 53–64.

Schmidt, Roland (1982). Die Zählfähigkeit der Schulanfänger. Ergebnisse einer Untersuchung. *Sachunterricht und Mathematik in der Primarstufe* 10(10), S. 371–376.

Schmidt, Siegbert & Weiser, Werner (1982). Zählen und Zahlverständnis von Schulanfängern. *Journal für Mathematikdidaktik* 3(1), S. 227–263.

Schmidt-Denter, Ulrich (2008). Vorschulische Förderung. In Rolf Oerter & Leo Montada (Hrsg.)[6]. *Entwicklungspsychologie*. Weinheim, Basel: Beltz, S. 719–734.

Schneider, Wolfgang (1989). Möglichkeiten der frühen Vorhersage von Leseleistungen im Grundschulalter. *Zeitschrift für Pädagogische Psychologie*, 3(3), 157–168.

Schröder, Hartwig (2001). *Didaktisches Wörterbuch*. München, Wien: Oldenbourg.

Schütte, Sybille (2009). Über die Kunst gemeinsam weiterzudenken. *Die Grundschulzeitschrift*, 23(222/223), S. 60–63.

Schütte, Sybille (2008). *Qualität im Mathematikunterricht der Grundschule sichern. Für eine zeitgemäße Unterrichts- und Aufgabenkultur*. München: Oldenbourg.

Schütte, Sybille (2004a). Rechenwegnotation und Zahlenblick als Vehikel des Aufbaus flexibler Rechenkompetenzen. *Journal für Mathematikdidaktik*, 25(2), S. 130–152.

Schütte, Sybille (2004b). Mathematikunterricht zwischen Offenheit und Lenkung – Zum Verhältnis von Konstruktion und Instruktion bei mathematischen Lernprozessen. In Ilona Esslinger & Heike Hahn (Hrsg.). *Kompetenzen entwickeln –Unterrichtsqualität in der Grundschule steigern*. Baltmannsweiler: Schneider Verlag Hohengehren, S. 135–142.

Schütte, Sybille (Hrsg.) (2004c). *Die Matheprofis 1. Schülerbuch*. München: Oldenbourg.

Schütte, Sybille (Hrsg.) (2004d). *Die Matheprofis 1. Lehrermaterialien*. München: Oldenbourg.

Schütte, Sybille (2002). Das Lernpotenzial mathematischer Gespräche nutzen. *Grundschule*, 34(3), S. 16–18.

Schütte, Sybille (2001a). Offene Lernangebote – Aufgabenlösungen auf verschiedenen Niveaus. *Grundschulunterricht*, 48(11), S. 4–8.

Schütte, Sybille (2001b). Mehr Offenheit im mathematischen Anfangsunterricht. *Die Grundschulzeitschrift*, Sammelband Offener Mathematikunterricht: Mathematiklernen auf eigenen Wegen, S. 10–13.

Schütte, Sybille (1994). *Mathematiklernen in Sinnzusammenhängen*. Stuttgart: Klett.

Schuler, Stephanie (2013, i.Vorb.). Mathematische Spielsituationen im Kindergarten untersuchen. Herausforderungen von Videodaten für die Datenaufbereitung. In Christine Moritz (Hrsg.). *Transkription von Videodaten in der qualitativen Sozialforschung*. Wiesbaden: VS Verlag für Sozialwissenschaften.

Schuler, Stephanie (2012). Zwischen Anleitung und Begleitung – Zur Rolle der Erzieherin beim Mathematiklernen im Kindergartenalltag. In Klaus Fröhlich-Gildhoff, Iris Nentwig-Gesemann & Hartmut Wedekind (Hrsg.) (2012). *Forschung in der Frühpädagogik V, Schwerpunkt: Naturwissenschaftliche Bildung - Begegnungen mit Dingen und Phänomenen*. Freiburg: FEL Verlag, S. 65–100.

Schuler, Stephanie (2011). *Playing and learning in early mathematics education – modelling a complex relationship. Proceedings of CERME 7, Rzeszów*. http://www.cerme7.univ.rzeszow.pl/WG/13/CERME7_WG13_Schuler.pdf (10.10.2011).

Schuler, Stephanie (2010a). „Ich hab' mehr Karten als du!" Kartenspiele bringen Spaß und mathematische Lerngelegenheiten in die Kita. *kindergarten heute*, 40(1), 34–36.

Schuler, Stephanie (2010b). Das Bohnenspiel. Ein Regelspiel zur Förderung des Zahlbegriffs im Kindergarten und am Schulanfang. *Grundschulunterricht Mathematik* 57(1), 11–14.

Schuler, Stephanie (2010c). Spielend lernen. *Die Grundschulzeitschrift*, 24(240), S. 50–53.

Schuler, Stephanie (2010d). „Des sieht aus wie 'ne Fünf" – Strukturierungsprozesse bei Kindergartenkindern und Schulanfängern. *Grundschulmagazin* 10(5), 2010, S. 11–14.

Schuler, Stephanie (2008). Was können Mathematikmaterialien im Kindergarten leisten? – Kriterien für eine gezielte Bewertung. *Beiträge zum Mathematikunterricht*. Hildesheim: Franzbecker (CD-ROM) http://www.mathematik.tu-dortmund.de/ieem/cms/media/BzMU/BzMU2008/BzMU2008/BzMU2008_SCHULER_Stephanie.pdf (06.06.2008).

Schuler, Stephanie & Wittmann, Gerald (2009). Forschung zur frühen mathematischen Bildung. Bestandsaufnahme und Konsequenzen. *Beiträge zum Mathematikunterricht 2009*. Hildesheim: Franzbecker. http://www.mathematik.uni-dortmund.de/ieem/BzMU/BzMU2009/Beitraege/alle%20ModSek/Schuler_ModSek/SCHULER_Stephanie_WITTMANN_Gerald_2009_Forschung.pdf (21.07.2009).

Schuster, Käthe-Maria (2006). Rahmenpläne für die Bildungsarbeit. In Lilian Fried & Susanna Roux (Hrsg.). *Handbuch der Pädagogik der frühen Kindheit*. Weinheim: Beltz, S. 145–157.

Seel, Norbert M. (2000). *Psychologie des Lernens: Lehrbuch für Pädagogen und Psychologen*. München, Basel: E. Reinhardt.

Seidel, Tina (2003). *Lehr-Lernskripts im Unterricht. Freiräume und Einschränkungen für kognitive und motivationale Lernprozesse – eine Videostudie im Physikunterricht.* Münster: Waxmann.

Selter, Christoph (1995). Zur Fiktivität der Stunde Null im arithmetischen Anfangsunterricht. *Mathematische Unterrichtspraxis* 16(2), S. 11–19.

Selter, Christoph (1994). *Eigenproduktionen im Arithmetikunterricht der Primarstufe.* Wiesbaden: Deutscher Universitätsverlag.

Senftleben, Hans-Günter (1996). Zahlenkenntnisse der Schulanfänger. *Grundschulunterricht,* 43(5), S. 21–23.

Siegler, Robert S. (2009). Improving Preschoolers' Number Sense Using Information-Processing Theory. In Oscar A. Barbarin & Barbara H. Wasik (Hrsg.). *Handbook of Child Development and Early Education.* Research to practice. New York, London: The Guilford Press, S. 429–454.

Siraj-Blatchford, Iram (2005). *Quality Interactions in the Early Years. Vortrag auf der TACTYC 2005 in Cardiff.* http://www.tactyc.org.uk/pdfs/2005conf_siraj.pdf (19.03.2011).

Siraj-Blatchford, Iram; Sylva, Kathy; Taggart, Brenda; Melhuish, Edward & Sammons, Pam (2005). Das Projekt ‚The Effective Provision of Pre-school Education': Wirksame Bildungsangebote im Vorschulbereich – EPPE. In Eva Hammes-Di Bernardo & Sabine Hebenstreit-Müller (Hrsg.). *Innovationsprojekt Frühpädagogik. Professionalität im Verbund von Praxis, Forschung, Aus- und Weiterbildung.* Baltmannsweiler: Schneider-Verlag Hohengehren, S. 87–103.

Slavin, Robert E. (1995). *Cooperative learning: Theory, research, and practice.* Boston: Allyn and Bacon.

Söbbeke, Elke (2005). *Zur visuellen Strukturierungsfähigkeit von Grundschulkindern – Epistemologische Grundlagen und empirische Fallstudien zu kindlichen Strukturierungsprozessen mathematischer Anschauungsmittel.* Hildesheim, Berlin: Verlag Franzbecker.

Spiegel, Hartmut (1992). Was und wie Kinder zu Schulbeginn schon rechnen können – Ein Bericht über Interviews mit Schulanfängern. *Grundschulunterricht* 39(11), S. 21–23.

Starkey, Prentice & Cooper, Robert G. (1980). Perception of numbers by human infants. *Science,* 28(210), S. 1033–1035.

Steinweg, Anna Susanne (2008). Zwischen Kindergarten und Schule – Mathematische Basiskompetenzen im Übergang. In Frank Hellmich & Hilde Köster (Hrsg.). *Vorschulische Bildungsprozesse in Mathematik und Naturwissenschaften.* Bad Heilbrunn: Klinkhardt, S. 143–159.

Steinweg, Anna Susanne (2006). *Lerndokumentation Mathematik. Berlin: Senatsverwaltung für Bildung, Wissenschaft und Forschung.* http://bildungsserver.berlin-brandenburg.de/fileadmin/user/redakteur/Berlin/Lerndoku_Mathe_druckreif_12.06.pdf (20.01.2012).

Steinweg, Anna Susanne & Gasteiger, Hedwig (2008). *3. Zwischenstandsbericht Wissenschaftliche Begleitung der Impelmentierung der Lerndokumentation Mathematik im Rahmen des Projekts TransKiGs für das Land Berlin.* http://www.transkigs.de/fileadmin/user/redakteur/Berlin/Steinweg/Bericht_WissBegleitungTransKiGs_Berlin_Dez08.pdf (26.01.2012).

Stenger, Ursula (2010). Spielen und Lernen. In Ludwig Duncker, Gabriele Lieber, Norbert Neuß & Bettina Uhlig (Hrsg.). *Bildung in der Kindheit.* Das Handbuch zum Lernen in Kindergarten und Grundschule. Seelze: Klett, Kallmeyer, S. 30–37.

Stern, Elsbeth (2006). Was Hänschen nicht lernt, lernt Hans hinterher. Der Erwerb geistiger Kompetenzen bei Kindern und Erwachsenen aus kognitionspsychologischer Perspektive. In Ekkehard Nuissl (Hrsg.). *Vom Lernen zum Lehren. Lern- und Lehrforschung für die Weiterbildung.* Bielefeld, S. 93–105.

Stern, Elsbeth (2004). Entwicklung und Lernen im Kindesalter. In Detlef Diskowski & Eva Hammes-Di Bernardo (Hrsg.). *Lernkulturen und Bildungsstandards. Kindergarten und Schule zwischen Vielfalt und Verbindlichkeit.* Baltmannsweiler: Schneider Verlag Hohengehren, S. 27–45.

Stern, Elsbeth (1998). *Die Entwicklung des mathematischen Verständnisses im Kindesalter.* Lengerich, Berlin, Düsseldorf, Leipzig: Pabst.

Stöckli, Georg & Stebler, Rita (2011). *Auf dem Weg zu einer neuen Schulform. Unterricht und Entwicklung in der Grundstufe.* Münster: Waxmann.

Strauss, Anselm L. (2011)[2]. „Forschung ist harte Arbeit, es ist immer ein Stück Leiden damit verbunden. Deshalb muss es auf der anderen Seite Spaß machen." Anselm L. Strauss im Gespräch mit Heiner Legewie und Barbara Schervier-Legewie. In Günter Mey & Katja Mruck (Hrsg.). *Grounded Theory Reader.* Wiesbaden: VS Verlag für Sozialwissenschaften, S. 69–78.

Strauss, Anselm L. & Corbin, Juliet (1996). *Grounded theory: Grundlagen qualitativer Sozialforschung.* Weinheim: Beltz.

Strauss, Anselm L. & Corbin, Juliet (1990). *Basics of Qualitative Research. Grounded Theory Procedures and Techniques.* Newbury Park, CA: Sage Publications.

Strübing, Jörg (2008). *Grounded Theory. Zur sozialtheoretischen und epistemologischen Fundierung des Verfahrens der empirisch begründeten Theoriebildung.* Wiesbaden: VS Verlag für Sozialwissenschaften.

Sylva, Kathy (2010). Quality in Early Childhood Settings. In Kathy Sylva; Brenda Taggart u.a. (Hrsg.). *Early Childhood matters. Evidence from the Effective Pre-School-Primary Education Project.* London: Routledge, S. 70–91.

Sylva, Kathy; Melhuish, Edward; Sammons, Pam; Siraj-Blatchford, Iram; Taggart, Brenda & Elliott, Karen (2003). *The Effective Provision of Pre-School Education (EPPE) project: Findings from the pre-school period.* http://www.ioe.ac.uk/schools/ecpe/eppe/eppe/eppepdfs/RB%20summary%20findings%20from%20Preschool.pdf (20.01.2012).

Sylva, Kathy; Siraj-Blatchford, Iram & Taggart, Brenda (2006). *Assessing quality in the early years: Early Childhood Environment Rating Scale-Extension (ECERS-E): four curricular subscales, Revised Edition.* Stoke on Trent: Trentham Books.

Sylva, Kathy; Taggart, Brenda; Siraj-Blatchford, Iram; Totsika, Vasiliki; Ereky-Stevens, Katharina; Gilden, Rose & Bell, Daniel (2010). Curriculare Qualität und Alltagslernen in Kindertageseinrichtungen. In Kathy Sylva & Brenda Taggart u.a. (Hrsg.). *Frühe Bildung zählt. Das Effecitive Pre-School and Primary Education Projekt (EPPE) und das Sure-Start-Programm.* Berlin: Dohrmann Verlag, S. 53–70.

Terhart, Ewald & Klieme, Eckhard (2006). Kooperation im Lehrerberuf: Forschungsproblem und Gestaltungsaufgabe. *Zeitschrift für Pädagogik, 52*(2), S. 163–166.

Textor, Martin R. (2000). Lew Wygotski – der ko-konstruktive Ansatz. In Wassilios E. Fthenakis & Martin R. Textor (Hrsg.). *Pädagogische Ansätze im Kindergarten.* Weinheim, Basel: Beltz, S. 71–83.

Thiel, Thomas (2003). Film- und Videotechnik in der Psychologie. In Heidi Keller (Hrsg.)[3]. *Handbuch der Kleinkindforschung.* Bern, Göttingen, Toronto, Seattle, S. 649–708.

Tietze, Wolfgang (2010)[2]. Betreuung von Kindern im Vorschulalter. In Heinz-Hermann Krüger & Cathleen Grunert (Hrsg.). *Handbuch Kindheits- und Jugendforschung.* Wiesbaden: VS Verlag für Sozialwissenschaften, S. 543–567.

Tietze, Wolfgang (2008). Qualitätssicherung im Elementarbereich. *Zeitschrift für Pädagogik,* 53. Beiheft, S. 16–35.

Tietze, Wolfgang (2004). Pädagogische Qualität in Familie, Kindergarten und Grundschule und ihre Bedeutung für die kindliche Entwicklung. In Gabriele Faust; Margarete Götz; Hartmut Hacker & Hans-Günther Rossbach (Hrsg.). *Anschlussfähige Bildungsprozesse im Elementar- und Primarbereich.* Bad Heilbrunn: Klinkhardt, S. 139–153.

Tietze, Wolfgang (Hrsg.) (1998). *Wie gut sind unsere Kindergärten? Eine Untersuchung zur pädagogischen Qualität in deutschen Kindergärten.* Neuwied: Luchterhand.

Tietze, Wolfgang; Roßbach, Hans-Günther & Grenner, Katja (2005). *Kinder von 4 bis 8 Jahren. Zur Qualität der Erziehung und Bildung in Kindergarten, Grundschule und Familie.* Weinheim: Beltz.

Tietze, Wolfgang; Schuster, Käthe-Maria; Grenner, Katja & Roßbach, Hans-Günther (2007)[3]. *Kindergarten-Skala (KES-R). Revidierte Fassung.* Neuwied: Luchterhand.

Tietze, Wolfgang & Viernickel, Susanne (Hrsg.) (2007). *Pädagogische Qualität in Tageseinrichtungen für Kinder. Ein nationaler Kriterienkatalog.* Berlin: Cornelsen Scriptor.

Tirosh, Dina; Tsamir, Pessia & Tabach, Michal (2009). Can you do it in a different way? *Proceedings of CERME 6*. Lyon. http://www.inrp.fr/publications/edition-electronique/cerme6/wg14-14-tirosh.pdf (26.01.2012).

Treinies, Gerhard & Einsiedler, Wolfgang (1989). Direkte und indirekte Wirkungen des Spielens im Kindergarten auf Lernbegleitprozesse/Lernleistungen im 1. Schuljahr. *Unterrichtswissenschaft*, 4(17), S. 309–326.

Treinies, Gerhard & Einsiedler, Wolfgang (1987). Analyse explorativer Kausalmodelle zu Zusammenhängen zwischen häuslichen Entwicklungsbedingungen und Freispielverhalten von Kindergartenkindern. *Zeitschrift für Pädagogische Psychologie* 1(2), S. 113–129.

Ulm, Volker (Hrsg.) (2010). *Gute Aufgaben Mathematik*. Berlin: Cornelsen Scriptor.

van den Heuvel-Panhuizen, Marja (1995). Leistungsmessung im aktiv-entdeckenden Mathematikunterricht. In Hans Brügelmann; Heiko Balhorn & Iris Füssenich (Hrsg.). *Am Rande der Schrift. Zwischen Sprachenvielfalt und Analphabetismus*. Lengwil: Libelle Verlag, S. 87–107.

van Luit, Johannes E.; van de Rijt, Bernadette A. M. & Hasemann, Klaus (2001). *Osnabrücker Test zur Zahlbegriffsentwicklung (OTZ)*. Hogrefe: Göttingen.

van Oers, Bert (2010). Emergent mathematical thinking in the context of play. *Educational Studies in Mathematics*, 74(1) S. 23–37.

van Oers, Bert (2004). Mathematisches Denken bei Vorschulkindern. In Wassilios E. Fthenakis & Pamela Oberhuemer (Hrsg.). *Frühpädagogik international. Bildungsqualität im Blickpunkt*. Wiesbaden: VS Verlag für Sozialwissenschaften, S. 313–329.

van Oers, Bert (1996). Are you sure? The promotion of mathematical thinking in the play activities of young children. *European Early Childhood Education Research Journal* 4(1), S. 71–89.

Vernooij, Monika A. (2005). Die Bedeutung des Spiels. In Titus Guldimann & Bernhard Hauser (Hrsg.). *Bildung 4- bis 8-jähriger Kinder*. Münster: Waxmann, S. 123–142.

Viernickel, Susanne (Hrsg.) (2009). *Beobachtung und Erziehungspartnerschaft*. Berlin: Cornelsen Scriptor.

Viernickel, Susanne & Völkel, Petra (2005). *Beobachten und dokumentieren im pädagogischen Alltag*. Freiburg: Herder.

Vogel, Peter (2008). Bildung, Lernen, Erziehung, Sozialisation. In Thomas Coelen & Hans-Uwe Otto (Hrsg.). *Grundbegriffe Ganztagsbildung: das Handbuch*. Wiesbaden: VS Verlag für Sozialwissenschaften, S. 118–127.

von Aster, Michael (2005). Wie kommen die Zahlen in den Kopf. Ein Modell der normalen und abweichenden Entwicklung zahlenverarbeitender Hirnfunktionen. In Michael von Aster & Jens Holger Lorenz (Hrsg.). *Rechenstörungen bei Kindern*. Neurowissenschaft, Psychologie, Pädagogik. Göttingen: Vandenhoeck & Ruprecht, S. 13–33.

von Aster, Michael (2003). Neurowissenschaftliche Ergebnisse und Erklärungsansätze zu Rechenstörungen. In Annemarie Fritz; Gabi Ricken & Siegbert Schmidt (Hrsg.). *Handbuch Rechenschwäche. Lernwege, Schwierigkeiten und Hilfen bei Dyskalkulie*. Weinheim, Basel, Berlin: Beltz, S. 163–178.

von Aster, Michael G.; Bzufka, Michael W. & Horn, Ralf R. (2009). *Zareki-K. Neuropsychologische Testbatterie für Zahlenverarbeitung und Rechnen bei Kindern – Kindergartenversion*. Frankfurt: Pearson.

Wahl, Diethelm (2001). Nachhaltige Wege vom Wissen zum Handeln. *Beiträge zur Lehrerbildung*, 19(2), 157–174.

Walther, Gerd (2004). Gute und andere Aufgaben. *Mathematikmodul G1 SINUS-Transfer Grundschule*. Kiel: IPN. http://sinus-transfer-grundschule.de/fileadmin/Materialien/Modu1.pdf (09.02.2012).

Walther, Gerd; Van den Heuvel-Panhuizen, Marja; Granzer, Dietlinde & Köller, Olaf (Hrsg.) (2008). *Bildungsstandards für die Grundschule: Mathematik konkret*. Berlin: Cornelsen Scriptor.

Weinert, Franz & Helmke, Andreas (1997). *Entwicklung im Grundschulalter*. Weinheim: Beltz, Psychologie-Verl.-Union.

Weißhaupt, Steffi & Peucker, Sabine (2009). Entwicklung arithmetischen Vorwissens. In Annemarie Fritz; Gabi Ricken & Siegbert Schmidt (Hrsg.). *Handbuch Rechenschwäche. Lernwege, Schwierigkeiten und Hilfen bei Dyskalkulie*. Erweiterte und aktualisierte Ausgabe. Weinheim, Basel, Berlin: Beltz S. 52–76.

Weltzien, Dörte (2009). Über die Beobachtung zum Dialog mit dem Kind. In Susanne Viernickel (Hrsg.). *Beobachtung und Erziehungspartnerschaft*. Berlin: Cornelsen Scriptor, S. 98–117.

Wember, Franz B. (2003). Die Entwicklung des Zahlbegriffs aus psychologischer Sicht. In Annemarie Fritz; Gabi Ricken & Siegbert Schmidt (Hrsg.). *Handbuch Rechenschwäche. Lernwege, Schwierigkeiten und Hilfen bei Dyskalkulie*. Weinheim, Basel, Berlin: Beltz, S. 48–64.

[WIFF] Weiterbildungsinitiative Frühpädagogische Fachkräfte ‚Expertengruppe für Elementardidaktik – Rolle der Fachkraft' (2010). *Protokoll*. http://www.weiterbildungsinitiative.de/nachricht/artikel/neue-expertengruppe-elementardidaktik-rolle-der-fachkraft-einberufen.html (22.11.2010).

Willmann, Marc & Hüper, Lars (2004). *Möglichkeiten und Grenzen schulinterner Beratung. Eine Grounded-Theory-Studie zur paradoxalen Rollenstruktur und Rollenidentität von Beratungslehrerinnen*. Berlin: uni-edition.

Winkel, Sandra; Petermann, Franz & Petermann, Ulrike (2006). *Lernpsychologie*. Paderborn: Schöningh.

Wittmann, Erich Ch. (2009). Das mathe 2000-Frühförderprogramm. In Sabina Pauen & Viktoria Herber (Hrsg.). *Vom Kleinsein zum Einstein*. Berlin: Cornelsen Scriptor S. 54–66.

Wittmann, Erich Ch. (2006). Mathematische Bildung. In Lilian Fried & Susanna Roux (Hrsg.). *Handbuch der Pädagogik der frühen Kindheit*. Weinheim: Beltz, S. 205–211.

Wittmann, Erich Ch. & Müller, Gerhard N. (2009). *Das Zahlenbuch. Gesamtpaket zum Frühförderprogramm*. Stuttgart: Klett.

Wittmann, Erich Ch. & Müller, Gerhard N. (1994). *Handbuch produktiver Rechenübungen*. 2 Bände. Stuttgart: Klett.

Wolf, Wilhelm (1992). Early Childhood education in Austria. In Gary A. Woodill (Hrsg.). *International handbook of early childhood education*. New York, N.Y.: Garland, S. 75–84.

Wollring, Bernd; Peter-Koop, Andrea; Haberzettl, Nora; Becker, Nicole; Spindeler, Brigitte (2011). *Elementarmathematisches Basisinterview (EMBI). Größen und Messen, Raum und Form*. Offenburg: Mildenberger.

Wood, David; Bruner, Jerome S. & Ross, Gail (1976). The role of tutoring in problem solving. *Journal of Child Psychology and Psychiatry* 17(2), S. 89–100.

Wygotski, Lew S. (1977). *Denken und Sprechen*. Frankfurt: Fischer.

Wygotski, Lew S. (1933/80). Das Spiel und seine Bedeutung in der psychischen Entwicklung des Kindes, In Daniil Elkonin: *Psychologie des Spiels. Studien zur kritischen Psychologie*. Köln: Pahl-Rugenstein Verlag, S. 441–465.

Wynn, Karen (1992). Addition and subtraction by human infants. *Nature*, Vol. 358, S. 749–750.

Young-Loveridge, Jennifer M. (2004). Effects on early numeracy of a program using number books and games. *Early Childhood Research Quarterly*, 19(1), S. 82–98.

# Anhang: Verzeichnis der Spiele

## Spiele mit Potenzial zum Erwerb des Zahlbegriffs

- Domino (klassisch)
- Bilder-Zahlendomino (Ravensburger Verlag)
- Tempo kleine Schnecke (Ravensburger Verlag)
- Obstgarten (HABA)
- Quips (Ravensburger Verlag)
- Drachenstark (HABA)
- Halli Galli (Amigo)
- Hamstern (Amigo)
- Max Mümmelmann (Ravensburger Verlag)
- Mensch ärgere dich nicht (Schmidt-Spiele)
- Maus ins Loch/ Warum immer ich? (Bartl)
- UNO (Junior) (Mattel)
- Elfer raus (Ravensburger Verlag)
- Ligretto (Schmidt-Spiele)
- Leiterspiele (Schmidt-Spiele)
- Rummikub (Jumbo)
- Memory (Schmidt-Spiele)
- Hol's der Geier (Ravensburger-Verlag)
- Speed (Schmidt-Spiele)

## Spiele mit Potenzial zur Förderung der visuellen Wahrnehmung und des räumlichen Vorstellungsvermögens

- Memory (Ravensburger Verlag)
- Bilderlotto (Ravensburger Verlag)
- Bilderdomino (Noris)
- Differix (Ravensburger Verlag)
- Schau genau (Ravensburger Verlag)
- Halli Galli Junior (Amigo)
- Schnipp Schnapp (Ravensburger Verlag)
- Das verrückte Labyrinth (Ravensburger Verlag)
- Make'n break (Ravensburger Verlag)
- Rush hour (Thinkfun)

## Spiele mit Potenzial zur Förderung der Feinmotorik

- Packesel (Schmidt-Spiele)
- Mikado (Schmidt-Spiele)
- Packesel (Schmidt-Spiele)
- Tier auf Tier (HABA)
- Jenga (Parker)

Empirische Studien zur Didaktik der Mathematik

Herausgegeben von Götz Krummheuer und Aiso Heinze

Band 14

Cordula Schülke

# Mathematische Reflexion in der Interaktion von Grundschulkindern

Theoretische Grundlegung und empirisch-interpretative Evaluation

2013, 324 Seiten, br., 34,90 €
ISBN 978-3-8309-2786-0

In diesem Forschungsprojekt wird das theoretische Konstrukt einer mathematischen Reflexion mit Bezug auf die besondere epistemologische Natur des mathematischen Wissens entwickelt und spezifiziert. Die zentrale Grundlage stellt eine von Freudenthal (1983) eingebrachte Sichtweise auf Reflexion als „Standpunktwechsel" dar.
In den hier vorgestellten Interviewanalysen wird insbesondere aufgezeigt, wie durch die Anregung reflexiven mathematischen Denkens Lernprozesse im Mathematikunterricht initiiert und intensiviert werden können.

**WAXMANN**
Münster · New York · München · Berlin

# Empirische Studien zur Didaktik der Mathematik

Herausgegeben von Götz Krummheuer und Aiso Heinze

Band 13

Kerstin Tiedemann

## Mathematik in der Familie

Zur familialen Unterstützung
früher mathematischer Lernprozesse
in Vorlese- und Spielsituationen

2012, 252 Seiten, br., 29,90 €
ISBN 978-3-8309-2677-1

In dieser Studie werden Vorlese- und Spielsituationen untersucht, in denen Vorschulkinder und ihre Mütter auch mathematische Themen verfolgen. Mit Mitteln der Interpretativen Forschung analysiert die Autorin, wie in solchen Diskursen mathematische Lernprozesse unterstützt werden, und fragt, worauf die Unterstützung ausgerichtet ist, welche Vorstellungen vom Mathematiklernen dabei sichtbar werden und wie die Mathematik mit der Unterstützung in den Alltag eingebunden wird. So wird ein Begriffsnetz entwickelt, mit dem (nicht nur) die Unterstützung in mathematischen Mutter-Kind-Diskursen beschrieben, hinterfragt und diskutiert werden kann.

WAXMANN

Münster · New York · München · Berlin

Empirische Studien zur Didaktik der Mathematik

Herausgegeben von Götz Krummheuer und Aiso Heinze

Band 12

Meike Grüßing

# Räumliche Fähigkeiten und Mathematikleistung

Eine empirische Studie mit
Kindern im 4. Schuljahr

2012, 304 Seiten, br., 32,90 €
ISBN 978-3-8309-2811-9

In diesem Buch wird das Ziel verfolgt, einen empirischen Beitrag zur differenzierten Beschreibung des Zusammenhangs von räumlichen Fähigkeiten und der mathematischen Kompetenz am Ende der Primarstufenzeit zu leisten.
Auf der Grundlage theoretischer Konzeptionen und empirischer Befunde zu den Begriffen „Räumliche Fähigkeiten" und „Mathematische Kompetenz" werden zunächst Testinstrumente entwickelt und im Rahmen einer empirischen Studie evaluiert. Die Analysen zum Zusammenhang dieser Konstrukte zeigen, dass durch ein Modell, das „Mental Rotation" und „Visualization" als Teilbereiche räumlicher Fähigkeiten umfasst, ein signifikanter Anteil der Mathematikleistung im vierten Schuljahr erklärt werden kann.

WAXMANN
Münster · New York · München · Berlin